Yf 12194

HISTOIRE

DES

THÉATRES DE ROUEN

DEPUIS LEUR FONDATION JUSQU'A NOS JOURS.

HISTOIRE
COMPLÈTE ET MÉTHODIQUE
DES
THÉATRES
DE ROUEN
PAR J.-E. B. (DE ROUEN). *(Bouteiller)*

TOME PREMIER.

LES THÉATRES A ROUEN AVANT 1776. — THÉATRE-DES-ARTS.

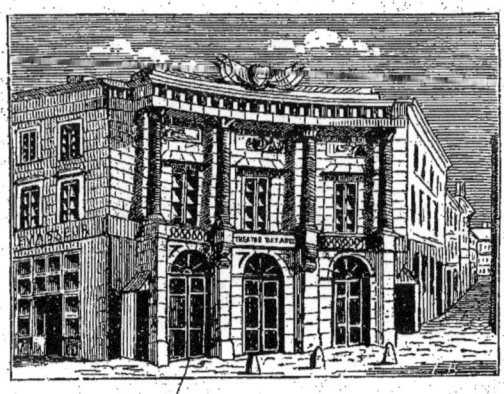

ROUEN,
GIROUX ET RENAUX, IMPRIMEURS-ÉDITEURS.
Rue de l'Hôpital, 25.
1860

PRÉFACE

Dans une ville comme la nôtre, où le goût du théâtre est, pour ainsi dire, devenu une tradition, il n'est guère de réunions dans lesquelles la conversation ne tombe bientôt sur le spectacle. D'abord on s'entretient de la troupe engagée pour l'année qui s'écoule, puis on en vient à faire des comparaisons.

— Tel acteur, dit l'un, ne vaut pas un tel que nous avions en 1850 pour tenir cet emploi.

— En 1850 ? s'écrie un autre, c'était en 1845.

— Allons donc, reprend un troisième pour mettre tout le monde d'accord, c'était en 1830.

— Mille fois non, puisque c'était l'année de Grassot, de Félix, de Geoffroy et de Leclerc.

— Ces artistes ont-ils seulement été à la même époque à Rouen? Moi je dirai, pour être plus précis, que c'était l'année où l'on monta *Fernand Cortès*.

— On ne l'a jamais monté à Rouen.

— Je vous dis que oui.

— Et moi je vous dis que non.

Mille autres points de dissidence surgissent à la fois et chacun se prend à désirer qu'il existe un livre pour se renseigner.

Jusqu'à présent, il n'y en a pas eu, mais nous prétendons combler cette lacune, non pas seulement pour offrir un guide à ceux qui aiment à s'entretenir du théâtre, mais encore, et surtout, pour consacrer la mémoire de faits importants.

C'est en effet une gloire pour notre ville que d'avoir vu se former dans son sein, au contact de son goût pur et éclairé, les principaux artistes qui ont brillé dans la capitale. En recherchant dans les annales de Rouen, on trouve à peine consignés les faits qui établissent cette vérité ; il nous a fallu, pour rassembler tout ce qu'il importe de savoir sur la question théâtrale, aller puiser à plus d'une source ; nous nous sommes adressé à toutes celles qui nous ont présenté un caractère suffisant d'authenticité, et nous croyons avoir ainsi composé un ouvrage digne de nos compatriotes, auxquels nous l'offrons.

Nous ne faisons pas, du reste, de cette publication un objet destiné à nous attirer quelque renommée, — à telles enseignes que nous gardons l'anonyme, — encore moins cédons-nous à l'appât du lucre, puisque nous ne tirerons que le nombre d'exemplaires nécessaires au recouvrement de nos frais.

Puissent ces deux considérations nous attirer l'indulgence de nos lecteurs !

INTRODUCTION

L'histoire des théâtres de Rouen sera, pour nous, celle du grand théâtre actuel, du théâtre de la place du Vieux-Marché et du Cirque Saint-Sever, depuis leur fondation jusqu'à nos jours; cependant il n'est pas sans intérêt de jeter un coup d'œil rapide un peu plus loin en arrière.

JEUX DE PAUME.

Dès la première moitié du dix-septième siècle, il était d'usage chaque année qu'une troupe de comédiens ambulants vînt, de préférence aux mois d'août et de juillet, prendre possession d'un des locaux où se tenaient les jeux de paume. Elle y donnait des *jeux publics* et des *pièces comiques*, avec l'autorisation du Parlement. Bientôt ce dernier, préoccupé des besoins toujours croissants de l'Hôtel-Dieu, assujétit ces comédiens à donner au bénélice des pauvres une représentation par chaque mois qu'ils passeraient dans la province.

Le local que choisissaient d'ordinaire les troupes de comédiens était celui du jeu de paume des deux Maures à cause de sa situation. Il était à l'angle de la rue Herbière et de la rue des Charrettes, c'est-à-dire, pour nous servir des expressions du temps, au milieu du commerce, près le quai, le bureau des carrosses du Havre, le bateau de Bouille, etc.

Le 15 juillet 1650, les comédiens du jeu de paume des deux Maures remirent au receveur de l'Hôtel-Dieu 82 liv. 12 s., produit de l'une de leurs représentations.

Le 28 juillet 1651, par ordonnance du Parlement, une pièce fut jouée dans le même local, au bénéfice des pauvres, par la troupe de noble homme Laurent Conseil, seigneur d'Argueil. Les comédiens se firent tirer l'oreille pour en verser le produit, mais bon gré mal gré, ils durent s'exécuter.

Le 11 août 1652, une troupe en représentation au jeu de paume des deux Maures remit au receveur de l'Hôtel-Dieu la somme de 91 liv. 17 s.

En janvier 1653 et en juillet 1654, la caisse des pauvres s'enrichit de la même manière.

Au mois de septembre 1656 et au mois d'août 1657, c'était la troupe du Marais qui donnait des représentations. Le bénéfice des pauvres fut, à la première de ces époques, de 115 liv. 15 s., et à la seconde de 152 liv.

En juin 1658, les comédiens de Son Altesse représentèrent, pour l'hôpital, une pièce qui ne produisit que 77 liv. 4 s. 6 d.

Dans le même mois de la même année, un autre jeu

de paume, celui des Braques, avait aussi sa troupe de comédiens. Ils versèrent dans la caisse des pauvres 38 liv., produit d'une soirée.

Là se place un fait bien digne d'être noté. Molière, qui avait passé le carnaval de 1658 à Grenoble, jouait la comédie à Rouen depuis les fêtes de Pâques, lorsqu'il obtint, au mois d'octobre, avec l'agrément du cardinal-ministre, la permission de s'essayer devant le roi, sur un théâtre qu'on avait dressé exprès dans la salle des Gardes du vieux Louvre.

Revenons aux bénéfices des pauvres. Nous trouvons, le 30 juillet 1660, une représentation ayant fourni 175 liv.; fin août 1660, une autre donnée par la troupe du sieur de la Roque, dont le produit a été de 261 liv.; enfin le 2 septembre 1661, une représentation dont la recette s'éleva seulement à 45 liv. 4 s. En 1660 et en 1661, les administrateurs de l'Hôtel-Dieu remercièrent les comédiens en leur envoyant une douzaine de boîtes de confitures.

La Champmeslé (Marie Desmares) débuta à Rouen en 1668, probablement au jeu de paume des deux Maures. Nous ne pouvons mieux faire, pour ce qui concerne cette artiste célèbre, que de renvoyer le lecteur à l'excellent ouvrage de M. Théodore Lebreton : *Biographie normande.*

Deux autres jeux de paume doivent être ici mentionnés, celui de la Cornière, rue Dinanderie, dans lequel Mlle de Saint-Marcel, chanteuse de Paris, donna des concerts en 1771, et celui de la Poissonnerie, sur l'emplacement duquel fut construit le Théâtre-Français en 1792.

SALLE DE LA RUE DES CHARRETTES.

A une époque qu'il est impossible de préciser, le jeu de paume des deux Maures fut disposé en salle de spectacle proprement dite. Il perdit et son nom et sa destination. On l'appela la COMÉDIE. La modification fut telle qu'il put contenir environ sept cent cinquante personnes, savoir : quatre cents au parterre, vingt-quatre dans chaque gradin de l'un et l'autre côté du théâtre, trente-deux sur les bancs destinés au public dans l'orchestre, quatre-vingt-dix dans l'amphithéâtre, vingt-quatre dans chaque balcon et cent vingt au paradis.

Dès lors, il y eut à Rouen un directeur, une troupe spéciale et régulière, un répertoire suivi, en un mot un vrai théâtre, auquel toutefois une concurrence terrible fut faite par ce qu'on appelait le CONCERT. Ce concert, organisé par l'Académie de musique de Rouen, avait lieu une ou deux fois par semaine, aux Consuls, dans une salle du premier étage affectée à cet usage.

Laissant de côté, à dessein, tout ce qui regarde le Concert pour ne nous occuper que du théâtre, nous allons rapidement passer en revue les faits les plus importants jusqu'à la fermeture de la salle de la rue des Charrettes, qui coïncide avec l'ouverture de celle de la porte Grand-Pont, le Théâtre-des-Arts actuel.

Un opéra-comique, la *Guirlande*, fut représenté pour la première fois, à Rouen, le 24 mars 1757, puis, plus tard, mais dans la même année, à Paris sur le théâtre de la foire Saint-Laurent. Cet opéra paraît avoir été composé par un de nos compatriotes. En effet, il porte pour titre la *Guirlande*, opéra-comique, 1757, chez E.-V. Machuel, imprimeur-libraire, rue Saint-Lô, Rouen.

En 1763, le directeur était un sieur Bernault. Pendant plusieurs années, il conserva cette position, en ne tenant toutefois la salle ouverte que pendant l'hiver. La troupe d'opéra-comique était ce qu'il avait de meilleur.

Le 18 mars, pour la dernière tragédie de l'année, on représenta *Tancrède*, de M. de Voltaire.

A partir du 20 de ce mois, Mlle Le Mière et Larrinié, premiers acteurs de l'Opéra de Paris, ainsi que d'autres acteurs et actrices du même théâtre, donnèrent une série de représentations extraordinaires qui commencèrent par *Isméne*, opéra. D'autres opéras, ainsi que des ballots exécutés par des danseurs de l'Opéra, attirèrent la foule au théâtre pendant toute une semaine; ces mêmes artistes représentèrent l'*Anglais à Bordeaux* ou l'*Antipathie vaincue*, pièce en un acte, avec un divertissement. C'était un à-propos sur la paix conclue entre la France et l'Angleterre.

La clôture de l'année théâtrale 1762-1763 eut lieu le samedi 26 mars. On donnait *Eglé*, *Alcibiade*, *Bacchus et Erigone*, avec *les Troqueurs*. Les sieurs et demoiselle Larrinié (ou Larrivée) et la demoiselle Fontenay, acteurs de l'Opéra de Paris, jouaient dans ces quatre actes. Gardel dansait ce jour-là la chaconne d'*Iphigénie*, de la composition de M. Le Breton, maître de musique de l'Opéra, et Grosset exécutait différents pas.

Le théâtre de la rue des Charrettes devait rester fermé jusqu'au mois d'octobre suivant. En effet, à la fin de mars,

Bernault, le directeur, annonçait que jusqu'à cette époque il tenait la salle à la disposition de tous ceux qui voudraient la louer pour des spectacles quelconques.

La *Guirlande*, opéra, fut reprise avec succès au théâtre de Rouen, le 20 janvier 1764. Voilà tout ce que nous savons de l'exercice de 1763-1764.

Le dimanche 12 août 1764, il y eut grand bal paré et masqué dans la salle du spectacle, à onze heures du soir. On prenait 3 liv. par personne.

Bernault avait su conserver la direction ; ses comédiens firent l'ouverture de la campagne le 15 octobre 1764, par l'*Ecole des Femmes*, comédie, et *Mazet*, opéra bouffon. Le discours suivant fut prononcé sur la scène à cette occasion :

« Messieurs,

« Le spectacle en général ne doit le degré de perfection où il est maintenant qu'au goût d'un siècle éclairé, aux jugements d'un public connaisseur et à la protection dont l'honore aujourd'hui une nation supérieure en tout genre; cette ville nous en donne les preuves les plus évidentes. On y voit en même temps les loix soutenues par le corps le plus respectable, appui du peuple et défenseur de l'Etat, les arts cultivés, le commerce florissant, enfin l'amour du prince et de la patrie dans le cœur de tous les citoyens. Comment oserons-nous nous flatter de les détacher de tant d'objets importants pour les attirer quelquefois à nos jeux ? Cependant, messieurs, l'entrepreneur de cette troupe attend tout de vos bontés qu'il a déjà éprouvées, sacrifiant à sa reconnaissance des avantages qu'on lui offrait ailleurs; il ne s'est occupé que du soin de les mériter encore. Des difficultés sans nombre ont retardé son empressement : il a fallu remplacer des sujets qui lui ont manqué, et réunir des talents plus dignes de votre jugement. Malgré ses efforts, il ne pourra réussir à rendre sa troupe complète que vers la fin de ce mois.

« Nous allons travailler avec ardeur à vous faire oublier ce délai; mais que votre générosité et votre indulgence daignent guider notre zèle : c'est une faveur qui nous flattera d'autant plus qu'elle a fait la gloire des plus grands talents. »

Le 26 octobre suivant, on jouait les *Préjugés à la mode* et les *Caquets*, pièce qui n'avait encore été donnée que deux fois. Au commencement de cet hiver 1764-1765, Dernoult fit établir pour la commodité des spectateurs des petites loges à l'instar de celles de Paris, en sacrifiant à cet effet les deux loges qui étaient dans le fond de l'amphithéâtre. Elles furent donc coupées par la moitié et louées par abonnement, pour quatre dames, soit par mois, soit pour l'hiver entier.

Enfin, pendant cette campagne, mademoiselle Beaupré avait toutes les faveurs du public. Aussi M. Dupont, membre de l'Académie des Sciences, Belles-Lettres et Arts de Rouen, fit-il son portrait, qu'il exposa à l'hôtel Vatel. Voici quelques vers inspirés par ces circonstances :

STANCES IRRÉGULIÈRES.

Oui, telle est l'actrice que j'aime !
Je la reconnais à l'attrait
Qui charme en voyant Vénus même :
C'est la vérité sans emblème,

C'est la nature trait pour trait.
Pour combler ta gloire suprême,
Amour ! as-tu peint ce portrait ?

Ses yeux sont faits pour tout séduire ;
Sa bouche a les charmes puissants
De cet ingénieux sourire
Qui captive et ravit les sens.
Je crois l'entendre, elle respire,
De Thalie elle accroît l'empire,
L'Amour règne par ses accens.

O toi, né pour l'honneur des belles,
Peintre heureux entre tes égaux !
C'est l'Amour, pour des traits si beaux,
Qui broya tes couleurs fidèles,
Vole à des triomphes nouveaux.
Le dieu qui conduit tes pinceaux
T'offre les Grâces pour modèles.

Par un ami des vrais talents.

En 1764-1765, on remarquait parmi les artistes : Mlle Grangé, soubrette ; Grangé, son frère, premier comique ; Duguet, chanteur d'opéra-comique ; Mme Bernault, la femme du directeur, depuis longtemps actrice à Rouen, au théâtre de la rue des Charrettes.

Mlle Dumesnil y a joué pendant la première semaine du Carême. Cette artiste était douée d'un talent supérieur.

Caillot et Mlle Beaupré, également en représentations extraordinaires, sont venus à la fin de mars. Mlle Beaupré était connue du public rouennais, qui la fêtait beaucoup. Quant à Caillot, il excellait dans *Rose et Colas*, opéra.

A cette même époque, un danseur, nommé Dauberval, sut attirer la foule.

SALLE DE LA RUE DES CHARRETTES.

Le samedi 16 mars 1765 a eu lieu à Rouen la première représentation du *Siége de Calais*, tragédie de M. du Belloy, ouvrage qui a mérité à son auteur la première médaille promise aux auteurs dramatiques. Le roi joignit à cette faveur une gratification de 1,000 écus et la permission de lui dédier la pièce. Le principal objet de cette tragédie étant l'amour des bourgeois pour le roi de France, elle avait été donnée gratis au public à Paris, le 12 mars 1765.

En 1766, le répertoire était fort brillant; déjà on jouait l'opéra-comique, la comédie, la tragédie, le ballet. Voici quelques pièces de ce répertoire :

L'Ecole des Mères.

La Fête d'Amour. Mlle Verteuil était chargée du rôle de Colinette.

L'Homme singulier.

L'Impromptu de campagne.

Isabelle et Gertrude.

La Mère confidente.

Polyeucte. Grangé jouait le rôle de Polyeucte et Mlle Grangé celui de Pauline. Le premier de ces artistes marchait, disait-on, sur les traces de Molé.

Le Procureur arbitre.

Les *Vacances des Procureurs*, que l'on donna en décembre, avec la *Mère confidente* et *Isabelle et Gertrude*, au bénéfice de Delahaye, financier.

Indépendamment des acteurs que nous venons de citer, on remarquait encore à cette époque Dugazon, qui jouait les valets, et un sieur Durcé. Enfin, d'Aufresne, artiste en réputation à Paris, vint, en décembre, donner des représentations à Rouen, engagé par les directeurs du théâtre de la rue des Charrettes.

Pendant l'hiver 1766-1767, les représentations du *Roi et son Fermier*, opéra en trois actes et en prose, donnèrent lieu à de vives récriminations au sujet des décors. Il s'agissait d'un salon jaune, mal retouché, d'un salon blanc qui péchait par la multiplicité de ses jours différents, et surtout d'une chambre dans laquelle les effets de lumière choquèrent tellement les habitués que des plaintes furent adressées au journal le 28 janvier 1767. On accusait de ces bévues le sieur Tiercé, peintre-décorateur du théâtre. Aussi cet artiste s'empressa-t-il de répondre que le décor incriminé n'était pas de sa façon.

Le sieur Bernault, directeur, ouvrit la campagne suivante le 25 octobre 1767, par *Mélanide* et la *Servante maîtresse*. Parmi les opéras-comiques, les comédies et les tragédies qu'il offrit au public on doit citer :

Alzire, tragédie.

L'Avare.

Blaise, le savetier.

Le Cadi.

La Clochette.

Démocrite amoureux.

Les Deux Chasseurs et la Laitière.

L'Ecole des Femmes.

L'Ecole des Maris.

Iphygénie.

Isabelle et Gertrude.

Le Maître en droit.

Mazet.

Les Ménechmes.

Mérope.

Le Milicien.

Le *Roi et le Fermier*.
Rose et Colas.
Le *Serrurier*.
Le *Sorcier*.
Tartufe.
Le *Tonnelier*.

Le sieur Suin était alors l'acteur en vogue; il chantait l'opéra-comique : le rôle de Pandolphe dans la *Servante maîtresse*, celui de Mathurin dans *Rose et Colas*, etc., etc. Il résulte de nos recherches qu'à cette époque l'opéra-comique ou opéra-bouffon était plus cultivé au théâtre de Rouen que tout autre genre.

Cependant on fit venir de Paris, en février 1768, un tragédien en réputation nommé Fromantin. Cet acteur, âgé de moins de vingt ans, avait débuté à Paris à seize ans et demi avec un succès incroyable, notamment à la Cour, devant le roi. Fromantin joua à Rouen le rôle de Zamor dans la tragédie d'*Alzire*.

L'année 1768-1769 s'ouvrit le 26 juillet, par la *Gouvernante*, comédie de la Chaussée, et par la *Clochette*.

En 1771, Mme Suain, probablement — malgré l'orthographe — la femme de l'artiste désigné plus haut sous le nom de Suin, était *en possession de plaire*. Son jeu agréable dans la *Gageure* donna lieu aux vers suivants :

> Suain, par mille traits tu sais plaire et ravir,
> Du goût, du sentiment tu fixes bien l'hommage ;
> Les grâces, les talents forment ton apanage.
> Qui peut en te voyant éloigner le désir ?
>
> Ce tout intéressant qu'on lit dans tes beaux yeux,
> La finesse du jeu, l'expression de l'âme,

INTRODUCTION.

L'ensemble de l'amour, de la plus vive flamme,
Du public connaisseur t'assurent tous les vœux.

Je n'empruntai jamais un langage flatteur ;
Mon hommage en deux mots, Suain, peut se comprendre.
L'art par toi s'embellit et l'Amour devient tendre.
Ce trait de vérité décore mieux ton cœur.

L'événement de l'année 1771 fut la première représentation d'*Almanzor*, tragédie en cinq actes de M. Vieillard de Boismartin, jeune homme de Rouen, âgé de vingt-quatre ans. Elle eut lieu le 2 juillet. Le succès fut complet, et l'on adressa à l'auteur ce compliment :

Fils d'Apollon, d'une ardeur sans pareille,
Tu présentes à nos yeux des sujets tout nouveaux.
En imitant Voltaire et son père Corneille,
Tu dois tout espérer de tes nobles travaux.
Déjà la renommée a pris soin de ta gloire ;
Et les enfants du goût couronnant tes succès,
Vont te donner un nom au temple de Mémoire,
Et du dieu des beaux vers te placeront tout près.

La scène se passe à Constantinople, du temps des Croisades. Au premier acte, la situation de l'empire ottoman est peinte ainsi par le premier ministre du chef des musulmans :

. . . . . Ecoute, tu connais
Quel oracle fameux aux enfants du prophète
De l'Asie et du Monde, a promis la conquête ;
Les temps sont arrivés, nous touchons à l'instant
Qui doit voir s'accomplir cet oracle important.
Du midi jusqu'au nord, du couchant à l'aurore,
Vois la terre soumise au culte que j'honore,

Les descendants d'Omar se frayer des chemins
Vers les climats brûlants des peuples africains ;
La Sicile tremblante et l'Espagne moins fière,
Sous le joug musulman baisser sa tête altière ;
Des rives du Jourdain vois les heureux vainqueurs.
Y porter notre culte et nos lois et nos mœurs.
Des bouches de l'Indus aux mers hyperborées
Vois les peuples d'Asie et leurs vastes contrées,
Asservis sous les lois d'un peuple conquérant,
Respecter, comme nous, l'empire du Croissant.
Tout a subi son joug. Seul au milieu du monde,
Inébranlable au choc de l'orage qui gronde,
Cet empire indompté, ferme en ses fondements,
Brave encor les efforts des vainqueurs musulmans.
Il faut, pour l'accabler qu'une main invincible
Frappe sans différer un coup sûr et terrible.
Oui, je veux qu'Almanzor, dans son emportement,
De ma gloire aujourd'hui soit l'utile instrument ;
Qu'après avoir du trône assuré la ruine,
Il reçoive la mort que ma main lui destine.

Au mois d'octobre de cette même année, Mlle Verteuil a donné des représentations et a paru dans six pièces.

En 1772, de grands honneurs furent faits à Du Belloy, auteur de plusieurs œuvres remarquables, qui vint à Rouen pour assister à leur représentation. Ainsi, le 13 septembre, il assistait à l'une de ses tragédies, *Gaston et Bayard*. Les spectateurs s'étant aperçus qu'il était dans la salle, lui firent une ovation des plus chaleureuses. Le 18 du même mois, on donna *Gabrielle de Vergi*, également de Du Belloy ; enfin, le 22, eut lieu la première représentation d'une autre tragédie de cet auteur, *Pierre-le-Cruel*, qui avait eu peu de succès à Paris. Du Belloy était au théâtre ce jour-là ; son séjour à Rouen fut chanté par plusieurs poètes, entr'autres par un jeune homme de quinze à seize ans dans une pièce de vers trop longue pour être reproduite ici. Elle se termine par cet alexandrin :

« En chantant Du Belloy, vous chantez la vertu. »

Un autre, à propos de *Pierre-le-Cruel*, adressa à Du Belloy une tirade dans laquelle il dit, en parlant de cet auteur :

Avant de les dépeindre, il connaît ses guerriers.
Si la gloire est pour eux, pour lui sont les lauriers.

Enfin, un troisième se montra mécontent et blâma également, en vers, la tragédie tant vantée par les autres. Il termina ainsi sa critique de *Pierre-le-Cruel* :

Oui, je vois d'un œil sec ce dénoûment terrible ;
Du Belloy, malgré moi, tu me rends insensible.
A cette illusion je ne puis me prêter ;
Quand un crime est si noir, il ne peut affecter.

Ce fut aussi en 1772 — en octobre — que fut donné, pour la première fois à Rouen, le *Connaisseur*, comédie en trois actes et en vers, par M. le baron de S. I., gendarme de la garde ordinaire du roi. Cet auteur n'en était pas à son coup d'essai ; on avait joué déjà sur différents théâtres de province des pièces de sa façon, telles que *Sophie* ou le *Triomphe de la vertu*, drame en cinq actes et en prose ; les *Orphelins*, drame en trois actes et en prose ; l'*Antre* ou le *Café Procope*, comédie en un acte et en prose, mêlée d'ariettes, etc., etc. Le baron de S. I. était aussi l'auteur de l'*Art de régner*, poème, d'une *Méthode familière pour guérir les maladies*, enfin d'une *Manière d'enluminer l'estampe posée sur toile.* Maintenant que nous apprécions toute l'originalité de l'auteur du *Connaisseur*, nous pouvons citer un passage de sa comédie. C'est le faux connaisseur qui parle, acte premier, scène huitième :

La tête est une armoire
Où sont artistement arrangés des tiroirs,
De nos moindres pensées utiles réservoirs ;
Là, nos réflexions se classent avec ordre,
Et, quand nous le voulons, en sortent sans désordre.
Par exemple, à travers ce que jadis j'ai lu,
Comment à point nommé me suis-je souvenu
Que sur notre horizon reviendrait la comète?
Car j'éveillai nos gens à la docte lunette.
. . . .
. . . Ah! parbleu, pas un ne s'en doutait,
Et sans moi la comette *incognito* passait.

La première semaine du mois d'avril 1773 fut marquée au théâtre de Rouen par la présence momentanée de Brisard, de Dugazon et de Mme Vestris, comédiens du roi. Ils ont fait le plus vif plaisir, surtout Mme Vestris, à la louange de laquelle un poëte normand a fait les vers que voici :

Belle et tendre Vestris, fille de Melpomène,
Dans tes délassements tu viens sur notre scène
Ranimer nos plaisirs, faire couler nos pleurs.
Alzire, Aménaïde attendrissent les cœurs.
Chacun veut à son tour t'admirer et t'entendre ;
Contre la foule il faut se presser, se défendre.
Non, jamais on ne vit un tel empressement ;
Cet éloge flatteur vaut mieux qu'un compliment.
Que tu peins bien, Vestris, la pitié, la tendresse,

L'amour, l'effroi, la fureur, la détresse !
Dieux, quel noble maintien ! ces gestes assurés,
Ces plaintes, ces accents, avec art ménagés,
De tous nos sens te rendent la maîtresse.
Dans Tancrède abusé, nous pleurons ton malheur,
Sa mort, la tienne et son erreur;
Mais quel que soit un sort aussi rigide,
Qui ne voudrait mourir avec Aménaïde ?

Le 17 juillet, Mme la duchesse de la Vauguyon, revenant des eaux de Forges, s'arrêta à Rouen, et alla le lendemain dimanche à la comédie; à son arrivée, elle y fut saluée par les applaudissements de toute la salle. Cette dame était la femme de M. le duc de la Vauguyon, alors colonel du régiment d'infanterie de Mg{r} le Dauphin.

A la fin du même mois, les comédiens de Rouen ont représenté le « *Fabriquant de Londres*, dragme » en cinq actes, de M. de Falbaire. Mlle de Touteville jouait le rôle de Fanny, et Floridor celui du fabricant.

Le vendredi 10 septembre, une représentation de *Phèdre* était donnée avec le *Legs*. Phèdre était personnifiée par Mme Chaubert, si connue avant ce temps sous le nom de Nicety. Dans le *Legs*, on remarquait surtout Mlle Leclair et M. Floridor.

Dans le mois de septembre également, on remit à la scène le *Connaisseur*, comédie dont nous avons parlé un peu plus haut.

Plus on avance dans l'histoire de la salle de la rue des Charrettes, plus les documents deviennent rares. Nous savons cependant que ce théâtre était ouvert en 1775 et 1776. La première preuve s'en trouve dans les annonces du temps, réclames payées tantôt par un musicien qui demeurait chez le machiniste de la comédie, rue Herbière, tantôt par un maître luthier, employé à l'orchestre, tantôt enfin par des maîtres de danse.

D'autre part, à propos d'une question littéraire sur laquelle nous reviendrons en temps et lieu, un Rouennais, écrivant le 3 novembre 1775, prétend que les mots *castigat ridendo mores* seraient une inscription insuffisante pour le théâtre de Rouen, où le tragique EST en possession de plaire, et que le *Comte d'Essex*, *Phèdre*, *Rodogune*, *Iphigénie*, *Sémiramis*, *Athalie*, *Mérope*, *Inès de Castro*, *Œdipe*, chargés d'applaudissements, VIENNENT de rendre de plus en plus intéressant.

Enfin, puisque nous en sommes malheureusement réduit à une démonstration indirecte, nous affirmons que la salle de la rue des Charrettes était ouverte en 1775, parce que, le 31 mars de cette année, la cour du Parlement prit un arrêté qui défendait au directeur de mettre aux différentes places plus de monde que de raison et qui prescrivait des mesures d'ordre rigoureuses, tant dans la salle que sur la scène et dans les coulisses.

La clôture eut lieu en 1776, postérieurement au 19 janvier, sans qu'il nous soit possible de préciser davantage. Le dernier directeur fut le sieur Chevillard, qui conserva cette position lors de l'ouverture de la salle de la porte Grand-Pont, en même temps qu'il était un des huit propriétaires de l'immeuble. Quant à la salle qu'il quittait, elle appartenait à M. de Couronne, magistrat qui voulut, dès 1781, lui rendre son ancien usage. Les propriétaires voisins s'y opposèrent ; ils arguaient du danger que causait à leurs biens le voisinage d'une salle de spectacle en très-mauvais état. Ils eurent gain de cause, sans que les huit propriétaires de l'autre théâtre intervinssent, en s'appuyant sur leur privilége. Mais n'anticipons pas, nous verrons plus tard que ceux-ci réclamèrent hautement à l'époque de la construction de la salle du Vieux-Marché.

C'était folie d'ailleurs que de vouloir établir une concurrence à la salle nouvelle; déjà le théâtre, substitué au jeu de paume des deux Maures, n'avait eu qu'une existence précaire alors qu'il était seul à faire appel aux amateurs de spectacles. En 1769, en effet, un particulier ayant sollicité l'autorisation d'établir à Rouen un Wauxhall à l'instar de celui de Paris, avec privilége exclusif pendant trente ans, M. Bertin consulta M. de Crosne à ce sujet. Voici un extrait de la réponse de M. de Crosne:

Quoique la ville de Rouen soit très-peuplée et qu'il y ait beaucoup de citoyens aisés, les deux spectacles, le concert et la comédie, ne s'y soutiennent que très-difficilement.

Le concert, depuis plusieurs années, est presque abandonné; la comédie ne peut s'y soutenir que pendant six mois de l'année, et il s'en faut de beaucoup que le spectacle soit rempli comme il devrait l'être.

Ces deux spectacles étant plus que suffisants pour l'amusement de la ville de Rouen, l'établissement d'un Wauxhall à l'imitation de celui de Paris aura peine à y réussir, ou, s'il a quelque succès, ce ne pourra être qu'aux dépens du concert et de la comédie.

Au surplus, le public ne courre sur cela aucuns risques; le Wauxhall sera une ressource de plus pour son amusement; mais pour que ce nouveau spectacle ne dérange pas le concert et la comédie, qu'il est essentiel de soutenir dans une ville telle que celle de Rouen, je pense, monsieur, qu'il est convenable de n'accorder au sieur Lacaisse la permission d'établir un

Wauxhall qu'à la charge que les fêtes qu'il donnera au public ne commenceront, les jours de concert et de comédie, que lorsque ces deux spectacles seront finis.

Nous avons jusqu'à présent suivi l'ordre chronologique ; l'arrivée tardive des deux renseignements qui suivent nous a forcé d'y déroger.

Le 22 mars 1768, la permission de représenter la *Partie de chasse d'Henri IV* ne fut pas accordée aux comédiens de Rouen, le ROI l'ayant refusée l'année précédente à Paris.

Pour la seconde partie de notre arriéré, laissons la parole au chroniqueur du *Courrier de Paris*, qui s'exprime ainsi à propos du célèbre air de flûte du *Rossignol :*

Est-ce l'air du *Rossignol* de Nicolo (paroles d'Etienne) ; est-ce celui du *Rossignol* de Duni (paroles de Fleury et L'Atteignant), ou plutôt de X..., car ce titre de *Rossignol*, au lieu de rappeler à l'esprit une adorable mélodie, fait penser malgré soi à cet instrument d'iniquité, emblème ordinaire de tout vol et de tout plagiat.

Le *Rossignol* primitif, le type, le modèle de tous les autres, est né à Rouen vers les premiers jours de l'année 1752, et le célèbre, le dernier, ou du moins le plus nouvellement rhabillé, date seulement de 1816.

Voici en peu de mots l'histoire de cet opéra-comique :

Vers 1751, un jeune homme de Rouen, on ne dit pas son nom, — c'est donc M. X..., — âgé de vingt-un ans à peine, fit jouer au théâtre dudit Rouen un opéra-comique de sa composition, intitulé le *Rossignol*. Les Rouennais encouragèrent le débutant à persévérer, et fort de l'avis de ses compatriotes, il envoya sa pièce à Monnet, à Paris, pour qu'il la montât sur son théâtre. Monnet la montra à Fleury et à L'Atteignant, deux faiseurs émérites avec lesquels il avait des traités, et ceux-ci, ayant pris l'avis de M. le censeur Crébillon, mirent la pièce sous leur nom.

Le jeune homme de Rouen, à qui Monnet avait renvoyé son manuscrit en lui mandant que cela n'était pas jouable, est venu par hasard à Paris. Voyant afficher un *Rossignol*, il eut la curiosité d'y aller, et ne fut pas non plus médiocrement surpris de voir qu'on lui avait dérobé, non-seulement son sujet, mais encore toute l'intrigue de la pièce et un grand nombre de couplets.

Le jeune homme fit des réclamations; mais quand longtemps après, M. de Malesherbes eut donné des ordres pour lui faire rendre justice, on ne jouait plus la pièce, et on ne l'a pas reprise.

Tout ce qui reste de la constatation des droits du jeune X... sur le libretto du *Rossignal* consiste en trois étoiles placées sur la brochure avant le nom de M. de L'Atteignant. L'algèbre de la tour de Nesle était donc en usage à cette époque : on y procédait déjà de l'inconnu au connu.

L'histoire de l'ancien théâtre de Rouen est encore à compléter, nous nous empressons de le reconnaître, mais nous aurons du moins planté un grand nombre de jalons utiles pour ceux qui voudront l'entreprendre.

HISTOIRE
DU
THÉATRE-DES-ARTS.

THÉATRE DE ROUEN.

Depuis longtemps on reconnaissait la nécessité d'une salle de spectacle qui fût en rapport avec les besoins de la ville de Rouen. Le 23 mars 1773, François Gueroult, architecte à Rouen, se sentant fort par le concours de sept autres citoyens, présenta une requête tendant à obtenir l'autorisation de construire une salle de spectacle sur l'emplacement de la *Petite Boucherie* (1).

---

(1) A la place où passe aujourd'hui la rue de la *Comédie*, et où sont les bains Thillard, se trouvait anciennement la porte de la *Petite Boucherie*, laquelle avait reçu antérieurement les appellations de *Porte des Charrettes*, du nom de la rue où elle donnait, et de *Porte de la Poissonnerie*, à cause d'un marché qui s'est tenu longtemps aux environs, et que l'on appelait la *Poissonnerie du Pont*.

Ce projet reçut l'approbation du maire et des échevins le 1er avril de la même année. Cette décision du corps municipal ayant été réformée par M. le duc d'Harcourt, gouverneur de la province, qui vit dans certaines clauses un empiétement sur ses prérogatives, on dut en rédiger une autre, que le gouvernement approuva à la date du 28 juillet 1773.

La requête du sieur Gueroult et de ses associés fut bien accueillie en haut lieu, comme on peut en juger par l'arrêt du conseil et les lettres patentes que nous donnons en entier, la haute importance de ces pièces devant faire passer sur l'aridité attachée à ces sortes de documents :

I

SUR LA REQUÊTE PRÉSENTÉE AU ROI, étant en son conseil, par les maire et échevins de la ville de Rouen, contenant que la salle actuelle des spectacles de ladite ville renferme le double inconvénient d'une étendue trop bornée et de n'avoir qu'une seule issue, étroite par elle-même et d'autant plus incommode qu'elle se trouve également dans une rue serrée et sujette aux embarras, d'où il résulte qu'en cas de tumulte ou d'incendie le public serait exposé aux plus grands dangers ;

Que le sieur François Gueroult, architecte en ladite ville, et plusieurs autres habitants réunis, auraient conçu le projet de remédier à ces inconvénients, en faisant construire à leurs frais une autre salle plus vaste, mieux percée dans ses issues et où les spectateurs trouveraient tout à la fois leur aisance et leur sûreté ; qu'à cet effet, ils auraient jeté les yeux sur une portion de terrain nommée la place de la Petite-Boucherie, dépendant en la plus grande partie du patrimoine de la ville, contenant, depuis l'angle de la rue Grand-Pont, quatre-vingt-cinq pieds ou environ de longueur dans la rue des Charrettes, sur toute sa profondeur, depuis l'alignement de ladite rue des Charrettes jusqu'au parement extérieur du mur qui forme la clôture de la ville du côté du quai, comme le lieu le plus commode et le plus convenable pour cet établissement; que cependant ils ne se détermineraient à cette dépense aussi considérable qu'autant qu'ils seraient assurés à perpétuité de la propriété dudit terrain, et que comme la portion d'icelui, dont l'Hôtel-de-Ville est autorisé de faire l'aliénation par lettres patentes en date du 16 janvier 1771, dûment enregistrées, et qu'ils se proposeraient d'acquérir, ne suffirait pas pour la construction de l'édifice projeté, ils désireraient qu'il leur fût permis de faire en même temps l'acquisition de quelques petites maisons adjacentes, vieilles et de peu de valeur, appartenant audit Hôtel-de-Ville, dont l'emplacement est absolument nécessaire et indispensable pour l'exécution de ce projet; qu'enfin ils auraient lieu de se flatter que Sa Majesté, approuvant leurs vues, et prenant en considération les dépenses qu'ils seront obligés de faire pour les remplir, voudra bien leur accorder, ainsi qu'elle l'a déjà fait depuis peu de temps en faveur du sieur Bernaud, pour semblable établissement dans la ville de Caen, le privilége d'une salle de spectacles dans la ville de Rouen, à leurs obéissances de faire régler par le sieur commissaire départi en la généralité de Rouen, le prix du loyer de ladite salle, dans le cas où ils ne pourraient s'accorder à ce sujet avec les directeurs des spectacles, les suppliants, déjà instruits par l'expérience des inconvénients et des dangers qui se rencontrent dans la position de la salle actuelle des spectacles, ont reçu favorablement la proposition de ces concitoyens réunis; ils l'ont communiquée à l'assemblée des notables, laquelle ne voyant rien dans leur projet qui ne tende à l'agrément et à l'utilité publique, a unanimement estimé qu'il est de l'intérêt même de la ville de souscrire à leur demande, et qu'on ne peut faire un emploi plus avantageux du terrain dont ils désirent de s'assurer la propriété. En conséquence, les suppliants ont, sous l'agrément de Sa Majesté, et d'après le vœu de l'assemblée des notables, arrêté avec les sieurs Gueroult et joints les conditions sous lesquelles le corps municipal se porte à leur faire la cession et à leur transmettre la propriété par eux demandée, et persuadés que Sa Majesté voudra bien approuver cet accord, ils prennent la liberté de réclamer sa protection en faveur de cet établissement, en la suppliant de les autoriser à aliéner en faveur des sieurs François Gueroult, Pierre Morel, Jacques Couturier, Chevillard, Joseph Pottier, Jacques Leborgne et Jean-Claude Paulée, et de leur céder à titre de propriété incommutable et de rente foncière, perpétuelle et irraquittable, le terrain actuellement vague et les petites maisons adjacentes, dépendant du patrimoine de ladite ville, situées dans la partie de l'emplacement de la Petite Boucherie ci-devant désignée, aux charges, clauses et conditions arrêtées entre eux et le bureau de ville; ordonner que les personnes qui tiennent lesdits terrains et maisons à bail emphitéotique ou par bail ordinaire, seront tenues d'en quitter la jouissance dans les trois mois de la sommation qui leur en sera faite suivant l'usage ordinaire, en payant par lesdits sieurs Gueroult et joints, les dédommagements qui pourraient leur être dus suivant l'estimation qui en sera faite à l'amiable, ou qui, en cas de discord, sera réglée et arbitrée par ledit sieur intendant; ordonner au surplus que l'édifice construit sur ledit emplacement sera, à perpétuité et par privilège employé et affecté à usage de salle de spectacles dans ladite ville de Rouen et que le loyer de ladite salle, en cas de discord entre les propriétaires d'icelle et les directeurs des spectacles, sera fixé par ledit sieur intendant et commissaire départi; vu ladite requête, ensemble la délibération prise par l'assemblée des notables de la ville de Rouen, le 29 mars dernier, l'accord passé entre le maire et échevins de ladite ville et le sieur Gueroult et co-associés, le 28 juillet suivant. Ouï le rapport, le Roi étant en son conseil, a permis et permet auxdits maires et échevins de la ville de Rouen, d'aliéner aux sieurs François Gueroult, Pierre Morel,

Jacques Couturier, Chevillard, Joseph Pottier, Jacques Leborgne et Jean-Claude Paulée, et de leur céder à titre de propriété incommutable et moyennant la rente foncière, perpétuelle et irracquittable, dont ils sont convenus, le terrain actuellement vague et les petites maisons adjacentes dépendantes du patrimoine de ladite ville et situées dans la partie de l'emplacement de la Petite-Boucherie ci-devant désignée, aux charges, clauses et conditions arrêtées entre eux et le bureau de la ville, Sa Majesté autorisant, à cet effet, lesdits maire et échevins à passer tous actes nécessaires pour valider lesdites aliénations, et ce nonobstant tous édits, déclarations et règlements à ce contraires, auxquels Sa Majesté a dérogé et déroge pour ce regard seulement, et sans tirer à conséquence; ordonne en outre, Sa Majesté, que toutes les personnes qui jouissent desdits terrains et maisons, soit par bail emphitéotique ou par bail ordinaire, seront tenues d'en abandonner la jouissance au plus tard trois mois après la sommation qui leur en sera faite suivant l'usage ordinaire, en payant néanmoins, par ledit sieur Gueroult et co-associés, les dédommagements qui pourraient être dus pour raison de ladite remise, suivant l'estimation qui en sera faite à l'amiable, ou en cas de difficulté qui sera réglée par ledit sieur intendant et commissaire départi pour l'exécution des ordres de Sa Majesté, dans la généralité de Rouen; veut, au surplus, Sa Majesté, que l'édifice qui sera construit sur ledit emplacement, conformément au plan qui en sera présenté auxdits maire et échevins et par eux agréé, soit à perpétuité et par privilége employé et affecté à l'usage de la salle des spectacles de la ville de Rouen, et que le prix du loyer de ladite salle soit fixé par ledit sieur intendant et commissaire départi dans ladite généralité, si les propriétaires d'icelle et les directeurs des spectacles n'étaient pas d'accord entre eux sur cet objet, et seront, sur le présent arrêt, toutes lettres patentes nécessaires expédiées.

Fait au conseil du roi, Sa Majesté y étant, tenu à Versailles, le 20 août 1773. Signé BERTIN.

II

Louis, par la grâce de Dieu, roi de France et de Navarre, à nos amés et féaux conseillers, les gens tenant notre conseil supérieur à Rouen, salut : Nos chers et bien amés les maire et échevins de notre dite ville de Rouen nous ayant fait exposer que la salle actuelle des spectacles de ladite ville renferme le double inconvénient d'une étendue trop bornée et de n'avoir qu'une seule issue étroite par elle-même et d'autant plus incommode qu'elle se trouve également dans une rue serrée et sujette aux embarras, d'où il résulte qu'en cas de tumulte ou d'incendie, le public serait exposé aux plus grands dangers ; que le sieur François Gueroult, architecte de ladite ville, et plusieurs autres habitants réunis, auraient conçu le projet de remédier à ces inconvénients, en faisant construire, à leurs frais, une autre salle plus vaste, mieux percée dans ses issues et où les spectateurs trouveraient tout à la fois leur aisance et leur sûreté ; qu'à cet effet, ils auraient jeté les yeux sur une portion de terrain nommée la place de la Petite-Boucherie, dépendant, en la plus grande partie du patrimoine de la ville, contenant, depuis l'angle de la rue Grand-Pont, quatre-vingt-cinq pieds ou environ de longueur dans la rue des Charrettes sur toute sa profondeur, depuis l'alignement de ladite rue des Charrettes jusqu'au parement extérieur du mur qui forme la clôture de la ville du côté du quai, comme le lieu le plus convenable et le plus commode pour cet établissement ; que cependant ils ne se détermineraient à cette dépense aussi considérable qu'autant qu'ils seraient assurés à perpétuité de la propriété dudit terrain, et que, comme la portion d'icelui dont l'Hôtel-de-Ville est autorisée à faire l'aliénation par nos lettres patentes du 16 janvier 1771, dûment enregistrées, et qu'ils se proposeraient d'acquérir, ne suffirait pas pour la construction de l'édifice projeté, ils désireraient qu'il leur fût permis de faire en même temps l'acquisition de quelques petites maisons adjacentes, vieilles et de peu de valeur, appartenant audit Hôtel-de-Ville, dont l'emplacement est absolument nécessaire et indispensable pour l'exécution de ce projet; qu'enfin, ils auraient lieu de se flatter qu'approuvant leurs vues, et prenant en considération les dépenses qu'ils se trouvent obligés de faire pour les remplir, nous voudrons bien leur accorder, ainsi que nous l'avons déjà fait depuis peu de temps en faveur du sieur Bernaud pour semblable établissement dans la ville de Caen, le privilége d'une salle des spectacles dans la ville de Rouen, à leurs obéissances de faire régler par le sieur commissaire départi en la généralité de Rouen le prix du loyer de ladite salle, dans le cas où ils ne pourraient s'accorder à ce sujet avec les directeurs des spectacles, les exposants, déjà instruits par l'expérience des inconvénients et des dangers qui se rencontrent dans la position de la salle actuelle des spectacles, ont reçu favorablement la proposition de ces citoyens réunis; ils l'ont communiquée à l'assemblée des notables, laquelle, ne voyant rien dans leur projet qui ne tende à l'agrément et à l'utilité publique, a unanimement estimé qu'il est de l'intérêt même de la ville de souscrire à leur demande et qu'on ne peut faire un emploi plus avantageux d'un terrain dont ils désirent de s'assurer la propriété; en conséquence, les exposants ont, sous notre agrément, et d'après les vœux de l'assemblée des notables, arrêté, avec les sieurs Gueroult et joints, les conditions sous lesquelles le corps municipal se porte à leur faire la cession et à leur transmettre la propriété par eux demandée, et persuadés que nous voudrons bien approuver cet accord, ils réclament notre protection en faveur de cet établissement, et nous supplient de les autoriser à aliéner, en faveur des sieurs François Gueroult, Pierre Morel, Jacques Couturier, Chevillard, Joseph Pottier, Jacques Leborgne et Jean-Claude Paulée, et de leur céder, à titre de propriété incommutable et de rente foncière, perpétuelle et irracquittable, le terrain actuellement vague et les petites maisons adjacentes et dépendantes du patrimoine de ladite ville, situées dans la partie de l'emplacement de la Petite-Boucherie ci-devant désignée, aux charges, clauses et conditions arrêtées entre eux et le bureau de la ville; ordonner que les personnes qui tiennent lesdits terrains et maisons à bail emphithéotique ou par bail ordinaire, seront tenues d'en quitter la jouissance dans les trois mois de la sommation qui leur en sera faite suivant l'usage ordinaire, en payant, par lesdits sieurs Gueroult et joints, les dédommagements qui pourraient leur être dus, suivant l'estimation qui en sera faite à l'amiable, ou qui, en cas de discord, sera réglée et arbitrée par le sieur intendant; ordonner, au surplus, que l'édifice construit sur ledit emplacement sera à perpétuité et par privilége employé et affecté à usage de salle de spectacles dans ladite ville de Rouen, et que le loyer de ladite salle, en cas de discord entre les propriétaires d'icelle et les directeurs des spectacles, sera fixé par ledit sieur intendant et commissaire départi.

Nous aurions cejourd'hui fait rendre, en notre Conseil d'Etat, nous y étant, un arrêt par lequel nous aurions expliqué nos intentions et ordonné que sur icelui toutes lettres patentes nécessaires seraient expédiées, et voulant qu'il soit exécuté, à ces causes, de l'avis de notre conseil, qui a vu ledit arrêt de cejourd'hui, ci-attaché sous le contre-scel de notre chancellerie, nous avons de notre grâce spéciale, pleine puissance et autorité royale, permis, et par ces présentes signées de notre main, permettons auxdits maire et échevins de la ville de Rouen, d'aliéner aux sieurs François Gueroult, Pierre Morel, Jacques Couturier, Chevillard, Joseph Pottier, Jacques Leborgne et Jean-Claude Paulée, et de leur céder, à titre de propriété incommutable, et moyennant la rente foncière, perpétuelle et irracquittable dont ils sont convenus, le terrain actuellement vague et les petites maisons adjacentes, dépendant du patrimoine de ladite ville, et situés dans la partie de l'emplacement de la Petite-Boucherie ci-devant désignée, aux charges, clauses et conditions arrêtées entre eux et le bureau de la ville; autorisons, à cet effet, lesdits maire et échevins à passer tous actes nécessaires pour valider ladite aliénation, et ce nonobstant tous édits, déclarations et règlements à ce contraire, auxquels nous avons dérogé et dérogeons pour ce regard seulement, et sans tirer à conséquence ; ordonnons, en outre, que toutes les personnes qui jouissent desdits terrains et maisons, soit par bail emphithéotique ou par bail ordinaire, seront tenues d'en abandonner la jouissance au plus tard trois mois après la sommation qui leur en sera faite suivant l'usage ordinaire, en payant néanmoins, par ledit Gueroult et co-associés, les dédommagements qui pourraient être dus pour raison de ladite remise suivant l'estimation qui en sera faite à l'amiable, ou, en cas de difficulté, qui sera réglée par ledit intendant et commissaire départi pour l'exécution de nos ordres dans la généralité de Rouen ; voulons, au surplus, que l'édifice qui sera construit conformément au plan qui sera présenté auxdits maire et échevins, et par eux agréé, soit à perpétuité et par privilége employé et affecté à l'usage de la salle de spectacles de ladite ville de Rouen, et que le prix du loyer de ladite salle soit fixé par ledit sieur intendant et commissaire départi dans ladite généralité, si les propriétaires d'icelle n'étaient pas d'accord entre eux sur cet objet. Ci vous mandons que les présentes vous ayez à faire registrer et le contenu en icelles garder, observer et exécuter selon leur forme et teneur, nonobstant clameur de haro, chartes normandes et lettres à ce contraires, car tel est notre plaisir. En témoin de quoi, nous avons fait mettre notre scel à ces dites présentes. Donné à Versailles, le vingtième jour d'août, l'an de grâce mil sept cent soixante-treize, et de notre règne le cinquante-neuvième, signé LOUIS. Et plus bas : Par le Roi, signé BERTIN. Au-dessous est écrit : Registrées ès-registres de la cour, ce consentant le procureur général du roi, pour être exécutées selon leur forme et teneur, et jouir par les impétrants de leur effet, suivant l'arrêt de ce jour.

A Rouen, au conseil supérieur, le vingt-cinq janvier mil sept cent soixante-quatorze. Signé BUREL.

III

Louis, par la grâce de Dieu, roi de France et de Navarre, à tous ceux qui ces présentes verront, salut. Savoir faisons que cejourd'hui, vu par notre cour de Conseil supérieur de Rouen, nos lettres patentes sur arrêt de notre Conseil, par nous accordées, à Versailles, le 20 août dernier, aux sieurs maire et échevins de la ville de Rouen, par lesquelles, pour les causes y contenues, nous leur permettons d'aliéner aux sieurs François Gueroult, Pierre Morel, Jacques Couturier, Chevillard, Joseph Pottier, Jacques Leborgne et Jean-Claude Paulée, et de leur céder à titre de propriété incommutable et moyennant la rente foncière, perpétuelle et irracquittable, dont ils sont convenus, le terrain actuellement vague et les petites maisons adjacentes dépendant du patrimoine de la ville, et situés dans la partie de l'emplacement de la Petite-Boucherie, aux charges, clauses et conditions arrêtées entre eux et le bureau de la ville, et suivant qu'il est plus au long contenu en nos dites lettres patentes. Requête présentée par lesdits sieurs maire et échevins de la ville de Rouen, tendante à ce qu'il plaise à notre cour, ordonner que nos dites lettres patentes seront registrées ès-registres d'icelle, pour être exécutées selon leur forme et teneur, et jouir par les impétrants du contenu en icelles; ordonnance de notre cour étant au bas de ladite requête, en date du 11 de ce mois, portant : Soit communiqué à notre procureur général les conclusions d'icelui, et ouï le rapport du sieur Pichon de Premeslé, conseiller rapporteur ; tout considéré : notre dite cour, avant faire droit, a ordonné et ordonne que nos dites lettres patentes seront lues, publiées et affichées, tant à l'issue des messes paroissiales du lieu où ledit emplacement de la Petite-Boucherie et maisons y adjacentes sont situés, par trois dimanches consécutifs; qu'aux plus prochains marchés d'iceux, également par trois jours, pour ensuite être informé par devant le sieur Oursel, à ce commis et député par notre cour, en la présence de notre procureur général, sur la liste des témoins qui sera par lui fournie, de la commodité ou incommodité que peut nous apporter et au public l'effet de nos dites lettres patentes ; pour le tout fait, rapporté à notre cour, et communiqué à notre procureur général, être ordonné ce qu'il appartiendra, ci donnons en mandement au premier ou autre notre huissier ou sergent sur ce requis, le présent arrêt exécuter selon sa forme et teneur, de ce faire te donnons pouvoir. Donné à Rouen, au Conseil supérieur, le 14 décembre l'an de grâce 1773, et de notre règne le 59e. Par la cour : signé LEGRAIN. Collationné, signé CHAPELLE. En marge est écrit : Vu, un paraphe. Au-dessous, en la même marge, est aussi écrit : Vu aux archives, signé CHAPELLE. Au bas est également écrit : Scellé le 15e décembre 1773, un paraphe.

IV

Extrait des registres de la cour du conseil supérieur de Rouen.

Vu par la cour les lettres patentes, sur arrêt du conseil, accordées par le roi, à Versailles, le 20 août dernier, aux sieurs maire et échevins de la ville de Rouen, par lesquelles, pour les causes y contenues, Sa Majesté leur permet d'aliéner aux sieurs François Gueroult, Pierre Morel, Jacques Couturier, Chévillard, Joseph Pottier, Jacques Leborgne et Jean-Claude Paulée, et de leur céder, à titre de propriété incommutable, et moyennant la rente foncière, perpétuelle et irracquittable dont ils sont convenus, le terrain actuellement vague et les petites maisons y adjacentes, dépendant du patrimoine de ladite ville et situés dans la partie de l'emplacement de la Petite-Boucherie, aux charges, clauses et conditions arrêtées entre eux et le bureau de la ville, pour construire dans ledit emplacement un édifice à l'usage de salle de spectacles, et suivant qu'il est plus au long contenu auxdites lettres patentes. Arrêt de la cour, rendu sur la requête desdits sieurs maire et échevins, le 14 décembre dernier, par lequel il est ordonné, avant faire droit, que lesdites lettres patentes seront lues, publiées et affichées, tant à l'issue des messes paroissiales du lieu où ledit emplacement de la Petite-Boucherie et maisons y adjacentes sont situés, par trois dimanches consécutifs, qu'aux plus prochains marchés d'iceux, également par trois jours, pour ensuite être informé pardevant le sieur Oursel, conseiller à ce commis et député par la cour, en la présence du procureur-général du roi, sur la liste des témoins qui sera par lui fournie, de la commodité ou incommodité que peut apporter au roi et au public l'effet desdites lettres patentes. Pour le tout fait rapporté à la cour et communiqué au procureur-général du roi, être ordonné ce qu'il appartiendra. Procès-verbaux de lecture et publications desdites lettres patentes et arrêt de la cour faits au Neuf-Marché de ladite ville de Rouen, les 22, 24 et 27 décembre dernier, contrôlés à Rouen les jours de leurs dates. Autres pareils procès-verbaux de lecture et publications faites issue des messes paroissiales de Saint-Martin-du-Pont, les dimanches 19, 26 de décembre dernier et 2 du présent mois, contrôlés à Rouen, le lendemain de leurs dates; information faite, en conséquence dudit arrêt de la cour devant daté, par le sieur Oursel, conseiller, commissaire à ce député, le 4 de cedit mois ; requête présentée par lesdits sieurs maire et échevins de la ville de Rouen, tendante à ce qu'il plaise à la cour ordonner, que lesdites lettres patentes, sur arrêt du conseil du 20 août 1773, seront registrées en icelle, pour être exécutées selon leur forme et teneur, et jouir par les exposants du contenu en icelles. Ordonnance de la cour étant au bas de ladite requête, en date du 10 de cedit mois, portant : Soit communiqué au procureur-général du roi ; les conclusions d'icelui et ouï le rapport du sieur Michel de Chambor, conseiller-rapporteur ; tout considéré, la cour a ordonné et ordonne que lesdites lettres patentes seront registrées ès-registres d'icelle, pour être exécutées selon leur forme et teneur, et jouir par les impétrants de l'effet et contenu d'icelles.

A Rouen, au conseil supérieur, le vingt-cinq janvier mil sept cent soixante-quatorze, signé BUREL. Collationné, signé CHAPELLE. Collationné aux originaux par nous, écuyer, conseiller-secrétaire du roi, maison-couronne de France et de ses finances. Signé LE COUTEULX.

V

FIEFFE DE LA VILLE.

CONTRAT SYNALLAGMATIQUE DU 15 MARS 1774.

Par-devant les conseillers du roi, notaires à Rouen, soussignés, furent présents M. Antoine Le Couteulx, écuyer, conseiller-secrétaire du roi, maison-couronne de France et des finances, seigneur et patron de Vertclives, maire de la ville de Rouen, y demeurant, rue aux Ours, paroisse de Saint-Pierre-du-Châtel ; M. Richard-Gontran Lallemant, écuyer-conseiller, premier échevin de ladite ville, y demeurant, rue Bourg-l'Abbé, paroisse de Saint-Godard ; M. Louis Mery, conseiller, second échevin de ladite ville, y demeurant, rue Herbière, paroisse Saint-Eloi ; M. Antoine-Simon-Pierre Levieux, négociant à Rouen, y demeurant, rue de la Vicomté, paroisse Saint-Vincent ; M. Pierre-Louis Lézurier, écuyer, conseiller-secrétaire du roi, maison-couronne de France, audiencier en la chancellerie établie en Normandie, demeurant à Rouen, rue et paroisse dudit Saint-Vincent ; M. Guillaume Debonne, négociant à Rouen, y demeurant, rue des Carmes, paroisse Saint-Herbland ; M. Jean-François-Gabriel Dornay, avocat au parlement, demeurant à Rouen, rue Dinanderie, paroisse de Saint-Pierre-l'Honoré ; ces quatre derniers tous conseillers-échevins en exercice de ladite ville, et M. François-Maurice Durand, conseiller du roi et son procureur en l'hôtel de ladite ville de Rouen, y demeurant, dans l'enclos dudit Hôtel-de-Ville, paroisse de Notre-Dame-de-la-Ronde ;

Lesquels, considérant qu'il est important pour la sûreté et commodité des citoyens qu'il soit construit une salle de spectacle qui ne soit pas exposée aux mêmes dangers et inconvénients que celle qui existe actuellement,

Ont, mesdits sieurs maire, échevins et procureur du roi, par le présent, baillé et concédé à titre de fieffe, rente foncière, perpétuelle et irracquittable, en exécution de l'arrêt du conseil de Sa Majesté et lettres patentes sur icelui, le tout du 20 août 1773, enregistré, après information faite de commodo et incommodo, au conseil supérieur de Rouen, le 25 janvier dernier, et en conséquence des différents arrêtés faits audit Hôtel-de-Ville entre mesdits sieurs maire et échevins, et les sieurs preneurs ci-après nommés :

Aux sieurs François Guéroult, architecte, demeurant à Rouen, sur le quai de cette ville, paroisse de Saint-Cande-le-Vieux ;

Pierre-Antoine Morel, agent de change, demeurant à Rouen, rue du Fardeau, paroisse de Saint-Pierre-du-Châtel ;

Jacques Couturier, entrepreneur de bâtiments, demeurant à Rouen, rue des Arpents, paroisse Saint-Maclou ;

Claude-François Chevillard, directeur des spectacles, demeurant audit Rouen, rue Herbière, paroisse Saint-Eloi ;

Joseph Pottier, marchand à Rouen, y demeurant, rue Grand-Pont, paroisse de Saint-Cande-le-Jeune ;

Jacques-Abraham Leborgne, négociant à Rouen, y demeurant, place du Marché-aux-Veaux, paroisse Saint-Michel;

Jean-Claude Paulée, bourgeois de Paris, y demeurant, rue Saint-Pierre, faubourg Saint-Antoine, paroisse de Sainte-Marguerite, absent stipulé et représenté par ledit sieur Pierre-Antoine Morel, son beau-frère, qui a déclaré se faire fort dudit sieur Paulée, pour lequel il promet faire ratifier le présent contrat et en fournir acte en forme au plus tard dans quinzaine de ce jour (1);

Et Pierre-Nicolas de Fontenay, négociant à Rouen, y demeurant, rue des Charrettes, paroisse Saint-Vincent; que lesdits sieurs Gueroult, Couturier, Chevillard, Morel, Pottier, Leborgne et Paulée, stipulés comme dessus, déclarent avoir admis en participation dans la présente fieffe et dans l'entreprise qui en doit être la suite, lesdits sieurs Gueroult, Morel, Couturier, Chevillard, Pottier, Leborgne et de Fontenay, à ce présents, et ledit sieur Paulée, stipulé comme dessus, tous conjointement preneurs et acceptants pour eux, leurs hoirs ou ayant-cause, aux charges et conditions ci-après exprimées.

C'est à savoir : les terrains et bâtiments appartenant audit Hôtel-de-Ville, faisant partie de l'emplacement de la Petite-Boucherie, dans lesquels se trouvent compris le mur de la ville et les boutiques sur le quai adossées contre le parement extérieur d'icelui, avec l'intégrité de la maison du sieur Caule et de celle occupée par le sieur

---

(1) Cette ratification a été faite, le 29 mai 1774, devant deux notaires de Paris, et déposée, le 31 mai 1774, chez Me Vitecoq, notaire à Rouen.

Castel, vinaigrier, et enfin tous les autres bâtiments étant sur l'emplacement cédé, mentionné en leurs deux requêtes, et conformément au plan desdits terrains, demeuré joint à la minute des présentes, signé et paraphé de toutes les parties, en présence desdits notaires, lequel plan est coté des principales mesures, dont le lavis en jaune exprime le terrain concédé, et les parties lavées d'une teinte d'encre de la Chine désignent les maisons restantes audit Hôtel-de-Ville et celles appartenant à divers particuliers dans l'enclave du carré dudit emplacement, et la demi-teinte en lavis d'encre de la Chine exprime le mur de rempart faisant partie du terrain concédé, lequel emplacement, au moyen de l'alignement arrêté par messieurs du bureau des finances, a de longueur, sur la face de la rue des Charrettes, depuis l'angle formé par ladite rue avec la rue Grand-Pont jusques et contre le pignon de la maison appartenant au sieur Lecarpentier, 96 pieds 3 pouces, et sur la ligne AB parallèle à ladite face, depuis l'alignement de la rue Grand-Pont jusque contre le restant des bâtiments appartenant à l'Hôtel-de-Ville dans le restant de la place, faisant 8 pieds au-delà de la maison du sieur Caule, perpendiculairement à la ligne AB, 120 pieds de largeur ; sur la face de la Petite-Boucherie, dont partie se trouve derrière les bâtiments restant audit Hôtel-de-Ville, 68 pieds 7 pouces, et dans la ligne CD, parallèle à ladite face, jusques et compris le mur de la ville et les petites boutiques sur le quai adossées contre le parement extérieur d'icelui, 101 pieds ou environ, avec aussi l'entier abandon du terrain devant lesdites boutiques, que l'alignement indéterminé du quai pourrait leur procurer par la suite dans la longueur de 78 pieds

8 pouces ou environ, compris entre la cage de l'escalier de la maison du sieur Lecanu, joignant la porte Grand-Pont et la maison du sieur Dauphine, cavalier de la maréchaussée;

Pour, desdits terrains, maisons et autres objets ci-dessus désignés, jouir, posséder, faire et disposer par lesdits sieurs preneurs à fieffe en toute propriété, du 24 janvier dernier, jour de l'enregistrement desdits arrêts du conseil et lettres patentes sur icelui, en exécution de la rente de 80 livres, due audit Hôtel-de-Ville sur la maison du sieur Caule, et de toutes rentes autres que celle de fieffe ci-après exprimée, mais à la charge de l'exécution de toutes les conditions exprimées aux onze articles ci-après.

ART. 1er.

La présente fieffe n'est faite que sous condition expresse que ledit emplacement sera spécialement employé à la construction d'une salle de spectacle conforme aux plans présentés par ledit sieur Gueroult et approuvés par lesdits maire et échevins, qui demeureront exposés audit Hôtel-de-Ville, signés et paraphés de M. le maire et dudit sieur Gueroult, pourquoi lesdits sieurs maire et échevins demeurent expressément réservés de rentrer, sans aucune formalité de justice, dans la pleine propriété, possession et jouissance du terrain concédé, et auront à leur profit les constructions commencées sur icelui, dans le cas où le projet dudit établissement ne sera pas exécuté dans le temps de trois années, à compter du 24 janvier dernier, jour dudit enregistrement, sans que, sous aucun prétexte ni dans aucun temps, lesdits sieurs preneurs, leurs successeurs ou ayant-cause, puissent changer ladite destination ni l'employer à d'autres usages; pourront néanmoins lesdits sieurs preneurs faire construire dans le surplus dudit terrain et dans les entours de ladite salle, tels autres édifices qu'ils jugeront à propos, soit pour la commodité de ladite salle, ou à tel autre usage qu'ils aviseront bien.

ART. 2.

Dans le cas d'inexécution dudit projet dans le terme ci-dessus fixé par l'article premier, et qu'avant ou après l'avoir commencé il y aurait du dommage causé sur ledit terrain par les démolitions ou détériorations du fait desdits preneurs, dont la ville ne se trouverait pas indemnisée suffisamment par les ouvrages encommencés, lesdits sieurs preneurs seront tenus de payer à la ville le dédommagement du préjudice qui lui aura été causé à due estimation.

ART. 3.

Lesdits sieurs preneurs seront tenus de payer tous les dédommagements qui pourront être demandés soit par ledit sieur Caule ou autres emphitéotes et locataires de la ville qui seront dans le cas d'être dépossédés avant l'expiration de leurs baux, et ce, aux termes de leurs contrats et de leurs baux, dont lesdits sieurs preneurs ont déclaré avoir eu communication, le tout ainsi et de manière que la ville n'en puisse être inquiétée ni recherchée.

ART. 4.

Tous les dégradements qui pourraient être faits aux maisons voisines des édifices projetés, soit qu'elles soient du patrimoine de la ville, soit que la propriété en appartienne à des particuliers, seront réparés aux frais desdits sieurs preneurs, parce qu'ils auront à leur profit les matériaux de démolitions des bâtiments appartenant à la ville étant actuellement dans l'emplacement à eux concédé.

ART. 5.

Dans le cas où la ville se porterait, dans la suite des temps, à exhausser ce qui lui reste du terrain et emplacement de la Petite-Boucherie, à quoi elle demeure expressément réservée, lesdits sieurs preneurs ne pourront prétendre aucun dédommagement contre elle à raison de la dépense qu'ils seraient obligés de faire pour reporter au niveau de l'élévation la porte qu'ils auraient ouverte sur ledit emplacement restant de la Petite-Boucherie.

ART. 6.

Lesdits sieurs entrepreneurs seront tenus de faire à leurs frais tous les ouvrages nécessaires pour la conservation, conduite et direction de l'égout du coin de la rue des Charrettes et de la fontaine publique existant dans la place de la Petite-Boucherie, même de changer la position actuelle de ladite fontaine et dudit égout, s'il est jugé convenable par lesdits sieurs maire et échevins.

ART. 7.

Le bureau de l'Hôtel-de-Ville aura à perpétuité, dans ladite salle des spectacles, une loge à huit places, dont quatre sur le devant et quatre sur le derrière, ladite loge faisant décoration au rang des secondes, au milieu et sur la porte de l'amphithéâtre, au-devant de laquelle loge seront empreintes et conservées à toujours les armes de la ville, et à laquelle loge seront posés un accoudoir et des chaises comme aux premières loges, et ne pourra, ladite loge ainsi affectée audit bureau de ville, être occupée que par MM. les maire, échevins et procureur du roi, et non par d'autres, si ce n'est de leur agrément, consentant néanmoins, lesdits sieurs maire et échevins, pour eux et les autres personnes qui entreront de leur agrément dans ladite loge, de payer le prix qui sera réglé pour les secondes loges à proportion du nombre de personnes qui occuperont ladite loge à chaque représentation, sans qu'il puisse être rien prétendu pour les places qui se trouveront vacantes.

ART. 8.

Il sera donné, chaque année, du consentement de Mgr le gouverneur, au profit des deux hôpitaux de cette ville, dans le carême, à l'exception de la dernière semaine, des spectacles, les frais de garde et de lumière prélevés, et tout abonnement cessant, deux représentations dont les pièces et les jours seront au choix de Mgr le gouverneur, sur la proposition qui lui en sera faite par MM. les maire et échevins, desquelles deux représentations le produit sera partagé également entre les deux hôpitaux.

ART. 9.

Lesdits sieurs preneurs s'obligent d'employer dans les baux qu'ils feront de ladite salle de spectacles les conditions employées aux articles 7 et 8 ci-dessus, à peine de tous dépens, dommages et intérêts.

ART. 10.

Les armes du roi, celles de Mgr le duc de Harcourt et celles de la ville seront sculptées avec reliefs et ornements sur le frontispice le plus apparaissant dudit édifice ; savoir : celles du roi, occupant le devant et la partie la plus élevée dudit frontispice ; celles de Mgr le duc de Harcourt, la droite, et celles de la ville, la gauche.

ART. 11.

Payeront lesdits sieurs preneurs, si fait n'a été, tous frais de l'arrêt du conseil, lettres patentes, information de commodo et incommodo et d'enregistrement, et généralement tous autres accessoires, ensemble le coût du présent acte et tous frais et droits d'icelui, et en délivreront une grosse en forme exécutoire à mesdits sieurs maire et échevins au plus tard dans quinzaine de ce jour, à laquelle grosse sera annexé un plan conforme à celui qui est demeuré joint à la minute des présentes.

Outre les charges et conditions employées aux onze articles ci-dessus, la présente fieffe est faite moyennant le prix et somme de 300 livres de rente foncière, perpétuelle et irracquittable, payables par lesdits sieurs preneurs, solidairement à leurs dépens, au jour de Saint-Michel de chaque année, audit Hôtel-de-Ville, au bureau de la recette, en espèces sonnantes et non autrement, et en exemption de tous droits de dixième denier, vingtième, et toutes autres charges et impositions royales créées ou à créer, sous quelque dénomination qu'elles puissent être imposées sur les biens fonds, à commencer à courir du jour Saint-Michel de la présente année 1774, dont la première année de paiement écherra au jour de Saint-Michel 1775, et ainsi continuer ladite rente à l'avenir et à perpétuité ; au paiement et garantie de laquelle rente foncière de 300 livres, ainsi qu'à l'exécution de toutes les clauses et conditions employées aux onze articles ci-dessus, les fonds et emplacements ci-dessus fieffés et concédés demeurent, par privilége spécial, affectés et hypothéqués, et en outre lesdits sieurs preneurs devant nommés y ont, par le présent, obligé tous leurs autres biens, meubles et immeubles, présents et à venir, ensemblement, solidairement, un seul pour tous, sans division, ordre de discussion ni appellation de garantie, sans qu'une obligation déroge à l'autre.

Et faute par lesdits sieurs preneurs de payer régulièrement les arrérages de ladite rente, faute aussi d'exécuter toutes les conditions employées aux onze articles ci-dessus, et d'entretenir par la suite les édifices qui seront construits en si bon état que les vues dudit Hôtel-de-Ville, dans la présente concession, soient remplies exactement, et que la rente de fieffe soit facilement perçue, pourront, lesdits sieurs maire et échevins, en tous lesdits cas et en chacun d'iceux, après néanmoins six mois d'avertissement, rentrer en la pleine propriété, possession et jouissance desdits terrains concédés et édifiés, construits sur iceux, sans aucune formalité de justice, et sans être tenus de rien rendre auxdits sieurs preneurs ou leurs ayant-cause des constructions et autres dépenses qu'ils auraient faites sur lesdits terrains; laquelle clause ne pourra être réputée peine comminatoire, mais convention expresse sans laquelle lesdites fieffes et concession n'auraient été faites; en témoins de ce qui a été mis à ces présentes le scel royal de ce notariat. Fait et passé à Rouen, au bureau dudit Hôtel-de-Ville, l'an 1774, le 15 mars, après midi, et ont les parties signé, lecture faite, la minute des présentes, demeurée à M° Vitecoq, un des notaires du roi, à Rouen, soussigné.

Contrôlée et insinuée audit Rouen, le 22 des mêmes mois et an, par le sieur Foucher, à ce commis, qui a reçu la somme de 126 livres 14 sous.

Signés Legingois et Vitecoq.

VI.

ACTE DE SOCIÉTÉ DU 16 MARS 1774,

POUR LA CONSTRUCTION DU THÉATRE-DES-ARTS ET DÉPENDANCES,

Situé à Rouen, et pour la jouissance perpétuelle.

Actionnaires:

MM. Chevillard,	1/8e	MM. De Fontenay,	1/8e
Pottier père,	1/8e	Morel,	1/8e
Gueroult,	1/8e	Paulée,	1/8e
Leborgne,	1/8e	Jacques Couturier,	1/8e

Nous soussignés, François Gueroult, architecte; Pierre Morel, agent de change; Jacques Couturier, entrepreneur de bâtiments; Claude-François Chevillard, directeur des spectacles; Joseph Pottier, marchand; Jacques Leborgne, négotiant à Rouen; Claude Paulée, de Paris, représenté par le sieur Morel, verballement associés pour l'entreprise et construction d'une nouvelle salle de spectacles en cette ville, et Pierre-Nicolas de Fontenay, aussy négotiant à Rouen, depuis par nous admis à participer à laditte entreprise, ainsy qu'il conste par le contrat de fieffe à nous fait par MM. les maire et échevins de l'Hôtel-de-Ville de Rouën, du terrein et emplacement sur lequel laditte salle doit être construite, passé devant maître Vitecoq et son confrère, notaires à Rouën, le 16 mars 1774, désirant donner à cette association une forme régulière, nous avons unanimement rédigé et souscrit le présent acte et arresté les clauses et conditions stipulées ci-après ;

Sçavoir :

ART. 1er.

Les intérest à laditte entreprise, propriété et fruits d'icelle étant divisés par égale portion de chacune un huitième entre les associés, chacun d'eux en conséquence sera tenu de fournir également à la mise de fonds nécessaires tant pour les indemnités qu'on sera dans le cas de payer aux fieffataires de maisons concédées que pour la construction de laditte salle et des bâtiments qui y seront ajoutés.

ART. 2.

Le sieur François Gueroult, architecte, l'un de nous, s'est spécialement et exclusivement chargé de conduire laditte construction, comme aussi de régler avec les fieffataires de maisons dont on s'empare les indemnités qui pourront leur appartenir, bien entendu qu'il se conformera au plan qu'il nous a présenté et que nous avons approuvé ; il lui est accordé pour ses honoraires 6,600 livres pour toutes choses, quand même l'entreprise excéderait la somme désignée dans l'article suivant, de laquelle somme il sera payé à fur et mesure de la construction.

ART. 3.

Ne pourra néâmoins ledit sieur Gueroult excéder, tant pour les frais de laditte bâtisse que pour les indemnités cy-dessus expliquées, la somme de 100 à 120,000 livres sans y être autorisé par une délibération expresse et signée de tous les associés.

ART. 4.

Nous laissons pareillement audit sieur Gueroult le soin de faire les devis ou marchés ainsy qu'il avisera bien pour l'intérêt de la société, à la charge par lui de nous les communiquer toutes fois et quantes il en sera requis, comme aussi de régler et arrêter les mémoires des entrepreneurs, fournisseurs et ouvriers, et de leur en délivrer des mandats sur le sieur Morel, l'un de nous, que nous avons choisi et nommé pour faire la recette et dépense de cette entreprise, et qui se soumet de ne rien payer que sur les ordres dudit sieur architecte.

ART. 5.

Chacun de nous sera tenu de remettre audit sieur Morel une somme de 3,000 livres que nous évaluons devoir former environ le quart des dépenses dont chaque intéressé sera susceptible, et ce dans la huitaine pour tout délay à compter de la datte du présent acte.

ART. 6.

Lorsque les progrès de la construction exigeront de nouveaux fonds, il sera convoqué une ou plusieurs assemblées de tous les associés pour y délibérer tant sur la quotité que sur l'époque à laquelle il faudra verser les capitaux nécessaires, et chacun des associés s'oblige de fournir à raison de son intérêt la somme qui sera fixée par la délibération, à peine par celui qui s'y refuserait d'être déchu de son intérest dans laditte entreprise, lequel resterait au bénéfice des autres associés, et sans qu'il puisse exiger le remboursement de sa première ou autres subséquentes mises qu'on est expressément convenu devoir rester pour valoir de dommages et intérest, et pour éviter les longueurs et retardements qui pourraient arriver dans les délibérations cy-dessus par l'absence d'aucun des associés, il est expressément convenu que ce qui aura été délibéré par cinq des associés aura son exécution comme si tous avoient signé.

ART. 7.

En cas de décès de l'un de nous avant la perfection dudit édifice, les héritiers du défunt seront obligés de se conformer aux conventions mentionnées audit acte et de fournir exactement à toutes les contributions, sous peine d'être déchus de l'intérêt dont ils auront hérité et de perdre les mises qui auroient déjà été faites, lesquels vertiront au bénéfice des autres associés.

ART. 8.

Le sieur Gueroult sera tenu de fournir à chaque intéressé qui l'exigera un plan de laditte salle de spectacle et des maisons qui y seront joingtes.

ART. 9.

L'arrêt et lettres patentes du conseil du roy et tous autres actes originaux relatifs à cette entreprise seront déposés chez maître Vitecoq, notaire, aux frais de la compagnie, pour leur en être délivré chacun une expédition.

ART. 10.

Après l'entière perfection dudit édifice, le sieur Morel sera seul chargé de recevoir les loyers tant de la salle que des autres maisons, et de payer les rentes et deniers royaux, et de faire faire les réparations nécessaires, et faire à chacun de nous la répartition desdits loyers tous les six mois, dont luy donnerons quittances sur un livre destiné à cet objet.

ART. 11.

S'il convenait à l'un des intéressés de vendre ou céder son intérest dans ladite entreprise ou dans les constructions qui auront été faites, il ne le pourrait faire que sur le refus bien constaté et par écrit des autres intéressés, et pourront lesdits associés soit en commun ou même un ou plusieurs d'entre eux retirer la portion vendue sur tous acquéreurs qui ne seraient parents ou lignagers du vendeur par un droit de préférence que lesdits associés ont jugé à propos de s'accorder mutuellement.

ART. 12.

S'il arrivait quelque chef sur lequel les intéressés ne fussent point d'accord entre eux, ils consentent soumettre la difficulté à la décision d'arbitres qu'ils seront tenus de nommer, du jugement desquels on ne pourra appeler, sous peine de 1,000 livres au profit des hôpitaux.

Le présent acte de société en douze articles a été convenu et arrêté entre les parties sans qu'aucunes des clauses puissent être changées, attendu qu'elles ont été unanimement convenues, et que sans elles ladite entreprise n'aurait point eu son effet.

Fait octuple, le 16 mars 1774.

    Chevillard.   Pottier.
    Leborgne.   Jacques Couturier.
    Gueroult.   Morel, tant pour moy
    De Fontenay.   que pour M. Paulée.

Nota. — Sur la copie du présent acte, également signée de toutes les parties, à la suite est écrit : Enregistré à Rouen, le 12 juin 1829, f° 88. Reçu 5 fr. 50 c.

    Signé :

Nous en avons fini avec les pièces officielles.

Toutes les formalités étaient terminées; on se mit promptement à l'œuvre, et le lundi 18 juillet 1774, la première pierre du théâtre situé au bas de la rue Grand-Pont (Théâtre de Rouen), a été posée par M. de Crosne, intendant et premier président (1), conjointement avec MM. les maire et échevins. On a placé sous cette pierre une boîte de plomb contenant une plaque d'argent sur laquelle est une inscription relative à l'objet. Mme de Crosne, Mme et Mlle Le Coulteux et autres dames de distinction ont mis la main à l'ouvrage. MM. les entrepreneurs, le sieur Gueroult, architecte, à leur tête, leur ont présenté des tabliers, des

---

(1) Après l'expulsion du parlement par le chancelier Maupeou, Thiroux de Crosne fut premier président du conseil supérieur de Rouen, qui remplaça l'ancien parlement de Normandie.

gants et des bouquets. La cérémonie s'est faite au son des
instruments et avec l'ordre et la pompe que l'on peut désirer (*sic*). Ensuite on a servi des glaces et autres rafraîchissements sous une tente artistement préparée.
Des vers ont été faits à cette occasion ; les voici :

> Triomphe, dieu du goût, des arts et des talents ;
> On élève à ta gloire un monument durable,
> Et les Grâces en ont posé les fondements.
> Puisses-tu les fixer ; et qu'un lien aimable
> Unisse pour jamais, comme ils font en ce jour,
> Les Muses, les Vertus, les Grâces et l'Amour.

Laissons s'élever l'édifice et voyons ce qui advint pendant sa construction. Les esprits se préoccupèrent fort de la future nouvelle salle, et l'histoire du théâtre à Rouen entre ici dans une période toute particulière que nous appellerons la période académique, à cause des rapports de ce théâtre avec l'Académie des Sciences, Belles-Lettres et Arts de Rouen. L'Académie, — depuis cette époque, — n'a pas eu de relations si fréquentes avec les spectacles de Rouen pour qu'il soit raisonnable de mettre en oubli celles que l'on a pu retrouver. Ce corps savant d'ailleurs compte parmi ses membres des auteurs dramatiques, des compositeurs et des artistes qui nous pardonneront de mêler le nom austère de l'Académie à des choses de théâtre.

Voici d'abord la copie d'une lettre écrite à MM. de l'Académie des Sciences et Belles-Lettres de Rouen, par un habitant qui a gardé l'anonyme :

« Messieurs,

« Par la description qui m'a été faite du plan de la salle des spectacles que votre ville fait construire, j'ai vu, avec plus de plaisir que de surprise, que le goût y a présidé ; cependant j'aurais désiré sur la façade de cet édifice un buste ou un médaillon de Pierre Corneille.

» Ce désir est d'autant mieux fondé, que ce grand poète, le père du théâtre, a honoré Rouen, sa patrie, par un génie supérieur, par des talents encore à imiter, et par son nom qui ne mourra jamais. Rouen devrait donc, dans une circonstance aussi favorable, éterniser la reconnaissance envers cet homme illustre, son citoyen ; mais j'espère que vous, messieurs, qui travaillez sans cesse pour la gloire de cette même patrie, vous vous empresserez de faire décerner cet honneur à ce grand homme, votre patriote, auquel tout Paris rendait les mêmes honneurs, lorsqu'il paraissait au spectacle, qu'aux princes du sang, qui faisait verser des larmes aux Turenne, aux Condé, et dont les ouvrages, traduits dans toutes les langues, font toujours l'admiration de l'Europe. Ce zèle de votre part vous méritera la reconnaissance de vos concitoyens, et les gens de lettres vous admireront d'avoir si bien su consacrer un temple à celui qui en est le Dieu.

« J'ai l'honneur d'être, etc., etc.,

« F. D. C. »

Ce vœu a été exaucé, grâce, sans doute, à la haute intervention de l'Académie.

Les lumières de l'Académie de Rouen ont été mises à contribution dans une autre circonstance. Elle fut, en l'année 1774, consultée par un de ses membres, M. Dornay, sur différents projets d'inscription qu'on l'avait prié de composer pour la nouvelle salle de spectacle de la ville. La compagnie adopta celle-ci :

Vous qu'amènent ici vos loisirs et nos jeux,
Sortez-en plus instruits, meilleurs et plus heureux.

J'avoue, dit un correspondant de la feuille hebdomadaire, à la date du 29 septembre 1775, que ce n'est qu'en tremblant que je vais hasarder mes réflexions sur ces vers devenus, par adoption, enfants de l'Académie. Ils semblent être une paraphrase languissante de l'inscription si connue de Santeuil : *Castigat ridendo mores*. A la place de la précision et de la simplicité, les deux vers français n'offrent que langueur et verbiage, sans parler de leur forme prosaïque.

Le critique qui s'exprimait ainsi proposait les deux vers suivants :

Par d'aimables leçons je charme vos loisirs
Et corrige vos mœurs par la voix des plaisirs.

A son tour il rencontra une critique sévère qui signala combien *vos* sent l'apostrophe, et proposa de modifier ainsi le second vers :

Et corrige les mœurs par la voix des plaisirs.

Nous n'en finirions pas si nous reproduisions les tournois littéraires qui s'ouvrirent à propos des propositions de chacun; nous donnons ci-après une série d'élucubrations diverses :

Je réunis pour charmer vos loisirs
Le goût, les mœurs et les plaisirs.

Toi qui ris des défauts que peint ici l'acteur,
Ecoute... et descends dans ton cœur.

THÉATRE

En cette salle, à l'aide des acteurs,
C'est en riant qu'on redresse les mœurs.

Muse, par tes plaisirs tu sais charmer nos cœurs ;
Tu fais mieux : en riant, tu corriges nos mœurs.

Ou bien ce seul vers :

Thalie en badinant sait corriger nos mœurs.

Par des ris innocents je corrige les mœurs.

Ou bien :

Par d'agréables jeux nous corrigeons les mœurs.

—

Je ris, critique, instruis ; mon art sous d'autres traits
Couronne les vertus et punit les forfaits.

—

En badinant je réforme les mœurs ;
J'aime, je hais, je frappe et j'émeus tous les cœurs.

—

Pour amuser, instruire et corriger les mœurs,
Je fais rire en ces lieux ou répandre des pleurs.

—

Rions de nos pareils, ils nous rendront plus sages.

Voulez-vous d'utiles conseils ?
Venez ici rire de vos pareils.

Au temple du bon goût réside Melpomène ;
Le vice et la vertu, tour à tour sur la scène,

Pour corriger les mœurs appellent la raison,
Voltaire, Racine, Corneille et Crébillon.

Je fais rire ou pleurer et chacun est content.

Par ses pleurs, Melpomène émeut l'âme et le cœur,
Et Thalie en ses ris donne à tous un censeur.
Faire la guerre au vice, encenser la vertu,
De mes ris, de mes pleurs, c'est le droit absolu.
Plaire à tous et former les âmes et les cœurs,
C'est l'effet de mes jeux, de mes ris et mes pleurs.

Par d'aimables leçons et d'aimables plaisirs,
Je corrige vos mœurs et charme vos loisirs.

Du crime en traits hardis j'attaque la fureur,
Du vice en amusant je peins toute l'horreur.

J'unis pour charmer vos loisirs,
Le goût, les mœurs et les plaisirs.

Ou bien :

Des efforts de Thalie arbitre et spectateur,
Ris des défauts d'autrui, mais descends dans ton cœur.

Je réunis sous mon empire
L'art d'amuser, le droit d'instruire.

Je suis également par mes ris et mes pleurs
Le temple du bon goût et l'école des mœurs.

Célébrer la vertu
Et foudroyer le vice
De chaque individu,
Voilà notre exercice.

Exalter les vertus
Et réformer les vices
De tous individus,
Tels sont nos exercices.

Mon unique exercice
Est d'aimer la vertu
Et de blâmer le vice
Dans chaque individu.

Respecter la vertu
Et reprendre le vice
Dans tout individu,
Tel est mon exercice.

—

Au séjour du bon goût tout plaît, flatte, intéresse,
On chérit les talents, les grâces, la tendresse,
Melpomène y nourrit les âmes et les cœurs,
Thalie en badinant en ris change les pleurs,
Blâme ou loue avec art nos défauts et nos mœurs.

En voici encore un paquet :

Ici l'art à son gré sait émouvoir les cœurs ;
L'esprit en s'égayant y corrige les mœurs.

Vous que rassemble ici le plaisir ou l'ennui,
Corrigez vos défauts sur les défauts d'autrui.

—

Si vos loisirs vous mènent en ces lieux,
Riez du vice et sortez vertueux.

A THALIE.

Ingénieuse institutrice,
Je rends hommage à ton talent :
Tu peins et corriges le vice
Par le plus aimable artifice
Et par l'appât le plus charmant.

La leçon qui sait plaire est la mieux entendue !
Censeurs, voilà notre art : votre peine est perdue.

———

Ici des doctes sœurs reconnaissons l'empire ;
Melpomène attendrit et fait couler des pleurs ;
Le grand art de Thalie est de plaire et d'instruire,
En corrigeant le vice elle embellit les mœurs.

Contemple-toi dans ce miroir,
Regarde bien, tu dois t'y voir.

Je folâtre, je pleure, et tout n'est qu'apparence,
Corriger en riant fait toute ma science.

Si je trompe vos yeux, la scène vous éclaire,
Elle s'adresse à tous et dit ce qu'il faut faire.

C'est ici que les arts ont fixé leur séjour,
Et pour l'orner d'un nouveau lustre,
Rouen y place le poète illustre,
A qui jadis elle donna le jour.

Il ne faudrait pas croire que toutes les muses de la fin

du siècle dernier dédaignassent le latin. Ainsi, on a proposé les vers suivants :

> Melpomene vel mæsta gemat, ludat ve Thalia ;
> Hoc velata patent morum præcepta Theatro.

> Hic tibi Melpomene luget, ridetque Thalia ;
> Utraque dissimili munere diva docet.

> Jura hic Melpomene, dat et hic sua jura Thalia
> Illa flet errores, errores altera ridet.

On proposa aussi de s'accommoder *tout simplement* de ces deux vers :

> Quidquid agunt homines, votum, timor, ira, voluptas
> Gaudia, discursus, nostri est farrago theatri.
> *Juv., Sat. 1.*

Après la copie, l'imitation ; et ce n'est rien moins qu'Horace que l'on a voulu imiter. Qu'on en juge :

> Hic vos scena duplex, ludo fallente laborem,
> Respicere exemplar vitæ morumque jubebit.

Un autre auteur a exprimé ainsi une pensée qui est fausse dans la circonstance, et pour récompense il a demandé aux entrepreneurs ses entrées franches :

> Vitia virtute pellit.

Nous ne voulons pas, dans la crainte d'ennuyer nos lecteurs, citer tous les vers latins ; voici les meilleurs :

> Eradit crimen lacrymis et vitia risu ;
> Illa animos terrore trahit vero, altera plausus.

Quelques auteurs ont cherché le laconisme. Exemples :

> Totius ætatis schola.

Sexuum correctrix amborum

Mores commendat et artes,

Publicis, post privata negotia, ludis.

Enfin, un Rouennais a découvert, dans un exemplaire des *Œuvres d'Horace*, imprimé à Orléans, une épigramme de Sanford adressée à Horace, et dont l'extrait suivant lui paraît approprié à la circonstance :

Arte Poetam

Instruit; exagitat crimina, corda domat.

L'auteur modeste de cette découverte déclare qu'il ne demande aucune récompense, pas même son entrée franche une seule fois au théâtre.

On s'attend, après tant de détails sur ce concours poétique, à apprendre quelle fut l'inscription choisie. Il nous a été impossible de le savoir. Nous supposons seulement que les mots : *Castigat ridendo mores* furent placés sur une banderolle, au-dessus de la toile, entre celle-ci et les quatrièmes.

En ce temps-là, janvier 1775, les questions littéraires étaient prises chaudement, et le respect pour tous les concitoyens illustres était professé avec ardeur. Nous n'en voulons pour preuve que la lettre suivante, écrite à MM. les intéressés dans la construction de la nouvelle salle de spectacle :

« Messieurs,

« Le dessein que vous avez formé de placer le buste ou le médaillon de Pierre Corneille sur le frontispice de votre salle, est généralement applaudi ; mais vous avez résolu, dit-on, d'y mettre pour pendant celui de Voltaire. Sans parler de la préférence que vous donnez à ce dernier sur les Racine, les Molière, les Crébillon, serait-il possible, messieurs, que vous sortissiez de l'enceinte de cette ville pour chercher ailleurs des richesses que vous trouvez dans son sein ? Quoi ! vous donneriez l'exclusion au frère même de Corneille, à l'auteur d'*Arianne* et du *Comte d'Essex*, qui a tant de conformité avec l'auteur de *Cinna* !

« C'est cette conformité, lui disait Racine, au nom de l'Académie française, que nous avons eue en vue, lorsque tous d'une voix nous vous avons appelé pour remplir sa place, persuadés que nous sommes que nous trouverons en vous, non-seulement son nom, son même esprit, son même enthousiasme, mais encore sa même modestie, sa même vertu, etc.

« Et vous, messieurs, vous pourriez lui refuser sur votre façade une place à côté de son frère !

« Né avec un goût universel, dit encore un illustre académien (Lamotte), il connaissait également les beautés de l'une et l'autre scène ; la France le comptera toujours entre ses Sophocle et ses Ménandre.

« Et vous, messieurs, vous le compterez pour rien !

« A ces autorités si respectables se joignent une foule de témoignages en faveur de cet homme célèbre et tous les suffrages de son siècle consacrés par le jugement de la postérité.

« Et l'on vous verrait, à Rouen, dans un monument public, séparer deux de vos concitoyens aussi proches, en quelque sorte, par le génie que par le sang, deux frères unis par l'honneur des lettres et pour la gloire de leur patrie! Souffrirez-vous que vos compatriotes et les étrangers puissent vous adresser le juste reproche d'avoir fait à la mémoire de ces deux grands hommes une injure aussi réelle? Non, messieurs, vous les unirez comme a fait l'Académie; votre zèle éclairé nous assure d'un acte d'équité, dont vous devenez pour ainsi dire responsables à vos contemporains et à vos descendants.

« J'ai l'honneur d'être, etc. »

Le désir exprimé dans cette lettre est fort louable; cependant on n'en tint pas compte, et la mémoire de Pierre Corneille seul fut honorée dans l'ornementation extérieure et dans le sujet du plafond de la salle.

DESCRIPTION SOMMAIRE DU GRAND THÉÂTRE.

Le grand théâtre de Rouen est un vaste et bel édifice enfoui dans un énorme pâté de maisons comprises entre la rue Grand-Pont, le cours Boïeldieu, la rue de la Comédie et la rue des Charrettes. La façade seule est accessible aux regards du promeneur; elle décrit un quart de cercle et présente un étage décoré de colonnes détachées qui appartiennent à l'ordre ionique. Cet étage a été élevé sur un soubassement percé de trois portes en arcades donnant accès au vestibule. La corniche du couronnement et l'ornement central qui le surmonte produisent un bon effet. Dans l'ornement central du couronnement étaient les armes du roi, du duc d'Harcourt et de la ville (voir l'art. 10 de la *Fieffe de la ville*, p. 42). Des parties lisses alternent bien avec les sculptures dont les principales ont pour objet le couronnement du buste de Pierre Corneille, entre les images personnifiées de la tragédie et de la comédie, Melpomène armée d'un poignard et Thalie tenant un masque.

Les bâtiments en retour, traités plus simplement, s'harmonisent avec cette façade.

La salle est d'une coupe heureuse, agréable et commode pour les spectateurs. Ce qui en fait le charme principal, c'est que les quatre balcons superposés parallèlement, c'est-à-dire les premières, les secondes, les troisièmes et les quatrièmes, sont en retraite les uns sur les autres. Donc à chaque étage la largeur du vaisseau est de plus en plus grande. La largeur de la salle, prise aux premières en se plaçant au-dessus du premier rang du parquet, est de $10^m,82$, tandis que d'une loge d'avant-scène à l'autre il n'y a que $9^m,40$, mesurés du milieu des loges et non pas d'un fût de colonne à l'autre. La plus grande largeur aux premières est de $11^m,50$ environ.

Un autre mérite architectural, c'est qu'il n'y a pas de colonnes pour supporter les étages; il n'existe pas de point d'appui apparent, grâce à un système de bascule qui se trouve dans les planchers des premières, des secondes et des troisièmes.

La hauteur de la salle est loin d'être la même partout, parce que le parquet est un plan incliné depuis le parterre jusqu'à l'orchestre, tandis que, pour le dire en passant, le parquet de la scène suit une pente inverse. Nous avons mesuré la hauteur du plafond au sol, au milieu du parterre assis actuel (1859), elle est de 12 mètres; du porte-main des premières au sol, la hauteur, prise en se plaçant au-dessus du deuxième banc du *parquet*, est de $3^m,65$; au milieu des premières, elle est, bien entendu, beaucoup moindre.

La longueur totale du théâtre est immense. Depuis la rue de la Comédie jusqu'à la place Corneille, il n'y a pas moins de 51^m,74, qui se divisent ainsi : de la rue de la Comédie à la rampe, 29^m,30 ; de la rampe au fond du parterre debout, 16^m,84 ; de cette muraille à la place Corneille, 5^m,60.

Voici quelques autres mesures : du rideau au milieu de la rampe, 1^m,60 ; de la rampe au *parquet*, 3^m,75 ; de la rampe au parterre assis, 9^m,04 ; de la rampe au parterre debout, 12^m,90 ; de la rampe au fond du parterre debout, 16^m,84 ; de la rampe au porte-main du milieu des premières, 14 mètres ; le couloir qui sert d'entrée au parterre assis n'a que 80 cent. — Grâce à toutes ces mesures, on pourrait, si la salle était détruite, faire néanmoins son plan de terre.

Lors de l'ouverture de la salle, en 1776, elle se composait, pour le public, d'un parquet assis, ce que l'on nomme l'*orchestre* à Paris ; d'un parterre debout (nous verrons les divers changements qu'il a subis) ; d'un rang de loges autour du parquet et du parterre, vulgairement appelées *galeries*, *baignoires* ou *pourtour* ; d'un balcon (*les premières*), avec des loges fermées un peu en arrière et au-dessus ; de trois autres étages : 1° le balcon des *secondes*, 2° celui des *troisièmes*, 3° celui des *quatrièmes*, espèces de boîtes comprises pour ainsi dire dans la corniche, tout près du plafond ; enfin, il y avait, à chaque étage, des loges entre deux colonnes, des deux côtés de l'avant-scène.

De tout temps, les propriétaires se sont réservé une grande loge de huit places dont les clés sont chez eux ; chacun a une clé dont chacun se sert à sa volonté. La direction n'a jamais reçu la clé, attendu que les directeurs n'ont jamais loué cette loge, réservée aux propriétaires. Les directeurs ont toujours été obligés de tenir à leur disposition les entrées gratuites des propriétaires dans les représentations de spectacle et bals, en un mot, toutes fois que la salle est ouverte, et en aucun cas les directeurs ne peuvent disposer de la loge réservée par les propriétaires, ni refuser l'entrée gratuite desdits, à quelque représentation que ce soit.

La contenance de la salle a varié suivant la disposition de certaines parties. Dans un temps on l'évaluait à 1,650 personnes. Le tableau suivant démontre qu'on a pu y placer plus de monde.

État d'une recette, salle pleine, et tout le monde placé, en 1852 :

16 places avant-scène, rez-de-chauss., à 4 fr.		64 fr.
51 stalles à 4		204
192 loges de prem. de parquet, av.-scène, à 4		768
238 premières-parquet, baignoires, à . . 3		714
54 galeries, à. 2		108
600 parterres, à 1		600
273 secondes, à 1	50	409 50
280 troisièmes, à. 1		280
140 quatrièmes, à . . . . »	50	70
1,844 places payantes. Total		3,217 50
12 — préfet, maire.		
4 — commissaires.		
8 — propriétaires.		
1,868 places en tout.		

Depuis cette époque on a perdu des places pour différentes causes. Voici une évaluation plus récente :

7 loges-salon..................	35 places.
2 avant-scène rez-de-chaussée...	12 —
1 loge pour le maire............	4 —
1 loge pour la préfecture.......	4 —
1 loge du général..............	8 —
1 loge des propriétaires.......	10 —
1 loge pour la presse..........	6 —
2 loges des colonnes aux secondes.	8 —
5 loges de face aux premières...	36 —
4 loges de côté	30 —
8 loges-placards —	26 —
44 premières..................	44 —
1 loge du commissaire..........	4 —
51 stalles.....................	51 —
145 parquet....................	145 —
2 loges-parquet................	7 —
8 baignoires...................	51 —
parterre assis...............	175 —
parterre debout..............	180 —
secondes.....................	310 —
troisièmes...................	310 —
quatrièmes...................	150 —
	1,606 places.

Dans les représentations extraordinaires, quand il y a du monde dans les couloirs, dans les coulisses, dans l'orchestre et huit personnes dans certaines loges de quatre places, la salle peut contenir 2,000 personnes environ.

THÉATRE

Quoique le nombre des spectateurs que l'on peut placer dans une salle ne dépende pas seulement de la grandeur de l'édifice, mais dépende aussi du plus ou moins de confortable accordé au public, il est curieux, pour apprécier la salle du théâtre de Rouen, de comparer sa contenance à celle des salles de Paris. Des informations exactes nous permettent de donner le tableau suivant :

Grand-Opéra.	1,950	places.
Théâtre-Français.	1,350	—
Italiens.	1,700	—
Opéra-Comique	1,500	—
Théâtre-Lyrique.	1,700	—
Porte-Saint-Martin.	2,069	—
Gaîté	1,800	—
Ambigu	1,900	—
Folies-Dramatiques	1,200	—
Vaudeville.	1,300	—
Gymnase.	1,300	—
Variétés.	1,240	—
Palais-Royal.	980	—
Bouffes-Parisiens.	700	—
Odéon.	1,650	—

En 1776, la loge du bureau de la commune, c'est-à-dire de la mairie, était aux secondes, au milieu ; elle était de 8 places, 4 sur le devant, 4 sur le derrière (voir pour son ornementation l'art. 7 de la *Fieffe de la ville*, p. 42). Après la terreur, par suite d'une convention avec le directeur, l'administration municipale s'est placée aux premières, entre les colonnes, à gauche du spectateur, en payant le prix de huit places de secondes.

Le plafond de la salle est une œuvre fort remarquable qui date de l'origine ; il est dû au pinceau de Lemoine, peintre de Rouen. Il représente l'apothéose de Pierre Corneille couronné par les muses, reçu dans l'Elysée par Apollon lui-même ; près de Corneille, l'Injustice et l'Envie sont terrassées par la Vérité. Dans une autre partie, l'Histoire sculpte le buste du grand poète tragique. Cette composition, d'une harmonie grandiose, a été peinte avec une très-grande énergie. Lemoine, on le sait, est un des hommes les plus habiles du temps ; il a peint à Versailles de grands décors qui ont été reproduits par la gravure.

La scène est très-spacieuse, surtout en profondeur : de la rampe aux croisées donnant sur la rue de la Comédie, il y a 29^m,30. Nous verrons plus tard que, pour certain opéra, on donna à la décoration cette immense étendue, mais aujourd'hui, pour le faire, il faudrait un intérêt bien impérieux, car ce ne serait possible qu'en détruisant un petit magasin qui se trouve au fond de la scène. Toutefois, pour les grandes occasions, on donne aisément à la décoration 18 mètres de profondeur, et ordinairement elle est de 12 mètres environ.

En 1776, la scène avait beaucoup moins de profondeur. Ce ne fut en effet qu'en 1809 que l'on construisit, aux dépens de l'ancienne place de la Petite-Boucherie, le bâtiment où se trouvent aujourd'hui le concierge de la rue de la Comédie, la caisse, le corps de garde et le fond de la scène, occupé, comme nous venons de le dire, par un petit magasin pour le matériel.

Quant à la largeur de la scène, il faut l'évaluer en moyenne, si on la prend derrière les colonnes d'avant-scène, à 14 mètres, et si on la prend 30 mètres plus loin, à 12 mètres seulement.

Deux foyers sont ouverts au public : un grand foyer, parallèle au cours Boïeldieu, sur lequel il donne par un magnifique balcon, date de 1830; il n'a pas moins de 21 mètres sur 7^m,75 ; un petit foyer, donnant sur la place Corneille, n'a, comme le vestibule du rez-de-chaussée où se tiennent les contrôleurs, que 10^m,80 sur 4^m,80.

Pour les bals masqués, le plancher du parterre se lève jusqu'au niveau de la scène; les stalles, le parquet et l'orchestre sont couverts, et on obtient ainsi un vaste emplacement pour les quadrilles.

Nous avons dit que la salle du grand théâtre est d'une coupe heureuse, agréable et commode pour les spectateurs pendant la représentation. On ne pourrait pas en dire autant pour ce qui concerne les couloirs et les escaliers. Pendant les entr'actes et à la sortie, les jours de grande foule, il y a toujours un peu d'obstruction : ce n'est pas toutefois qu'en cas d'accident le théâtre vienne jamais à manquer d'issues suffisantes, loin de là ; en effet, indépendamment de la sortie principale qui se fait par trois larges portes sur la place Corneille, il y a, pour le vestibule, deux autres issues : l'une, à laquelle on peut aussi arriver des *premières* (grâce à une porte située à droite du petit foyer), se trouve à l'angle de cette place et de la rue des Charrettes; l'autre s'effectue par une boutique donnant rue Grand-Pont. — A droite des premières existe en outre une communication avec le Café de la Comédie, situé rue des Charrettes. Autrefois cette porte était réservée pour M. l'intendant; aujourd'hui elle l'est pour M. le préfet du département. Enfin, à gauche, les premières donnent sur le cours Boïeldieu par un très-vaste escalier qui s'ouvre aussi, au rez-de-chaussée, pour les personnes du parquet et des stalles. Il faut savoir que cette grande voie de débouché date de 1830 seulement et non pas de 1776.

D'autre part le grand foyer peut être ouvert dans une maison à usage de restaurant, laquelle a des sorties sur la rue Grand-Pont et sur la promenade. Toutefois, le restaurateur n'a le droit de tenir ouverte la porte de communication qu'avec la permission du directeur, par exemple pendant les nuits de bal.

Enfin, le parquet et par conséquent les stalles auraient, en cas de besoin, du côté droit, une issue au rez-de-chaussée du Café de la Comédie. On sait que ces places se relient, pour l'ordinaire, avec les premières par deux escaliers et avec le vestibule par deux petits couloirs.

On sait aussi que les secondes communiquent de chaque côté avec les premières par de petits escaliers, et que du côté gauche elles communiquent avec le grand foyer.

Quant à la scène, elle a deux issues : la principale, dans la rue de la Comédie ; l'autre, sur le cours Boïeldieu, par un escalier datant de 1830 et appelé escalier de la Direction, — sans parler de la porte qui la réunit, à droite de l'acteur, avec la salle de spectacle. Dans le couloir qui conduit de la scène à cette porte, les acteurs et les musiciens trouvent les uns et les autres un foyer qui leur est réservé et auquel le public ne peut arriver.

Direction Chevillard, 1776-1779.

Le premier directeur du théâtre de Rouen fut Chevillard, ex-directeur du théâtre de la rue des Charrettes, l'un des huit sociétaires de la nouvelle salle et gendre de M. Pottier, qui aussi avait un huitième de cette propriété. Chevillard signa un bail, le 3 juin 1776, moyennant la somme de 20,000 fr. pour une année. Nous devons dire, une fois pour toutes, que Chevillard avait aussi à sa charge : 1° les impôts; 2° la loge pour MM. de la commune; 3° deux représentations au bénéfice des hospices. En cela, il eut le sort de tous les directeurs jusqu'en 1796, époque à laquelle les baux continrent quelques autres particularités que nous aurons soin de mentionner à chaque renouvellement.

La nouvelle salle fut solennellement inaugurée le 29 juin 1776, jour de Saint-Pierre, patron du grand Corneille. Tout nous porte à croire que pour l'ouverture on a choisi une œuvre de Pierre Corneille; nous devons même supposer que ce fut le *Cid*.

Cette brillante cérémonie inspira à un poète anonyme une ode que voici :

> Sur les fertiles bords où serpente la Seine,
> L'asile des talents s'élevait par les arts,
> Quand la jeune Thalie invita Melpomène
> D'y porter les regards.

— Vois-tu ce monument que la main d'Uranie
S'empresse d'embellir aux yeux de l'univers ?
N'y reconnais-tu pas les traces du génie
    Dans chaque objet divers ?

Elle parle, soudain Melpomène contemple
Ce chef-d'œuvre bâti par les soins des mortels ;
Et toutes deux l'ayant adopté pour leur temple,
    Y veulent des autels.

Ce projet important pénètre chaque émule ;
Tout parle, tout agit, tout est nouveaux efforts,
Et le plus lourd marteau, guidé par un Hercule,
    Découvre des trésors.

Eprises du séjour construit en leur mémoire,
Melpomène et Thalie abandonnent les cieux,
Et veulent qu'à jamais leur triomphe et leur gloire
    Eclatent en ces lieux.

Aux pieds de ces autels un feu divin s'allume,
Mille cris frappent l'air et pénètrent les cieux,
Et le plus pur encens qui brûle et se consume
    Est agréé des dieux.

Trop heureux citoyens, qui jadis vîtes naître
Le poète immortel, patron de ce séjour,
A vos derniers neveux ce choix fera connaître
    Quel était votre amour.

Ils verront que les arts furent votre apanage,
Que par vous le talent fut ici respecté,
Et ce noble désir passera d'âge en âge
    A la postérité.

Un mois après, le 31 juillet 1776, le corps municipal offrit, dans la nouvelle salle, un bal splendide, qu'honora de sa présence M. le duc d'Harcourt, à l'occasion de sa première entrée à Rouen, qui avait été faite le 23 du même mois.

« La richesse des habits, la quantité des pierreries, dont les rayons étaient réfléchis par une multitude de bougies, la variété des couleurs et la hauteur des panaches de toute espèce dont la tête des dames était surmontée, et plus encore leur beauté, tout cela formait un coup d'œil ravissant pendant toute la nuit; MM. les officiers municipaux firent servir des rafraîchissements en abondance avec une politesse et des attentions qui y donnèrent un nouveau prix. »

A peu près à la même date, on a monté le *Siége de Rouen*, tragédie par l'auteur d'*Almanzor*, M. Vieillard de Boismartin, qui était attaché au barreau. Le manuscrit de cette nouvelle production de notre compatriote a été dédié à la ville de Rouen et adressé à la municipalité.

En 1777, deux représentations ont été données, *de la réquisition du maire, des échevins et du procureur du roi* (formule consacrée) au bénéfice des deux hôpitaux de la ville, qui partagèrent *par portions égales*. Le document suivant, qui en fait foi, est fort intéressant par la mention des recettes :

« Extrait du registre des délibérations de l'Hôtel-de-Ville de Rouen, du douze mars mil sept cent soixante-dix-sept (1777), au bureau de l'Hôtel-de-Ville de Rouen, MM. les conseillers, maire et échevins assemblés.

« M. le procureur du roi a dit que le bureau, en exécution de l'art. 10 du traité fait avec les entrepreneurs de la nouvelle salle de spectacle, pour la concession du terrein sur lequel elle est construite, aïant demandé au directeur de la comédie les deux représentations stipulées au profit des hôpitaux de cette ville, elles ont été données les 22 février dernier et 5 du présent mois, avec l'approbation et permission de M. le gouverneur, contenues en ses lettres des 12 et 20 dudit mois de février ; que la première de ces représentations a produit 1,722 livres 5 sols et la seconde 1,968 livres 12 sols, ce qui donne en total 3,690 livres 17 sols ; que les frais de gardes et lumières qui, aux termes de l'acte ci-devant énoncé, doivent être prélevés, et ceux que le bureau n'a pas cru devoir, sans toutes fois tirer à conséquence pour l'avenir, laisser à la charge du directeur, montent, y compris la gratification de 3 livres accordée à chacun des six contrôleurs des différents postes à la somme de 310 livres 4 sols ; qu'en conséquence, le produit net des deux représentations se trouve réduit à celle de 3,380 livres 13 sols, dont il convient faire l'usage et l'emploi désignés au traité fait avec les entrepreneurs de la nouvelle salle de spectacle. »

En 1778, les deux représentations au bénéfice des hospices ont eu lieu : la première le 23 mars, la deuxième le 30 du même mois. L'une se composait d'*Arsène* et du *Consentement forcé*; l'autre de *Tancrède*, tragédie de Voltaire, et de *Lucile*, opéra bouffon. Pour cette seconde représentation les renseignements abondent, mais ne s'accordent pas. D'après une autre version, elle aurait été composée de l'*Avare*, de Molière, comédie suivie des *Deux Avares*. Ce qu'il y a de certain, de très-certain même, c'est que ces deux soirées ont produit, tous frais déduits, 2,065 livres 6 sols, moitié pour chaque hôpital.

Le 15 décembre 1778, on a donné la première représentation des *Mariages Samnites*, paroles de M. de Rosoi, musique de Grétry.

A cette date, on préparait quelques nouveautés : les *Trois Gascons*, comédie de Boinden ; le *Tribut du cœur*, ou les *Etrennes de Thalie*, ouvrage d'un acteur de Rouen, à l'occasion du nouvel an.

On parlait aussi de reprendre les *Amours de Bastien et Bastienne*, parodie du *Devin de Village*, et la *Chercheuse d'esprit*, opéra-comique bouffon.

Le mardi-gras de l'année 1778, il y a eu grand bal au théâtre de Rouen, à la Comédie, comme on disait alors. L'orchestre était dirigé par un sieur Artus, qui, depuis l'ouverture de la nouvelle salle, tenait le sceptre pour les redoutes et les bals.

Pour terminer ce que nous savons de cette année, ajoutons qu'il y avait à cette époque un ballet auquel était attaché le sieur Génas, ex-danseur du roi de Suède.

Le 10 janvier 1779, un *Te Deum* a été chanté à la cathédrale de Rouen, à l'occasion de l'heureuse délivrance de la reine. Le lendemain, le sieur Chevillard, directeur du spectacle de Rouen, voulant partager l'allégresse publique et contribuer à la satisfaction commune, a donné une représentation gratuite de *Gaston et Bayard*, tragédie de du Belloy, suivie du *Milicien*, opéra en un acte, où il se trouva plus de 8,000 personnes. M. le marquis de Beuvron, chevalier des ordres du roi, lieutenant-général de la province, jaloux de partager la joie du peuple, se transporta sur le théâtre dans une des coulisses ; mais ayant été informé par M. le directeur que, malgré la foule, la partie du peuple qui occupait la loge de M. le gouverneur, lui avait conservé une place et gardé *une chaise*, il fut avec M. de Beuvron, son fils, occuper cette place réservée. Il y fut reçu par les applaudissements et des acclamations multipliées, qui furent accompagnés de : Vive le roi! vive la reine!

Il se trouva, avons-nous dit d'après la relation qui nous a été communiquée, plus de 8,000 personnes à la représentation donnée à l'occasion de l'heureuse délivrance de la reine. C'est là une gasconnade du meilleur aloi, on peut en juger par l'évaluation exacte que nous avons faite plus haut de la contenance de la salle du théâtre de Rouen.

Le mercredi 3 mars 1779, à la demande de MM. les maire, échevins et procureur du roi, on donna la première représentation de l'année au profit des hôpitaux; elle se composait d'*Athalie*, de Racine, ornée de ses chœurs, suivie du *Tonnelier*, opéra.

Le lundi suivant, on jouait, pour le deuxième bénéfice des hospices, *Olympie*, tragédie de Voltaire, suivie de la *Servante maîtresse*, opéra-comique.

Ces deux représentations ont fourni, tous les frais déduits, 1,464 livres, moitié pour chaque hôpital.

Il y eut, le 3 mars, peu de monde à la sublime tragédie de Racine, et l'on a attribué la désertion du spectacle moins au refroidissement du zèle pour les hôpitaux qu'au bruit qui s'est, dit-on, répandu qu'il y avait un abonnement entre MM. les officiers municipaux et le directeur de la comédie, pour les deux représentations qu'il doit donner chaque année, dont le produit, à ce moyen, était toujours le même pour les hôpitaux, soit qu'il y eût peu ou beaucoup de spectateurs. Comme il était très-essentiel de détromper le public à cet égard, la presse assura qu'il n'existait aucune espèce d'abonnement pour les deux représentations dues par le directeur de la comédie, au profit des deux hôpitaux, et que le produit de ces représentations se versait en entier dans les caisses des deux administrations, à la déduction des frais de garde et de lumière.

Le public, mieux renseigné, se rendit avec plus d'empressement à la représentation du lundi suivant, et par ce moyen la caisse des hôpitaux put recueillir la somme que nous venons d'indiquer.

Une lettre du duc d'Harcourt, datée de Caen, établit qu'il donna, à la mort du sieur Seguin, le 8 novembre 1779, le privilége des spectacles de la province au sieur Neuville et à la demoiselle Montansier. Cela prouve ou que le sieur Seguin a été directeur à Rouen (dans cette hypothèse il l'aurait été fort peu de temps), ou que le sieur Seguin, en possession depuis un temps plus ou moins long du privilége des spectacles de la province, avait cédé une partie de ce privilége à Chevillard. En tout cas, ce point de notre histoire n'est pas de la plus haute importance.

Direction Montansier et Neuville, 1779-1789.

PÉRIODE 1779-1785.

A la fin de 1779, le sieur Bourdon de Neuville (Honoré), ayant les droits cédés de Mlle Marguerite Brunet de Montansier, loua la salle moyennant 17,500 fr. par an. Puis un bail de neuf ans, devant finir en 1797, a été fait par les propriétaires à Mlle Marguerite Brunet de Montansier et Honoré Bourdon de Neuville, ensemble. Nous verrons que ce bail a été rétrocédé.

Le vendredi 4 février 1780, on a joué le *Comte de Varvich*, suivi de l'*Amant jaloux*, opéra, et, le mercredi 8 mars, la première représentation d'*Ericie*, ou les *Vestales*, tragédie en trois actes, avec ce même opéra. Ces deux représentations étaient au bénéfice des hospices et ont fourni, tous frais déduits, 2,347 liv. 1 s., moitié pour chaque hôpital. A cette somme, les consuls ont ajouté 24 liv. pour l'Hospice-Général.

En janvier 1781, Mlle de la Chataigneraie joua dans l'*Orphelin de la Chine*. Voici des vers faits en son honneur pendant la représentation même :

A mes yeux, idamé, lorsque tu viens offrir
Le tableau déchirant de tes vives alarmes,

Séduit par tes talents, enchanté par tes charmes,
Je meurs en même temps de peine et de plaisir.
La fureur, la pitié, la tendresse, la haine
A ton gré de mon cœur s'emparent tour-à-tour ;
Mais quand il a brisé le joug de Melpomène,
Il est encor soumis à celui de l'amour.

Il faut dire aussi que cette actrice était connue et très-goûtée depuis longtemps à Rouen, à tel point qu'en juin 1777, la presse locale ne la perdait pas de vue, quoiqu'elle fût éloignée de notre ville, et rendait compte des brillants débuts qu'elle faisait alors à Bordeaux, dans *Mérope* et autres grands ouvrages.

Grande solennité le 8 juillet 1781 ! LL. AA. Mgr le prince de Condé et Mgr le duc de Bourbon, après un grand souper pris à l'archevêché, où ils étaient descendus, se rendirent au théâtre de Rouen. Ce soir-là, pour ce motif, le spectacle ne commença qu'à dix heures ; on donnait : la *Fausse Agnès* suivie des *Vendangeurs*.

A la dernière scène de la *Fausse Agnès*, on ajouta un compliment que nous donnons, quoiqu'il soit bien plat, parce qu'à propos de l'histoire des théâtres de Rouen, il est bon d'étudier en passant, chaque fois que l'occasion s'en présentera, le goût de chaque époque et de faire voir que certaines choses qui étaient applaudies il y a près de cent ans ne seraient pas aujourd'hui écoutées jusqu'à la fin.

« Léandre, à qui M. Desmazures, poète campagnard, a fait cession d'Angélique dont ils sont épris tous les deux, vient pour engager sa mère à confirmer cette cession ; alors Léandre lui dit :

« Croyez, madame, que si la poésie a tant de charmes

pour vous, le mérite de M. Desmazures à part, je puis pour vous satisfaire consulter une muse qui ne trompe guère ceux qu'elle inspire ; c'est la vraie sensibilité. Je vais vous offrir un essai de ses inspirations. C'est un impromptu patriotique né dans une belle occasion. La beauté du sujet fera pardonner la faiblesse de l'expression.

« Voici la situation du poète :

« Figurez-vous, madame, une nation entière assemblée. Cette nation offre dans ses annales toutes les vertus qui peuvent rendre un peuple justement célèbre. Elle reçoit dans son sein un prince illustre issu du sang de ses rois, et l'objet de son admiration. Tous les cœurs sont épanouis, tous les yeux sont humides de volupté. Un citoyen, obscur à la vérité, mais vivement pénétré, s'avance en tremblant... il obtient l'attention publique parce que, dans les pensées qu'il va exprimer, chacun croit reconnaître la sienne :

> Où suis-je ? Quelle douce ivresse
> Vient s'emparer de tous mes sens !
> Un peuple entier plein d'allégresse
> Se livre aux soins les plus touchants !
> Peuple célèbre dans l'histoire
> Vers qui se porte nos désirs,
> Pour quel héros !... les accents de la gloire
> S'unissent-ils aux accents des plaisirs ?

> Je l'aperçois, ah ! je devais le croire,
> C'est un BOURBON dont les faits immortels,
> Depuis longtemps au temple de mémoire
> Sont consacrés par des traits éternels.
> Il n'est point menaçant, la prunelle enflammée,
> Foudroyant l'ennemi (tel qu'on peint le dieu Mars),

Et tel que l'a vu notre armée,
L'émule des Turenne et celui des Césars.

De son front la douce indulgence
Aujourd'hui vient adoucir la fierté;
De ses regards la bienveillance
Ne nous annonce que bonté.
Ce sont des faveurs qu'il déploie,
Calme sans art, grand sans hauteur,
Et, pour augmenter notre joie,
Il nous présente un digne successeur.

Grand prince, telle est la conquête
Que sur nos cœurs le vôtre obtient;
Pour un Bourbon, c'est une belle fête,
Que l'amour pur du citoyen.
C'est le vœu constant, unanime,
D'un peuple franc et magnanime
Qui sait honorer les vertus.
Ce sont des gages de tendresse
Offerts par la délicatesse,
C'est bien aux CONDÉS qu'ils sont dus.

A la fin de la deuxième pièce, les *Vendangeurs*, un autre compliment encore plus insignifiant que le précédent avait été ajouté pour la circonstance.

Ces deux impromptus avaient été composés par M. Collot d'Herbois, premier acteur du spectacle, qui les prononça, interrompu plusieurs fois par les plus vifs applaudissements.

En 1781, la première chanteuse d'opéra était Mme Girardin; elle était poète et a composé L'IMPROMPTU DU CŒUR, couplet sur la naissance de monseigneur le dauphin (né le lundi 22 octobre 1781, à une heure vingt-trois minutes d'après-midi) :

Air *du vaudeville de Tom-Jones.*

Tremblant de crainte, ivre d'impatience,
  On soupirait après ce jour,
Où de ses rois, qu'idolâtre la France,
  Triomphent les vœux et l'amour.
O rejeton d'une tige chérie,
  Ta naissance est un don divin !
Et le sentiment balbutie :
  C'est un dauphin ! c'est un dauphin !

Le sieur de Neuville ne montra pas moins d'empressement que la première chanteuse de sa troupe à célébrer la naissance du dauphin. Dès le 24 octobre 1784, on chanta sur le théâtre, à la suite de la *Veillée villageoise* (comédie en un acte et en prose, par Arnould), des couplets de Collot-d'Herbois, premier acteur du spectacle, relatifs à l'heureuse nouvelle du jour. Une scène de courrier, introduite dans cette même pièce par M. Patrat, fut très-applaudie.

Puis, le 3 novembre, en réjouissance de ce grand événement, on donna une représentation gratis de *Zaïre* avec le *Directeur de comédie.* A la suite du *Directeur de comédie*, M. Patrat ajouta une scène de poète qui fut très-goûtée.

A cette même occasion, on donna plusieurs représentations de la *Fête dauphine, ou le Monument français*, pièce composée par Collot-d'Herbois, pour célébrer la naissance de Mgr le dauphin. Collot-d'Herbois n'en était pas à son coup d'essai, il avait déjà fait plusieurs drames et comédies. On avait déjà donné à Rouen, lors de la prise de l'isle de la Grenade, une pièce de cet auteur intitulée les *Français à la Grenade*. On n'a pas oublié qu'il composa des impromptus lors de la présence au spectacle de Mgr le duc de Bourbon et de Mgr le prince de Condé.

Enfin, le 7 novembre, pour que la naissance du dauphin fût complètement célébrée, il y eut bal *gratis* au théâtre de Rouen.

Qu'il nous soit permis de faire une digression fort utile. Le théâtre de Rouen était ouvert et très-fréquenté depuis près de six ans; l'ancienne salle cependant n'avait pas été détruite, et, de temps en temps, elle servait encore. Ainsi, le 30 septembre 1780, les vrais Fantoccini italiens, qui avaient eu l'honneur de représenter devant la famille royale, à Versailles, firent, dans l'ancienne salle de la rue des Charrettes, l'ouverture de leur théâtre. Le spectacle des Fantoccini était varié tous les jours par de nouvelles pièces, métamorphoses, décorations, ballets, etc. Ils ont donné les *Quatre Jumeaux vénitiens*, comédie en trois actes, avec la danse de corde tendue, *représentée au naturel*; un autre jour, le *Terrible Jugement du grand Pluton, contre les esprits infernaux*, suivi *d'une seule figure dansante*. Il sortait des membres de Pluton et de sa tête cinq personnages qui dansaient un ballet, et le tronc de la grande figure reproduisait la tête et les membres qui lui manquaient. Tout cela devait être bien divertissant!! Aussi les vrais Fantoccini restèrent à Rouen pendant tout le mois d'octobre. Il ne faudrait pas croire que les Fantoccini aient eu peu de renommée de par le monde. M. Poinsinet, dans sa comédie intitulée le *Cercle*, ou la

Soirée à la mode, qui fut représentée pour la première fois à Paris, en 1764, fait dire à un marquis (scène XIII) : « Oui, les Fantoccini..... oh ! ils sont divins, étonnants ; « moi, en honneur, c'est le seul spectacle qui m'amuse. »

De Néuville, qui dirigeait le théâtre de Rouen de concert avec Mlle Montansier, ne dédaigna pas de faire jouer dans l'ancienne salle. Le 3 novembre, pendant que l'on donnait *Zaïre* à la nouvelle salle, on représentait à l'ancienne la *Fausse magie*, *Cassandre oculiste* et les *Vendangeurs*. Collot-d'Herbois avait ajouté à cette dernière pièce des couplets impromptus dont nous donnons les deux principaux :

Air *du vaudeville du Vendangeur*.

Le meilleur fruit
Qu'a produit cet automne,
Le meilleur fruit,
Ce n'est pas not' vin,
Car, pour certain,
Le meilleur fruit,
C'est le ciel qui nous le donne,
Le meilleur fruit,
C'est notre beau dauphin.

Ah ! c'est l'Anglais
Qui fera la grimace,
Ah ! c'est l'Anglais,
Car il paiera les frais,
Les intérêts
De tout le vin
Qu'on boit à pleine tasse.

A chaque refrain
De viv' notre dauphin.

Nous aimons mieux, pour notre part, ce compliment adressé à la même époque par un Rouennais à Mgr le dauphin :

Ah! monseigneur, que votre sort est doux,
Non d'être né pour gouverner la France,
Mais de ne pas avoir la moindre connaissance
De tous les mauvais vers que nous forgeons pour vous.

Ajoutons que le 7 novembre 1781, il y eut bal *gratis* à l'ancienne salle comme à la nouvelle.

Mais reprenons les choses au point où nous les avons laissées et complétons ce qui concerne l'année 1781, en notant les deux représentations au bénéfice des hospices : l'une, le lundi 5 mars, se composait d'*Atrée et Thyeste*, tragédie de Crébillon, et d'*Aristote amoureux* ; l'autre, le vendredi 23 mars, de *Jenneval*, ou le *Barnvelt français*, drame en cinq actes et en prose, par Mercier, suivi de l'*Amant jaloux*. Les deux représentations ensemble ont produit, tous frais déduits, 1,504 liv. 17 s., moitié pour chaque hôpital.

Le produit (tous frais déduits) des deux représentations au bénéfice des hôpitaux s'est élevé, en 1782, à 1,311 liv. 11 s. ; elles ont eu lieu au commencement de mars.

Dans la soirée du 4 juillet 1782, une foule immense se porta au-devant de Leurs Altesses Impériales Monseigneur le comte et Mme la comtesse du Nord, qui, venant visiter la Normandie, s'arrêtèrent à Rouen. Le comte du

Nord était petit-fils de Pierre-le-Grand et héritier du trône de toutes les Russies. A leur arrivée, ces éminents personnages se rendirent au théâtre de Rouen et y furent acclamés avec un grand enthousiasme.

En 1783, la direction Montansier et Neuville lutta contre l'indifférence du public en matière de spectacles et sut tenir le théâtre ouvert.

Le 2 avril 1783, on donna, au bénéfice des hospices, les *Jeux de l'Amour et du Hasard*, comédie, suivie des *Evénements imprévus*. A quelques jours de là, une autre représentation a été destinée aux mêmes établissements, et le produit net des deux soirées a été de 1,266 liv. 11 s.

Vers le milieu de cette année, un sieur Louis Porte, surnommé Hercule par le roi, vint faire concurrence au théâtre de Rouen ; il donna, dans l'ancienne salle de spectacle, des représentations de ses tours de force, au nombre de quarante, dans l'un desquels il portait seize hommes en équilibre sur la plante de ses pieds. Nous ajouterons, par anticipation, qu'en juillet 1784, le sieur Perrin, mécanicien-ingénieur et démonstrateur de physique amusante, donna, dans le même local, des représentations de tours variés. Nous ne mentionnons la présence à Rouen de l'acrobate Porte et du physicien Perrin que pour établir qu'en 1784 la salle de spectacle de la rue des Charrettes pouvait encore être utilisée au besoin. C'est là un petit détail, mais il n'est pas inutile de le consigner dans l'histoire des théâtres de Rouen.

Nous avons dit qu'en 1783 le public rouennais ne se montra pas empressé à suivre les représentations théâtrales. En 1784, la même indifférence se manifesta et inspira à un anonyme la lettre suivante, qu'il livra à la publicité offerte par les *Annonces* :

« Monsieur,

« Parmi les traits divers que vous semez indistinctement dans votre feuille, vous devriez bien placer ce problème assez curieux : Quel est le souffle empesté, la maligne influence qui écarte tout le monde du spectacle ? car, en vérité, il ne faut pas moins que cela pour le rendre aussi nud. Son état actuel ressemble à une sorte d'abandon.

« Serait-ce la faute du théâtre ? Serait-ce celle de la ville ? L'un, parce qu'on le trouverait mal composé ; l'autre, parce que le goût du spectacle y tomberait ? En un mot, il est impossible qu'on s'éloigne aussi universellement d'une chose faite pour plaire, à moins qu'il n'y ait quelque principe malfaisant qui lui nuise.

« Du côté du théâtre, on ne voit rien qui puisse causer cette désertion scandaleuse ; les acteurs sont dans leur valeur, et la scène, quelle qu'elle soit, est communément dans son point de précision. Thalie et Melpomène, loin d'avoir jamais à se plaindre, ont souvent lieu de s'applaudir. L'une y trouve le ton de nature et de vérité qui lui est propre, l'autre celui de noblesse et d'énergie qui lui convient.

« L'opéra bouffon est dans le même cas. Il y trouve également ses grâces, son état et son aménité ; ce sont, chacun dans son espèce, des tableaux riants qui, à un fond de correction dans ce dessein, ne laissent pas de réunir la fraîcheur du coloris. On ne dissimulera pas que, selon le genre, ils n'offrent parfois quelques touches faibles, quelques nuances un peu vives, même des ombres qui déparent, c'est-à-dire que, dans le comique, quelques acteurs, de temps à autre, soient au-dessous de la nature ; dans le tragique, au-dessus ; dans le lyrique, qu'il fassent plus, qu'ils la négligent. Mais ce sont des taches fugitives qui sont bientôt ou couvertes ou rehaussées par des beautés en titre, car, encore une fois, tous les acteurs sont pleins d'intelligence et de ressource ; il ne faut que se connaître un peu au théâtre pour leur rendre cette justice.

« Car on ne doit pas ignorer que si les pièces ont leurs principes, la représentation a les siens. Le mérite des unes dépend moins de ce qu'on sait que de ce qu'on doit savoir ; celui de l'autre, non de ce qu'on sent, mais de ce qu'on doit sentir. Une pièce, quelqu'achevée qu'elle soit, ne fait pas la même impression sur tous les esprits. Il en est de même d'une représentation ; à quelque degré de perfection qu'on la porte, elle ne remue pas tout le monde au même point. Sur le premier chef, il n'est pas rare que nos lumières personnelles nous trompent ; sur le second, il arrive souvent que nos propres sentiments nous abusent. Le seul juge impartial et sûr, dans l'un et l'autre cas, c'est un esprit éclairé par les règles imposées à chaque genre.

« Quant à la représentation, pour la juger sainement, la seule voie infaillible, c'est de prononcer, non d'après le rapport qui règne entre nous et ce qui se passe sur la scène, mais d'après celui qui se trouve entre les mouvements de la pièce et la manière dont on les rend. C'est à l'accord ou à la dissonance de ces deux points que sont exclusivement attachés le succès ou l'échec d'une représentation.

« C'est donc cette belle harmonie qu'il faut examiner quand on veut s'ériger en juge ; et combien de gens en sont capables ? A coup sûr, ce ne sont pas ceux qui crient le plus haut. On doit distinguer l'ensemble d'avec l'apprêt, l'accompagnement, les pièces de rapport d'avec les simples circonstances, et pour l'ordinaire on confond tout. On va même plus loin ; on prendra, sans scrupule, les acteurs à la taille, à la figure, au volume, à l'organe ; comme si ce n'étaient pas autant de dons de la nature qui sont étrangers au talent. C'est donner à l'agréable aux dépens du point essentiel. Pourvu que le jeu soit d'aplomb, qu'aucun mouvement ne tombe à faux, qu'il ne se trouve aucun louche dans la démonstration, on n'a pas de reproche à faire au spectacle, et assurément celui-ci est exempt de ces défauts.

« On fera cependant deux légères observations aux acteurs, dont l'une importe au lustre de l'autre, à la prospérité du théâtre. La première, c'est de rectifier, en certains cas, leur prononciation que souvent ils règlent sur l'orthographe; celle-ci admet des lettres doubles et consonnantes que l'autre ne peut employer sans blesser l'oreille et nuire à la douceur de la langue. Il suffit d'en faire valoir une, comme dans le mot *tyrannie* et autres, que l'on entend volontiers avec une lettre et qu'on souffre difficilement avec sa compagne.

« La seconde représentation qu'on fera au théâtre, c'est de varier la scène en fait de grandes pièces, de ne les répéter qu'avec sobriété; et, en fait de petites, de les assortir avec discernement. La rareté dans toutes choses intéresse et le choix nous captive.

« Je suis, etc. »

L'observateur qui a rédigé les lignes précédentes fut honoré d'une réponse par M. le chevalier de Limoges, lieutenant des maréchaux de France :

« Monsieur,

« J'ai lu dans vos *Annonces* du 18 juin une lettre relative aux spectacles. Quoiqu'elle ne soit pas écrite d'un style très-intelligible, elle annonce dans la personne qui vous l'a adressée une connaissance profonde de l'art théâtral, et quelques pages de commentaires pourront la mettre à portée de tout le monde. Au surplus, je suis de son avis; la tragédie, la comédie et l'opéra-comique nous offrent des sujets précieux, et ce n'est sûrement pas la faute des acteurs si le spectacle n'est pas mieux suivi. Mais il est d'expérience en cette ville que l'été, le goût de la promenade l'emporte sur tout autre, *trahit sua quemque voluptas*. Ainsi la désertion *scandaleuse* du temple de Thalie n'est l'effet ni *d'un souffle empesté*, ni *d'une maligne influence*, ni *d'un principe malfaisant*, mais celui de la liberté que chacun a de faire ce qui l'amuse davantage. Je ne crois pas d'ailleurs que personne puisse s'arroger le droit de fronder les actions du public; quand tout le monde a tort, tout le monde a raison; car si chacun pouvait décemment s'expliquer sur les choses extraordinaires qui se passent sur le théâtre du monde, je demanderais pourquoi l'artiste célèbre, dont nous avons été forcés d'admirer les succès, ne jouit pas sans mélange de la gloire qu'il mérite? Pourquoi une ville dont le goût et les lumières sont connus ne se porte pas à encourager la hardiesse et les talents d'un mécanicien habile qui, après avoir établi aux Andelys une machine hydraulique généralement estimée, a été en Dauphiné en construire une autre qui monte trois cents muids d'eau par heure; un homme qui a inventé une voiture qui va sans chevaux; un homme qui, comme en convient M. de Montgolfier lui-même, a conçu le premier la possibilité de s'élever dans les airs; un homme qui a démontré celle de se précipiter, sans risque, de l'endroit le plus élevé; un homme enfin qui, s'il n'a pas surpassé ceux qui l'ont précédé dans la carrière aérostatique, les a pour le moins égalés; je demanderais comment il se fait que, dans une ville riche et éclairée, l'on porte le mépris des belles choses jusqu'à souffrir qu'un artiste qui fait la gloire de cette province, qui l'a vu naître (1), ne soit pas même indemnisé des frais qu'il fait pour leur

---

(1) Blanchard est né aux Andelys, en 1753.

procurer le plaisir de ses expériences? Mais la liberté des goûts et des actions est une chose sacrée que je dois et veux respecter.

« J'ai l'honneur d'être, etc.

« Le chevalier DE LIMOGES,

« *Lieutenant des maréchaux de France.* »

Quoi qu'il en soit, lorsqu'un compositeur célèbre venait à Rouen, l'accueil le plus flatteur lui était fait, témoin l'hommage public rendu à Champein, auteur de la *Mélomanie*, qui fut couronné à la représentation de cet opéra.

Ce couronnement inspira les vers suivants à M. le chevalier de Limoges, dont la fécondité poétique était alors si grande qu'il remplissait les journaux de ses élucubrations variées :

> Qu'elle doit avoir d'agréments
> Pour toi, cette illustre couronne !
> L'équité seule te la donne ;
> Elle est le prix de tes rares talents.
> Le dieu du goût veille à ta gloire,
> Jusques aux cieux ton nom porté
> T'élève à l'immortalité ;
> Il a déjà sa ligne au temple de mémoire.
> La couronne dont hier j'essayai de t'orner
> Est du plus agréable augure !
> Pour Apollon, je prenais la mesure
> De celle que lui-même il doit te décerner.

Un autre poète, — mais anonyme, — fit le quatrain que voici :

Enfin, j'ai vu l'auteur de la *Mélomanie* ;
Dans la foule il était caché.
Je ne l'ai pas longtemps cherché ;
Au feu de ses regards on connaît le génie.

A son tour, Champein crut devoir se mettre en frais d'un quatrain, et sa reconnaissance lui dicta le suivant :

Quand, par un impromptu galant, ingénieux,
Vous dites qu'aux regards on connaît le génie,
Anonyme charmant, offrez-vous à mes yeux
Afin que je le voie une fois en ma vie.

Les deux représentations au bénéfice des hospices eurent lieu en 1784, l'une le 17 mars, composée de l'*Homme à projets*, comédie, suivie d'*Ariane* ; l'autre le 24 du même mois, composée de l'*Amant jaloux*, opéra, précédé de la *Fausse Suivante*, ou le *Fourbe puni*, comédie en trois actes et en prose, par Marivaux et Parfaict l'aîné. — Le produit net des deux soirées a été de 1,100 livres.

Lorsque la comédie l'*Homme à projets* fut donnée au bénéfice des hôpitaux, elle était nouvelle à la scène rouennaise ; la critique s'exerça sur cette pièce. Voici une appréciation curieuse, coiffée d'un titre qui ne l'est pas moins :

*Mon coup d'œil sur l'*Homme à projets*, comédie nouvelle.*

Je l'ai vu cet homme à projets,
Et tous ses châteaux en Espagne ;
Il est digne de la compagne

Pour lui que l'on invente exprès.
Ah! que le ciel la lui conserve,
Et qu'en le faisant rimer mieux,
Quelque jour madame Minerve
Le mette au rang des demi-dieux !
Le marquis est inconcevable :
Philosophe toujours outré,
Il n'est ni naturel ni vrai ;
Il peut n'être pas raisonnable,
Son cerveau peut être timbré,
Mais au moins qu'il soit vraisemblable.
A quoi bon ce frère cadet,
Qui se montre et qu'on emprisonne ?
C'est un hors-d'œuvre tout complet
Qui ne saurait plaire à personne.
Pourquoi, contre un sexe enchanteur,
Verser des flots de bile amère ?
Si souvent il est imposteur,
A nos cœurs il est nécessaire.
Ce sexe est fait pour nous charmer ;
Il est compatissant et tendre ;
Nous sommes tous nés pour l'aimer,
C'est en vain qu'on veut s'en défendre.
S'il a l'art de nous attraper,
S'il fait gloire de nous duper,
Nous savons, je crois, le lui rendre.
Mais rendons justice à l'auteur :
Il a des tirades charmantes,
Des images vives, piquantes,
Et des tableaux parlant au cœur.

Mais la représention la plus remarquable de toute l'année 1784 a été celle du 1ᵉʳ octobre, dans laquelle fut jouée une pièce en l'honneur du grand Corneille. C'était une Centenaire dans le genre de celle qui avait été représentée à Paris pour Molière, quelques années auparavant. Il y avait peu d'action dans la Centenaire de Corneille, mais elle était écrite en vers élégants, harmonieux et purs. Le mérite du grand poète y était montré sous tous les aspects. La scène représente les bosquets du Parnasse ; Apollon y a fait préparer une fête pour célébrer la Centenaire du grand Corneille. Le trône est élevé pour le recevoir, les couronnes l'attendent ; mais Pluton, l'inexorable Pluton, n'a pas voulu laisser sortir Corneille de ses sombres États, et c'est en vain qu'Apollon le désire. Scudéry, plus heureux, vient réclamer pour lui-même l'honneur que l'on va rendre à l'auteur immortel de *Cinna* et fait de ses chefs-d'œuvre une critique amère qu'Apollon relève d'une manière sublime et avec l'éloquence d'un dieu. Cependant Pluton s'est laissé fléchir aux prières d'Apollon, et Corneille paraît enfin. Le dieu le fait monter sur son trône où trois muses, c'est-à-dire Melpomène, Thalie et Polymnie, vont chacune poser une couronne sur sa tête.

Cet intermède était terminé par des couplets que chaque personnage chantait à son tour ; voici celui d'Apollon, qui a été bissé :

> Trois divinités du Parnasse,
> Par l'hommage le plus brillant,
> Viennent à l'envi sur ma trace
> De récompenser le talent.
> C'est peu d'avoir en diadème
> Ces trois couronnes sur le front,
> J'en réclame une quatrième
> Que vos suffrages donneront.

THÉÂTRE

Cette pièce était de M. le chevalier de Cubières, connu déjà par plusieurs ouvrages dramatiques et par des poésies fugitives. Elle a eu un succès complet. L'auteur a été demandé vivement, mais il n'a pas paru. Baptiste aîné jouait le rôle d'Apollon, Bocquet celui du génie de l'ancienne Rome, Le Bert celui de Scudéry. Les rôles de femmes étaient tenus par MM^{mes} Dufresne, Malherbe et Descoins.

M. le chevalier de Cubières, écuyer de la reine, auteur de la *Centenaire de Corneille*, adressa à Mlle Dufresne, première actrice du théâtre de Rouen, les vers suivants :

  Corneille, agrandissant mon âme,
L'élève jusqu'aux cieux sur des ailes de flamme.
Corneille, de nos jours, égal à ses Romains,
Eût été de leur temps le premier des humains.
  Mais ces écrits, dont la magie
A pour mon cœur des attraits si puissants,
Veulent être rendus avec cette énergie
Qui du grand homme embrasait tous les sens
Lorsqu'au peuple de Rome il prêtait ses accents.
Je t'ai vue... et j'ai cru, sur les rives du Tibre,
Par ton art enchanteur tout-à-coup transporté,
  De la nation la plus libre
  Voir renaître la majesté.
 Tu réunis la noblesse à la grâce :
Amante de Cinna, sœur ou femme d'Horace,
Dès qu'on a pu t'entendre, il faut soudain t'aimer,
  Et c'est toi que l'on idolâtre
  Lorsque, t'admirant au théâtre,
On croit pour ton talent se laisser enflammer.

M. le chevalier de Limoges, lieutenant des maréchaux de France, ne pouvait pas garder le silence en une aussi belle occasion. Il s'en garda bien et composa deux poésies au lieu d'une.

Vers à M. le chevalier de Cubières sur sa Centenaire *de Corneille.*

En vain il se cachait à l'ombre du mystère ;
    Je l'ai cherché, je l'ai connu,
  L'aimable auteur de cette *Centenaire*.
Qu'à ses rares talents hommage soit rendu !

    C'est en consacrant la mémoire
    Du plus célèbre des mortels,
    C'est en lui dressant des autels
    Que CUBIÈRES vole à la gloire.

    Oui, supposons pour un moment
    Que le mauvais goût, le caprice,
    La basse envie et l'injustice,
    Eussent obscurci lâchement
    La gloire d'un aussi grand maître,
    Il vous devrait un nouvel être.
Chacun surpris, confus de son aveuglement,
Forcé de l'admirer, conviendrait hautement
Qu'en célébrant un nom aussi cher à la France,
Vous ne pouviez manquer de charmer tous les cœurs,
    Surtout étant d'intelligence
    Avec Phœbus et les neuf sœurs.

96 THÉATRE

Vers à M. le chevalier de Cubières sur la lecture de sa Seconde Centenaire de Corneille, que l'auteur préfère à la première.

    Quand, dans un dîner littéraire,
    Tu nous lisais ta *Centenaire*,
  Le dieu du goût, pour la première fois,
  Songeant à moi, me dit bas à l'oreille :
    — Ceci vous semble une merveille !
    Vous êtes surpris, je le vois ;
    Mais, apprenez tout le mystère,
    J'ai, de ce poëte charmant,
    Fait, à la fin, mon secrétaire,
    Mon secrétaire... oui vraiment.
Sachez que cet auteur, dont la verve exaltée,
Enchante tour à tour et le cœur et l'esprit,
    Sûr de plaire quand il écrit,
    N'écrit plus que sous ma dictée.

    O toi, dont je sais le secret,
    Ami, si je suis indiscret,
  Pardonne au motif qui m'emporte,
    Et, ne pouvant sans son aveu,
Comme toi parvenir au temple de ce dieu,
Fais qu'il me laisse au moins écouter à la porte.

Les deux Centenaires de Corneille, pièces en un acte et en vers, ont été représentées à Rouen, Bordeaux, etc. La seconde est la meilleure des deux ouvrages. Melpomène, désirant revoir Corneille et lui rendre un hommage séculaire, est allé le demander à Pluton. Thalie est restée pendant ce temps gardienne du temple de sa sœur, mais le FAUX GOUT y a pénétré malgré elle et est venu s'asseoir sur le trône de Melpomène, aux acclamations de ses nombreux partisans. Cependant le Faux Goût sort avec sa suite pour aller faire répéter un ballet-pantomime, et le grand Corneille arrive, conduit par Melpomène et Thalie. Bientôt le Faux Goût revient réclamer pour lui les honneurs destinés à Corneille; il ose même monter sur le trône du Génie, mais Apollon descend du ciel, lui décoche une flèche et rend au grand Corneille toute la gloire qu'il mérite.

Le 3 janvier 1785, les comédiens donnèrent deux pièces nouvelles qui obtinrent d'unanimes applaudissements : le *Bienfait anonyme*, drame en trois actes, par Pilhes du Tarascon, et l'*Habitant de la Guadeloupe*, comédie en trois actes, par Mercier. La première de ces pièces, coup d'essai de Pilhes, avait été représentée avec succès, à Paris, sur le Théâtre-Français, le 21 août précédent. Dans le premier de ces deux ouvrages, on remarqua MM. Baptiste aîné et Dussaulx; dans le deuxième, MM. Le Bert et Valleville, et Mmes Dufresne et Baptiste.

Mlle Dufresne, quelques années auparavant, figurait à Rouen dans les ballets. Cette circonstance motiva, en 1785, l'envoi à cette artiste des vers suivants :

   Des élèves de Terpsychore,
  Par ta fraîcheur et ton fol enjouement,
  Hier encore, hier tu faisais l'ornement;
 Se peut-il qu'aujourd'hui, maîtresse de Zamore,
 Amante de Cinna, fille d'Agamemnon,
 Epouse de Lincée ou femme de Gaston,
    Tu captives notre suffrage !
Le cœur te reconnaît, mais l'esprit enchanté

Demande où de ton art tu fis l'apprentissage.
Peut-il d'étonnement n'être pas transporté ?
L'intelligence en toi, séduisante Dufresne,
Plaça la vérité pure, simple et sans fard,
Mais si l'auguste Melpomène
En tes mains remit son poignard,
Nous aimons à te voir, caressant la Folie,
Dérober quelquefois le masque de Thalie.

Le 24 janvier, on donna la première représentation d'*Atys*, opéra de Quinault, réduit de cinq actes en trois, et *arrangé* par Marmontel, musique de Piccini. On applaudit à la voix brillante de M. César, au timbre sonore de M. Fradelle et au chant simple et naturel de Mme Grenier, dont le public apprécia les efforts, aussi bien que ceux de Mlle Descoins, depuis plus de seize ans en faveur au théâtre de Rouen. Mais on se plaignait généralement que les chœurs fussent peu nombreux et que l'orchestre laissât beaucoup à désirer.

On a donné le même jour le *Goûter*, proverbe dramatique en un acte, représenté par des enfants.

Le lendemain 25, une actrice débuta sans succès dans le rôle d'*Adélaïde Duguesclin*, de Voltaire.

Le 30, le rôle de baron dans *Félix*, opéra, fut confié à un débutant qui échoua également.

Nous citerons encore cinq pièces jouées dans le commencement de l'année 1785 :

Les *Deux Frères*, drame en deux actes et en vers (du Théâtre-Italien), par de Milcent, auteur du *Journal de Normandie*;

La *Fausse Coquette*, comédie (du Théâtre-Français) en trois actes et en vers, par Vigée;

Les *Ombres et Mercure*, parade sur les ballons aérostatiques de MM. Charles et Robert, et sur le magnétisme de M. Mesmer. L'inscription sur l'affiche des noms de MM. Charles, Robert et Mesmer a soulevé de justes plaintes;

Les *Quatre fils Aymon*, pièce dans laquelle Mme Baptiste jouait le rôle de Claire. Un habitant de Rouen lui adressa même, à propos de ce rôle, les vers suivants :

> Charmé de tes talents, attendri par tes larmes,
> Lorsque je vois lever un glaive menaçant
> Prêt à priver du jour l'objet le plus charmant,
> Je tremble et de Renaud partage les alarmes;
> Mais après ce moment d'épouvante et d'horreur,
> Quand cet heureux époux contre son sein te presse,
> Baptiste, je gémis, éprouvant sa tendresse,
> De ne pouvoir aussi partager son bonheur.

Sophie de Braban, pantomime.

En mars, Mme Saint-Huberti vint jouer à Rouen et attira au spectacle une affluence considérable; la célèbre virtuose, après avoir rendu les rôles de Zemire, de la belle Arsène, de Rose et de Colette, parut successivement dans *Didon, Atys, Iphigénie en Tauride* et *Ariane*; elle était secondée par Chénard, du Théâtre-Italien, qui a joué à Rouen, à cette époque, le *Déserteur*.

Nos ancêtres avaient des galanteries dont on n'a plus l'idée de nos jours; à l'une des représentations de *Didon*, une couronne fut portée aux pieds de la cantatrice par une colombe; à cette couronne étaient attachés les vers suivants :

> Emblême de la fidélité,
> Te portant cette couronne,
> Je te garantis la sincérité
> Du cœur qui te la donne.

Cet hommage galant inspira à un poëte anonyme la pièce de vers que nous transcrivons ici :

> Un tribut indiscret peut plaire quelquefois.
> L'offre d'une couronne est toujours si flatteuse !
> Mais, même dans tes mains, elle serait douteuse,
> Si le public, sévère et jaloux de ses droits,
> Par des cris redoublés annonçant son suffrage,
> N'en eût bientôt pour toi renouvelé l'hommage.
> C'est de lui seul, enfin, que tu tiens un tel don.
> Jouis des doux transports que ta présence inspire :
> Sur ce peuple assemblé vois quel est ton empire !
> Quand, peignant à nos yeux les malheurs de Didon,
> Et surtout ce moment d'un cruel abandon,
> Des sons les plus touchants la sublime énergie
> Secondant de ton jeu l'étonnante magie,
> Tu nous fais à ton gré partager tour à tour
> Tes craintes, tes désirs, ta haine, ton amour.
> C'est ainsi que régnant doublement sur la scène,
> Tu joins les dons d'Euterpe à ceux de Melpomène,
> Et t'assures le droit de plaire encor longtemps
>   Dans la brillante capitale,
> Dont tu fixes les vœux et les goûts inconstants.
> Une autre, nous dit-on, se prétend ton égale.
> J'ignore le pouvoir de ses accents vainqueurs :

Mais dans l'art d'attendrir, d'émouvrir tous les cœurs,
Non, non, Saint-Huberti, tu n'as point de rivale.

Ce même rôle de Didon valut à Mme Saint-Huberti cet autre compliment poétique :

> Tu n'as donc pu toucher le cœur
> De l'inflexible fils d'Anchise !
> D'un œil sec il voit ta douleur,
> Et dit, pour masquer sa froideur,
> Que pour une haute entreprise
> Le ciel, accusant sa lenteur,
> L'entraîne loin de son Élise.
> Laisse fuir ce prince inhumain,
> Dis un mot, je suis ton Enée.
> Les Dieux alors m'appelleront en vain ;
> Tu rendras l'amour dans mon sein
> Plus puissant que la Destinée.
>
> Le Pigeon de Boival, avocat.

Il est bien entendu que ces vers, pas plus qu'une foule d'autres que nous avons publiés, n'excitent pas notre admiration ; mais nous les reproduisons pour montrer quel était l'esprit de l'époque ; tant il est vrai, comme nous l'avons déjà dit, qu'à l'histoire du théâtre se rattachent bien des études diverses. La même remarque s'applique à la gasconnade suivante :

> Oh ! sandis ! Messieurs les Normands,
> Disait Dorignac, je vous prends
> A ne savoir ce que vous faites.
> Sainte-Huberti paraît... crac, l'admiration

Vous met présque en convulsion.
Mais comment prouvez-vous lé transport où vous êtes?
Uné seule couronne est lé tribut chétif
Qué vous payez à cette enchanteresse!
Convénez qué, dans son ivresse,
Le Normand n'est guère inventif.
Moi, sans qué rien né mé rétienne,
Dé couronnes jé veux lui donner un fagot.
Mais, qué dis-tu, bélitre? pauvre sot!
Chacun dé ses talents trouverait-il la sienne?

Par le chevalier de Limoges,
Lieutenant des maréchaux de France.

Enfin, quand Mme Saint-Huberti quitta Rouen, dans les derniers jours de mars, un poète anonyme lui adressa ces adieux :

Si, par le perfide Thésée,
Tu gémis d'être délaissée,
Juge par toi de nos douleurs.
Que dis-je, ingrate enchanteresse,
Tu te fais un jeu de nos pleurs.
Quand ton charme a produit l'ivresse,
Quand tout en toi nous intéresse,
Tu pars, en disant que tu meurs.
Cette perfidie est cruelle.
Laisse au moins respirer nos cœurs.
Cours, vole où le destin t'appelle;
Vas, nous ne plaignons plus ton sort.
Devons-nous pleurer sur ta mort,
Quand tu t'es rendue immortelle?

Puissiez-vous, lecteur, en lisant ces vers, rire autant que nous l'avons fait en les transcrivant.

Le 2 mars 1785, une représentation au bénéfice des hôpitaux se composa de l'*Habitant de la Guadeloupe*, comédie, suivie de l'*Epreuve villageoise*. Quant au produit net de cette soirée, il fut joint à celui d'une représentation organisée dans le même but pendant l'année théâtrale suivante. Pour ce motif, nous ferons connaître plus loin le total des deux recettes.

Depuis longtemps, le théâtre de Rouen fournit des sujets distingués aux scènes parisiennes. Le sieur Brochard, comédien de Rouen, débuta, avec le plus grand succès, sur le théâtre des Italiens, à Paris, le 8 janvier 1785, par le personnage de Pierre Leroux dans *Rose et Colas*, et par celui du vieux Mathurin dans *Blaise et Babet*. Que d'autres depuis, par leurs succès à Paris, ont fait honneur à la scène de Rouen !

La clôture de l'année théâtrale 1784-1785 a eu lieu en avril.

Direction Montansier et Neuville, 1779-1789.

PÉRIODE 1785-1789.

A partir de ce moment, nous ferons l'historique de chaque année théâtrale en particulier. Cette division, difficile jusque-là, n'eût pas ajouté un grand intérêt à ce qui précède ; nous croyons, au contraire, que maintenant elle aura une certaine importance, en même temps qu'elle facilitera notre étude.

Année théâtrale 1785-1786.

En avril 1785, la troupe subit de nombreuses modifications ; des sujets furent engagés pour tous les emplois, et la direction conserva ceux que le public affectionnait davantage : Baptiste l'aîné, qui passa de l'emploi des jeunes premiers à celui des premiers rôles ; Mme Baptiste ; Mme Mars, pour les rôles de reine ; Mlle Dufresne ; Le Bert, pour les troisièmes rôles ; Valleville, comique. Les nouveaux sujets étaient : Desrosières, père noble ; Bérard, qui remplaçait Baptiste l'aîné comme jeune premier ; Caumont, financier ; Prin, pour les rôles d'Arlequin ; Mme Desrosières, soubrette ; Mlle Surville.

Pour l'opéra, la direction conservait MM. Dubusc ;

Fradelle ; Mlle Descoins, duègne (1) ; Mme Grenier, ingénue, qui rendait surtout admirablement le rôle de Denise dans l'*Epreuve villageoise.*

Les nouveaux artistes d'opéra étaient Mme d'Herville, première chanteuse, remplaçant Mme Delahaie ; Mme Kerichemagne ; MM. Dubreuil, succédant à César ; Fuzeller, pour les rôles à tablier ; Haillet et Saint-Aubert, tous deux laruette ; Cabousse, maître de musique, c'est-à-dire chef d'orchestre.

Mme d'Herville, la première chanteuse, sut bientôt se faire de chauds partisans ; l'un d'eux lui adressa ce poétique éloge :

A Madame D'HERVILLE, *première actrice de l'opéra de Rouen.*

Quand, par des accords enchanteurs,
Saint-Huberti frappait mon oreille ravie,
Je me disais : Quels sons doux et flatteurs !
Euterpe même, au temple des neuf Sœurs,
Ne l'entendrait pas sans envie.
Déjà le douzième soleil
Parmi nous la voyait encore,
Lorsqu'hélas ! la treizième aurore,
Pour annoncer sa fuite, amena le réveil.
A cette funeste nouvelle
Ma lyre de mes mains s'échappa malgré moi :
Longtemps depuis, sourde et rebelle,
D'Herville, ce n'est que pour toi

---

(1) Cette actrice était à Rouen depuis dix-huit ans.

Qu'elle a pris une âme nouvelle.
Tes chants majestueux et doux
Nous rappellent sa voix et si noble et si tendre.
Quand je t'entends, je crois l'entendre ;
Quand je te vois, je la crois parmi nous.
Dans mon illusion chérie,
Je dis toujours : Quels sons doux et flatteurs !
Euterpe même, au temple des neuf Sœurs,
Ne l'entendrait pas sans envie.

Immédiatement après les débuts, les nouveaux artistes représentèrent, entr'autres ouvrages, les suivants :

La *Fête impromptu*, divertissement en un acte et en prose, avec des vaudevilles analogues à la naissance de Mgr le duc de Normandie.—S. A. R. Louis-Charles, duc de Normandie, fils de Sa Majesté Louis XVI, roi de France, était né le dimanche 27 mars 1785, à sept heures moins un quart du soir. — Cet impromptu fut joué pour la première fois le 2 mai 1785, et ce jour-là la salle était illuminée comme aux jours de redoute. Le succès de la pièce fut complet ; on demanda l'auteur à grands cris, et Haillet, artiste de la troupe, vint nommer M. le chevalier de Limoges, lieutenant des maréchaux de France. A quelques jours de là, le mérite de l'œuvre fut vivement contesté par un écrivain rouennais ; une polémique s'établit entre lui et M. de Limoges. Quelques rimailleurs s'en mêlèrent, mais le débat resta sans intérêt littéraire.

Le canevas de M. le chevalier de Limoges n'avait pas exigé grands frais d'imagination. Des villageois se disposent à célébrer la naissance du duc. Leur bailli a fouillé dans de grands livres et a mis toute la mythologie à contribution ; il a métamorphosé les filles du village en déesses de la fable : l'une est Minerve, l'autre la déesse de la Bonté, celle-ci de la Justice, celle-là de la Douceur, etc., etc. Les grands mots du bailli, tant d'apprêts, de recherches et de fracas déplaisent aux villageois, qui n'ont pas besoin de chercher si loin ce qu'il faut dire et faire dans la circonstance.

La *Femme jalouse*, comédie en cinq actes et en vers, par Desforges. Première représentation en mai 1785.

La *Confiance dangereuse*, comédie en deux actes et en vers, par le chevalier de la Chabeaussière.

Les *Deux tuteurs*, opéra-comique en deux actes, par Fallet et Dalayrac.

Ces deux derniers ouvrages furent joués pour la première fois en juin 1785.

Le *Jaloux*, comédie en cinq actes et en vers, par Rochon de Chabannes.

Julie et Colin, opéra-comique en deux actes, en prose, et en vauvevilles, de Dorzi ou du chevalier de Limoges. Peut-être Dorzi était-il un pseudonyme du second chevalier.

Cette comédie et cet opéra-comique ont été donnés pour la première fois le 4 juillet dans une représentation au bénéfice de Mlle Dufresne.

Le *Mariage de Figaro* ou la *Folle journée*, par Beaumarchais. Première représentation le 20 août 1785. Le rôle de Suzanne a été créé par Mme Baptiste, celui d'Almaviva par Baptiste aîné, celui de Figaro par Valleville, celui de la comtesse par Mlle Dufresne, et celui de Bridoison par Bérard.

Alexis et Justine, opéra-comique en deux actes, par Monvel et Dezède. Première représentation en octobre

1785. Le rôle de Justine, créé à Paris par Mme Dugazon, a été interprété à Rouen par Mme Grenier, et celui d'Alexis par Dubusc.

L'*Extravagance amoureuse*, comédie en trois actes et en prose, par Bérard, comédien à Rouen. Première représentation le 3 octobre 1785. L'auteur a été demandé et a paru aux applaudissements du parterre. Voici l'intrigue en deux mots : Cécile est promise par son père à un gentilhomme ; un amant secret de la jeune fille se fait passer pour lui. De là un imbroglio qui se dénoue par l'arrivée de l'oncle de l'amoureux travesti. Ce dernier se fait pardonner son extravagance, et épouse Cécile au nez et à la barbe du gentilhomme. — Baptiste aîné obtint un grand succès dans la pièce de son camarade Bérard.

L'*Esprit follet*, comédie en cinq actes et en vers, par Hauteroche, contemporain de Molière. Cette pièce, qui datait de 1684, a été mise au répertoire à Rouen en novembre 1785.

Pigmalion, sans autre indication.

Le *Barbier de Séville*, comédie mise en musique par Pasiello. Première représentation le 21 novembre 1785. Cet opéra a quatre actes.

Pourquoi pas? proverbe en un acte et en prose. Première représentation en novembre 1785. Ribié, qui l'avait joué sur le théâtre du sieur Nicolet, débuta à Rouen dans ce petit acte, où il jouait huit rôles différents. On sait que Ribié fut plus tard directeur du théâtre du Vieux-Marché.

Le *Jaloux sans amour*, comédie en cinq actes et en vers libres, par Imbert. Première représentation en décembre 1785.

Les *Déguisements amoureux*, pièce en un acte, de Patrat.

Le *Sabotier*, ou les *Huit sols*, pièce du théâtre de Nicolet.

Ces deux derniers ouvrages, représentés pour la première fois en décembre 1785, servirent aux débuts de Ribié. Dans le premier, cet acteur jouait quatre rôles différents.

L'Orphelin de la Chine, de Voltaire. Mme d'Hocquière y débuta par le rôle d'Idamé, en décembre 1785.

La *Pucelle d'Orléans*, pantomime nouvelle en trois actes, dont la première représentation a eu lieu pendant la campagne qui nous occupe.

Le *Maréchal des logis*, pantomime historique, jouée par Baptiste aîné, Bérard, Caumont, Mmes Baptiste et Dufresne. Première représentation le 12 décembre 1785.

Au lieu de faire l'analyse de la pièce, nous reproduisons les vers suivants adressés à celui qui en est le héros :

A monsieur LOUIS GILLET, *maréchal des logis* (1), *sur sa belle action rapportée dans* le Mercure *du 14 novembre* 1785.

    Dans le fond des forêts, une fille égarée,
    Seule, et par sa faiblesse, à deux monstres livrée,
    Allait perdre, dit-on, ou la vie ou l'honneur.
    Tu parus : sous les coups de ton sabre vengeur,
    Leur brutale fureur bientôt fut terrassée.

---

(1) Dans le régiment d'Artois depuis vingt-un ans et au service du roi depuis quarante-cinq ans.

La nouvelle Andromède eut un nouveau Persée.
L'Amour en ce combat ne t'a pas engagé :
Par la main d'un vieillard le beau sexe est vengé.
Ta victoire, à nos yeux, s'ennoblit par ton âge ;
Tu tiens de la vertu la palme du courage.
Tu nous rends les hauts faits de nos preux chevaliers;
Ils orneraient ton front de myrthe et de lauriers.
Comme ils la commençaient, tu finis ta carrière,
Et le temps, à regret, t'a fermé la barrière.
C'est assez. Vas goûter dans l'ombre du repos
Les bienfaits de *Louis* (1) et l'honneur des héros.
Des héros ! oui, comme eux lève ta tête altière,
Et comme eux, en effet, c'est avoir combattu,
Qu'avoir puni le crime et sauvé la vertu.

La *Bonne Mère*, comédie en prose et en un acte, de M. le chevalier de Florian. Première représentation le 16 janvier 1786. Acteurs : Prin, Baptiste cadet, Mmes Mars et Baptiste.

Gabrielle de Vergy, tragédie de du Belloy, bien interprétée par Baptiste aîné et Mlle Dufresne.

L'Habitant de la Guadeloupe, comédie en trois actes et en prose (reprise).

L'Amant statue, opéra en un acte, par des Fontaines et Dalayrac.

Melcour et Verseuil, comédie en un acte et en vers, par de Murville.

Ces deux derniers ouvrages ont été joués pour la pre-

---

(1) Le roi lui avait accordé un brevet de retraite et 200 livres de pension.

mière fois le 6 février 1786. Les deux suivants l'ont été le 13 du même mois.

Les *Trois Folies*, divertissement en un acte et en vaudevilles, par Favart, acteur du Théâtre-Italien.

Le *Mariage de Chérubin*, comédie en un acte.

L'*Amant bourru*, comédie.

Crispin rival de son maître, comédie.

Les *Chasseurs et la Laitière*, opéra.

Les *Deux Comtesses*, opéra-bouffon en deux actes, imité de l'italien et parodié sous la musique de Pasiello par Framery. Acteurs : Dubusc, Dubreuil, Mmes d'Herville et Fradelle.

Le *Méfiant*, comédie en cinq actes et en vers, par un Rouennais nommé Borel. Première représentation en mars 1786. Acteurs : Baptiste l'aîné, Bérard, Valleville, Mmes Baptiste et Dufresne.

L'intrigue de cette comédie est trop compliquée pour que nous puissions l'analyser ici, quoique nous aimions à nous étendre sur les ouvrages des Rouennais ; nous préférons citer quelques passages, par exemple cette peinture des jeunes gens d'alors :

J'aime fort à vous voir, au printemps de votre âge,
Philosopher du ton de grave personnage.
Un époux d'âge mûr ! Hélas ! nos jeunes gens
Le sont plus qu'il ne faut quelquefois à vingt ans...
A trente ans, que sont-ils ? Déjà de vieux garçons,
Qui, n'étant plus fêtés, pour fonder leurs maisons,
Pour se donner du poids, quettent de porte en porte,
S'informant si la dot est ou plus ou moins forte.
Ils s'embarrassent peu des grâces, de l'esprit ;
La beauté, l'amour même, ont perdu tout crédit.

> C'est de l'or qu'il leur faut ; quand ce mérite brille,
> Pour épouser la dot, ils demandent la fille.

Le méfiant, en parlant des femmes, conclut ainsi :

> Dans ce dédale obscur de vertus et de vices,
> De charmes séduisants, mais trop souvent factices,
> Je m'égare ; et, tenté de les mésestimer,
> Un pouvoir inconnu me force à les aimer.

La comédie de notre compatriote avait été jouée à Paris, sur le Théâtre-Italien, le 20 décembre 1785.

A la fin de cette année théâtrale, Mme Saint-Aubin, sujet distingué de l'Académie royale de musique, a joué au théâtre de Rouen : *Blaise et Babet*, *Rose et Colas*, l'*Epreuve villageoise*, la *Veillée villageoise*, le *Droit du Seigneur*, enfin la *Jeune Indienne*. — Cette chanteuse, comme cela se voyait fréquemment alors, jouait alternativement la comédie et l'opéra. Le premier jour des représentations à Rouen de Mme Saint-Aubin, au milieu d'une scène qu'elle jouait admirablement, un violent coup de sifflet se fit entendre du milieu du parterre. L'actrice fondit en larmes et un honnête citoyen que l'on prit à tort pour le siffleur fut brutalement jeté dehors. De pareils faits n'ont pas besoin de commentaires.

Mme Saint-Aubin, qui était attendue au Havre, joua, la veille de son départ, le rôle de Marine dans la *Colonie*. M. Saint-Aubin, son mari, également attaché à l'Opéra, s'est fait entendre, à la même époque, dans la *Belle Arsène*, le *Devin de village*, l'*Ami de la maison* et la *Rosière*. Pour faciliter ces représentations, une demoiselle Valville, venant du Havre, a rempli le rôle de la statue dans la *Belle Arsène.*

Mme Saint-Huberti, qui, pour nos lecteurs, est déjà une connaissance, a donné des représentations dans les premiers jours d'avril, après celles de Mme Saint-Aubin. Le 4, elle a reparu, avec un succès toujours égal, dans le beau rôle de Didon. Un M. de Boucheville ne put contenir son admiration, et il l'exprima de cette façon :

Malheureuse Didon, que j'ai versé de pleurs
    En te voyant abandonnée!
Mais calme tes chagrins, car, en perdant Enée,
Tes charmes, tes talents, t'ont gagné tous les cœurs.

Au nombre des représentations extraordinaires, nous devons mentionner un spectacle — composé du *Père de Famille,* drame, suivi de *Sylvain,* opéra, — qui fut donné le 4 mai 1785, au bénéfice des hôpitaux. Le produit net de cette représentation, additionné à celui de la précédente (voyez page 103), forme un total de 1,199 liv. 13 s.

Enfin, le 22 mars 1786, on a joué, également au bénéfice des hospices, le *Sage étourdi,* le *Devin de village* et *Blaise et Babet.* Il nous est impossible de donner isolément le produit net de cette soirée; le montant en a été joint à celui d'une représentation que nous rencontrerons plus tard.

La clôture de l'année théâtrale a eu lieu le 8 avril; l'acteur Bérard a lu un compliment de clôture qui était de sa composition et dont voici le principal passage :

Des talents, sur vos cœurs, on connaît l'influence,
Combien d'arts parmi vous ont puisé la naissance !
Peuple libre et savant, favorisé des cieux,
Le génie est chez vous, son trône est en ces lieux ;
Dans le sein de vos murs sont nés les deux CORNEILLE.
L'un, père du théâtre, a consacré ses veilles
A donner à la scène un sublime ascendant
Que l'Europe étonnée éprouve en l'admirant ;
Et l'autre, sur ses pas, entrant dans la carrière,
Prenait quelques lauriers dans la main de son frère.
Combien de fois son vers facile, harmonieux,
Vous a-t-il fait verser des pleurs délicieux !
De son art imposant, si l'aîné fut le père,
Thomas, par ses talents, fut digne de son frère.
La gloire a couronné ces deux mortels fameux ;
L'honneur que je leur rends est trop indigne d'eux.
Quel éloge jamais embellirait leur vie ?
Le seul génie a droit de chanter le génie.
Sans oser les louer, tombons à leurs genoux.
M'est-il encor permis de vous parler de vous ?
Ce goût sûr, décidé, que vous faites paraître,
Attend-il que ma voix le fasse reconnaître,
Que je vous représente, et surtout en ces lieux,
Des arts sur votre esprit le pouvoir glorieux ?
Non, messieurs, quel que soit le zèle qui m'inspire,
Je me tairai, ces arts ont ici leur empire ;
Le talent parmi vous trouve des protecteurs ;
Qu'il en ait l'assurance ; il verra dans vos cœurs
Ce désir de former, d'étendre la science,
Et la saine critique auprès de l'indulgence.

Le tableau du travail dramatique, pour l'année 1785-1786, a été publié tout au long ; il se résume ainsi :

Comédies nouvelles en cinq actes 5
— en trois actes 1
— en deux actes 2
— en un acte 6
Pièces en musique nouvelles 6
Pantomimes nouvelles 2
Pièces remises, en cinq actes 9
— en quatre actes 1
— en trois actes 4
— en un acte 3
Pantomime remise (*Quatre fils Aymon*, quatre a.) 1
Nouveautés et reprises forment un total de . . . 40

A cette époque, le régisseur, le sieur Valville (ou Valleville), était exclusivement chargé de diriger le répertoire.

INCIDENTS.

Un incident, qui s'est dénoué par une sentence du siége de la police du bailliage de Rouen, a troublé le spectacle dans la soirée du dimanche 27 novembre 1785. La teneur de cette sentence, qui condamne Pierre Becquet, garçon tailleur, à 3 liv. d'amende envers le roi et à garder prison fermée pendant quinze jours pour avoir troublé le spectacle par des clameurs indécentes, trouvera sa place tout naturellement quand nous traiterons de la police des théâtres de Rouen.

A la fin de novembre 1785, le célèbre artiste Volange était à Rouen et avait formé le projet de donner quelques représentations. Nous ne pensons pas qu'il ait paru — à cette époque — sur le théâtre de Rouen.

En mars 1786, les comédiens annoncèrent qu'ils se proposaient de donner le *Brave Homme*, ou les *Naufragés*. Le Normand de l'Osier fit savoir au public qu'il ne s'agissait pas de sa comédie en vers et en trois actes, intitulée également le *Brave Homme* (à propos d'une courageuse action d'un pilote-côtier appelé Boussard). Le Normand de l'Osier était aussi l'auteur d'un opéra en trois actes intitulé les *Charisies*, ou la *Fête de la Beauté*. Il avait fait des démarches pour que l'on représentât à Rouen ses deux productions, mais comme on ne s'y mettait pas assez vite à son gré, il retira ses manuscrits.

Année théâtrale 1786-1787.

Dès le 24 avril 1786, le théâtre se rouvrit, et de Rozières, artiste aimé du public, prononça un discours de sa composition dans lequel nous lisons :

« C'est ici, c'est dans le sanctuaire des muses, que sont renfermées les plus douces consolations de la vie civile. Princes, héros, guerriers, magistrats, citoyens, tous y viennent oublier leurs travaux, charmer leurs loisirs et puiser ces délassements de l'esprit et du cœur qui semblent renouveler les forces de la trop faible humanité...
....
La carrière s'ouvre, les jeux commencent et nos juges sont assemblés. Pénétrés de la sagesse de leurs opinions, nous avons une confiance unanime en leur indulgence. Je dirai plus ; oui, messieurs, c'est une justice pour vous d'être indulgents, vos plaisirs sont si étroitement unis avec nos succès qu'ils dépendent absolument du parfait équilibre que vous daignerez mettre entre une censure judicieuse et une bienveillance encourageante ; laissez même pencher la balance de ce côté ; nous y gagnerons peut-être des talents estimables, et vous, le droit et la satisfaction de jouir de votre ouvrage. Mais, qu'ai-je besoin de vous indiquer une route que vous connaissez ? La France entière et sa capitale même savent que le vrai goût a dans cette ville, où sont nés tant de grands hommes, un

118 THÉATRE

de ses premiers tribunaux. Trop heureux les artistes qui lui sont soumis ! Regardez avec intérêt, messieurs, ceux qu'un choix honorable pour eux destine à contribuer à vos amusements. Nous tâcherons de nous acquitter envers vous, pour tout ce qui pourra donner un nouveau prix aux agréments de notre art, et satisfaire au vœu général de vous plaire. »

Après ce discours, la toile s'est levée pour la représentation de la *Femme jalouse* et pour celle du *Bourru bienfaisant*.

Parmi les artistes conservés par l'administration, il faut citer :

MM. BAPTISTE l'aîné, premiers rôles.
BAPTISTE cadet, pour la comédie.
PRIN, rôles d'Arlequin.
LE BERT, troisièmes rôles.
DES ROZIÈRES, père noble (1).
BÉRARD, jeune premier.
VALVILLE, comique.
DUBUSC, premier chanteur.
FRADELLE, première basse-taille.
Mmes BAPTISTE, pour la comédie.
DUFRÊNE, pour la comédie.
D'HERVILLE, première chanteuse.

---

(1) Désigné plus haut sous le nom de De Rozières, parce qu'à cette époque on trouve tous les noms propres écrits tantôt d'une manière, tantôt de l'autre : Valleville, Valville et Walville, Dubusc et Dubus, Fradel et Fradelle, etc.

Quant aux artistes nouveaux, on remarquait surtout :

MM. DUVERGER, financier, qui a débuté par le rôle du bourru bienfaisant, par celui d'Orelly, des *Deux Amis*, et enfin par celui du commandeur du *Père de Famille*.

DELLOYE, laruette.

LE FÈVRE, premiers rôles tragiques.

LAPÉRIÈRE, troisièmes rôles et confidents.

LE VERT, première haute-contre, dont un des débuts fut fait dans le *Devin de village*, rôle de Colin.

BILLEMONT, basse-taille, rôle de Jacques des *Trois Fermiers*.

D'OZINVILLE, engagé pour la comédie et l'opéra, rôle de Mathurin dans les *Trois Fermiers*.

SAINT-DENIS, première basse-taille pour seconder Fradelle.

JUILLET, deuxième basse-taille, emploi désigné aussi sous le nom de *rôles à tabliers*, parce que la deuxième basse-taille représentait souvent un ouvrier, un artisan portant un tablier.

Mme MALHERBE, pour la comédie.

Mlles EUGÉNIE, comédienne et chanteuse qui a débuté par le rôle de la fausse Agnès, par celui de Roxelane des *Trois Sultanes* et par celui de Denise dans l'*Epreuve villageoise*.

FRADELLE, même rôle dans l'*Epreuve*.

GUÉRIN, chanteuse, qui a débuté successivement dans la *Fausse Magie*, *Zémire et Azor* et la *Belle Arsène*.

SAINT-PAIR, rôle de Babet dans les *Trois Fermiers*.

Les représentations extraordinaires ont été nombreuses pendant cette campagne.

Le lundi 10 juillet 1786, on jouait au bénéfice des hôpitaux et l'on avait le concours de Mlle Adeline, du Théâtre-Italien et pensionnaire du roi, qui a rempli les rôles d'amoureuse dans l'*Epreuve villageoise* et dans le *Droit du Seigneur*. Une couronne accompagnée de vers lui a été jetée sur le théâtre ; Dubus, qui était en scène avec elle, s'est empressé de la poser sur la tête de l'actrice. Alors les bravos ont redoublé. — Vu la destination de la recette, Mlle Adeline n'a voulu accepter aucun honoraire ; le produit net de cette brillante soirée, ajouté à celui de la représentation du 22 mars précédent (voyez page 113) s'est élevé à 2,908 liv. 15 s. 6 d.

Après Mlle Adeline est venu, à la fin du même mois, le sieur Courcelles, pensionnaire et comédien italien ordinaire du roi ; il a joué le rôle de d'Aranville dans la *Femme jalouse*, celui du père dans le *Père de famille*, dans *Sylvain*, opéra, et dans le *Déserteur*, drame de Mercier, et celui du notaire dans l'*Indigent*, drame du même auteur.

En août, Mlle Aurore, de l'Académie royale de musique, est venue donner quelques représentations. Elle a joué le rôle de Sémiramis dans la tragédie de Voltaire qui porte ce nom. Elle avait choisi notre scène pour une tentative bien hardie ; en effet, c'était la première fois qu'elle chaussait le cothurne, aussi n'a-t-elle eu qu'un succès d'estime. Elle a paru ensuite dans le *Déserteur*, drame, par le rôle de Clari, et dans le *Devin de village*, opéra, par le rôle de Colin.

M. Duverger, comédien à Rouen, auteur de logogryphes

en vers et d'une grande comédie dont nous parlerons ultérieurement, crut devoir, à l'occasion du début de Mlle Aurore dans la tragédie, s'exercer dans le genre pompeux, et composa cette consolation poétique :

A Mademoiselle AURORE, *de l'Académie royale de musique, le lendemain de son début à Rouen.*

Des bras du vieux Tithon tu t'échappes à peine,
Et ton nom, belle Aurore, est chanté dans ce jour
Au temple d'Apollon, au temple de l'Amour
    Ainsi qu'aux rives de la Seine.
    Tu fais succéder tour-à-tour
Les accents de ton luth, les chants d'une sirène
    Aux fiers accents de Melpomène
Et de Thalie encor tu vas grossir la cour !
Cependant, dès l'abord, le cothurne te gêne ;
J'ai vu dans tes beaux yeux les traces du chagrin.
Ah ! c'est trop t'alarmer ; on voit plus d'un matin
L'horizon se voiler d'un crêpe triste et sombre,
Mais au lever du jour qui vient dissiper l'ombre
D'un ciel tranquille et pur l'éclat paraît soudain
Et d'un matin douteux renaît un jour serein.
Je l'ai dit bien souvent et je le dis encore,
Le théâtre jamais n'est exempt de retour,
Mais on voit aisément que ta naissante aurore
Nous promet à coup sûr l'éclat du plus beau jour.

Mlle Aurore avait déjà deux cordes à son arc : l'opéra et la tragédie ; elle voulut en avoir une troisième, la poésie, et fit, en réponse au galant Duverger, cette pièce de vers qui n'était pas d'ailleurs son coup d'essai :

Votre muse légère, aimable,
Cherche à dissiper mes ennuis,
Et par un prestige agréable
Espère calmer mes soucis.
Malgré votre douce harmonie
Et votre augure trop flatteur,
L'espoir ne séduit pas mon cœur
Et mon âme est anéantie.
Mon luth glacé, mes tristes chants
N'ont sur les cœurs aucun empire.
Melpomène semblait sourire
Aux faibles et premiers accents
Que pour elle formait ma lyre,
Mais le sourire était trompeur,
La gloire paraissait aisée,
Je reconnais ma folle erreur
Et suis enfin désabusée.

A la même époque (août 1786), Dugazon, le célèbre comédien français, était à Rouen; il s'est fait connaître dans les *Fausses confidences*, *Amphitryon*, la *Fausse Agnès*, le *Mercure galant*, le *Barbier de Séville*, le *Grondeur*, le *Festin de Pierre*, l'*Anglais à Bordeaux*, le *Roi de Cocagne* et le *Mariage de Figaro*.

La représentation de ce dernier ouvrage a fourni une anecdote piquante que l'on trouvera avec plaisir consignée ici. Le public ayant demandé la répétition du couplet de Bridoison, Bérard, qui jouait ce rôle, annonça que Figaro allait en chanter un qu'on entendrait sûrement avec plaisir; aussitôt Dugazon, faisant allusion aux encouragements qu'avaient reçus ses premiers essais sur notre théâtre où il avait débuté en 1761, chanta les vers suivants sur l'air du vaudeville de la pièce :

> Figaro dans son jeune âge
> Débuta dans ce pays ;
> Son succès fut votre ouvrage,
> Il le dut à vos avis.
> Tout fier de votre suffrage,
> Messieurs, qu'il me soit permis
> De m'en vanter à Paris.

L'auditoire, sous le charme du plaisir qu'il venait d'éprouver, accueillit ce couplet avec un véritable transport.

Enfin, Mme Dugazon, pensionnaire du roi et actrice du Théâtre Italien, secondée par Rosières, artiste du même théâtre, a donné, à la fin de l'année théâtrale, pendant la semaine de la Passion, du 21 mars au 31 inclusivement, des représentations fort suivies ; elle a paru dans la *Dot*, *Annette et Lubin*, le *Droit du Seigneur*, le *Tableau parlant*, *Nina* et le *Déserteur*. Cette grande actrice, après la représentation de *Nina*, reçut du public une couronne de fleurs et plusieurs pièces de vers. Le dernier jour, Thomassin et Solier, comédiens italiens ordinaires du roi, se sont réunis à Mme Dugazon et à Rosières, de sorte que le public rouennais a pu, ce soir-là, se croire à Paris.

RÉPERTOIRE.

Pour faire connaître le répertoire entier de cette campagne, nous devons, outre les pièces citées à propos des débuts et des représentations extraordinaires, mentionner les ouvrages suivants :

Adélaïde Duguesclin, tragédie.

Agnès Bernau, pièce héroïque en quatre actes et en vers libres, par de Milcent, auteur du *Journal de Normandie*. Cet ouvrage avait été représenté, à Paris, le 21 juin 1785, au Théâtre-Italien, et ensuite devant Leurs Majestés ; il l'a été à Rouen, pour la première fois, le 19 juin 1786, presque jour pour jour un an après. Le sujet est tiré de l'histoire de Bavière au quatorzième siècle et avait déjà fourni la matière d'une tragédie allemande qui a joui du plus grand succès. Agnès Bernau a été réellement jetée vivante dans le Danube. Ce dénoûment répugnant à nos mœurs, l'auteur français en a substitué un autre.

Alzire.

L'Amant statue.

Les *Amis du jour*, comédie en un acte, par M. Beaunoir. Première représentation en février 1787.

L'Amoureux de quinze ans, opéra.

Les *Amours de Bastien et Bastienne*, parodie.

Le *Bon Père*, comédie en un acte, par le chevalier de Florian. Première représentation en juin 1786. Acteurs : Baptiste cadet, Prin, Mmes Baptiste et Malherbe.

La *Brouette du Vinaigrier*, pièce en trois actes, de Mercier. Reprise en décembre 1786 ; Duverger y brilla dans le rôle du père Dominique.

Le *Café de Rouen*, comédie en un acte, ou plutôt pièce sans nom, empruntée aux tréteaux des boulevards. Première représentation en juin 1786. Acteurs : Baptiste cadet et Dozinville.

La *Colonie*, pour le début d'une haute-contre dans le rôle de Fontalbe.

Les *Dehors trompeurs*, comédie en cinq actes.

Le *Déserteur*, opéra pour début de basse-taille.

La *Dot*, comédie en trois actes, en prose, mêlée d'ariettes, par Desfontaines et Dalayrac. Première représentation en janvier 1787.

Le *Dragon de Thionville*, petite comédie en un acte, calquée sur une anecdote tirée des *Délassements de l'Homme sensible*, de d'Arnaud. Première représentation en décembre 1786.

Le *Duel*, comédie en trois actes et en vers, par Lieutaud. Première représentation en novembre 1786. Il faut savoir que le fond est tiré de l'allemand, et que Rochon de Chabannes l'avait, dès 1781, adapté aux mœurs françaises dans une pièce en un acte. Cette pièce, comme celle de Lieutaud, tendait à faire détester le duel.

Dupuis et Desronais.

L'*Ecole des Femmes*.

L'*Ecole des Mœurs*, ou les *Suites du libertinage*, drame en cinq actes et en vers, par de Falbaire de Quincey, auteur de l'*Honnête criminel*. Première représentation en février 1787.

Félix, pour la rentrée de Fradelle.

Féodor et Lizinka, ou *Novogorod sauvé*, drame en trois actes et en prose, de Desforges, dont le sujet était tellement horrible que l'auteur crut devoir, à Rouen comme à Paris, faire précéder la première représentation de son œuvre d'une note explicative dans laquelle il s'excuse. C'est le cas de parodier un bon mot très-connu en s'écriant : Mais, monsieur Desforges, il était si facile de ne pas faire ce drame ! — Quoi qu'il en soit, la première représentation à Rouen a eu lieu en novembre 1786.

La *Fête d'amour*.

Le *Français à Londres*.

Germance, ou l'*Excès de la délicatesse*, drame en trois actes et en prose, par Missé. Première représentation en mai 1786, au bénéfice de Mlle Dufresne.

Guerre ouverte, ou *Ruse contre ruse*, comédie en trois actes et en prose. Première représentation en février 1787. — Grand succès.

L'*Heureux dépit*, opéra en un acte et en vers. Première représentation en juin 1786.

L'*Incendie du Havre*, pièce de circonstance en un acte et en prose, mêlée de vaudevilles, par M. Desfontaines. Première représentation le 9 octobre 1786. Il s'agissait d'un incendie qui avait eu lieu au Havre dans la nuit du 4 au 5 janvier et à propos duquel les régiments de Poitou et de Picardie montrèrent un grand courage et un grand désintéressement.

L'*Inconstant*, comédie en cinq actes et en vers, par Collin d'Harleville. Première représentation en janvier 1787. Florimond, le héros de la pièce, a été au service et il n'a pas tardé, bien entendu, à s'y déplaire. La vie de garnison lui a paru trop monotone ; en résumé, dit-il,

Le matin on s'ennuie et l'on bâille le soir ;
Mais ce qui m'a surtout dégoûté du service,
C'est, il faut l'avouer, ce maudit exercice.
Je ne pouvais jamais regarder sans dépit
Mille soldats de front vêtus d'un même habit,
Qui, semblables de taille, ainsi que de coëffure,

Étaient aussi, je crois, semblables de figure.
Un seul mot à la fois fait hausser mille bras,
Un autre mot les fait retomber tous en bas;
Le même mouvement vous fait, à gauche, à droite,
Tourner tous ces gens-là comme une girouette.

La *Jeune Indienne*, comédie en un acte.
Mahomet, tragédie, servant alors pour les débuts.
Le *Mariage d'Antonio*, divertissement en un acte, en prose, mêlé d'ariettes, paroles de Mᵐᵉ de Beaunoir, musique de Mˡˡᵉ Lucile Grétry, la deuxième fille du célèbre compositeur. Première représentation en janvier 1787. Une petite fille du nom de Mars, âgée de douze ans, jouait le rôle d'Antonio avec un grand succès ; elle avait paru aussi dans *Richard-Cœur-de-Lion* et inspiré l'impromptu suivant :

Quel jeune enfant conduit ce troubadour ?
— C'est Mars, dit-on ? — J'ai pris Mars pour l'Amour.

Le *Mariage secret*, comédie en trois actes et en vers, par Desfaucherais. Première représentation en septembre 1786. Acteurs, Baptiste aîné, Baptiste cadet, Bérard, Duverger, Mᵐᵉˢ Baptiste et Dufresne.
La *Mélomanie*, opéra en un acte.
Le *Menteur*.
Nadir, ou *Thamas Kouli-Kan*, tragédie en cinq actes, par Dubuisson. En février 1787, l'affiche annonçait une représentation de cette œuvre et spécifiait que l'auteur y assisterait. Le soir, le public le demanda, et l'acteur Bérard est venu dire que Dubuisson était *très-sûrement* aux

galeries, mais qu'il se dérobait à toutes les recherches. Était-on modeste au siècle dernier ! (Voyez *Trasime et Timagène*, page 129).

Nina, ou la *Folle par amour*, comédie en un acte, en prose, mêlée d'ariettes, par un anonyme et Dalayrac. Première représentation en octobre 1786. Mlle Guérin a brillé dans le rôle de Nina.

L'Oncle et les Tantes, comédie en trois actes et en vers, par le marquis de la Salle. Première représentation en mai 1786, au bénéfice de Mlle Dufresne, avec *Germance*, drame (voyez page 126).

L'Orphelin anglais.

Le Revenant, petite pièce en deux actes, jouée, pour la première fois, en décembre 1786. Acteurs : Baptiste cadet et la dame Fradelle.

Richard-Cœur-de-Lion, opéra, pièce à ariettes comme on disait alors, en trois actes, par Sedaine et Grétry. Première représentation le 4 septembre 1786. Dubus a monté le rôle de Blondel, le Vert celui de Richard. Cet ouvrage est resté longtemps au répertoire et est connu d'une grande partie de la génération actuelle.

Rose et Colas.

Le *Seigneur bienfaisant*, opéra en trois actes, par Rochon de Chabannes, musique de Floquet. Première représentation en décembre 1786. Dans cette pièce, il y a un incendie, comme dans l'*Incendie du Havre*, comme dans *Féodor et Lizinka*. La direction cherchait des succès dans la toile et l'étoupe brulées. Cependant le *Seigneur bienfaisant* eut à Rouen le même sort qu'à Paris, il tomba à plat.

Théodore, ou le *Roi Théodore*, opéra en quatre actes,

parodié de l'italien par Dubuisson et mis en musique par Pasiello. Première représentation en février 1787. Acteurs : Dubus, Valville. — Cabousse, chef d'orchestre, maître de musique, comme on disait alors, a mérité des éloges à propos de cet opéra. — A la seconde représentation, la pièce a été réduite à trois actes.

Tom Jones, opéra en trois actes.

Trasime et Timagène, tragédie en cinq actes, par Dubuisson. Première représentation en mars 1787. Acteurs : Baptiste aîné, Bérard, Lebert et Mlle Dufresne. Après la pièce, Dubuisson, l'auteur, refusa encore de paraître, comme il l'avait fait lors de la représentation de *Nadir, ou Thamas Kouli-Kan*. Le surlendemain des vers furent jetés sur la scène. C'étaient de poétiques reproches ainsi formulés :

> Faut-il vous soustraire à nos yeux
> Quand le sentiment vous appelle ?
> Son excès nous rend curieux
> De voir de l'amitié le peintre si fidèle.
> Ne craignez rien, pas même les regards
> Que peut sur vous lancer l'envie.
> Votre triomphe est sûr. Dans le séjour des Arts,
> Il est encor des cœurs exempts de jalousie.
> Dans tous les sentiments, vous êtes de moitié :
> L'un a pour vous les transports de Trasime ;
> De Timagène, l'autre a la douce amitié.
> Mais unanimement vous avez notre estime.

A la fin de la campagne, deux représentations ont été, comme d'usage, données au bénéfice des hôpitaux. Elles ont produit ensemble 2,120 liv. L'une des deux, le 12 mars 1787, était composée de *Nadir*, ou *Thamas Kouli-Kan*, tragédie de Dubuisson, et d'*Alexis et Justine*, opéra-comique.

Le tableau du travail dramatique, pendant l'année 1786-1787, a été publié, comme celui de l'année précédente, par les soins de Walville, acteur et régisseur de comédie. Il porte :

15 Comédies nouvelles,

8 Opéras nouveaux.

L'année théâtrale fut close le 31 mars 1787. Dans un compliment de clôture, fait et prononcé par l'acteur Duverger, nous trouvons les vers suivants :

Votre ville, on le sait, si fertile en grands hommes,
A formé des talents dans le temple où nous sommes.
Les Clairon, les Préville, aujourd'hui regrettés,
Les Dugazon qu'ici justement vous fêtez,
Doivent à vos conseils et l'honneur et la gloire
De voir leurs noms tracés au Temple de Mémoire,
Et tremblèrent encore en revenant offrir
Le prix de leurs lauriers à qui les fit cueillir (1).

INCIDENTS.

Jusqu'à l'époque dont nous faisons l'histoire, les comédiens annonçaient entre les deux pièces le spectacle du lendemain. En 1786, ils demandèrent à ne plus

---

(1) Mlle Clairon jouait à Rouen avant 1736, — Préville vers 1752, — Dugazon en 1761.

être assujettis à cette formalité ; l'autorité fit droit à cette requête, et le public fut prévenu qu'en vertu de la permission des supérieurs (*sic*) et à compter du 3 mai 1786, les comédiens cesseraient d'*annoncer*. — Dès lors, le journal se chargea de l'annonce deux fois par semaine, savoir : du mercredi au vendredi et du samedi au mardi inclusivement, et, pour des motifs faciles à deviner, à chaque numéro le programme du spectacle était suivi de ces mots : *sauf les événements*. Malgré toutes ces précautions, les changements de spectacle étant très-fréquents, les abonnés, le journaliste et les acteurs furent mécontents, et, dès le 20 mai de la même année, le journal cessa de donner le programme du spectacle. Restaient heureusement les affiches du coin des rues.

Nous avons dit, à propos du *Seigneur bienfaisant*, que l'année qui nous occupe s'est distinguée par la fréquence des décorations avec incendie. Nous pourrions ajouter qu'elle s'est fait aussi remarquer par la présence fréquente des auteurs à la représentation de leurs œuvres. Dubuisson assistait, on le sait, à la première représentation de *Nadir* puis à celle de *Trasime et Timagène*. Quelques mois auparavant, en novembre 1786, le public, informé que Mercier était à Rouen un jour que l'on donnait son drame l'*Indigent*, demanda instamment l'auteur. Bérard annonça qu'il était assis parmi les spectateurs ; les applaudissements redoublèrent ; Mercier, qui était au parquet, se leva et remercia avec la plus vive émotion.

Toute histoire consciencieuse, même celle de l'art dramatique, comporte souvent un ton sérieux que les esprits superficiels sont tentés de prendre pour un manque d'intérêt ; aussi, pour faire une agréable diversion, nous aimons à nous arrêter quelquefois aux choses un peu plaisantes, comme cette lettre, écrite en 1786 aux habitués du parterre du théâtre de Rouen :

« Qu'un événement qui n'intéresse que quelques individus soit ignoré, le mal n'est pas grand; mais il est important pour le public qu'il soit instruit de ceux où sa sûreté est compromise. On ne saurait les taire, sans se rendre coupable des malheurs qui pourraient en résulter.

« Voici, messieurs, le motif de ces réflexions :

« Il m'arrive souvent de faire ce qu'on appelle *nuits blanches*. J'aurais besoin, pour réparer les désordres que ces insomnies causent à ma santé, de m'en dédommager dans le jour ; mais je ne saurais dormir avant onze heures du soir sans de violents somnifères. On en trouve assez, je le sais, chez les apothicaires ; j'en ai essayé, et j'ai remarqué que les moins mauvais m'altéraient encore le tempérament.

« Cette considération, qui n'est pas indifférente pour moi, et mon dépérissement sensible, m'ont fait diriger mes recherches d'un autre côté. Vous doutez-vous, messieurs, où j'ai trouvé le plus puissant narcotique, le narcotique pour moi par excellence ? A la représentation de quelques drames, de beaucoup d'opéras et de toutes les parades à la mode. Mais, comme il n'est pas de bonheur parfait, je suis troublé dans l'usage de mon remède.

« Jeudi dernier, j'avais fait une mauvaise nuit ; le spectacle me parut choisi pour la réparer ; en conséquence, je m'y rendis de bonne heure. Je m'ennuyai un peu en attendant cinq heures trois quarts, mais je ne dormis point. L'assemblée était nombreuse et brillante. Au lever de la toile, il se fit un silence universel qui me fit savourer d'avance le plaisir que j'allais avoir à dormir. Je fus bientôt assailli d'une foule de bâillements qui m'annonçaient la prochaine arrivée du bon Morphée. En effet, à peine avait-on récité une demi-douzaine de tirades que je sentis sa main bienfaisante répandre ses doux pavots sur mes paupières appesanties. Déjà je n'entendais plus que confusément, bientôt je n'entendis plus rien. Douce jouissance ! mais il était écrit qu'elle serait de courte durée. A peine je commençais à dormir *paisiblement*, car je ne suis pas de ces dormeurs importuns qui ronflent impertinemment et étourdissent tout le monde, je dors sagement ; à peine, dis-je, je commençais à dormir paisiblement qu'il part du parterre une nuée de *bravos* qui viennent me déchirer le tympan et m'éveiller en sursaut. La première idée qui me vint, plus endormi qu'éveillé, et sans penser où j'étais, fut que l'on criait *à l'eau*. A l'eau ! me dis-je, le feu est donc ici ? Frappé de cette terrible idée, j'allais, sans une personne charitable qui me retint, me jeter des troisièmes loges dans le parterre, comptant me sauver par la porte de ma chambre.

« Comme il est probable qu'en me tuant j'aurais estropié ou tué bon nombre d'habitants du parterre, je dois les avertir du danger que nous avons couru, afin que dorénavant ils se tiennent sur leurs gardes toutes les fois qu'il leur prendra de ces espèces de vertiges ; peut-être ne se trouverait-il pas toujours là quelqu'un, à point nommé, pour me retenir. Le mal ne serait pas grand, si en tombant je n'estropiais que les crieurs ; mais le hasard, qui dirige tout, pourrait aussi bien me faire tomber sur quelque spectateur bénévole, atteint de la même maladie que moi, et dont le tympan, moins sensible, lui permettrait encore de roupiller, et j'en serais fâché.   T. F.

« 4 Décembre 1786. »

Si l'auteur de cette épître, que nous trouvons d'un bon sel, espérait sérieusement faire du théâtre de Rouen un dortoir commode, il a dû être bien désappointé par le tintamarre qui a signalé l'année théâtrale suivante, célèbre par la cabale la plus acharnée.

Année théâtrale 1787-1788.

Dès les dernières semaines de la précédente année, tout annonçait que la situation allait devenir très-tendue. Les amateurs de spectacles avaient organisé des réunions dans lesquelles les plaintes étaient réunies en faisceau. On désirait, entr'autres choses et surtout, avoir un ballet après Pâques, c'est-à-dire au début de la campagne 1787-1788; une lettre, à ce sujet, avait même été adressée à Mlle Montansier.

La soirée de clôture, le 31 mars 1787, avait été très-orageuse. On y avait, mais en vain, demandé la représentation d'une pièce qui ne figurait pas sur l'affiche.

A quelques jours de là, le 14 avril, en livrant à la publicité le tableau du travail dramatique pendant l'année 1786-1787, le régisseur Walleville a cru devoir saisir l'occasion pour se justifier. Il s'est fait un mérite d'avoir *fait jouer deux sujets de plus* dans la dernière semaine (1) et d'avoir donné, à la demande du public, une représentation de *Bastien et Bastienne*. Quant à la pièce que les spectateurs voulaient faire ajouter à la dernière représentation, Walleville a prétendu que le dernier chœur de *Nina* s'était chanté à minuit, et qu'il lui avait été impossible d'obtempérer au désir du public sans manquer *à la loi* qui lui était imposée de ne pas porter *le spectacle sur*

---

(1) Thomassin et Solier (voyez page 123).

le dimanche (1); il espérait donc que cette soumission aux ordonnances lui tiendrait lieu de justification entière.
— Vaine espérance!

Les choses en étaient là quand la réouverture a été faite le 16 avril 1787. Duverger y a lu un compliment de rentrée, en vers, de sa composition, qui ne mérite d'être reproduit ni en entier, ni même par extraits.

Mais il s'est passé ce jour-là un fait bien autrement important; une lettre a été jetée sur le théâtre et, à la demande générale du parterre, l'acteur Bérard en a donné lecture; la voici dans toute son étendue:

AU PUBLIC.

« Messieurs,

« Le moment, la circonstance, tout est favorable; tout nous engage à nous expliquer librement; ce ne sont point les idées d'un seul que cet écrit renferme, ce sont celles de plusieurs personnes qui osent se flatter que ces mêmes idées vont devenir les vôtres. Dans cette supposition, permettez-nous, messieurs, d'employer le mot collectif *nous*.

AU LECTEUR (2).

« Aidez-nous, monsieur; faites usage de cet organe qui nous a flatté tant de fois, ne craignez point de prononcer d'utiles vérités.

AU RÉGISSEUR DU THÉÂTRE.

« Sans chercher, monsieur, à vous disculper en vain, avez-vous cru nous satisfaire en alléguant l'impossibilité de donner

---

(1) Le 31 mars 1787 était un samedi.

(2) Le lecteur, c'est l'artiste chargé de lire cette lettre sur la scène, en présence des spectateurs.

la pièce demandée, vu la défense de prolonger votre spectacle au-delà de minuit ; mais cette impossibilité n'existait pas puisque vous avez laissé perdre un intervalle considérable entre les deux représentations, vous vous êtes donc joué du public. Votre conduite, coupable parce qu'elle est réfléchie, exige une réparation humiliante ; nous vous en faisons grâce et nous oublions le passé ; nous vous enjoignons, monsieur, d'être plus circonspect et plus honnête que par le passé ; de ne pas vous faire un mérite d'avoir rempli votre devoir et de ne pas être assez présomptueux pour vouloir nous persuader que c'est à vos seules sollicitations que nous devons le plaisir d'avoir vu les sieurs Solier et Thomassin ; nous savons de bonne part que ce dernier, flatté de l'accueil favorable que nous lui avions fait, se proposait de nous donner une représentation d'une nouvelle pièce dans laquelle il fait ordinairement grand plaisir, mais votre conduite à son égard, monsieur, l'en a totalement détourné ; vous nous avez forcé vous-même à dévoiler ces nouveaux torts à ceux d'entre nous qui les ignoraient ; nous vous les pardonnons encore, si dorénavant vous vous rappelez que vous dépendez entièrement du public, et si nous apercevons que vous faites vos efforts pour lui plaire.

« Nous ignorons, monsieur, les déplacements qui ont été faits dans votre compagnie ; mais nous souhaitons que ce beau garçon si vain, si fier, si insolent et si peu méritant (1), que cet autre si enclin à la boisson, si dégoûtant pour ceux avec qui il est en scène, si déguenillé et si indécent (2), ne se représentent jamais devant nos yeux.

« Nous ne parlons pas de ce chanteur détestable (3) et de sa

---

(1) Walville, basse-taille.
(2) Dubus.
(3) Levert.

compagne qui ne lui cède en rien (1). Nous comptons bien ne pas les revoir.

« Nous conseillons à celui-là qui détonne (2), sans pouvoir le croire, de faire son profit du récit suivant : Celui qui l'a précédé dans son brillant emploi, témoigna, en rendant le dernier soupir, le regret qu'il avait d'avoir abandonné une profession où il pouvait passer pour habile, pour un art qu'il n'entendait pas (3).

« Nous ne souffrirons plus que ces enfants, devenues présomptueuses par notre indulgence (4), demeurent en possession des premiers rôles; nous demandons des sujets et non pas des élèves.

« Vous n'ignorez pas que nous désirons depuis longtemps un ballet. Les bénéfices considérables de la direction la mettent à portée de nous satisfaire sur ce point.

« Nous ne nous bornons pas à la critique; nous rendons justice avec plaisir. La comédie, en général, la tragédie quelquefois, ont mérité nos applaudissements; il nous manque pourtant une reine, puisque celle qui est chargée de cet emploi, nous devinant à demi, ne paraît que très-rarement (5).

AU RÉGISSEUR DE LA COMÉDIE.

« Votre article, monsieur, pourrait être fort long, mais nous abrégerons; le voici en peu de mots : Que dès demain le lustre

---

(1) Eugénie.
(2) Bertrand.
(3) Le sieur Savourel est mort, regrettant son métier de savetier; un tailleur lui a succédé !
(4) Mlles Fradelle et Mars. Cette dernière, dont nous avons parlé à propos du *Mariage d'Antonio*, était la sœur aînée de la célèbre Mlle Mars.
(5) Mme Mars, mère des demoiselles Mars.

se trouve regarni de toutes ses bobêches et bougies, que celles-ci soient allumées dès l'instant que tout le monde entre. C'est un article de décence publique auquel vous n'auriez jamais dû manquer. Nous nous sommes aperçus de plusieurs désordres produits par l'obscurité.

« Voyez, examinez s'il ne serait pas possible de placer vos bureaux hors du vestibule, ne voulant pas nous exposer davantage à vos bagarres. Quant à l'honnêteté, nous comptons que vous aurez fait un retour sur vous-même et que nous vous trouverons corrigé.

A LA COMPAGNIE.

« Plusieurs d'entre vous, messieurs, savent combien nous sommes sensibles et reconnaissants des peines qu'on prend pour nous plaire. Pouvez-vous dire : « Nous avons travaillé inutilement? » Non. Nous nous empresserons toujours de vous donner des marques de notre estime, tant que vous travaillerez à la mériter. »

La réponse à cette lettre ne se fit pas longtemps attendre. Mme Montansier, directrice des théâtres de Rouen, du Havre et de Versailles, et qui habitait cette dernière ville, adressa au rédacteur du *Journal de Normandie* les explications suivantes :

« Versailles, le 19 avril 1787.

« Monsieur,

« Les régisseurs de ma troupe de Rouen m'ont fait passer la lettre qui a été jetée sur le théâtre, le jour de son ouverture, le 16 courant. J'ai reçu en même temps les ordres concernant le spectacle, de la part du magistrat supérieur qui, à cette époque, était chargé de la police de la ville. Je me suis empressée de les exécuter, et voici en substance ce que j'ai eu l'honneur de lui marquer:

« Mon régisseur m'a remis copie de la lettre en question, et j'ai cru remplir les intentions du public, en faisant partir sur le champ le sieur Paulin pour Rouen. C'est un acteur d'un physique agréable, qui, sans avoir une très-grande voix, a fait d'autant plus de plaisir dans toutes les villes où il a été, qu'il est chanteur et comédien ; et, vu la rareté des hautes-contre, je regarde comme un très-grand bonheur de pouvoir offrir un sujet comme celui-là au public de Rouen, très-persuadée qu'il l'honorera de son suffrage, s'il daigne l'encourager. Voilà donc la première et principale demande du public qui va être remplie.

« Mlle Verdelet joue l'emploi de Mme Dugazon ; elle y joint les premières chanteuses et les fortes secondes ; Mlle Guérin est engagée de même pour chanter des premières et des fortes secondes ; de sorte que dans tous les opéras où il se trouve deux fortes amoureuses, les deux rôles seront remplis par ces deux premiers sujets, et le public en sera plus satisfait que si nous n'avions envoyé qu'une seconde chanteuse, ainsi qu'il l'a demandé.

« Nous espérons que Mlle Verdelet, d'une figure décente et agréable, grande musicienne, sera accueillie favorablement par un public aussi éclairé.

« Notre intention n'était pas de laisser le sieur Valville, basse-taille, à Rouen, sachant qu'il n'y réunissait pas tous les suffrages.

« Nous n'avons rengagé l'acteur auquel le public paraît faire quelques reproches que parce qu'il a toujours été en possession de lui plaire. Il profitera sans doute de son avertissement, et, en le perdant, le public pourrait regretter des talents réels qu'il a toujours accueillis. Les talents sont *rares, très-rares*, et surtout dans les hautes-contre ; on n'en trouve point. Nous

nous réglerons donc à cet égard, comme en tout, d'après les ordres du public. Au reste, s'il consent à lui rendre ses bontés, nous veillerons à ce qu'il ne paraisse que vêtu avec la décence due à un public respectable.

« Le chanteur et sa compagne, ainsi que celui qui détonne toujours, ne reparaîtront plus.

« Quant à la jeune élève, outre qu'elle ne sera qu'en troisième sous Mlles Verdelet et Guérin, dans l'opéra, et sous Mmes Dufresne et Baptiste, dans la comédie, pour jouer quelques amoureuses, cette même qualité d'élève sera pour elle un titre vis-à-vis du public, lorsqu'elle ne sortira point des bornes. D'ailleurs, les talents de son père (1) sont précieux et rares, et, pour en jouir, nous espérons que le public voudra bien encourager les talents de la fille, talents naissants, et qui, par la suite, deviendront son ouvrage.

« Il y a déjà plusieurs années que nous avons fait observer la nécessité de faire mettre les bureaux en dehors ; il n'a pas dépendu de nous que cela ait été exécuté. Nous allons prendre les mesures les plus convenables pour satisfaire le public à cet égard.

« Le ballet est un objet d'une dépense excessive. Il serait indispensable d'augmenter les prix ; mais nous ne le pouvons sans le consentement du public et la sanction des magistrats. Il ne faut pas se dissimuler qu'il y aurait encore beaucoup d'inconvénients. Où loger ce ballet dans un théâtre où il n'y a nulles commodités, où il n'y a pas la moitié des loges nécessaires pour les acteurs, où il n'y a point de magasin pour les décorations, point de magasin, — ou du moins, un très-petit, — pour les habits ? Au reste, nous serons toujours disposés à tout entreprendre pour donner au public de nouvelles preuves de notre zèle et de notre soumission à ses volontés.

---

(1) Fradelle.

« Nous faisons dans ce moment-ci tout ce qui est en notre pouvoir pour prouver au public notre empressement à tout ce qui peut nous rendre digne de ses suffrages.

« Nous allons prendre de nouvelles précautions pour le choix des sujets, et pour que le service se fasse avec le plus grand ordre, la plus grande exactitude et à la satisfaction générale. Mais quels que soient nos efforts, ils ont besoin d'être secondés par les bontés de ce même public. Il n'est point d'acteur, même à talent reconnu, qui ne tremble en paraissant devant un public aussi éclairé. Il a donc besoin d'encouragements pour jouir de ses moyens : ce sera un véhicule aux nouveaux soins que nous allons nous donner pour mériter ses suffrages, et pour nous conserver la protection de tous nos supérieurs.

« Nous allons aussi envoyer à Rouen le sieur Manier, jouant les rôles de laruette. Nous devons espérer qu'il aura du succès, car il a plu généralement dans toutes les villes où il a été.

« J'ai l'honneur d'être, etc.

« MONTANSIER. »

Cette réponse de la directrice, on doit bien le penser, ne fut pas sans provoquer de nouvelles lettres. En voici une, entr'autres, datée du 26 avril :

« J'ai vu avec la plus grande surprise le ton qui règne dans la lettre de Mme Montansier, et cette manière de vouloir composer avec le public, à qui il faut laisser le soin de juger. Mais je ne tairai pas à la dame Montansier que ce public éclairé n'a pas besoin de ses lumières pour apprécier le talent des acteurs. On doit effectivement avoir beaucoup d'obligations à la dame Montansier des sacrifices qu'elle vient de faire, en nous présentant deux sujets indispensables pour aider à compléter sa troupe. La dame Montansier aurait bien pu se dispenser d'ordonner, en quelque sorte, au public d'encourager les talents de cette *jeune élève*, pour jouir de ceux de son père. Nous savons ce que nous avons à faire à cet égard, et ses observations sont de trop. D'ailleurs, cette jeune actrice n'a pas à se plaindre du public, qui l'a toujours vue avec indulgence, et qui n'a paru mécontent que parce qu'on lui faisait jouer des premiers rôles.

« Mme Montansier fait des objections à l'infini au sujet d'un ballet. Un ballet! c'est une dépense extraordinaire! Il faut augmenter les prix! Il faut agrandir le théâtre! Et puis *où loger ce ballet?* Ainsi, suivant elle, c'est la chose impossible. Ainsi il faudra nous en passer, malgré la demande générale qu'on en a faite de tout temps. Cependant, il y en avait un à l'ancienne salle, laquelle est beaucoup plus petite, en tout point, que celle-ci (1); les prix n'étaient point augmentés, les recettes n'étaient pas aussi fortes et les bénéfices n'étaient pas aussi considérables, les acteurs étaient aussi mieux payés, et on ne perdait pas un bon sujet pour vouloir épargner cent écus.

« Mais ne nous fâchons pas; le souvenir des avantages qu'elle a retirés jusqu'à présent de son privilége, et l'augmentation des bénéfices qu'elle peut obtenir par l'effet des changements demandés, la décideront, à coup sûr, à remplir les vues du public plutôt que de s'exposer à n'avoir aucun spectateur.

Mme Montansier n'a certainement pas fait attention que l'on exige une autre actrice pour jouer les rôles de reine.

Au reste, j'applaudis beaucoup aux nouvelles dispositions que Mme Montansier se propose de prendre pour le choix des nouveaux sujets qu'elle doit nous présenter par la suite.

« J'ai l'honneur d'être, etc.

« UN ABONNÉ.

« Rouen, le 26 avril 1787.

---

(1) Ce seul renseignement suffirait à donner une grande importance à la lettre que nous reproduisons.

Les débats suscités par la composition de la troupe de Mme Montansier occupèrent beaucoup et longtemps la population rouennaise. Pour ce motif, nous reproduisons encore en entier une lettre dans laquelle un abonné fournit des détails aussi utiles que minutieux.

« Monsieur, si pour tâcher de se justifier des plaintes que le public articule depuis quelque temps, la directrice s'était bornée à défendre et même à louer le talent de ses acteurs; si elle se fût contentée de parler des dépenses que lui occasionnerait ce ballet, désiré si généralement, renfermé dans ma petite sphère, j'aurais, comme tous les gens raisonnables, attendu en silence et patiemment l'issue de ce qui se passe entre le public et Mme Montansier.

« Mais mon amitié et mon estime pour les talents de l'artiste, à qui nous devons notre salle de spectacle, ne m'ont pas permis de lire de sang-froid le passage suivant de sa lettre, où, pour éluder les demandes qu'on lui fait, elle cherche à dénigrer cet édifice avec une légèreté qu'elle n'aurait pas dû se permettre, puisque le célèbre M. Moreau, invité par M. de Crosne à donner son opinion sur l'ensemble et les détails de cette salle, s'est fait un devoir et un plaisir d'exprimer hautement sa satisfaction, et de faire à l'auteur les compliments les plus honorables.

« *Où loger ce ballet?* demande la dame Montansier, *dans un théâtre où ?* etc. (1).

« Assurément, si cela était ainsi, l'architecte de ce bâtiment serait très-répréhensible et pourrait être taxé de ne point connaître les éléments de l'art qu'il professe. Mais la dame Montansier elle-même est si peu persuadée de ce qu'elle avance,

---

(1) Voir la lettre de Mme Montansier, page 141.

qu'*avec une augmentation dans le prix des places*, elle fait pressentir que tous les inconvénients disparaîtraient, en sorte que c'est dire au public, comme Figaro : *Mon intérêt vous répond de vos plaisirs ; pesez-les à cette balance.*

« Le fait est que le grand cintre de la salle a été disposé de manière à servir de *magasin pour les décorations*, en attendant que les actionnaires aient pu se procurer un emplacement convenable, emplacement qu'ils sont sur le point d'obtenir par la protection des gens en place. Quant au magasin pour les habits et aux loges pour les acteurs, danseurs, etc., la dame Montansier affecte d'oublier qu'il y a vingt *pièces* destinées à cet effet, savoir : à gauche du théâtre, 1° le foyer des acteurs ; 2° neuf loges d'acteurs au-dessus ; 3° à droite, au rez-de-chaussée, un magasin ; 4° au premier étage, trois magasins ou grandes loges ; 5° au second étage, deux autres magasins sur la petite cour ; 6° trois pièces que le directeur se réserve inutilement, puisqu'il ne les habite jamais ; 7° enfin, un laboratoire construit à grands frais par les actionnaires, il y a quelques années, sur le grand cintre.

« D'après ces faits constants, comment la dame Montansier n'a-t-elle pas craint d'être démentie, surtout quand le public ne peut manquer de se rappeler qu'on a déjà *logé un ballet dans cette salle si incommode* ; et que, malgré la difformité de l'ancienne salle, l'exiguité de son emplacement, les bornes étroites et limitées des loges d'actrices, magasins, etc., confondus avec les chauffoirs destinés au public, ses prédécesseurs y ont donné, pendant trente ans, des opéras à machines et ballets, des opéras-comiques à grand spectacle ; ce qui est si positif qu'on vient de retrouver dans les démolitions de cette salle la première inscription, gravée sur marbre, en lettres d'or : ACADÉMIE ROYALE DE MUSIQUE. Il résulte de tout ceci que la dame Montansier ne trouvera pas dans le local une seule raison qui puisse l'empêcher de remplir le vœu du public.

« Puisque l'occasion s'en présente, monsieur, j'espère que

vous me permettrez de disculper encore mon ami de quelques reproches que j'entends faire journellement à cet édifice. On se plaint : 1° qu'il manque de sorties ; 2° qu'on y respire l'air le plus infect, faute de ventilateurs, etc.; 3° que les bureaux sont mal placés.

« C'est par des faits que je vais répondre :

« 1° Il y a NEUF PORTES DE SORTIE, en sorte qu'aucune salle de spectacle n'offre plus d'issues dans les moments de grande affluence ; savoir, les trois d'entrée et les deux contiguës des deux rues ; deux à chaque bout du corridor du parterre, aboutissantes, l'une à la direction, l'autre sous le vestibule du café ; une autre pour la sortie de l'orchestre, se dirigeant à droite sous le théâtre ; enfin, une issue pour le dégagement des troisièmes loges et du paradis par l'escalier du café, et dont la servitude est imposée au limonadier ;

« 2° Bien que les deux grands théâtres qu'on vient d'élever dans la capitale ne présentent aucun soupirail pour le renouvellement de l'air, ces moyens n'ont pas été omis dans le nôtre. Quatre des ouvertures du paradis du côté de l'avant-scène, à droite et à gauche, sont destinées à cet usage par leur communication avec deux grandes trappes qui donnent dans le grand cintre, lequel, par les différents courants d'air qui le traversent, peut être comparé à ce que les anciens appelaient *chambre d'Éole*. Mais à la négligence qui tient ces trappes fermées se joint surtout, pour vicier l'air de la salle, la négligence encore plus grande qui, rendant inutiles les précautions de l'architecte, fait des latrines un foyer de corruption permanente et s'accroissant tous les jours. L'artiste a cependant tiré parti d'un aqueduc qui porte les immondices à la rivière, en sorte qu'un seul coup de balai chaque jour détruirait la cause du mal. Le défaut de surveillance et la paresse des gagistes sont tels qu'on a été forcé, il y a très-peu de temps, de désobstruer le canal de cet aqueduc, bouché par *une demi-corde de bois* au moins.

« Quant aux bureaux pour la distribution des billets, je suis bien loin de penser qu'il faille les mettre en dehors. Car qu'imaginer de deux trous exposés aux injures de l'air, à l'action de la neige, du vent, de la pluie, etc.? Comment ne pas être effrayé du tumulte qui doit résulter d'un millier de personnes, voulant toutes à la fois approcher du but, chacun armé de parasols, et s'exposant à crever les yeux de son voisin, pour ne pas être mouillé? Des guichets en dehors ne sont admissibles que sous un péristyle, et le public est en état de prononcer si le local le comporterait. D'ailleurs ils s'admettent rarement, vu la grande dépense qu'ils occasionnent; et c'est un luxe dont on se passe pour cette raison.

« Le public cependant a raison de se plaindre *des bagarres* qu'il éprouve; mais, pour les éviter, il ne faudrait que prendre les plus simples précautions, et suivre la marche que la disposition du local actuel indique naturellement. Il faudrait ouvrir les trois portes, disposer une garde suffisante, et fermer, avec une chaîne, l'intervalle des bornes des portes latérales. On ferait alors entrer tout le monde par la porte du milieu, qui est assez large pour cela; chacun irait sous le vestibule prendre ses billets, de droite et de gauche, et entrerait au spectacle ou sortirait, sans obstacle, par les portes latérales. Rien n'est plus simple que cette disposition.

« J'ai l'honneur d'être, etc. « Un Abonné. »

Indépendamment des lettres qui avaient les honneurs de la rampe et de celles qui avaient les honneurs de la publication dans le journal, nos fougueux devanciers en ont adressé directement à Mme Montansier. Voici un échantillon de cette correspondance, qui devait lui faire peu de plaisir :

« Madame,

« Flattés d'avoir réuni le suffrage du public sur les diverses plaintes que nous avons portées au théâtre le jour de son ouverture, persuadés que votre futile réponse ne l'aura pas ébloui, et que, tenant à ses principales demandes, il est toujours convaincu que c'est dans une réunion générale qu'il trouvera la véritable justice, nous allons, en nom collectif et en vous démentrant, madame, que votre intérêt vous aveugle et vous expose à perdre un privilége bien précieux pour vous par les profits immenses qu'il vous procure, privilége plus précieux encore pour un directeur délicat, mais moins intéressé, qui se trouverait agréablement récompensé de ses soins, de son zèle et de son honnêteté par l'estime, la considération d'une cité qui honora, distingua les modestes talents, autant qu'elle dédaigna, repoussa l'orgueilleuse insuffisance, nous allons, dis-je, répondre avec autant de vérité que de modération à la lettre adressée au rédacteur du *Journal de Normandie*, dont nous serions offensés, si nous ne croyons votre présence nécessaire au spectacle d'une Reine auguste que nous chérissons et dont nous nous faisons gloire de respecter les plaisirs.

« Vous annoncez faire dans ce moment-ci tout ce qui est en votre pouvoir pour prouver au public votre empressement à vous rendre digne de son suffrage, et tous ces efforts, ce vif empressement, se bornent à presser de quelques jours les débuts des sieurs Paulin et Manier et à nous donner une description avantageuse de M¹¹ᵉ Verdelet, tous acteurs engagés et destinés depuis longtemps pour notre théâtre, et c'est ainsi que vous croyez nous satisfaire. La montagne enfanterait encore une souris! Non, non, nous attendons un plus beau fruit d'un si pénible accouchement.

« Les talents sont rares, très-rares, dites-vous, et surtout les hautes-contre. Oui, pour vous, mais pour les directeurs de Lyon, Bordeaux, Marseille, Bruxelles, non, parce qu'ils savent les payer. Quant au sieur Dubus, nous savons qu'il a du talent, et nous consentirions à lui rendre nos applaudissements, pourvu que, veillant plus attentivement sur sa conduite, on n'expose plus sur la scène de Colins ivres, de Monte-au-Ciel presque nus, et que, toujours proprement vêtu, il n'en impose plus d'une manière aussi indécente que trompeuse.

« Il est encore un abus dans la salle, mais nous ne savons qui pourrait nous en affranchir. Nous demandons que les portes du parterre ne soient plus embarrassées par un nombre de sentinelles déplacées dont l'inutilité et l'arrogance gênent les personnes qui les environnent. L'on peut encore trouver quelques petites satisfactions à donner au public, comme d'annoncer, dans l'affiche, le spectacle du jour et celui du lendemain ; c'est à ces légères attentions que nous reconnaîtrons le zèle de votre régisseur, qui a paru chercher à remplir l'attente du public.

« Nous passerons à la question principale, celle d'ajouter un ballet.

« Votre refus, madame, quoiqu'adroitement présenté, ne séduira pas plus que la prétendue célérité que vous avez mise à nous envoyer le sieur Paulin. L'intérêt seul est le motif de vos objections. Vous voulez une augmentation ; qu'on l'accorde, plus d'obstacles, les magasins s'élargiront, les loges se multiplieront dans vos appartements inutiles et tous les inconvénients disparaîtront. Mais le moment n'est pas favorable pour solliciter, pour obtenir cette augmentation ; vous pouvez à la suite le faire naître, par des attentions soutenues pour les plaisirs du public ; alors ne doutez pas de son empressement à récompenser vos soins. Bornez-vous dans ce moment à lui faire oublier vos torts, et croyez qu'en comblant ses plaisirs, l'affluence de son retour vous dédommagera au-delà des frais que vous aurez faits pour remplir ses désirs. Ne devez-vous pas craindre que ces refus constants, que ces scènes effrayantes ne vous privent à la fin d'une protection dont vous abusez depuis tant de temps ? Il existe ici des hommes dont l'âme pure, sensible et alarmée des dangers auxquels vous nous exposez, a déjà porté aux pieds de notre gouverneur l'humble supplique de toute la cité.

« Celui que le Roi a choisi pour élever, pour instruire, le plus doux espoir de toute la nation, n'aura pas l'oreille fermée aux cris douloureux des citoyens qui le chérissent autant qu'ils le respectent et l'honorent, et ces pères de la patrie, ces conservateurs de l'honneur, de la vie des citoyens seront-ils toujours insensibles à l'idée de ces scènes sanglantes qui ne sont que trop récentes? Ils ont blâmé d'abord une jeunesse un peu trop active dans ses demandes, mais ils se rappelleront sans doute avec attendrissement que les marques de sa joie et de son amour sont encore plus expressives que celles de son inquiétude et de son mécontentement; sentant alors qu'ils sont doublement pères, attendris, indulgents pour un âge dont ils doivent modérer la pétulance, mais qu'ils doivent protéger, ils voudront bien s'intéresser aussi pour que le privilége passe dans des mains plus sages, plus occupées de nos plaisirs et qui pourraient en consacrer les produits au soulagement de l'humanité. »

Nous avons voulu grouper tous les arguments fournis de part et d'autre et donner sans interruption les cinq lettres qui précèdent, mais actuellement il nous faut revenir un peu sur nos pas.

Deux jours après l'ouverture du théâtre, on se communiquait, dans les endroits publics, des exemplaires d'un écrit copié à la main et dont voici les termes :

DÉCISION DU PARTERRE DE ROUEN.

« Vu les injustes prétentions de la police, attendu le défaut de capacité des comédiens qui composent la troupe de cette ville, les jeunes gens sont priés de s'abstenir d'aller au spectacle jusqu'à ce que le régisseur ait satisfait au vœu du public, consigné dans la lettre du 16 avril 1787.

« Délibéré le 18 avril 1787. »

Ce qui manquait à cette mémorable époque théâtrale, ce n'était pas, à coup sûr, des avis. Les trois qui suivent montrent suffisamment à quel point était poussée l'effervescence :

AVIS AUX AMATEURS.

« La Montansier menace de retirer sa troupe si nous ne retournons promptement au spectacle ; c'est ce que tous les honnêtes gens désirent. »

AVIS À LA JEUNESSE.

« Jusques à quand, fière et sensible jeunesse, souffrirez-vous voir le vil et insolent Neuville ? Vous rappellerez-vous toutes les horreurs dont il fut capable et dont il n'a pu trouver grâce que dans une âme mercenaire ? Le souvenir, au cri de la justice, défendra au bon citoyen, au vrai patriote, l'entrée des spectacles jusqu'après entière satisfaction sur la lettre jetée sur le théâtre et une réparation authentique de l'injustice révoltante envers nos concitoyens. »

PRENEZ GARDE À VOUS !

« Par ordre très-supérieur du public indigné, les honnêtes gens sont invités de ne point aller au spectacle que nous n'ayons obtenu une autre direction et de meilleurs comédiens, une police moins comédienne et des magistrats plus citoyens. »

Il est facile de deviner ce qui se passait à Rouen à cette époque ; les jeunes gens et tous les amateurs de théâtre s'abstenaient d'entrer dans la salle de spectacle pour abaisser les recettes de la directrice. Aussi, un concert, donné le 2 mai par le sieur Punto (aux eaux de Saint-Paul), fut-il une agréable diversion à l'ennui qui régnait dans la ville de Rouen depuis que le spectacle était déserté. Un auditoire nombreux et choisi s'est empressé d'aller jouir des talents de cet habile virtuose.

C'était peu que de s'abstenir d'aller au théâtre, il fallait, par tous les moyens, empêcher les autres de s'y rendre. Les rédacteurs de la DÉCISION DU PARTERRE DE ROUEN avaient trouvé bon, pour atteindre tout-à-fait leur but, de faire circuler dans Rouen un pamphlet intitulé : *Tableau précis des personnes notables et peu respectables venues à la comédie le 26 avril 1787.* La décence ne nous permet pas de le publier en entier, mais on s'en fera une idée quand on saura qu'il y avait ce jour-là, dit le pamphlet, aux premières loges, des riches cousus de dettes, des dames déguisées en honnêtes femmes, etc. (tout le monde était nommé); aux secondes loges, quatre Saint-Vivien payés pour applaudir; aux troisièmes loges, ... ; au parterre, neuf va-nu-pieds, douze espions et douze chasses-toutes-vives; au parquet, ... , et enfin aux galeries, trois filles de tapissier qui font des tours de lit. Suivait un Arrêt de la Cour de Raison, qui ne le cédait en rien au morceau dont nous venons de donner l'analyse.

Un autre pamphlet, sous le titre de *Nouveaux logements*, faisait le portrait de trente-huit personnes notables qui avaient commis le crime d'aller au théâtre. Chaque portrait était un tissu de grossièretés, de calomnies infâmes, ou tout au moins de médisances éhontées; les dames surtout étaient effrontément insultées.

Des pièces de vers innombrables durent le jour à la crise théâtrale ; la suivante, dont nous blâmons hautement l'esprit, nous a paru digne cependant d'être reproduite, parce que nos lecteurs, nous en sommes persuadé, laisseront de côté, comme elles le méritent, les pensées de l'auteur anonyme, pour ne remarquer que la facilité de versification qui distingue ce morceau de tous ceux qui parurent alors.

HONNI SOIT QUI MAL Y PENSE.

(Avril 1787.)

Pauvres humains, hélas ! l'erreur est votre lot,
Tous les jours en défaut l'on met votre prudence ;
Cela doit être ainsi, puisque chez vous un sot,
Pour de l'or, de Thémis fait pencher la balance.
C'est un droit qu'on acquiert souvent dès sa naissance.
Qu'importe que l'on soit l'être le plus borné,
   On fait grâce de la science,
   Suffit pourvu qu'on ait payé !
  Aussi voit-on notre jurisprudence
  Juger à faux dans maint et maint délit.
Souvent, par un arrêt que dicte l'ignorance,
Le polisson triomphe et le sage est puni.

Et cet « Avis aux magistrats » de 1787, n'est-il pas digne du reste ?

   Pour empêcher qu'on ne s'attroupe
   Et prévenir de plus grands maux,
   Qu'on mette dehors les bureaux
   Et qu'on commence par la troupe.

Voici un extrait d'un pot-pourri qui date de l'époque de la crise théâtrale de 1787 :

UN CITOYEN INDIGNÉ.

Air : *A la façon de Barbari.*

Comment, messieurs, souffrirons-nous
Qu'un histryon nous mène ?
Il faudra le voir à genoux
Chanter une autre antienne ;
Souvenez-vous que ce garçon,
La faridondaine, la faridondon,
Nous a menés jusqu'aujourd'hui,
  Biribi,
A la façon de Barbari
  Mon ami.

WALVILLE.

Air *des Olivettes.*

Et lon lan la, laissons-les brailler,
Et moquons-nous du parterre,
Et lon lan la, laissons-les siffler,
Dès demain je veux m'en aller.

LE PARTERRE.

Partez quand vous voudrez,
Car pour moi je demeure,
Et si jamais je pleure,
C'est quand vous reviendrez,
Partez quand vous voudrez.

LE FILS MAROMME A SON PÈRE (1).

Air du Confiteor.

Ah! mon père, qu'avez-vous fait ?
Votre ordonnance est trop sévère;
Et le public peu satisfait
Dit que vous manquez de lumière,   (*bis.*)
Et cependant (*bis*) il sait combien
Tous nos aïeux la faisaient bien.

Le mécontentement s'est traduit aussi par des chansons. Nous en donnons une intitulée : la *Comédie de la Montansier* :

Air de la romance de Nina.

Quand la jeunesse reviendra
A la défunte comédie,
Le printemps alors finira,
L'épine sera défleurie ;
Mais je regarde, hélas ! hélas !
La jeunesse ne revient pas,   (*bis.*)

Oiseaux, il faut chanter bien mieux
Si vous voulez vous faire entendre;
Votre directeur malheureux
Chante peut-être un air bien tendre;
Mais non, j'écoute, hélas ! hélas !
Le directeur ne chante pas.   (*bis.*)

---

(1) Lieutenant de police qui avait condamné à la prison quelques-uns des cabaleurs.

Toi qui nous a lassé cent fois
Du récit de tes fades pièces,
Montansier, ta plaintive voix
Semble demander nos espèces;
Mais tu t'abuses, hélas! hélas!
De longtemps tu n'en recevras. (bis.)

On ne saurait croire combien de manuscrits ont circulé, à Rouen, à propos de cette cabale. C'étaient des anecdotes, des épigrammes, des commandements, des pots-pourris, des avertissements, des amphigouris et des couplets de toutes sortes.

Le spectacle était presque déserté. Les uns ne voulaient pas, les autres n'osaient pas s'y rendre; cependant la Montansier et Neuville ont su tenir tête à l'orage et le théâtre resta ouvert.

La comédie proprement dite garda les mêmes sujets et la rentrée de la plupart des artistes fut accueillie par des applaudissements; c'étaient: MM. Baptiste l'aîné, Baptiste cadet, Duverger, Prin, Desrosiers, Bérard, Lebert, Walville, Lefèvre, Laperrière, etc.; et Mmes Dufresne, Baptiste, Malherbe, Desrosiers (soubrette), Damassis (duègne). A la fin de la campagne, un nommé Duplessis est venu jouer les valets, ce qui a donné lieu, comme nous le verrons, à de nouvelles réclamations.

L'opéra n'a pas eu le même avantage que la comédie. La directrice dut fournir de nouveaux sujets et compléter sa troupe. Les artistes qui restèrent sont: MM. Dubus, Fradelle, Dozainville, Juliet, Bellemont, etc., et Mmes Guérin (première et forte seconde chanteuse), Fradelle, Damassis (duègne). Parmi les artistes nouveaux, nous citerons : MM. Paulin, haute-contre, et Manyer, laruette, Mlle Verdelet, même emploi que Mlle Guérin, Mme Grenier et la sœur de Mlle Guérin, qui débuta en décembre 1787 par le rôle de Pauline dans *Sylvain*.

Dans le ballet, les premiers sujets étaient MM. Devos et Borda, Mlle Camerer et Mme Devos, — Devos était maître de ballet. Nous ne manquerons pas de donner le tableau complet de la troupe quand nous traiterons la question des appointements. Nous avons eu, en effet, la bonne fortune de trouver le livre même du caissier pendant l'année 1787-1788.

L'ouverture a eu lieu, comme nous l'avons dit, le 16 avril 1787. Elle fut faite par *Sylvain*, opéra, avec une comédie.

Le 26 du même mois, Paulin, premier haute-contre, et Mlle Verdelet, première chanteuse, ont débuté dans le *Magnifique* et dans *Félix*.

Deux reprises importantes ont été faites le 25 juillet :

L'*Amitié à l'épreuve*, par Favart et Grétry. Cet opéra, qui avait paru en deux actes en 1771, avait été réduit en un acte en 1776 ; mais, malgré son grand âge, Favart le retoucha une deuxième fois, et, en 1787, la pièce avait trois actes ;

La *Mort de César*, par Voltaire.

Elle arriva enfin cette soirée tant désirée! La direction, fatiguée de voir que les moyens d'intimidation que nous avons longuement énumérés plus haut la menaient à sa ruine, dut céder à une volonté aussi opiniâtre, et le vendredi 27 juillet, les danseurs, si impérieusement demandés, firent leur premier début ; ils ont paru dans un ballet-pantomime intitulé la *Paysanne coquette*, de la composition du sieur Devos, maître de ballet. Devos et sa femme y ont dansé les principales entrées.

Ce jour-là même une lettre fut encore jetée sur la scène; elle était ainsi conçue :

« AU PUBLIC.

« Messieurs, quoique nous ayons déjà les suffrages de plusieurs personnes respectables, nous avons cru cependant devoir requérir les vôtres sur quelques réflexions que nous croyons devoir être trouvées justes. Comptant sur votre approbation, permettez-nous, messieurs, de les adresser à la dame Montansier en nom collectif.

« A LA DAME MONTANSIER.

« Enfin, madame, voilà donc un ballet! grâce à votre intérêt, et non au désir que vous auriez dû montrer de nous satisfaire, car nous savons à quoi nous en tenir, n'ignorant pas les démarches que vous avez faites auprès des danseurs de cordes, et quelles étaient vos vues. En outre, vous pouvez vous flatter de nous avoir fait attendre assez longtemps ; mais il vaut mieux tard que jamais ; votre conduite, cependant, vous fait perdre le fruit de notre reconnaissance, et vous a fait généralement détester de tout le monde ; mais ce n'est pas là ce dont il s'agit.

« Abrégeons ; voudriez-vous bien, madame, acquiescer aux demandes générales que nous allons vous faire ? Comme elles ne sont pas bien difficiles, nous y espérons, et puisque vous n'avez d'autre principe que votre intérêt, c'est en son nom que nous réclamerons, et nous attendons réponse positive et de suite.

« Nous désirons :

« 1° Que vous conformant à l'ordonnance de M. . . . .
du . . . . ; vous ne laissiez entrer à l'avenir, dans le
parterre, aucun soldat ni bas officier ;

« 2° Faites en sorte de ne pas nous exposer davantage, au
parquet ou aux premières loges, à nous trouver à côté d'une
femme de chambre, chef de cuisine, laquais, etc.; puisque ces
individus ont leur entrée, donnez-leur un coin des troisièmes,
c'est assez ;

« 3° Nous savons de bonne part que Mme d'Herville ne demande pas mieux que de reparaître au théâtre ; pour ce, nous
désirons que vous arrangiez à l'amiable votre procès avec cette
jeune actrice, qu'il nous fera plaisir de revoir malgré l'écart
qu'elle a fait, et dont cependant nous ne pouvons lui faire un
crime, ne devant point entrer dans les différends que peuvent
avoir vos pensionnaires, différends qui n'arriveraient pas si
fréquemment si les directeurs n'étaient pas des huit et neuf
mois absents; par conséquent, si nous sommes privés des talents
de Mme d'Herville, nous ne devons nous en prendre qu'à vous
seule, madame. Vous conviendrez, d'ailleurs, que la scène
exige souvent une actrice d'une taille svelte et déliée, et que
nous ne trouvons pas cette qualité essentielle dans les premiers
sujets que vous avez aujourd'hui ;

« 4° Ayez soin de faire distribuer les rôles de manière que les
pièces ne soient point élaguées et soient jouées ou chantées en
entier, ayant remarqué que dans plusieurs, telles que le *Déserteur*, opéra, *Zémire et Azor* et autres, on s'était permis de
retrancher des ariettes, ou, dans d'autres circonstances, l'acteur
qui en était chargé se contentait de déclamer ce qui devait être
chanté ; il en est de même, très-souvent, dans les comédies,
entr'autres dans la *Piété filiale*, qui est élaguée depuis un bout
jusqu'à l'autre, dans l'*Amant bourru* et autres;

« 5° Nous sommes informés qu'il existe un différend entre
les sieurs Dubus et Paulin au sujet du rôle de Blondel dans
Richard-Cœur-de-Lion, ce qui nous prive du plaisir de voir

cette pièce dont nous attendons cependant la reprise avec impatience. Nous rendons volontiers justice au sieur Dubus dans ce rôle et nous lui marquons d'ordinaire notre satisfaction, mais qu'il ne s'enorgueillisse pas de son succès pour nous priver de voir jouer ce rôle par un de ses camarades qui, d'ailleurs, pourrait faire tous ses efforts pour nous plaire. Nous lui conseillons donc de ne pas s'opposer à ce que le sieur Paulin joue Blondel alternativement avec lui ; ce que nous désirons qui soit exécuté à l'avenir, ainsi que dans d'autres rôles où le sieur Paulin plaisait à Caen, tels que le Crispin de la *Mélomanie*, Blaise dans *Blaise et Babet*, André dans l'*Epreuve villageoise*, et autres, article auquel il est de votre devoir, madame, de tenir la main ainsi qu'aux autres ci-dessus si vous voulez regagner notre bienveillance et attirer l'affluence à votre spectacle.

« Nous pourrions encore vous parler du remplacement indispensable à faire dans les rôles de reine et de valet ; mais nous nous flattons que vous vous êtes déjà aperçue que votre troupe ne peut se passer de deux sujets de ce genre, et que vous occupant, dès à présent, d'en trouver, vous n'attendrez pas de notre part une nouvelle demande à cet égard.

« Nota. — Depuis cette lettre écrite, le sieur Dubus ne s'étant pas conformé à l'article V à l'égard du rôle d'Alexis dans *Alexis et Justine*, on lui a envoyé, un jour même que l'on représentait cette pièce, copie de cet article et on l'a prié de s'y conformer, ce qu'il a fait, car, dès le soir, le sieur Paulin a joué le rôle. »

Cette lettre semblait devoir réveiller la lutte ; elle a été au contraire — provisoirement — la dernière manifestation de l'opposition, et, à partir du 27 juillet 1787, a commencé, sinon une paix définitive, au moins un armistice qui dura quelques mois.

Le lendemain même de la représentation de la *Paysanne coquette*, la directrice a offert au public un ballet de demi-caractère dans lequel Borda et Mlle Camerer ont débuté.

Profitons, nous aussi, de ce moment de calme pour passer en revue, avec quelque continuité, le répertoire de cette campagne. A partir de cette époque, nous y trouvons successivement :

Le *Tuteur dupé*, ballet-pantomime. Première représentation en août 1787.

Lucette et Lucas, opéra en un acte, de Fargeot et de Mlle Dézede. Première représentation également en août. Quand Mlle Dézede composa cet opéra, en 1781, elle n'avait que dix-huit ans.

La *Nuit aux Aventures*, comédie en trois actes et en prose, de Dumaniant, auteur de *Guerre ouverte*, ou *Ruse contre ruse* (page 126). Première représentation dans le même mois. Baptiste cadet, qui jouait des amoureux et de préférence des comiques-niais, excellait dans cette comédie.

Isabelle et Rosalvo, comédie en un acte, mêlée d'ariettes, paroles de Patrat et musique de Propeïac. Première représentation en octobre (cette pièce avait été donnée, en 1781, à Paris sous le titre des *Deux Morts*; elle était alors en vaudevilles). A Paris, elle a réussi, après la modification, grâce au talent de Mlle Renault, rôle d'Isabelle, et, à Rouen, elle a eu aussi quelque succès par la manière dont Mme Granier (1) a chanté ces charmants couplets :

---

(1) Et non pas Grenier, comme nous l'avons écrit jusqu'alors.

Femme qui chérit la sagesse,
En feignant toujours de céder,
Doit trouver l'art, avec adresse,
De se faire tout accorder.
De ces maris l'âme est si vaine,
Mais quand ils sont bien enchaînés,
    On vous les mène   (*bis.*)
    Par le nez ;
    Oh ! ces hommes,
    Ces pauvres hommes !
Quand ils sont bien enchaînés,
    On vous les mène   (*bis.*)
    Par le nez.   (*bis.*)

Sans leur prodiguer nos caresses,
Il faut connaître leurs penchants,
Fermer les yeux sur leurs faiblesses
Et les flatter sur leurs talents.
On ne les gagne pas sans peine ;
Mais, quand, etc.

Les *Méprises par ressemblance*, comédie en trois actes, mêlée d'ariettes, paroles de Patrat, musique de Grétry. Première représentation en novembre 1787. C'est une imitation de la comédie de Regnard, les *Menechmes*.

Pauline et Valmont, comédie en deux actes, par Bodard. Première représentation en décembre 1787. Le conte de Marmontel, intitulé *Laurette*, a fourni le sujet de cette pièce où les noms sont changés. Bodard était un enfant de la Normandie (1).

---

(1) Voir, pour plus de détails au sujet de ce littérateur, le *Manuel du Bibliographe normand*, par Edouard Frère, A. Lebrument, éditeur ; Rouen, 1857.

Le *Prix de sagesse*, opéra de Favart, mis en musique par un Rouennais nommé Vauquelin. Première représentation dans le même mois. Cette pièce n'a pas réussi.

Azémia, ou les *Sauvages*, opéra en trois actes, par de la Chabeaussière et Dalayrac. Première représentation en janvier 1788.

Céphise, ou l'*Erreur de l'esprit*, comédie en un acte et en prose, par Marsolier des Vivetières.

Emilie et Saint-Preux, ou l'*Officier de mérite*, drame en trois actes et en vers, par Marandon.

Ariane abandonnée, mélodrame, musique de Benda.

Le *Satyre amoureux*, ballet-pantomime.

Ces quatre ouvrages ont été également donnés pour la première fois en janvier.

L'*Ecole des Pères*, comédie en cinq actes et en vers, par Peyre. Première représentation en février.

L'*Amant bourru*, le *Fou raisonnable*, les *Fourberies de Scapin*, pour les débuts de Duplessis, rôle de valets (1).

Renaud d'Ast, opéra en deux actes, par Barré et Radet, musique de Dalayrac. Première représentation en février. Le conte intitulé l'*Oraison de saint Julien*, que La Fontaine a imité de Boccace, a servi de base à cet opéra.

Les *Etourdis*, ou le *Mort supposé*, comédie en trois actes et en vers, par l'auteur du *Meûnier sans souci*, Andrieux, qui a été professeur de littérature à l'école Polytechnique. Première représentation en mars.

Les deux bénéfices des hôpitaux ont eu lieu en février et en mars 1788. La première représentation, — 18 fé-

---

(1) Voir aux incidents une lettre relative à ces débuts.

vrier, — était composée de l'*Ecole des Pères*, d'*Azemia* et du *Satyre amoureux*; la deuxième, — 3 mars, — du *Mariage secret*, de *Céphise* et du *Maréchal de logis*, pantomime, terminée par un ballet. Ces deux soirées ont produit ensemble, tous frais déduits, 3,012 livres.

La direction a eu soin d'organiser, pendant l'année, quelques représentations extraordinaires. En décembre 1787, Rouen a joui d'une troupe de bouffons italiens qui a chanté quelques opéras. Mais ce sont surtout les représentations de Mlle Renault, secondée par Solier, acteur du Théâtre-Italien, qui ont eu le don d'attirer la foule; elles ont commencé le 9 mars par la *Fausse magie* et les *Dettes*. Mlle Renault a joué successivement dans la *Belle Arsène*, la *Colonie*, *Renaud d'Ast*, l'*Amitié à l'épreuve*, la *Mélomanie*, *Zémire et Azor* et l'*Amant statue*.

La clôture de l'année théâtrale se fit le 15 mars d'une manière brillante et tout-à-fait originale; Mlle Renault et Solier donnèrent ce jour-là deux représentations : l'une, à cinq heures et demie, la *Belle Arsène*, et l'autre, à dix heures du soir, l'*Amant statue* et *Renaud d'Ast*.

A la fin de la soirée, qui avait été remplie d'une manière vraiment extraordinaire, M. Desrosiers récita un compliment de clôture en prose dont il était l'auteur; il s'y trouvait des éloges pompeux à l'adresse de Mlle Renault, aux pieds de laquelle, quelques instants auparavant, étaient tombées des pièces de vers et des couronnes. Ce compliment, — puisque compliment il y a, — commençait ainsi :

« Messieurs, les talents trouvent leur véritable récompense dans l'estime d'un public qui sait les apprécier.

Qu'il me soit permis de le dire, c'est ici, sans doute, leur plus redoutable tribunal. Il n'en est point qui ne frémisse en se présentant dans cette enceinte. Eh! pourquoi cette timidité, cette défiance de soi-même?... Pourquoi? Parce qu'ils savent que le goût est le juge suprême qui va prononcer un arrêt irrévocable ; que le faux brillant est chez vous sans valeur, et que votre jugement est l'écueil où l'on a vu souvent se briser l'orgueil des réputations usurpées. Vos principes sont justes, messieurs. Dans une ville où tous les arts marchent à l'envi vers le but de la perfection, dans une ville célèbre où le grand Corneille a reçu la naissance, dans une ville où ses mânes nous entendent et planent peut-être, au moment où je parle, au-dessus de nos têtes, un sage rigorisme peut produire des effets salutaires, éloigner la médiocrité, corriger les défauts et donner le ton convenable aux organes de ceux d'entre nous qui vous ont paru mériter quelque distinction. »

Quel qu'ait été le talent de Mlle Renault, elle n'a pu plaire également à tout le monde. Un comédien de Rouen, en présence duquel on mettait en doute la supériorité de cette cantatrice, objecta qu'elle avait fait faire une recette énorme. Cet argument inspira à un avocat, nommé Le Fourdrey, la pièce de vers suivante, qui renferme quelques traits méchants et un énorme calembour :

    Au sein des *bravo* frénétiques
    Dont Renault veut s'enorgueillir,
    J'ai vu des bouches pacifiques
    A plus d'un bâillement s'ouvrir ;
    Quelle voix ! c'est une merveille !

Disait l'un, je me sens ravi !
Tout en échappe à mon oreille,
Disait l'autre ; extase pareille,
Sans cela me prendait aussi.
Quelle douceur ! quelle décence !
Ajoutait l'ardent louangeur ;
Point de jeu, point d'intelligence,
Répliquait le hardi censeur.
Sur ses succès, sur leur mesure
Il faut pourtant un jugement.
Est-ce le journal de Milcent (1)
Et le compliment de clôture
Que nous suivrons docilement ?
La marche n'est pas assez sûre,
Journaliste et complimenteur,
Tous deux de bonne foi, sans doute,
Ont pu juger sans y voir goutte,
Et voici pourquoi j'en ai peur :
Trop souvent un folliculaire
Prodigue un mercenaire encens ;
Mais un complimenteur sincère...
Le trouverait-on en mil cents ?
J'attendais donc qu'une autre preuve
Terminât ma perplexité ;
Grâces au Ciel, je suis content,
Ne croyez pas qu'elle soit neuve,
Mais j'aime sa naïveté ;
Je la tiens d'un acteur honnête :
Sachez, me dit-il bonnement,
Que c'est le taux de la recette

---

(1) Rédacteur en chef du *Journal de Normandie* dans lequel, bien entendu, on chercherait en vain les vers de Le Fourdrey.

Qui fixe le taux du talent.
Récusez notre journaliste
Et mon compliment s'il le faut,
Mais croyez notre buraliste
Et rendez hommage à Renault.

Pour une année pendant une grande partie de laquelle l'orage le plus formidable n'avait cessé de gronder, le travail dramatique, dont nous avons pris soin de dresser le tableau, fut encore fort étendu.

Sept opéras nouveaux.

Quatre opéras remis (les *Moissonneurs*, — *Orgon dans la lune*, — le *Huron*, par Marmontel et Grétry, — l'*Amitié à l'épreuve*).

Sept comédies nouvelles (*Fellamar et Tom-Jones*, en cinq actes, et les comédies citées plus haut).

Trois comédies remises (le *Paysan magistrat*, — la *Vie est un songe*, — les *Trois Cousines* avec leurs agréments).

Quatre tragédies remises (*Athalie* avec les chœurs en musique, — la *Mort de César*, — *Médée*, — le *Siège de Calais*).

Un mélodrame nouveau.

Huit ballets (la *Paysanne coquette*, — le *Tuteur dupé*, — l'*Heure du Berger*, — les *Savetiers juifs*, — le *Satyre amoureux*, — les ballets turc, provençal et bohémien) indépendamment des divertissements faisant partie des comédies ou des opéras.

INCIDENTS.

Le premier incident qui s'offre à nous appartient à l'histoire judiciaire en même temps qu'à l'histoire théâtrale. Trois habitants de Chaumont (Haute-Marne), les nommés Bradier, Lardoise et Simare, avaient été condamnés à la roue, en 1785, pour vol nocturne avec violence contre deux époux. Dupaty, président à mortier, au parlement de Bordeaux (1), revenant de son voyage d'Italie, avait publié, en 1786, un *Mémoire justificatif* où il établissait que le crime avait été commis, au contraire, par les cavaliers de la maréchaussée. L'arrêt de condamnation du bailliage de Chaumont, que le parlement de Paris avait confirmé par sentence du 20 octobre 1785, avait été cassé; on renvoya l'affaire devant le bailliage de Rouen, qui rendit un arrêt d'absolution, confirmé ensuite par le parlement de la même ville, après évocation et sur la plaidoirie de Dupaty. Le 18 décembre 1787, après cinq ans de prison, Bradier, Lardoise et Simare ont été mis en liberté. Le lendemain, le président Dupaty assistait à la représentation du théâtre de Rouen et son entrée a été accueillie par des applaudissements unanimes.

---

(1) Né à la Rochelle en 1744, mort dans la même ville en 1788, un an après le succès qui marqua le plus dans sa vie, c'est-à-dire l'acquittement de trois innocents.

Une société patriotique, formée spontanément, acheta à la direction, moyennant trente-cinq louis, la représentation du samedi suivant, 22 décembre, et fit représenter ce jour-là, au profit de Bradier, Lardoise et Simare, une comédie en trois actes, le *Bienfait-anonyme*, suivie des *Méprises par ressemblance* et d'un ballet. L'assemblée fut très-nombreuse et très-choisie ; le président était dans la salle. Le public a saisi, pendant la récitation de la comédie, une infinité d'allusions heureuses qui devinrent pour le digne et vertueux magistrat l'occasion de plusieurs ovations. L'acteur Bérard ajouta à son rôle les vers suivants :

La bienfaisance est un présent des dieux :
    Quels biens elle apporte à la terre !
Par vous, par vos bontés, nous voilà *trois heureux*
A jamais arrachés du sein de la misère.
    L'orgueil n'a point dirigé vos bienfaits ;
Oui, l'humanité seule en a toute la gloire ;
Votre nom, sûr de vivre à jamais dans l'histoire,
Sans attendrissement ne s'y lira jamais.
Ah ! ne dédaignez pas un légitime hommage :
Qu'il est doux de l'offrir quand il est mérité !
    Nous secourir, voilà votre partage,
    Et le nôtre est la sensibilité.
De talents, de vertus, quel plus rare assemblage !...
Mais je cède au respect ; car mon cœur transporté
Craindrait, en vous nommant, d'en dire davantage.

Le même jour, M. de La Viéville faisait imprimer cette épître à M. Dupaty :

En ce siècle égoïste, où chacun vit pour soi,
L'innocent, dans tes bras, trouve donc un asile.
Du code criminel analysant la loi,
Tu nous prouves combien la réforme est utile.
Que j'aime à voir ton cœur exalter ton esprit,
Pour ravir à la mort l'innocence opprimée !
On sent couler ses pleurs en lisant ton écrit,
Si digne d'occuper longtemps la Renommée.
Sans témoins, sur la foi de deux accusateurs,
Trois mortels indigents périssaient sous la roue :
L'éloquent Dupaty confond ces délateurs ;
L'homme dur se récrie et le sage le loue.
Qui pourra désormais répondre de son sort,
S'il suffit d'accuser pour perdre sa victime,
Si le juge ignorant sur les délits s'endort,
Et si la vraisemblance est la preuve du crime ?
Du monarque français qui gouverne aujourd'hui
Je n'ai que le bonheur et le noble avantage
D'encenser les vertus dont il devient l'appui ;
Mais, pouvant l'approcher, je lui dirais : « Roi sage,
« Que ton peuple a nommé Louis-le-Bienfaisant,
« De t'immortaliser le moment se présente.
« Réforme les abus par qui l'être innocent
« Est enlevé du sein de sa mère expirante,
« Des bras de ses amis, de ceux de ses enfants,
« D'une famille, hélas ! sans taches, gémissante,
« Pour souffrir, dans les fers, les plus affreux tourments.
« L'honnête homme en gémit, la raison s'en offense.
« D'un juge négligent, facile à prévenir,
« Casse l'arrêt injuste, arrache la balance
« Des mains qui ne sauraient constamment la tenir,
« Sans la faire pencher *pour une récompense* ;
« Et, comme Frédéric, héros littérateur,
« Si sage dans la paix, si redoutable en guerre,

« Fais faire un nouveau code aussi pur que ton cœur ;
« Ta mémoire à la France à jamais sera chère.
« Admets à ce travail ce mortel vertueux
« Qui des mains des bourreaux enlève trois victimes ;
« La sévère Thémis vient s'unir à mes vœux,
« Et ne punira plus, sans la preuve des crimes. »
Célèbre Dupaty, c'est avec fermeté
Qu'ainsi je parlerais à mon roi que j'admire,
Si bien fait pour ouïr l'auguste vérité ;
Ne sera-t-il que toi qui veuille la lui dire !

En février 1788, les débuts d'un acteur nommé Duplessis, dans les rôles de valet, ne passèrent point inaperçus, malgré l'époque avancée de l'année théâtrale ; témoin cette lettre écrite, le 8 mars, à Bérard, acteur et régisseur :

« Monsieur,

« Nous avons suivi exactement les débuts du sieur Duplessis, acteur que l'on paraît nous destiner pour jouer après Pâques les rôles de valet. Nous ne pouvons nier qu'il a quelque talent et nous avons été les premiers à lui donner des preuves de satisfaction quand il nous a paru les mériter ; néanmoins, nous ne le croyons pas capable de remplir, dans un spectacle tel que celui de cette ville, un emploi aussi nécessaire à la comédie. Nous espérons donc que, quoiqu'il n'ait pas été absolument renvoyé, le sieur Duplessis ne s'opiniâtrera pas à rester ; nous le croyons d'autant mieux que, malgré la cabale payée ou laissée entrer pour applaudir, le grand nombre de soldats placés dans le parterre pour empêcher les mécontents de paraître, le grand nombre d'étrangers qui étaient au spectacle le jour de son dernier début, gens qui n'y viennent que pour rire et se soucient peu s'il y a un acteur à juger ou non, on n'a pas laissé d'entendre des preuves de mécontentement qui, certainement, se renouvelleraient souvent et avec plus d'éclat si le sieur Duplessis voulait absolument rester. Nous lui conseillons donc, et vous, monsieur, nous vous prions de lui faire envisager ces risques, vous avez ce pouvoir en votre qualité de régisseur. Prévenez Mme Montansier de nos intentions et faites-lui part, si vous le jugez à propos, de la présente. Engagez-la, pour son intérêt et pour nous épargner des scènes semblables à celles de l'année dernière. Le seul moyen d'y réussir, c'est de nous donner, pour remplacer les sujets qui nous manquent, de meilleurs acteurs qui, d'ailleurs, la dédommageront au centuple.

« Nous avons un avis à vous donner : mettez moins d'intérêt à faire recevoir les débutants. Laissez ceux qui ont le droit de parler sur ces débuts le faire librement et ne les sollicitez point de flatter et de ne point dire leur façon de penser. Vous nous entendez, et nous espérons que, profitant d'un avis d'amis, vous resterez neutre à l'avenir, ou plutôt que, si vous prenez un parti, vous préférerez à celui de la direction, celui d'un public qui vous donne continuellement, à vous en particulier et à quelques-uns de vos camarades qui méritez bien de lui, des marques de bienveillance, et qui ne cessera de vous en donner tant que vous vous en rendrez dignes.

« Nous sommes vos amis et partisans.

« UNE SOCIÉTÉ DE JEUNES GENS. »

Pendant que la fougueuse jeunesse se livrait à des manifestations et à des correspondances empreintes de colère et procédait par la menace, d'autres, plus paisibles, méditaient sur la question théâtrale et mettaient sur le papier leur plan de campagne. C'est ainsi qu'aujourd'hui il nous est possible de fournir à nos lecteurs

UN PROJET D'ORDRE A ÉTABLIR ET DE RÉFORME A FAIRE

Pour procurer à la ville de Rouen un spectacle intéressant.

« Cette entreprise exige un directeur actif et intelligent, uniquement occupé de cet objet, qui ne le perde pas de vue et ne s'en rapporte qu'à lui-même pour en tirer tout l'avantage qu'elle doit lui procurer.

« Un comédien régisseur n'y mettra jamais autant de zèle et d'activité qu'un directeur, dont ce sera l'affaire essentielle, qui aura assez d'autorité pour se faire respecter et obéir par ses pensionnaires auxquels il aura le droit de commander, et qu'il pourra punir s'ils manquent à leurs devoirs ; il ne souffrira pas qu'un acteur change le texte de la pièce et substitue au dialogue de l'auteur des plaisanteries grossières, qui font rire la jeunesse ignorante et scandalisent les gens honnêtes et instruits; il ne permettra pas à ses acteurs de dégrader leurs rôles en se présentant sur la scène avec un costume bas et ridicule qui avilit le personnage et métamorphose les pièces d'un comique agréable en un plat bouffon. Le secrétaire d'un magistrat supérieur ne sera plus couvert d'un vil habit sec et d'une perruque rousse, qui ne conviendraient pas même à un bedeau de village. Un valet de chambre ne portera plus la livrée, le valet d'un ordre inférieur en sera revêtu, et la soubrette ne sera pas mieux mise que sa maîtresse ; des paysans et des paysannes ne seront plus couverts de soie, pomponnés et frisés comme des élégants de la ville.

« Le directeur engagera même ses principaux acteurs à s'habiller uniformément. On ne verra plus, dans la même pièce, l'un couvert d'un habit d'hiver et l'autre d'un habit d'été ; il leur épargnera des efforts inutiles et leur conservera la santé, en leur faisant connaître qu'un ton trop élevé, des clameurs outrées ne remplacent pas la chaleur et le sentiment, et si quelquefois ils provoquent les *bravos* de la multitude, plus souvent ils heurtent le bon sens et font gémir les spectateurs raisonnables. La comédie n'est autre chose qu'une conversation animée; les drames et la tragédie permettent rarement d'aussi grands éclats, et le théâtre n'est point une arène où le comédien vient faire assaut de vigueur et déchirer l'oreille aux dépens de ses poumons. Le directeur attentif recommandera à ses pensionnaires de ne perdre jamais la scène de vue; s'il en aperçoit quelqu'un dont les yeux distraits parcourent la salle et dont la physionomie sourit au camarade placé dans l'orchestre en qualité de spectateur, il lui en fera le reproche et lui fera connaître combien cette conduite nuit à l'illusion ; il leur persuadera à tous que c'est toujours à son interlocuteur qu'on doit parler et jamais au public ; il leur recommandera de ne point se familiariser avec lui sur la scène, et de s'y maintenir toujours de la façon la plus respectueuse et la plus soumise.

« Il fera faire des répétitions exactes et ne manquera jamais de s'y trouver. Il ne mettra pas une pièce au théâtre à moins qu'elle ne soit sue correctement ; l'acteur le plus exercé ne peut bien jouer un rôle qu'il ne sait pas, et il mérite correction si c'est par paresse ou par négligence qu'il s'y est exposé ; il fait languir la pièce, arrête l'essor de son camarade et gâte tout.

« Un directeur intelligent connaîtra promptement le goût du public et ne négligera rien pour le satisfaire. Il conservera, autant qu'il lui sera possible, les acteurs en possession de lui plaire, et éloignera promptement ceux qui n'auront pas cet avantage. Il ne présentera, pour les rôles principaux, que des sujets exercés et d'un talent reconnu. S'il admet quelque novice pour les doubler, ou pour les rôles subordonnés, il ne choisira que des gens d'une taille et d'une tournure agréables, analogues à leur emploi, et chez lesquels il apercevra le germe du talent. Il suivra leur diction, la corrigera et fera son possible pour qu'ils ne s'écartent pas de la vraisemblance. Il trouvera dans les figurants du ballet des sujets pour remplir les accessoires, qui le dispenseront de donner des appointements à des ignorants qui ne savent ni marcher ni se tenir en place.

« Un ballet est nécessaire au théâtre dans une quantité de jolies pièces qui, sans cela, sont décousues et n'ont plus d'agrément. Un maître ingénieux peut, avec de grands ballets-pantomimes, attirer beaucoup de spectateurs, faire plaisir et dédommager amplement le directeur de la dépense qu'il aurait occasionnée. Ces ballets donneront aux comédiens le temps de se reposer ou d'apprendre les pièces nouvelles qui attireront les amateurs au spectacle et entretiendront une forte recette.

« C'est par une grande variété de nouveautés qu'un directeur se fera aimer du public et rendra son entreprise fructueuse. Il peut sacrifier une grande partie du logement qu'occupe la direction actuelle. Il y trouvera des magasins et des loges pour son ballet ; le goût devenu général pour la musique et l'opéra-comique a rendu ce genre de spectacle essentiel pour le public. Autrefois il n'était qu'un accessoire très-subordonné et il ne doit pas encore être envisagé comme le genre principal. Néanmoins le directeur doit s'en occuper sérieusement.

« S'il ne peut pas se procurer des voix et des chanteurs de premier ordre, il faut qu'il trouve au moins des figures agréables, de la légèreté, des grâces et assez de voix et de méthode pour inspirer de l'intérêt. Il ne faut pas que ses chanteurs soient lourds et ignobles, révoltants par leur gaucherie et la fausseté de leurs intonations.

« Il faut un bon maître à la tête de l'orchestre et deux premiers violons forts et tranchants ; ce n'est pas sur cet objet qu'un directeur doit économiser. Il recevra toujours un ample dédommagement de la dépense qu'il aura faite pour bonifier sa troupe.

« Quand le public sera content, il se portera avec empressement au spectacle et la recette augmentera considérablement.

« La passion pour le théâtre a subjugué tous les ordres de

la société, et ce genre d'amusement est devenu une espèce de besoin.

« Tous ces objets ainsi conduits et dirigés, le directeur doit encore s'occuper du soin de procurer une entrée facile à son spectacle, et d'y loger le spectateur à son aise et agréablement.

« S'il est forcé d'accorder l'entrée gratuite aux gens et valets des chefs de la cité, il ne doit pas les laisser occuper indifféremment les premières places; il est désagréable pour un homme qui a payé son écu, de se trouver au parquet à côté d'un suisse, d'un cuisinier, d'un marmiton, de la laveuse de la maison d'où il sort et où il a dîné, d'être importuné par leurs réflexions bizarres, leur admiration stupide, leurs bravos effrénés et leur familiarité fatiguante. Un coin dans les troisièmes doit suffire à ces gens-là.

« Le directeur doit tenter tous les moyens praticables pour procurer de l'air à la salle et une évaporation qui enlève le méphitisme empoisonné dont elle est remplie, par la réunion des spectateurs et la mauvaise odeur des latrines adjacentes, qu'il faut réparer ou supprimer. Un des moyens à employer pour la rendre moins insalubre, c'est de la maintenir très-propre en la faisant balayer tous les jours et laver très-fréquemment.

« Si le directeur entend bien ses intérêts, il doit faire quelques sacrifices pour établir ses bureaux de recette en dehors et ne laisser entrer sous le péristyle que ceux qui se présentent avec des billets. C'est par ce péristyle, où tout le monde se presse et s'entasse, que s'introduisent les gens peu délicats qui profitent de la confusion pour entrer gratis dans la salle, et c'est par là que se commettent beaucoup d'abus et de fraudes.

« Il serait bon de rétablir l'ancien usage d'annoncer le spectacle pour les jours suivants, cela satisfait le public, et c'est dans ce moment que l'acteur chargé de l'annonce reçoit la récompense flatteuse de son travail et jouit de ses succès.

« Il serait agréable que l'intérieur de la salle fût mieux éclairé, qu'on y pût voir les dames qui rempliront les loges et qui font toujours l'ornement principal d'une salle de spectacle.

« Tant de soins exigent la présence d'un homme sage, ferme et honnête, formé par l'expérience, éclairé par un goût sûr et animé par son intérêt personnel. Il ne peut être suppléé par un pensionnaire qui n'aura ni la même autorité, ni le même intérêt. »

Ce projet d'ordre, comme on le voit, est la critique de tout ce qui se faisait alors et, à ce seul titre, sa place était ici marquée.

APPOINTEMENTS DE LA TROUPE

1787-1788.

Trop heureux d'avoir trouvé le document que l'on va lire, nous avons voulu le respecter comme il le mérite, n'y rien ajouter, n'en rien retrancher. Pour les emplois des artistes, il faudra donc, quand la mention n'en sera pas faite, se reporter aux pages 118 et 156, où a été dressé le tableau de la troupe :

Touschain, régisseur-caissier, aux appointements de 2,400 liv. pour l'année commencée le lundi de Quasimodo 1787 et qui finira le samedi veille des Rameaux 1788, payables en douze portions de 200 liv. de mois en mois, ci . . . . 2,400 l. » s.

Walville, régisseur et les comiques, aux appointements de . . . . 3,600 »

Baptiste l'aîné et son épouse, engagés pour trois ans, jusqu'au samedi des Rameaux 1790, aux appointements de 8,500 liv. et deux demi-représentations par année (1), à la charge en outre de leur faire, dans le cours du carême de chaque année, une avance de 1,200 liv., à déduire par portions égales sur les appointements de l'année qui suivra ladite avance, ci. . . . . 9,300 »

Baptiste cadet, engagé pour trois ans, jusqu'au samedi des Rameaux 1790, aux appointements de 1,800 liv. pour l'année 1787-1788, et 2,000 liv. chacune des deux autres années, ci. . . . . 1,800 »

Bérard, encore pour un an, jusqu'au samedi des Rameaux 1788, aux appointements de 5,000 liv. et une demi-représentation, ci. 5,400 »

Lefèvre dit Desfossés, engagé encore pour deux ans, aux appointements de 1,200 liv. pour l'année 1787-1788, et 1,800 liv. pour l'année suivante, ci . . . . 1,200 »

M. et Mme Lebert, aux appointements de

A reporter. . . . . . 23,700 l. » s.

---

(1) Une demi-représentation, à cette époque, doit être évaluée, en moyenne, à 400 liv.

(*Note de l'auteur.*)

DE ROUEN.

Report. . . . . 23,700 l. » s.

4,000 liv. pour l'année qui finira le samedi veille des Rameaux 1788, plus une demi-représentation pour madame, ci . . . . . . 4,400 »

Duverger, pour la dernière année de son premier engagement qui finira le samedi veille des Rameaux 1788, aux appointements de 2,400 liv. (le second engagement de cet artiste commençait le lundi de Quasimodo 1788 jusqu'au samedi veille des Rameaux 1791), ci. 2,400 »

Laperrière, engagé pour trois ans, aux appointements de 100 liv. par mois les deux premières années, et 1,800 liv. pour la troisième, ci. . . . . 1,200 »

Bellemont, encore pour deux ans, jusqu'au samedi des Rameaux 1789, aux appointements de. . . . . 2,000 »

M. et Mme Desrosières, jusqu'au samedi des Rameaux 1788, aux appointements de 7,500 liv., plus une demi-représentation, ci. 7,900 »

M. et Mme Prin, encore pour deux ans, jusqu'au samedi des Rameaux 1789, aux appointements de 2,400 liv. pour eux deux et deux quarts de représentation chaque année, ci . . . . 2,800 »

M., Mme et Mlle Fradelle, jusqu'au samedi des Rameaux 1788, aux appointements de 6,600 liv. et deux demi-représentations, ci. 7,400 »

A reporter. . . . . 51,800 l. » s.

THÉATRE

Report. . . . . . . 51,800 l. » s.

Juliet, engagé encore pour trois ans, jusqu'au samedi des Rameaux 1790, aux appointements de 2,000 liv. pour l'année 1787-1788, pareille somme pour la suivante et 2,400 liv. pour la dernière année, ci. . . . 2,000 »

Dozainville, engagé pour deux ans, jusqu'au samedi des Rameaux 1789, aux appointements de 1,800 liv. et une demi-représentation, ci. . . . . 2,200 »

M. et Mme Manceau, engagés pour trois ans, jusqu'au samedi des Rameaux 1790, aux appointements de 4,800 liv. et une demi-représentation pour chaque année, ci. . . . . 5,200 »

Paulin, engagé encore pour deux ans, jusqu'au samedi des Rameaux 1789, aux appointements de 4,000 liv. et une demi-représentation pour chaque année, ci. . . . . 4,400 »

Dubus, engagé pour trois ans, jusqu'au samedi des Rameaux 1790, aux appointements de 4,000 liv. et une demi-représentation pour chaque année, ci. . . . . 4,400 »

Mlle Dufresne, jusqu'au samedi des Rameaux 1788, aux appointements de. . . . . . 3,600 »

Mlle Guérin, engagée pour trois ans, jusqu'au samedi des Rameaux 1790, aux appointements de 4,500 liv. et une demi-représentation évaluée à 500 liv. pour chaque année, ci. . . . . 5,000 »

A reporter. . . . . 78,600 l. » s.

DE ROUEN.

Report. . . . . 78,600 l. » s.

Manyer, encore pour deux ans, jusqu'au samedi des Rameaux 1789, aux appointements de 2,700 liv. et une demi-représentation garantie 300 liv., ci. . . . . 3,000 »

Mlle Damassis (1), engagée encore pour deux ans, jusqu'au samedi des Rameaux 1789, aux appointements de 5,000 liv. et deux demi-représentations par chaque année, ci. 5,800 »

M. et Mme Granier, engagés pour trois ans, jusqu'au samedi des Rameaux 1790, aux appointements de 4,500 liv. par chaque année et une demi-représentation aussi chaque année ; M. Granier avait en outre 33 liv. par mois comme répétiteur du ballet, à commencer le paiement le 16 août (2), ci. . . . . 5,164 »

Fleury (3), engagé jusqu'au samedi des Rameaux 1790, aux appointements de 3,600 liv. et une demi-représentation garantie à 400 liv. pour chacune des deux années de 1788 à 1790, et au prorata pour le restant de celle

A reporter. . . . . 92,564 l. » s.

---

(1) Première chanteuse, désignée comme duègne à la page 156, parce qu'elle a changé d'emploi dans le dernier mois de l'année 1787-1788.

(2) On sait que le ballet n'a commencé qu'à la fin de juillet. — Mme Granier était dugazon.

(3) Rôles à tablier, c'est-à-dire deuxième basse-taille.

(Notes de l'auteur.)

THÉATRE

Report. . . . . 92,564 l. » s.

de 1787-1788, commencée au second mois d'ouverture. Partant, on lui paiera au prorata de onze mois à raison de 300 liv. qui font 3,300 liv., plus la demi-représentation de 400 liv., ci . . . . 3,700 »

Mme Malerbe, aux appointements de 200 liv. par mois, ci . . . . 2,400 »

Mlle de Saint-Philippe, aux appointements de 40 liv. par mois, plus 20 liv. par mois comme figurante dans le ballet, à commencer le paiement le 16 août, ci. . . . . . . 640 »

Mlle de Sainte-Claire, aux appointements de 40 liv. par mois, plus 10 liv. par mois comme figurante de ballet, à dater du 16 juillet, ci. . . . . 560 »

Lefaivre, contrôleur, aux appointements de 100 liv. par mois, ci. . . . . 1,200 »

Boiteau, peintre, et son aide, aux appointements de 100 liv. par mois, ci . . . . . 1,200 »

Clavel, magasinier, et son aide, aux appointements de 100 liv. par mois, ci . . . . 1,200 »

Griote, premier violon, aux appointements de 80 liv. par mois, ci. . . . . 960 »

Roussel, violon, aux appointements de 50 liv. par mois, ci . . . . 600 »

Vallery, violon, aux appointements de 50 liv. par mois, ci. . . . . 600 »

Griselle, violon, 50 liv. par mois, ci . . . 600 »

A Reporter. . . . . . . 106,224 l. » s.

Report.............. 106,224 l. » s.

Ch. Baix, premier violon des seconds dessus, 66 liv. par mois, ci .... 792 »
Even, violon, 66 liv. par mois, ci .... 792 »
Rocher, violon, 66 liv. par mois, ci ...... 792 »
Dorenore, violon, 50 liv. par mois, ci .... 600 »
Moliex, alto, 66 liv. par mois, ci .... 792 »
Lehmane, alto, 60 liv. par mois, ci .... 720 »
Loth, basse, jusqu'au samedi des Rameaux 1789, aux appointements de 1,200 liv. par an, ci .... 1,200 »
Laroche, basse, 100 liv. par mois, ci ..... 1,200 »
Valentin, contrebasse, 75 liv. par mois, ci . 900 »
Rebours, premier hautbois, 84 liv. par mois, ci .... 1,008 »
Rhein, flûte, 83 liv. par mois .... 996 »
Pelissier, cor, jusqu'au samedi des Rameaux 1788, 66 liv. par mois, ci .... 792 »
Vauchelet, deuxième cor, engagé pour trois ans, jusqu'au samedi des Rameaux 1790, 66 liv. par mois les deux premières années et 72 liv. par mois la troisième, ci ...... 792 »
Nortmann, cor du régiment de Turenne, 60 liv. par mois, ci .... 720 »
Barthel, basson, 100 liv. par mois, ci ..... 1,200 »
Christophe, deuxième basson, 50 liv. par mois, augmenté de 16 liv. 13 sols à commencer le paiement le 16 août, ci 733 4
Goffier, copiste, 50 liv. par mois, ci ...... 600 »

A reporter......... 120,853 l. 4 s.

THÉATRE

Report............. 120,853 l. 4 s.

De Saint-Eugène, souffleur, 50 liv. par
mois, ci............................. 600 »
Pottevin, 50 liv. par mois, ci...... 600 »
Cadet, machiniste, 80 liv. par mois, ci. 960 »
Le perruquier, 30 liv. par mois, ci.. 360 »
Les quatre garçons de théâtre, 126 liv.
par mois, ci........................ 1,512 »
La sentinelle du foyer, 30 liv. par mois,
ci.................................. 360 »
Adam (1), 40 liv. par mois, plus 10 liv. par
mois comme figurant dans le ballet à partir
du 16 août, ci...................... 560 »
Cabousse, chef de musique, 200 liv. par
mois, ci............................ 2,400 »
Julien, basson, 36 liv. par mois à commencer du 1er août 1787 (18 liv. du 1er au
16 août), ci........................ 306 »
Leclerc, violon, à payer le 16 août 1787 à
raison de 30 liv. par mois, ci....... 240 »
Morue, basse, 30 liv. par mois à payer le
16 août 1787, ci.................... 240 »
M. et Mme Devos, pour eux deux 300 liv.
par mois à payer le 16 août, ci..... 2,400 »
Mlle Camerer, à payer le 22 août 200 liv.
par mois, ci........................ 1,600 »

A reporter......... 132,991 l. 4 s.

---

(1) Choriste, chef d'attaque. *(Note de l'auteur.)*

DE ROUEN. 185

   Report. . . . . 132,991 l. 4 s.

 Borda, à payer le 16 août 150 liv. par
mois, ci. . . . . 1,200 »
 Baudin, à payer le 16 août 75 liv. par
mois, ci. . . . . 600 »
 Thomin, à payer le 16 août 50 liv. par
mois, ci. . . . . 400 »
 Chenu, à payer le 16 août 50 liv. par
mois, ci. . . . . 400 »
 Lucet, figurant, à payer le 4 septembre
50 liv. par mois, ci. . . . . 350 »
 Mlle Oriot, à payer le 16 août 50 liv. par
mois, ci. . . . . 400 »
 De Saigne, à payer le 16 août 50 liv. par
mois, ci. . . . . 400 »
 Mlle Sainte-Elie, à payer le 16 août 50 liv.
par mois, ci. . . . . 400 »
 Mlle de Saigne, à payer le 16 août 50 liv.
par mois, ci . . . . 400 »
 Mlle Galle, à payer le 16 août 50 liv. par
mois, ci. . . . . 400 »
 Classelles, à payer le 16 août 60 liv. par
mois, ci . . . . 480 »
 Auguste Guingret, à payer le 16 août
66 liv. 13 sols, ci 533 4
 Mlle Josse, à payer le 16 août 50 liv. par
mois, ci . . . . 400 »
 Mlle Lefèvre, engagée le 6 septembre à
78 liv. par mois, ci. . . . . 507 »

   A reporter. . . . . . . 139,861 l. 8 s.

Report............ 139,861 l. 8 s.
Mlle Rapigeon, engagée le 6 septembre à
75 liv. par mois, ci 487 10
Mlle Durozel, engagée le 6 septembre à
50 liv. par mois, ci .... 325 »
Goubert, figurant, engagé le 16 septembre
à 50 liv. par mois, ci.............. 300 »

TOTAL...... 140,973 l. 18 s.

Ainsi, pendant cette campagne, la troupe de tragédie et de comédie, celle d'opéra, le ballet, l'orchestre et les employés ont coûté à la direction 140,973 liv. 18 s. — le ballet n'ayant commencé qu'après quatre mois d'ouverture ; — avec le ballet pendant toute l'année, on eût dépensé 148,672 liv.; tandis que, pour ne citer qu'un point de comparaison, un demi-siècle plus tard, pendant l'année théâtrale 1827-1828, les quinze premiers sujets de comédie et les dix-sept premiers d'opéra ont coûté, à eux seuls, 166,100 fr.

Nous aurons souvent occasion de faire connaître les appointements des artistes, et à mesure que nous avancerons les rapprochements deviendront de plus en plus significatifs.

La Montansier et Neuville dirigeaient le théâtre du Palais-Royal à Paris, ceux de Versailles, Rouen, Caen, le Havre, enfin tous les spectacles de la Loire. Neuville se vanta un jour au café qu'avec le théâtre de Rouen il gagnait par an 30,000 liv. et plus, qui lui servaient à payer ses troupes du Havre et de Caen. Ce propos imprudent lui valut une plus grande exigence de la part des habitués du théâtre.

Il était, du reste, très-avantageux pour la Montansier et Neuville de desservir ainsi beaucoup de villes. Quand un acteur ne plaisait plus dans une localité, ils l'envoyaient dans une autre, où, par l'attrait de la nouveauté, il avait des chances de succès. Voilà pourquoi, à cette époque, nous trouvons, à Rouen, des débuts disséminés dans tous les mois de l'année. La Montansier et Neuville faisaient en petit ce que l'on a proposé, dans ces derniers temps, d'exécuter d'une manière plus générale ; nous voulons parler d'une administration centrale desservant tous les théâtres de France.

Les bénéfices réalisés par la direction Montansier et Neuville ont suggéré une idée exprimée ainsi dans un des pamphlets qui ont paru à l'époque de la grande cabale : « Les magistrats municipaux ne pourraient-ils pas choisir quelqu'homme entendu et honnête à qui ils feraient un sort ? il leur rendrait compte de la recette, et ce produit de votre goût effréné pour le spectacle pourrait être appliqué à la décoration, à l'embellissement de la ville, et surtout au soulagement des hôpitaux. » La gestion des théâtres par les villes elles-mêmes, proposée si souvent dans ces derniers temps, est loin, comme on le voit, d'être une idée neuve.

Année théâtrale 1788-1789.

La direction Montansier-Neuville continue, mais Neuville, associé, peut-être même seulement agent de Mme Montansier, se met seul en avant.

Le 1er avril 1788 s'ouvrait une nouvelle campagne théâtrale, et Bérard prononçait un compliment d'ouverture de sa composition et dont voici un passage :

« La célébrité de votre ville est connue, et chacun sait que, dans le pays des arts, les artistes y trouveront toujours de nobles protecteurs et de véritables appréciateurs du mérite.

« Combien d'acteurs, d'acteurs célèbres, parce que vous les avez encouragés, ont-ils embelli la capitale de leurs talents ? Oui, messieurs, c'est presqu'à vous seuls que la capitale doit ses premiers acteurs, c'est par vos leçons qu'ils se sont formés, et c'est encore à vous que tous les jours ils rapportent leurs succès.

« Tant de bontés pour eux doivent inspirer une noble confiance à ceux qui parcourent la même carrière, et qui, pour la première fois, paraissent devant vous. La réputation de vos connaissances est si juste que, lorsque vous daignez accorder une simple fleur à l'artiste qui s'en rend digne, elle doit lui valoir ailleurs le plus brillant laurier.

« Les hommes éclairés jugent bien et ne flattent jamais.

La sévérité dans les arts est souvent nécessaire, mais cette sévérité n'exclut pas toujours l'indulgence. »

En même temps, Neuville annonçait au public, par cette lettre envoyée au journal, les intentions de la direction :

« Rouen, le 30 mars 1788.

« Monsieur,

« La direction n'a rien négligé pour composer une troupe digne du théâtre de Rouen. Elle a su que le public désirait encore un premier comique ; afin de ne rien donner au hasard et de consulter son goût, elle a fait les sacrifices nécessaires pour en avoir deux à l'essai, en sorte que celui qui réunira le plus de suffrages restera à Rouen.

« Quant à l'emploi des reines, la direction a cru remplir en partie les vœux du public en engageant encore une amoureuse en état de seconder MM^{mes} Dufresne et Baptiste, en sorte que la première sera chargée des rôles de reine dans les pièces qui en exigeront une, et que le nombre des femmes sera complet dans celles qui en demandent le plus.

« Le plus grand nombre des nouveaux sujets, venant de fort loin, ne peuvent arriver que dans le cours de la semaine prochaine ; ils paraîtront successivement et sans délai. La direction s'est rendue ici pour être témoin de leurs efforts et du degré de succès qu'ils pourront obtenir.

« Le sieur Jalliot, première basse-taille, qui n'a point encore paru sur notre théâtre, débutera jeudi prochain par le rôle du déserteur.

« Au reste, monsieur, voici la liste des nouveaux sujets, que je vous prie de mettre sous les yeux de vos lecteurs :

« Dans la comédie : 1° une nouvelle amoureuse pour la comédie et la tragédie ; 2° une actrice pour les caractères et les confidentes.

« Dans l'opéra : 3° une première chanteuse pour les ariettes de bravoure ; 4° une autre première chanteuse pour l'emploi de M`<sup>me</sup>` Dugazon ; 5° une seconde chanteuse ; 6° une jeune personne pour les Betzi ; 7° enfin deux hautes-contre.

« J'ai l'honneur, etc.

« NEUVILLE.

« P.-S. — On vient de m'adresser à l'instant un imprimé intitulé : *Projet d'ordre à établir et de réforme à faire pour procurer à la ville de Rouen un spectacle intéressant* (1).

« Je l'ai reçu avec reconnaissance et je sens tellement la justesse des conseils qu'on veut bien m'y donner, que je ne négligerai rien pour les mettre en pratique. »

Le 1er avril, jour de l'ouverture, on a donné la *Fausse Agnès*; le lendemain, le *Festin de Pierre*, suivi des *Précieuses ridicules*, et le surlendemain, *Nanine* avec le *Déserteur*, opéra, pour le premier début de Jalliot dont Neuville avait parlé dans sa lettre. Cet artiste n'a pas été reçu.

Puis on représenta successivement, pour les débuts, la *Colonie*, — *Démocrite*, — les *Evénements imprévus*, — *Alexis et Justine*, — les *Dehors trompeurs*, — le *Joueur*, — le *Grondeur*, — le *Déserteur*, drame, — la *Fausse Magie*, — le *Devin de village*, — la *Dot*, — *Sylvain*, — la *Femme jalouse*, — le *Tableau parlant*, — le *Dissipateur*, — la *Pupille*, — l'*Epreuve villageoise*.

Une mention toute spéciale doit être réservée aux débuts éclatants d'une vraie tragédienne, M`<sup>me</sup>` d'Estival, d'abord dans *Sémiramis*, puis dans *Mérope* et *Phèdre*. Elle eut également de grands succès dans la comédie, le *Dissipateur*, la *Pupille*, etc.

---

(1) Ce projet d'ordre se trouve page 173.

Le ballet, de son côté, faisait merveille et s'enrichissait de deux ouvrages :

Mirza et Lindor, ballet-pantomime en trois actes, par feu Gardel. Première représentation en avril 1788.

Les *Blanchisseuses*, ballet, joué pour la première fois, à Rouen, au mois de mai de la même année.

Cependant, pendant le mois d'avril et de mai, un orage grondait sourdement ; les dispositions du public le portaient peu à l'indulgence. Plusieurs débutants furent vivement repoussés : Berger, rôles de valet ; Jalliot, première basse ; Mlle Martin cadette, première chanteuse, etc.

Enfin, le 4 juin, la tempête a éclaté ; une société de jeunes gens s'est assemblée à cette date dans une chambre du café de la Comédie ; le sieur Neuville, directeur, s'y est présenté et a dit qu'il venait, sur l'invitation qui lui avait été faite verbalement par le sieur Baptiste le jeune, de la part de la société, et qu'il la priait de vouloir bien lui communiquer ses plaintes, parce qu'il ferait tous ses efforts pour la satisfaire s'il lui était possible ; alors, on lui a remis, par écrit, une série de demandes auxquelles on a joint ses réponses par article.

Voici ce procès verbal :

« 1° Une première haute-contre. — Promis pour le 5 juillet le sieur Simon et, au refus de ce sujet, le sieur Dubus ou le sieur Dubreuil ;

« 2° Une première chanteuse.—A dit qu'il avait fait ses efforts pour avoir Mlle d'Herville et promis de lui écrire de nouveau et de communiquer le lendemain, à onze heures, sa lettre au public ;

« 3° Que les fourriers et les bas-officiers soient placés

ailleurs qu'au parterre. Ces spectateurs gênent sous tous les rapports. — Promis qu'il solliciterait un ordre pour satisfaire sur cet article ;

« 4° Que les acteurs et gens de la direction n'applaudissent jamais les premiers lorsqu'un nouveau sujet débute. — Promis d'y tenir la main ;

« 5° Que le costume soit observé strictement : qu'une soubrette ne paraisse plus sur la scène plus brillante que sa maîtresse, et qu'une paysanne ne se présente pas en bourgeoise. — Promis ;

« 6° La non-suppression du ballet dans les pièces qui en exigeaient. — Promis après quelques difficultés ;

« 7° Que la troisième représentation des pièces nouvelles soit toujours donnée dans un jour d'abonnement. — Promis ;

« 8° Qu'une assemblée de village ne soit pas simulée par deux ou trois acteurs en guenilles. — Promis ;

« 9° Que le spectacle commence toujours à cinq heures et demie précises. — Promis ;

« 10° Que le lustre soit toujours allumé à quatre heures précises. — Promis après quelques difficultés ;

« 11° Que le sieur Neuville donne une autre issue pour les perruquiers. — Promis de consulter l'architecte de la salle ou d'obtenir un ordre pour qu'ils sortent avant la fin du spectacle ou quand le monde sera écoulé (1) ;

« 12° Que les engagements soient toujours faits au moins six mois avant, pour éviter le prétexte de ne pouvoir trouver d'autres sujets. — A prouvé qu'il obéissait au vœu du public par plusieurs engagements déjà faits

---

(1) Voir aux incidents une ordonnance à ce sujet.

et notamment celui du sieur Duquesnai, haute-contre, pour le prix de 8,000 liv.;

« 13° Que le sieur Neuville ne communique jamais avec le public par ses écrits, mais qu'il soit prêt à paraître quand on l'exigera. — Arrêté que lorsqu'il y aura quelque plainte ou demande à faire, le régisseur se rendra au même endroit qu'aujourd'hui. »

Le lendemain de cette assemblée, le public a reçu communication de la lettre écrite par Neuville à Mme d'Herville; la voici :

« Rouen, ce 5 juin 1788.

« Concevez, ma belle amie, que nous avons dû être fort étonnés de votre lettre après la promesse que vous nous aviez faite de remettre la mienne à M. le comte de Rouville et de l'amener dîner avec nous ou de nous donner vous-même à dîner.

« Je dois croire que vous vous êtes conduite d'après votre lettre, puisque je n'ai reçu aucune réponse de M. le comte de Rouville, et c'est un juste reproche que vous devez vous faire à vous-même; quelle qu'intimité que vous ayez avec lui, vous n'avez pas dû lui retenir une lettre à son adresse, à moins que ce n'ait été par modestie, car le contenu de cette lettre vous rendait toute la justice qui vous est due et que je me plairai toujours à vous rendre; talent, taille, figure, tournure, voix, tout, oui, tout concourt à vous rendre la plus charmante créature; et vous voudriez ensevelir tout cela! vous voudriez priver le public qui vous chérit du plaisir de vous admirer! Allons, ma chère d'Herville, un généreux effort. J'ai eu hier une entrevue avec plus de cent personnes assemblées qui m'ont parlé au nom du public sur différents objets relatifs au spectacle. Je me suis fait un devoir et un plaisir de les satisfaire sur tous les points qui étaient en mon pouvoir; on vous demande, on vous désire, Votre directeur vous en prie ; j'ajouterai même que ce sera me rendre service, et ce point seul est capable de vous déterminer, car je sais que vous avez le cœur excellent. Venez donc orner notre scène, venez briller et recevoir les applaudissements de tout un public qui vous aime et qui vous rappelle dans son sein. Apportez vous-même votre réponse et, par cette promptitude, vous ajouterez à nos plaisirs et à notre reconnaissance.

« Vous connaissez les sentiments d'estime et d'amitié sincère avec lesquels j'ai l'honneur d'être bien véritablement, ma chère et belle amie, etc.

« *Signé* NEUVILLE.

« *P.-S.* — Dans tous les cas, je vous prie de me faire un mot de réponse, et si elle m'annonce votre arrivée, ainsi que j'ai lieu de l'espérer, puisque ce sera me rendre service, et que vous aimez à obliger, je ferai tout disposer pour vous recevoir le mieux possible. »

Les promesses de Neuville à l'assemblée du 4 juin et sa lettre à Mme d'Herville ont amené quelques jours de calme, et la direction en a profité pour continuer les débuts. Le sieur Simon, première haute-contre, s'est fait entendre dans le *Magnifique*, le *Tableau parlant*, l'*Amant jaloux*, les *Evénements imprévus* et dans la *Suite de Julie*, ou *l'Erreur d'un moment*. Cet artiste a révélé des qualités réelles et brillantes.

De son côté, Mme d'Estival a joué le rôle de Cléopâtre dans la tragédie de *Rodogune* et y a produit un grand effet.

Le 23 juin, on donnait la première représentation de l'*Optimiste*, ou l'*Homme content de tout*, comédie en cinq actes et en vers, par Collin d'Harleville. Cette pièce est le développement d'un caractère déjà esquissé dans le *Philanthrope*, de Legrand, en 1723.

Enfin, le 28, les comédiens chantaient, pour la première fois, *Hélène et Francisque*, opéra-comique en quatre actes, paroles imitées de l'italien de Litiganti, par Dubuisson, musique de Sarti.

Malgré tout cela, l'opposition qui, depuis vingt-cinq jours, observait avec prévention tous les actes de la direction, ne se trouva pas satisfaite ; saisissant donc, comme on va le voir, le plus léger prétexte, elle fit circuler l'écrit suivant :

ARRÊTÉ DU PARTERRE

Du 29 juin 1788.

« Le public, voyant avec la plus juste indignation l'opiniâtreté du sieur Neuville à ne point remplir les demandes qui lui ont été faites, et ne pouvant tolérer davantage tous les actes d'infamie qu'il paraît lui plaire réitérer à son gré, au mépris de ses devoirs envers le public et du pardon qu'il en avait reçu pour ses écarts passés,

« A DÉLIBÉRÉ :

« Ne point devoir retourner à jamais au spectacle tant que cet homme en sera directeur, et, à cet effet, prie les dames de vouloir bien s'en priver encore une fois et de ne pas s'exposer à devenir victimes de ces malheureuses circonstances qu'on ose se flatter de voir changer par les justes réclamations qui seront portées à ceux mêmes dont il a, jusqu'alors, surpris la justice.

« Afin de justifier à tout le monde la nécessité de l'exécution du présent arrêté, on rendra publics, dans la huitaine, les procédés de ce malheureux, indigne à jamais de la plus faible pitié.

« En attendant, on fait savoir qu'au refus d'un ballet ou petite pièce quelconque, demandés hier, samedi 28, pour remplir le vide du spectacle (le spectacle n'a commencé qu'à six heures et était fini à sept heures et demie) que causait la seule représentation d'un opéra nouveau (*Hélène et Francisque*), le sieur Neuville, par deux reprises, a fait tout éteindre, même jusqu'au lustre, malgré qu'il y eût encore des dames aux premières et deuxièmes loges. Cette infamie envers nos dames, ajoutée à celle des sentinelles d'augmentation pour empêcher la jeunesse de réclamer contre les abus qui se perpétuent dans cette direction, sont un précis des nouveaux crimes d'un homme qui paraît n'avoir échappé à la roue que pour subir son châtiment de ceux-mêmes qu'il a tant de fois offensés. »

Cet arrêté était une imitation de ce qui avait été fait quatorze mois auparavant ; on en peut dire autant d'un pamphlet intitulé : *Portraits et Signalements des Femmes qui ont violé le sage Arrêté du 29 juin* 1788, et tellement ordurier que nous ne pouvons pas même en reproduire une ligne. Cependant il circula, à Rouen, de main en main, quoique le nom de toutes les dames s'y trouvât en toutes lettres.

Comme l'année précédente, la direction a tenu bon. Les représentations ont suivi leur cours : le répertoire a été augmenté, des artistes étrangers ont été engagés pour un certain nombre de soirées et les hôpitaux ont eu leurs bénéfices ordinaires.

La troupe, en fin de compte, fut composée ainsi qu'il suit :

Pour la comédie. — Artistes restant : Baptiste l'aîné, Baptiste cadet, Bérard, Duverger, Desrosières, Prin, Dozainville, Mmes Baptiste et Dufresne. Artistes nouveaux :

Delille, premier comique ; Mme Lange, rôles de caractère, et Mlle Lucier, ingénue.

Pour la comédie et la tragédie : Mme d'Estival.

Pour l'opéra. — Artistes restant : Paulin, Manyer, Mlle Guérin, Mme Granier et Mme Damassis qui, après avoir été première chanteuse, joua les rôles de mère dans l'opéra et, de préférence, les rôles dits à baguette, parce que souvent, dans cet emploi, on représentait une fée. Artistes nouveaux : Crescent, première haute-contre ; Simon, même emploi ; Dupuys, première basse-taille ; Fleury, rôle à tablier, c'est-à-dire deuxième basse-taille ; Mme Dascour, deuxième chanteuse, et Mlle Lucier, deuxième dugazon.

Pour le ballet. — Artistes restant : Devos, Borda, Mlles Camerer et Mézières, et Mme Devos. Artistes nouveaux : Vermilly, premier danseur, et Mlle Dutac, mime.

Il paraît, disons-le en passant, que les amateurs de ballet n'avaient rien perdu pour attendre ; car une des danseuses, que nous venons de nommer, se livrait à une pétulance tellement cynique que le public en était venu à ne plus oser l'applaudir dans la crainte de se compromettre lui-même.

Quant à l'orchestre, il a été enrichi, cette année-là, de deux instruments à vent qui en augmentèrent l'harmonie.

Continuons l'étude du répertoire, que nous avons laissée au 29 juin 1788 :

Les *Amours de Bayard*, comédie héroïque en quatre actes, mêlée d'intermèdes, par Monvel. Première représentation en janvier 1789. Le sujet est tiré d'un roman de de Mayer, inséré dans la *Bibliothèque des Romans* en

1780. Baptiste l'aîné jouait Bayard ; autres artistes : Desrosières, Bérard, Mme Baptiste.

Les *Arts et l'Amitié*, comédie en un acte, en vers, du Théâtre-Italien. Première représentation en novembre 1788. Acteurs : Baptiste aîné, Baptiste cadet, Bérard, Mme Baptiste. Cette dernière y chantait une romance dont voici le premier couplet :

> De mon bonheur
> Si vous voulez je vous dirai la cause ;
> J'ai sur mon cœur
> Cédé mes droits ; ce n'est pas peu de chose.
> Cependant, si vous m'en croyez,
> Le même marché vous ferez ;
> Ne redoutez point l'esclavage,
> Ah ! laissez médire le sage
> Et de l'amour et du plaisir.   (*bis*)
> On sait qu'un sage ainsi n'en use
> Que quand son âme lui refuse   (*bis*)
> Le désir.

Le *Baiser*, féerie en trois actes, en vers, mêlée d'ariettes, paroles du chevalier de Florian, musique de Champein. Première représentation en juillet 1788. Acteurs : Paulin et Mlle Guérin.

Le *Baron de Trenck*, pièce en deux actes. Première représentation en novembre 1788.

Les *Caquets*, comédie en trois actes, de Riccoboni, reprise en septembre 1788.

La *Caravane*, grand-opéra en trois actes, avec ballets, paroles de Morel, musique de Grétry. Première représentation en août 1788. Principaux rôles joués par Fleury et Mme Damassis.

Le *Comte Albert et sa suite*, opéra en trois actes, de Sédaine et Grétry, terminé par un ballet. Première représentation en février 1789. Baptiste aîné y chantait le vaudeville suivant :

Quand j'entends un homme sensé
Qui parle après avoir pensé,
Comme j'estime sa personne !
Mais un bavard qui déraisonne
Et qui parle *ab hoc* et *ab hac*,
    Je le méprise,
      Et je le prise
Moins qu'une prise de tabac.

J'ai le respect le plus profond
Pour tout homme qui porte un nom,
S'il l'honore par sa conduite ;
Mais un noble sans nul mérite,
Descendît-il d'un Armagnac,
    Je le méprise,
      Et je le prise
Moins qu'une prise de tabac.

Ah ! que j'aime une belle enfant
Qui de l'amour ne se défend
Que pour n'être jamais légère ;
Mais une autre qui cherche à plaire
Pour faire d'amour un mic-mac,
    Je la méprise,
      Et je la prise
Moins qu'une prise de tabac.

Le *Comte de Waltron*, ou la *Discipline militaire du Nord*, drame en cinq actes, traduit de l'allemand par

Eberts et arrangé par Bérard, acteur du théâtre de Rouen. Première représentation en septembre 1788.

Les *Dangers de l'absence*, ou le *Souper de Famille*, comédie en deux actes et en prose, par Pujoulx. Première représentation en janvier 1789.

Les *Deux petits Savoyards*, opéra en un acte, par Marsolier des Vivetières, musique de Dalayrac. Première représentation en mars 1789. Les rôles des deux petits Savoyards ont été joués par Mmes Granier et Lucier.

Le *Duc de Monmouth*, ou le *Prince rebelle*, pièce en trois actes et en prose. Première représentation en mars 1789, au bénéfice de Dozainville. Ce duc de Monmouth était Jacques Scot, fils naturel de Charles II, roi d'Angleterre. L'idée de cette pièce a été fournie par un petit ouvrage de de Mayer, inséré dans la *Bibliothèque des Romans*.

L'*Entrevue*, comédie en un acte et en vers, par Vigée. Première représentation en mars 1789. Le sujet est tiré d'un conte de Imbert.

Le *Frondeur*, ou l'*Ami des Mœurs*, comédie en cinq actes et en vers, par C. Duverger, alors acteur à Rouen, représentée pour la première fois sur le théâtre de cette ville le 17 décembre 1788 (1). Acteurs : Baptiste aîné, C. Duverger lui-même, Bérard, Prin, de Lisle, Baptiste cadet, Mmes d'Estival et Baptiste. Voici le sujet en quelques mots : M. d'Auteuil, riche libraire, désire marier sa fille Angélique à un nommé Candor, tandis que Mme d'Auteuil, détestant le système frondeur de ce jeune homme,

---

(1) Se vendait chez Yeury, libraire ordinaire des spectacles, rue Grand-Pont.

veut pour gendre le chevalier de Belfort, scélérat éhonté, jadis laquais, qui a su, à l'aide d'un déguisement, se faire l'ami de d'Auteuil fils. Il est secondé par le comte de Germainte, fripon de sa trempe. Tous deux entraînent d'Auteuil fils à faire des dettes; Candor l'apprend et les paie. D'un autre côté, le comte et le chevalier font conduire Candor dans une maison de jeu où ils veulent le dépouiller, mais d'Auteuil fils le sauve et le ramène à son père, à sa mère et à sa sœur. Candor alors épouse Angélique malgré le penchant qu'il avait annoncé pour le célibat.

Nous pouvons, sans nous écarter de notre sujet, citer un passage de cette comédie, dont l'auteur est quasi-Rouennais. On cause théâtre ;

M. D'AUTEUIL, souriant.

De votre air soucieux elle a su vous distraire,
Et cette pièce en vous allume la colère !

CANDOR.

Ah ! ne me parlez plus de toutes ces horreurs.
De la corruption comment sauver vos mœurs,
Lorsque sur le théâtre, école respectable,
Où le vice, en tout temps, doit paraître effroyable;
Ecole où les héros de la Grèce jadis
Venaient prendre leçon, en donner à leurs fils ;
Ecole où l'autre siècle a vu l'ami des muses
Placer, montrer, malgré leurs cabales, leurs ruses,
Les portraits immortels d'un avare odieux,
D'un hypocrite infâme, et tant d'autres comme eux,
Quand, dis-je, à cette école on vous montre sans cesse,
Au lieu de ces leçons de vertu, de sagesse,
Qui sur la scène enfin doivent régner toujours,

Un mélange rempli d'illicites amours,
Où le maître, sans honte et sans délicatesse,
Mariant son valet, convoite sa maîtresse ;
Où le vice plaisante, afin d'être applaudi ;
Où le mensonge prime, et n'est jamais puni ;
Où l'esprit, en un mot, se montre à chaque phrase
Etouffant la pudeur sous le poids de l'emphase :
Je le répète encor, comment sauver vos mœurs
De la corruption qu'entraînent ces horreurs !

M. D'AUTEUIL.

Le trait, mon Aristarque, est un peu trop cynique.
Ecoutez ma réponse ; elle est philosophique.
Il est des écrivains de mérite aujourd'hui
Qui blâment notre goût et se règlent sur lui.
En voici la raison. Un très mauvais ouvrage,
Bien chargé d'incidents, de tableaux, de tapage,
Excite du public la curiosité ;
On veut voir, on s'empresse, on court de tout côté ;
L'argent, bien entendu, demeure à la recette,
Et console l'auteur des brocards qu'on lui jette.

L'*Héroïne américaine*, pantomime en trois actes. Première représentation en septembre 1788.

Le *Maître généreux*, comédie mêlée de musique, paroles imitées de l'italien, par Dubuisson, musique de Paësiello. Première représentation en novembre 1788. Cette pièce n'était autre chose que l'opéra-bouffon *Gli Schiavi per amore*, ou les *Esclaves par amour*, joué à Versailles en 1787, par des bouffons italiens.

La *Mort de Molière*, comédie en trois actes et en vers. Première représentation en février 1789. Bérard jouait le rôle de Molière.

Le *Naufrage des Français dans l'Albanie vénitienne, sur les confins du domaine turc,* ou *les Corsaires vaincus,* ballet-pantomime de la composition de Chevalier, maître de ballet de la cour de Modène. Cet artiste, en passage à Rouen, a dansé les principales entrées de sa pièce, dont la première représentation a eu lieu en juillet 1788.

Orphée et Euridice, opéra en trois actes, paroles de Moline et musique du chevalier Gluck. Première représentation en décembre 1788. Acteurs : Paulin, Mmes Damassis et Lucier. Cet opéra, qui n'était, à proprement parler, qu'une parodie du célèbre opéra italien de Calsabigy, fut le premier ouvrage de Gluck qui ait été donné en France.

Panurge dans l'isle des Lanternes, comédie-opéra en trois actes, par Morel, musique de Grétry. Première représentation en janvier 1789. Fleury jouait Panurge. Autres artistes: Mme Damassis, — Vermilly et Borda, danseurs, Mlles Camerer et Mezières, danseuses, Devos, maître des ballets.

Les *Plaisirs de la Campagne,* ballet-pantomime, par Chevalier. Première représentation le même jour et dans les mêmes conditions que le *Naufrage des Français* (voir plus haut).

Richard-Cœur-de-Lion, pantomime en trois actes. Première représentation en octobre 1788. C'était l'opéra travesti ; cependant l'action du dernier acte était celle qui a fourni le sujet de l'opéra la *Délivrance de Richard.*

La *Rose et le Bouton,* ou le *Temple de l'Hymen,* pastorale dialoguée, mêlée de chants et de danses. Première représentation en novembre 1788. Acteurs : Paulin et Mme Baptiste.

Les *Solitaires de Normandie*, opéra-comique en un acte, en vaudeville, par de Piis, écuyer, secrétaire, interprète de Mgr le comte d'Artois. Première représentation en décembre 1788. Le sujet est tiré d'une anecdote du deuxième volume des *Veillées du Château*.

Les deux représentations au bénéfice des hôpitaux ont eu lieu en mars 1789. La première (11 mars) se composait ainsi : les *Arts et l'Amitié*, les *Dangers de l'absence* et les *Rivaux amis*, tragi-comédie de Bois-Robert ; la seconde (18 mars) se composait de : l'*Anglomane*, comédie en un acte, par Saurin, de l'*Entrevue*, des *Deux petits Savoyards* et d'un divertissement. Le produit net de ces deux représentations a été de 2,205 liv. 17 sols.

REPRÉSENTATIONS EXTRAORDINAIRES. — Au mois de septembre 1788, des représentations ont été données par Mme Crétu, actrice célèbre de la Comédie-Italienne. Elle a paru successivement dans les opéras suivants : *Alexis et Justine*, l'*Amant jaloux*, l'*Amoureux de quinze ans* (rôle d'Hélène), puis dans l'*Epreuve villageoise*, la *Fausse magie*, *Blaise et Babet*, *Sylvain* (rôle de Lucette), enfin dans le *Droit du Seigneur*, *Nina* et le *Déserteur*.

Cette habile cantatrice a reçu une couronne et la pièce de vers suivante :

> Si l'on se sent ému
> Lorsque *Lucette* chante,
> Son secret est connu :
> C'est que *Lucette* enchante
> Sous les traits de *Crétu*.

> Que de *Babet* naïve
> Elle peigne l'humeur,

Chacun sent en son cœur
Une émotion vive.

De ses vrais sentiments
Elle fournit la preuve,
En mettant à l'*épreuve*
Son cœur et ses talents.
Sur les airs importants
Le bon *André* l'emporte;
Ce choix met à la porte
Grand nombre d'élégants,
Moins tendres que galants.

Certain droit lui fait peur.
A *Germain* elle crie
Qu'on ravit son honneur.
Eh! qui n'aurait envie
D'obtenir de son cœur,
Une fois dans sa vie,
Le droit de son seigneur!

De *Nina* l'on raffole,
Ou mieux de son portrait;
Chacun dit en secret:
Que ne suis-je l'objet
Qui la rend ainsi folle?

Mais sur tout âge, *Hélène*,
Ta décence et ta voix
T'assureront sans peine
D'inévitables droits.
Qui fixera ton choix?
Lindor a pour amante,
A l'âge de quinze ans,
La cause des tourments
De bien des gens de trente.

Pendant que Mme Crétu poursuivait le cours de ses brillantes soirées, son mari, comédien de mérite, se faisait connaître dans le *Père de Famille*, le *Déserteur*, drame, l'*Honnête criminel*, *Eugénie*, *Mérope*, *Gaston et Bayard*.

Au mois d'octobre 1788, Granger, l'artiste qui devint si célèbre et que nous retrouverons plus tard directeur, a paru sur le théâtre de Rouen dans l'*Orphelin anglais*, les *Etourdis*, etc. Il y a été accueilli très-favorablement.

A la fin de mars 1789, on a entendu Philippe (1), Mme Desforges, Mlle Renault l'aînée et Mlle Renault cadette, artistes du Théâtre-Italien, qui donnèrent un grand nombre d'opéras : l'*Amant jaloux*, l'*Amitié à l'épreuve*, *Beverley*, *Renault d'Ast*, le *Déserteur*, *Mahomet*, la *Belle Arsène*, la *Fausse magie*, les *Dettes*, enfin *Blaise et Babet*.

Mlle Renault l'aînée, qui, l'année précédente, était venue seule, avait amené, cette fois, sa jeune sœur, qui parut avec succès dans les *Petits Savoyards* et l'*Amant jaloux*.

Le directeur avait eu l'attention de faire, pendant le séjour de ces quatre artistes parisiens, la remise du tiercement du parterre et des secondes, troisièmes et quatrièmes loges, ce qui n'a pas manqué d'attirer une grande affluence de spectateurs aux DEUX représentations qui ont été données chaque jour pendant une semaine.

Pour terminer les représentations extraordinaires, nous dirons que dans les dernières soirées de l'année théâtrale, Monvel, auteur de l'*Amant bourru*, a joué lui-même le rôle de Charles Morinzer, l'amant bourru, ce qui fit composer le quatrain suivant :

---

(1) Qui laissa son nom à un emploi.

Pour t'assurer des cœurs l'hommage légitime,
Des muses tu reçus une double faveur :
Ce n'était pas assez d'être un charmant auteur,
Monvel devait encore être un acteur sublime.

A la deuxième représentation de l'*Amant bourru*, le 3 avril 1789, Monvel a été redemandé à la fin de la pièce. Le rideau s'étant relevé, il a été présenté au public par Mmes Dufresne et Baptiste, au bruit des applaudissements unanimes (1).

CONCERTS. — Les concerts, dans ce temps-là, se donnaient partout ailleurs qu'au théâtre; ainsi, en mars 1788, Mlles Descarsin, l'une âgée de quatorze ans, l'autre de neuf, donnèrent des concerts dans la salle maçonnique de la porte Cauchoise; quelques pots-pourris et différents morceaux de forte-piano y ont été exécutés par Baptiste l'aîné sous le titre modeste d'*amateur*.

Mais, en avril 1788, un nommé Frizery et ses deux filles se firent entendre, au théâtre de Rouen, dans les entr'actes de plusieurs soirées, et sur le violon et sur la mandoline.

Au mois de mai de la même année, le théâtre s'ouvrit quatre fois pour deux musiciens du roi, Lamotte et Murgeon, le premier cor, et le second chanteur. Ils ont été secondés par Baptiste aîné, Mlle Guérin, Mme Damassis, Dupuy, basse-taille, tous les quatre artistes de la troupe, Rheinne, flûtiste; Rethaler, clarinette, Rebourg, premier hautbois, et Griote, violoniste.

---

(1) On sait que la célèbre Mlle Mars était la fille de Monvel, l'auteur-acteur.

Le travail dramatique de l'année 1788-89 a donné :

7 Opéras nouveaux ;
22 Opéras laissés au répertoire ;
10 Comédies nouvelles ;
23 Comédies laissées au répertoire ;
7 Ballets nouveaux ;
4 Tragédies, dont une nouvelle ;
2 Drames, dont un nouveau ;
1 Grande féerie.

REDOUTES A LA SALLE DE SPECTACLE. — Au commencement de février 1789, les directeurs du spectacle annonçaient qu'ils avaient fait les dispositions nécessaires pour l'ouverture des redoutes qui devaient avoir lieu tous les samedis de chaque semaine jusqu'aux jours gras (textuel). Le samedi avait été substitué au mercredi comme plus commode, au gré de tous les souscripteurs. Le 7 février, le 14 et le 21, il y a eu redoute, A CINQ HEURES DU SOIR ; la direction avait pris toutes les précautions pour qu'on n'éprouvât pas d'incommodité de la fumée des poêles. Aller aux redoutes à cinq heures du soir, avec la presque certitude de ne pas être aveuglé par la fumée des poêles, cela était bien attrayant ; aussi les directeurs assuraient-ils que beaucoup de personnes de distinction avaient exprimé le désir de ces soirées dansantes et que les dames les plus recommandables de la ville s'étaient abonnées pour les trois bals. La réclame disait que la meilleure compagnie assistait à la redoute du 7 février et qu'on y avait vu tout ce qu'il y avait de plus aimable dans les deux sexes. De tout cela qu'il nous soit permis de douter.

Quoi qu'il en soit, les jeunes gens allèrent danser à la redoute, vêtus de noir de la tête aux pieds ; ils portaient un habit de tricot noir. Cette mode, nouvelle dans les bals publics, fit sensation ainsi qu'un usage qui naquit avec elle, celui de danser le chapeau sur la tête.

INCIDENTS.

La représentation donnée, l'année précédente, au bénéfice de Bradier, Simare et Lardoise suggéra à un Rouennais l'idée d'une représentation en faveur des ouvriers et des fileuses de coton qui manquaient d'ouvrage par suite de l'inactivité des manufactures. Cette bonne pensée trouva de l'écho, et la direction, jalouse de seconder, autant qu'il était en elle, les vues bienfaisantes des négociants, des fabricants, des magistrats, de l'Octroi des marchands et du Bureau de la ville, a donné, le samedi 12 avril 1788, en faveur des ouvriers et des fileuses de coton, une représentation dont le produit fut appliqué à la souscription ouverte à l'Hôtel-de-Ville ; elle se composa des *Etourdis*, comédie d'Andrieux, de l'*Epreuve villageoise*, opéra, et d'un ballet de la composition de Borda, premier danseur. Cette représentation avait de plus l'attrait d'un début effectué dans l'*Epreuve villageoise*, par Crescent, première haute-contre (rôle d'André).

Le 9 octobre 1788, jour de la rentrée du Parlement, les directeurs du spectacle ont donné *gratis* au peuple une représentation de la *Partie de chasse de Henri IV*, comédie en trois actes et en prose, et des *Trois Fermiers*. Le public s'est porté en foule à cette représentation ; il a manifesté le vif intérêt qu'il prenait au retour du Parlement. La plupart des citoyens ont aussi donné des preuves de leur allégresse en illuminant leurs maisons. — Le peuple, enchanté de la première pièce, a fait répéter le couplet :

> Vive Henry quatre !
> Vive ce roy vaillant !
> Ce diable a quatre
> A le triple talent
> De boire et de battre
> Et d'être un verd galant.

On sait que cette comédie est de Collé, lecteur de S. A. S. Mgr le duc d'Orléans, premier prince du sang, qu'elle a été interdite à Paris en 1767, et que les comédiens de Rouen ne purent, en 1768, obtenir la permission de la représenter.

Un mois environ après la rentrée des Parlements, on donna la première représentation du *Moment désiré*, comédie en un acte, avec un vaudeville, relative à cette rentrée. Nous croyons que cette pièce était d'un habitant de Rouen.

Nous avons dit, en parlant des représentations des demoiselles Renault, que le directeur avait fait la remise du tiercement du parterre et des secondes, troisièmes et quatrièmes loges; il faut, pour bien comprendre la portée de cet acte, savoir qu'une ordonnance de Mgr le lieutenant-général de police, à la date du 1er août 1788, avait enjoint au directeur de la comédie de garnir de bancs le parterre de la salle, avantage réel, en ce que les places du parterre se trouveront occupées par des personnes tranquilles et que, dans le cas où il se trouverait des perturbateurs de l'ordre public, il sera plus facile au commissaire de les remarquer et de dresser procès-verbal contre eux. » Il faut savoir aussi qu'une ordonnance du roi, en date du 9 août 1788, ratifiant celle du lieutenant-général de police en ce qui concernait les bancs du parterre, avait fixé le prix des places pour chaque personne à :

40 sols pour les secondes et galeries.
30 — les troisièmes.
16 — les quatrièmes.
30 — le parterre.

Les premières loges restaient à 3 livres. Cela ne laissa pas que de faire des mécontents, et comme, à cette époque, le mécontentement, aussi bien que la satisfaction, se traduisait par des vers, on fit une chanson dont la décence nous défend de reproduire plus de deux couplets :

Air : *Du sultan Saladin.*

Qu'au parterre on soit assis,
Que l'on en double le prix,
Sans rien faire aux autres places,
Que nos régisseurs-paillasses
Augmentent le paradis,
C'est bien ! fort bien !
Mais ils n'auront pas du mien,
Car, je pense comme Grégoire,
J'aime mieux boire.   (*bis.*)

Que des femmes du bon ton,
Peu jalouses de leur nom,
Avec des aventurières
Aillent briller aux premières

Pour fournir plus d'un dicton,
C'est bien ! fort bien !
J'y pourrai mettre du mien,
Car, je veux, surpassant Grégoire,
Médire et boire.   (*bis.*)

Dans une des sanglantes satires des édits de ce temps-là, intitulée « le *Grand Bailliage*, comédie historique en trois actes et en prose, représentée à Rouen depuis le 8 mai 1788 jusqu'au 9 octobre de la même année, par une troupe de baladins qui a été sifflée par tous les bons citoyens, » il est question des bancs du parterre du théâtre de Rouen, dans l'acte Ier, scène XV ; le marquis d'Harcourt reproche au lieutenant de police Trugard de Maromme d'avoir rendu une sentence pour faire mettre des bancs dans le parterre de la comédie, sans l'en avoir prévenu (1).

Nous devons ajouter que ces bancs furent placés « de manière qu'il se trouvait un passage pour y accéder depuis le milieu de la galerie jusqu'au parquet et qu'il régnait un passage de chaque côté de la galerie jusqu'aux portes latérales pour servir de dégagement à la sortie du spectacle ; » en d'autres termes, le parterre assis n'entraîna pas, à cette époque, la suppression des places dites galeries, ainsi que cela s'est fait en d'autres temps.

L'ordonnance du lieutenant-général de police, datée du 1er août 1788, s'occupait aussi des garçons perruquiers

---

(1) Il est bien entendu que la comédie le *Grand Bailliage* n'a jamais été jouée, et que le mot *représentée* compris dans le titre a, ici, un sens tout spécial.

« qui se présentaient à la comédie et qui avaient leurs places désignées aux quatrièmes loges ; » il importait surtout d'empêcher « que, lors de leur sortie, ils fussent confondus avec les autres citoyens dont ils gâtaient les habillements. » L'ordonnance portait donc que les garçons perruquiers qui se présenteraient au spectacle en habit de poudre, ne pourraient sortir des quatrièmes loges qu'après que ceux qui seraient dans les premières, secondes et troisièmes loges seraient sortis. Défense leur était faite de se confondre avec les autres spectateurs, non-seulement pendant le temps du spectacle, mais encore lors de la sortie, sous peine d'être arrêtés sur-le-champ et constitués prisonniers.

Enfin, par la même ordonnance, défenses étaient faites au directeur des spectacles ou à ses régisseurs, en renouvelant en temps que besoin les règlements du 4 mai 1786, de faire annoncer le spectacle autrement que par les affiches, sous peine de prison. Il paraît que par suite des tiraillements survenus, comme nous l'avons dit, entre les régisseurs et le journaliste (1), on avait repris l'usage d'annoncer, entre les deux pièces, le spectacle du lendemain.

Nous arrivons, sans transition, à un dernier incident qui offre quelques détails piquants. En avril 1788, on a fait au théâtre de Rouen l'essai d'un lustre d'une nouvelle invention, composé de quarante-huit lumières, en forme de cône renversé. Il éclairait beaucoup plus que celui qu'on y voyait d'ordinaire, « à tel point, disait-on alors

---

(1) Voir pages 130 et 131.

avec admiration, qu'on pouvait reconnaître tout le monde d'un côté à l'autre et même lire dans la salle. » Mais ce lustre était encore d'un trop petit diamètre et n'était pas orné de cristaux, qui eussent reflété la lumière. On s'est plaint aussi de la fumée qu'il répandait, de quelques gouttes d'huile tombées au parterre et d'étincelles produites par la vacillation. Cependant le public, qui, depuis longtemps, souffrait de l'obscurité de la salle, a vu avec plaisir qu'on s'occupait d'y porter remède.

Direction Molé, 1789-1791.

L'entreprise des spectacles de Rouen a été cédée par Neuville et la demoiselle de Montansier à Molé, comédien ordinaire et pensionnaire du roi (1), à dater du 12 avril 1789, jour de Pâques.

Année théâtrale 1789-1790.

Ainsi que cela s'était fait pendant la précédente direction, ce ne fut pas le titulaire, mais des régisseurs qui gérèrent le théâtre de Rouen. Toutefois, Molé, l'artiste éminent qui avait acheté l'entreprise, est venu en prendre possession le 1er juin 1789, et a représenté ce jour et le suivant l'*Optimiste* et l'*Inconstant*, comédies en cinq actes et en vers, par Collin d'Harleville, et l'*Impatient*, de Boissy.

En arrivant pour la première fois sur la scène rouennaise, Molé a adressé aux spectateurs un compliment de circonstance; il a exposé à cette occasion les moyens qu'il se proposait d'employer pour rendre le spectacle de plus en plus digne d'un public sous les yeux duquel tant de grands acteurs s'étaient formés. L'auditoire, mettant de

---

(1) MOLÉ (René-François), célèbre acteur du Théâtre-Français, membre de l'Institut, né à Paris, en 1734, mort en 1805.

côté la modestie, s'est empressé d'applaudir avec transport cette partie du discours de Molé.

Le pensionnaire du roi revint à Rouen le 4 août de la même année, pour paraître dans une représentation qu'il eut la générosité d'organiser en faveur des ouvriers exposés au besoin par suite des circonstances malheureuses du moment. On donna pour ce bénéfice le *Bienfait anonyme*, comédie en trois actes et en prose, de Pilhes, dans laquelle Molé joua le rôle de Saint-Estien ; *Blaise et Babet*, opéra en deux actes, et le *Maréchal des Logis*, ballet-pantomime, suivi du *Couronnement d'Annette et Lubin*. Du consentement des abonnés, on avait choisi pour cette représentation un jour qui leur appartenait (1), et le produit de la soirée fut remis à MM. les officiers municipaux.

A la fin d'octobre 1789, Molé a encore donné des représentations tous les jours pendant toute une semaine ; il était accompagné de Dugazon, qui joua surtout des *proverbes*, genre déjà fort goûté à cette époque.

Au commencement de mars 1790, le théâtre de Rouen a été assez heureux pour posséder à la fois Molé, Mlle Contat aînée et Mlle Emilie Contat, qui ont joué successivement : la *Coquette corrigée*, comédie en cinq actes et en vers, par La Noue ; la *Feinte par amour*, comédie en un acte et en vers, par Dorat ; le *Mariage secret* ; le *Mariage de Figaro*, etc., etc. A la fin de cette dernière comédie, M. Du Thrône de Glatigny, de Falaise, étudiant en droit, a jeté sur le théâtre les vers suivants, dont le public a demandé, obtenu et applaudi la lecture :

---

(1) Voir plus loin les conditions d'abonnement.

A MADEMOISELLE CONTAT AÎNÉE.

Peintres, pour vos pinceaux, pour vos rares talents,
Que de difficultés maintenant aplanies!
Par des traits pleins de feu, mais jamais ressemblants,
Voulant peindre autrefois les Grâces réunies,
De cent jeunes beautés vous empruntiez les traits :
Contat les réunit ; je vois de Flore en elle
La naïve gaité, les séduisants attraits ;
    D'Hébé, cette jeune mortelle
A toute la fraîcheur. Oui, si, comme Cypris,
Aux noces de Thétis les dieux l'eussent admise,
Sur l'aimable déesse elle eût gagné le prix,
Malgré la récompense à son juge promise,
Et la pomme à ses pieds tombait avec Pâris.

Les trois artistes parisiens ont offert à la nouvelle municipalité une représentation en faveur des pauvres, générosité d'autant plus louable que les circonstances n'étaient guère favorables aux entreprises théâtrales. Ils ont donné à cette occasion le *Jaloux sans amour*, et le *Legs*, comédie en un acte et en prose, de Marivaux, avec un divertissement. Le produit de la soirée a été porté à la ville sans aucune espèce de défalcation (1).

Enfin, pendant la dernière semaine théâtrale, Mme Dugazon, Molé, Ménier et Dufresne sont venus ensemble donner des représentations à Rouen ; ils en ont même

---

(1) Indépendamment des deux représentations dont le produit a été versé à l'Hôtel-de-Ville, deux soirées ont été, en 1790, consacrées aux hôpitaux et ont fourni 2,568 liv. 14 s.

donné DEUX par soirée, la première à quatre heures et la seconde à huit heures.

Après cette digression, qui était bien due à l'illustre directeur, reprenons l'histoire des faits dans un ordre logique.

L'année théâtrale 1789-90 commença le 24 avril; ce jour-là, Bérard lut un compliment de sa composition; il se terminait par les couplets suivants, dont cet artiste était l'auteur, à l'exception toutefois du troisième.

AIR *du vaudeville des Arts et de l'Amitié.*

LE SIEUR BÉRARD.

Pour vous, messieurs, dans un instant
   Que ne peut-on pas faire?
Nous vous offrons pour compliment
   Le désir de vous plaire.
Sans cesse amuser vos loisirs,
En renouvelant vos plaisirs,
   C'est notre unique affaire.   (*bis.*)

LE SIEUR BAPTISTE L'AÎNÉ.

Puisqu'il ne me faut qu'un couplet
   Pour me tirer d'affaire,
Messieurs, je n'en ai jamais fait;
   Pour vous je vais en faire.
L'impromptu naît du sentiment;
Faites grâce au peu de talent,
   Car mon zèle est sincère.   (*bis.*)

LE SIEUR DESROSIÈRES.

Couplet fait par lui-même.

Arts divins, talents précieux,
   C'est ici votre empire;

Corneille naquit dans ces lieux,
    Et son âme y respire;
Puissent ses mânes bienfaisants
Echauffer nos faibles accents
    Par un heureux délire!   (*bis.*)

MADAME DUFRESNE.

Oui, messieurs, un esprit brillant
    A de grands avantages;
Mais, moi, je vais tout simplement
    Vous offrir nos hommages.
Pénétrés de tous vos bienfaits,
Nous tâcherons, par nos progrès,
    D'obtenir vos suffrages.   (*bis.*)

MADAME BAPTISTE.

Ah! que ce projet est charmant!
    A tous je le préfère.
Votre indulgence, en ce moment,
    Nous devient nécessaire.
Le bonheur que nous voulons tous,
Celui dont nous sommes jaloux,
    Est le bonheur de plaire.   (*bis.*)

LE SIEUR BÉRARD.

Le vaudeville en sa gaîté
    Chez nous a pris naissance;
S'il dit parfois la vérité,
    C'est dans la circonstance.
Ce que je sens, il vous l'a dit,
Et sa simplicité suffit
    Pour dire ce qu'on pense.   (*bis.*)

Le personnel, par suite du changement de direction, offre de notables modifications.

Voici la liste des premiers sujets : de Chapisseau, A. Molé (frère du directeur) et Verteuil, régisseurs.

COMÉDIE. — Baptiste aîné, premier rôle ; Bérard, jeune-premier ; Leber, troisièmes rôles ; Desrosières, père-noble ; Correard, premier comique (1) ; Dozainville, comique ; Mlle Dufresne, premier rôle ; Mme Baptiste aîné, première amoureuse ; Mlle Vanlo, jeune amoureuse ; Mlle Lucier, ingénue, amoureuse ; Mlle Quidor, soubrette ; Mme Leber, duègne.

OPÉRA. — Paulin, première haute-contre ; Brisse, même emploi ; Lemaire, basse-taille ; Fleury, deuxième basse-taille ; Dozainville, trial ; Mlle Guerin, première chanteuse ; Mme Brisse, même emploi ; Mme Granier, premiège dugazon ; Mlle Lucier, deuxième dugazon ; Mme Damassis, mère d'opéra ; Mlle Mézières, des premières chanteuses.

BALLET ET PANTOMIME. — Borda, Vermilly, Chevalier, Dozainville, Mlles Camerer, Mezières et Sainville. La danseuse qui avait encouru, l'année précédente, un blâme sévère pour sa désinvolture par trop risquée, se corrigea presque complètement ; mais il lui arriva un autre malheur pendant la campagne qui nous occupe : le journal le *Courrier de l'Europe* prétendit que, se croyant grosse des œuvres de Bordier (2), elle s'était évanouie en le voyant passer pour se rendre au lieu de l'exécution. Un

---

(1) Frère aîné de Correard, que nous trouverons plus tard en possession du privilége.

(2) On sait que Bordier était un artiste dramatique ; ex-acteur du Palais-Royal, il avait été, comme les acteurs de Rouen, pensionnaire de Neuville et de Mlle Montansier.

autre journal accueillit une réclamation par laquelle la jeune personne rejetait loin d'elle cette assertion, qu'elle qualifiait d'odieuse calomnie.

Les principaux débuts de commencement d'année se sont faits : pour la comédie, dans l'*Etourdi* et dans *Amphitryon* (Correard), et dans les *Folies amoureuses* (Mlle Quidor) ; pour l'opéra, dans la *Fausse magie* et les *Dettes* (Mme Brisse), et dans l'*Ami de la maison* (Brisse).

D'autres débuts ont eu lieu dans le courant de l'exercice. En juillet 1789, Mlle Mezières, artiste du ballet, a débuté avec assez de succès comme chanteuse dans la *Fausse magie*, par le rôle de Lucette ; en février 1790, elle n'a pas été moins heureuse dans la *Rosière de Salency*. A la même époque, Lemaire a débuté comme basse-taille et Mlle Vanlo comme jeune amoureuse de comédie.

On ne sera pas surpris que, sous la direction Molé, la comédie et la tragédie aient été à Rouen en grand honneur. Dans ces deux genres, nous trouvons :

Charles IX, ou l'*Ecole des Rois*, tragédie en cinq actes, par Marie-Joseph Chenier. Le sujet de cette œuvre est la mort de l'amiral Coligny, dans le massacre de la Saint-Barthélemy. Elle a été donnée pour la première fois à Rouen le 1er mars 1790. Leber jouait le rôle de Coligny et Desrosières celui du chancelier Lhopital.

Les *Deux Pages*, ou *Auguste et Théodore*, comédie en deux actes et en prose, par un anonyme, ornée de couplets, par Dézede. Première représentation en juillet 1789. Le sujet est le même que celui d'un drame en un acte par Engel, auteur allemand : il s'agit d'une anecdote très-connue, de Frédéric, roi de Prusse.

Encore des Savoyards, ou l'*Ecole des Parvenus*, comédie

en deux actes, de Pujoulx, auteur du *Souper de famille*. Première représentation en décembre 1789.

Epiménide, comédie en un acte et en vers, par Flins (1). Première représentation en février 1790. Le cadre de cette comédie de circonstance est la fameuse fable du grec Epiménide, qui s'endort pour ne s'éveiller que cent ans après ; l'auteur a supposé que le dernier sommeil de ce philosophe remonte au siècle de Louis XIV. La pièce se terminait par des évolutions militaires.

Ericie, ou *les Vestales*, tragédie en trois actes, imprimée depuis 1769. Reprise en octobre 1789. Dans une scène de cette pièce il y a ce vers :

Est-ce un crime en ces lieux d'aimer la liberté?

Le public l'applaudissait à outrance.

La *Fausse apparence*, ou le *Jaloux malgré lui*, comédie en trois actes et en vers, par Imbert. Première représentation en juillet 1789.

L'Inconnu, ou le *Préjugé difficile à vaincre*, comédie en trois actes et en prose. Première représentation en janvier 1790.

Marie de Brabant, tragédie en cinq actes, de Imbert. Première représentation en novembre 1789. Marie de Brabant, femme de Philippe III le Hardi, est accusée d'avoir fait périr l'héritier de la couronne, enfant d'un premier lit. On lui parle des témoins qui déposent contre elle. Voici sa réponse :

Ma vie est un témoin qu'on doit entendre aussi.

---

(1) Désignée quelquefois sous le nom de *Réveil d'Epiménide*.

Mlle Dufresne a eu un grand succès par la manière dont elle a dit ce vers.

Marius, tragédie de de Caux. Reprise en décembre 1789. Cette pièce date de 1715.

La *Partie de chasse de Henri IV*, comédie du répertoire. En février 1790, elle a fait sensation. Tous les traits du caractère de Henri qui ont de l'analogie avec celui de Louis XVI ont été applaudis. Au souper, le public a crié avec les acteurs : « A la santé de ce bon roi ! » et les artistes ont fait entendre plusieurs à-propos qui ont été bien accueillis par les spectateurs.

Le *Souper de Henri IV*, comédie en prose et en un acte, de Boutillier et Desprez de Walmont. Première représentation en décembre 1789. En faisant paraître la noblesse sous un jour humiliant, les auteurs de cette comédie avaient, à tort, fondé un facile succès sur la position où cette classe se trouvait en l'année 1789.

L'opéra, malgré le soin donné à la comédie et à la tragédie, apporta son large contingent aux plaisirs du public, comme on peut le voir par cette énumération :

Les *Ailes de l'Amour*, opéra-comique en un acte, par le cousin Jacques, pseudonyme de Louis-Abel Beffroy de Reigny. Première représentation en mars 1790.

Iphigénie en Aulide, opéra, par le Bailli du Rollet et le chevalier Gluck. Première représentation en février 1790. La marche du poème est exactement celle de l'*Iphigénie* de Racine. Vermilly, danseur à Rouen, avait composé des ballets pour cet opéra. Le rôle d'Agamemnon a été chanté par Dufrenne, attaché à l'Académie de musique de Paris. Autres artistes : Paulin, rôle d'Achille ; Mlle Guerin, d'Iphigénie ; Mme Damassis, de Clitemnestre ; — Vermilly, Borda, Mlles Mezières et Camerer.

Le *Marquis de Tulipano*, opéra en deux actes, parodié de l'italien sur la musique de Paësiello. Première représentation en août 1789.

Le *Nouveau don Quichotte*, opéra en deux actes, musique de Champein, auteur de la *Mélomanie*. Première représentation en novembre 1789.

Le *Rival confident*, opéra en deux actes, par Forgeot et Gretry. Première représentation en décembre 1789.

Sargines, ou l'*Elève de l'Amour*, opéra en quatre actes et en prose, par Monvel et Dalayrac. Première représentation en septembre 1789. Le sujet est tiré d'une anecdote de d'Arnaud. Une scène qui, vu les circonstances, a produit un grand effet, est celle où Philippe-Auguste dépose sa couronne et offre de la remettre à quiconque sera jugé plus digne que lui de la porter.

Le *Tuteur avare*, opéra-bouffon en trois actes, d'Aufossi, arrangé par Cambini. Première représentation en octobre 1789.

Six ballets nouveaux ont été montés, ce sont :

Les *Amusements champêtres*, ballet de la composition de Vermilly, danseur à Rouen. Première représentation en octobre 1789.

Le *Déserteur*, pantomime de Dauberval. Première représentation en juillet 1789. L'action est la même que celle de la pièce de Sédaine.

Les *Maures vaincus par les Anglais*, grand ballet-pantomime de la composition du sieur Vermilly, danseur à Rouen. Le fond de ce ballet, qui a été donné pour la première fois en mai 1789, rappelle une scène d'*Azemia*.

La *Nymphe et le Chasseur*, ballet anacréontique de la composition de Coindé, maître des ballets de l'Opéra de Londres. Première représentation en août 1789. Mlle Adélaïde et les sieurs Didelot et Richer, premiers danseurs de l'Opéra de Londres, amenés par Coindé lui-même, montèrent ce ballet avec le concours des artistes rouennais.

Les *Offrandes à l'Amour*, ballet de la composition de Chevalier, danseur à Rouen, qui y a fait les principales entrées. Première représentation en juillet 1789.

Le *Pied de bœuf*, ballet-pantomime de la composition de Vermilly. Première représentation en juin 1789. Artistes : Vermilly, Mlles Camerer et Mezières.

REPRÉSENTATIONS EXTRAORDINAIRES. — Sans revenir sur les représentations données par Molé et les artistes qui l'ont accompagné dans ses voyages à Rouen, ni sur la première représentation d'*Iphigénie en Aulide*, ni enfin sur le ballet monté par les danseurs de Londres, ce chapitre est encore fort intéressant.

Et d'abord, en décembre 1789, Mlle des Garcins, du Théâtre-Français, a représenté sur le théâtre de Rouen le rôle de Zaïre. Pour le dire en passant, c'était un dimanche ; nous ajouterons que la célèbre tragédienne n'a pas été généralement comprise, et par conséquent a été très-peu fêtée. Aussi n'a-t-elle pas reparu.

En janvier 1790, le sieur Martin, du théâtre de MONSIEUR, s'est fait entendre dans le *Marquis de Tulipano*, dans la *Colonie* et dans le *Nouveau don Quichotte*.

Dans le même mois, Mme Ponteuil, du même théâtre, a paru dans *Félix*, la *Fausse magie*, *Blaise et Babet* et dans un grand concert.

CONCERTS. — Les concerts ont encore été fort rares au théâtre ; on en peut compter jusqu'à deux. En octobre 1789, le sieur Schneider, premier cor de la Comédie, a exécuté entre les pièces plusieurs morceaux choisis.

A la suite de ses représentations d'opéra, Mme Ponteuil s'est fait entendre dans un grand concert ; il se composait d'un duo chanté par Brisse et Mme Ponteuil, d'un concerto de basson par Perret, d'une symphonie concertante de cor par Frédéric Du Vernoy et Buch, d'un concerto de clarinette par Lefebvre et d'une symphonie de Haydn par l'orchestre du théâtre.

INCIDENTS.

Le premier fait que nous classons sous ce titre n'est pas, à proprement parler, un incident. La bienfaisance, en effet, est un usage et non un incident dans la classe des artistes dramatiques. En voici un exemple qui date des misères de 1789. Les comédiens de Rouen se sont cotisés et ont formé une somme de 1,309 liv., qu'ils ont fait passer à Molé, leur directeur, en le chargeant de présenter au président de l'Assemblée nationale cette offrande patriotique, avec l'expression de leurs sentiments. Ce président a écrit à Molé une lettre, en date du 6 octobre, pour l'informer « de la satisfaction avec laquelle l'Assemblée a applaudi à cet acte de zèle. »

Un mois après, le directeur des spectacles adressait personnellement une somme de 925 liv. à une souscription ouverte à l'Hôtel-de-Ville de Rouen, en faveur des pauvres.

En janvier 1790, on apprit que Baptiste aîné, premier rôle, devait quitter Rouen à Pâques; les abonnés écrivirent à Molé, le directeur, et le prièrent de faire tous les sacrifices possibles pour retenir cet artiste; la direction répondit qu'à son grand regret elle ne pouvait exaucer ce vœu du public, parce que, pour cela, il eût fallu rompre quatre engagements, tant à Rouen que dans trois autres villes, Baptiste aîné allait à Nantes, et Boquet, qui devait le remplacer, venait précisément de cette ville. Les abonnés rouennais, qui ne songeaient qu'à leurs plaisirs, trouvaient tout naturel que les deux artistes restassent au poste qu'ils occupaient, mais les directeurs de Nantes et de Rouen ne furent point de cet avis.

ABONNEMENT DU SPECTACLE

1789-1790.

« Les abonnements pour six mois commenceront toujours au 1ᵉʳ juillet de chaque année, et finiront au 31 décembre suivant, ou commenceront au 1ᵉʳ janvier pour finir au 30 juin suivant.

« Ceux de l'année commenceront à une des époques ci-dessus, pour finir à pareille époque de l'année suivante.

« Il sera libre de s'abonner, soit pour tous les jours de spectacle, soit pour quatre jours par semaine (1).

« Toute espèce d'abonnement, tant pour les dames que pour les messieurs, soit pour six mois ou pour l'année, n'aura pas lieu et sera suspendu lors des représentations au profit des pauvres, lors des jours de redoute, et depuis le samedi, veille du dimanche de la Passion, jusqu'au dimanche des Rameaux ; il le sera de même pour les entrées au bal masqué et aux concerts qui pourraient être donnés pendant la quinzaine de Pâques.

« Les abonnements des hommes pour quatre jours de la semaine seront, suivant l'usage, les dimanche, mardi, jeudi, vendredi ; et si quelque circonstance, excepté les jours de clôture forcée, empêche de donner une des quatre représentations, messieurs les abonnés seront dédommagés par une représentation dans la semaine suivante.

« Le prix de l'abonnement pour quatre jours sera de 72 livres pour les six mois, du 1er juillet au 31 décembre, et de 66 livres du 1er janvier au 30 juin.

« Le prix de l'abonnement pour tous les jours, pendant les six mois de chaque saison, sera de 120 livres et celui de l'année entière de 240 livres.

« Le prix de l'abonnement d'un mois pour les quatre jours de chaque semaine est de 24 livres, et pour tous les jours de 36 livres. Le prix des abonnements des dames pour les quatre jours de chaque semaine, pour six mois, à compter du 1er juillet au 31 décembre, ou du 1er

---

(1) Le directeur avait l'attention de donner les nouveautés les jours même d'abonnement.

janvier au 30 juin, est de 42 livres; celui pour tous les jours de 120 livres par an, et pour les quatre jours de chaque semaine, 72 livres. Le prix de l'abonnement d'un mois, pour les quatre jours désignés de chaque semaine, est, pour les dames, de 12 livres, et, pour les représentations de tous les jours, 18 livres. Aucun abonné ne pourra faire garder des places, mais choisira celles qu'il jugera à propos dans la salle, excepté dans les loges louées, soit au jour ou à l'année.

« Messieurs les abonnés sont priés d'être porteurs de leur billet d'abonnement pour obvier aux contestations. »

Année théâtrale 1790-1791.

Molé, directeur du théâtre de Rouen, s'est empressé, au commencement de cette campagne, de remettre à la municipalité les titres d'un privilége dont le nouvel ordre de choses exigeait au moins le renouvellement. L'élévation des pensées unie à la pureté du style, dans la lettre qu'il a écrite à cette occasion, nous engage à la publier textuellement et en entier :

A MM. LES MAIRE ET OFFICIERS MUNICIPAUX DE LA VILLE DE ROUEN.

« Le sieur Molé, pensionnaire du roi et entrepreneur des spectacles de la ville de Rouen, dépose dans les mains de MM. les maire et officiers municipaux les titres de sa propriété, ce qu'on appelait autrefois le privilége des spectacles de la province.

« Ces titres seront désormais plus sacrés, plus honorables pour lui, s'il les obtient une seconde fois de cette réunion de citoyens dignement élus par leurs concitoyens libres.

« Il n'est pas en son pouvoir de donner une preuve plus grande de sa confiance et de son respect inséparable de sa confiance.

« C'est sans autre émotion que celle de la reconnaissance, sans autre inquiétude que celle des efforts nécessaires pour s'en rendre digne, qu'il confie à MM. les officiers municipaux, pour en avoir la confirmation, sa fortune entière, son honneur, la liberté du reste de sa vie et, ce qui est plus précieux encore à son cœur, la fortune de ceux qui l'ont assez estimé pour lui prêter les fonds immenses de cette acquisition (1), dans un temps où ces traités étaient d'usage et autorisés par la loi.

« Trois objets méritent principalement l'attention de MM. les officiers municipaux : la prolongation de neuf années accordée par M. le duc d'Harcourt, l'addition de ces mots : *et ses ayant cause*, mise en marge de la même main de M. le gouverneur et la redevance annuelle de neuf mille livres imposée au privilége.

« Sur le premier objet il suffira d'apprendre à MM. les officiers municipaux que le privilége, accordé au sieur Neuville, n'avait plus qu'une durée de huit années lorsqu'il a été question que le sieur Molé en traitât.

« Le prix que le sieur Neuville exigeait n'était pas proportionné au terme prochain de la possession qu'il abandonnait.

« M. le duc d'Harcourt voulut être bienfaisant à son égard et juste envers le sieur Molé.

« Il promit d'ajouter une prolongation de neuf années aux huit qui appartenaient encore au sieur Neuville, ce qui mit la proportion la plus équitable entre le prix exigé et la chose vendue.

« De sorte qu'à parler rigoureusement, le sieur Molé a acheté au même titre la continuation du privilége cédé par le sieur Neuville et la prolongation accordée par M. le duc d'Harcourt.

« Le second objet n'exige pas une explication plus difficile.

« Dans la rédaction du privilége en parchemin, faite par le secrétaire de M. le duc d'Harcourt, ce secrétaire avait omis la clause héréditaire.

« Ainsi l'argent, confié au sieur Molé pour cette acquisition, n'avait d'autre assurance que sa vie.

« Alarmé pour ses prêteurs du peu de solidité d'une hypo-

---

(1) Le privilége et les fonds de théâtre ont été vendus 300,000 livres à Molé par Neuville et la Montansier.
(*Note de l'auteur.*)

thèque viagère, agité par toutes les délicatesses d'une probité intacte, le sieur Molé ne voulut recevoir son privilége qu'après avoir obtenu de la justice de M. le duc d'Harcourt, qu'après ces mots au sieur François-René Molé, etc., il daignerait ajouter en marge, de sa main : *et ses ayant cause.*

« Ces mots, qui suffisent pour transmettre aux héritiers du sieur Molé la même possession pour le même nombre d'années, pouvaient seuls le tranquilliser sur les sommes considérables confiées plutôt à sa délicatesse qu'aux efforts de son entreprise.

« C'est un malheur de perdre sa fortune, mais c'est un tort inexcusable d'exposer celle des autres; instruits du motif légitime qui a déterminé cette clause héréditaire, messieurs les officiers municipaux, dans leur justice paternelle, ne seront pas moins sensibles que M. le duc d'Harcourt à la délicatesse du sieur Molé sur cet objet.

« Le troisième mérite quelques détails.

« Le privilége, vendu par le sieur Neuville, fait mention d'une redevance annuelle de 9,000 liv., imposée aux propriétaires du privilége et payée sur les ordres de M. le gouverneur.

« Cette redevance était employée en secours de bienfaisance, distribués aux demoiselles pauvres, aux gentilshommes peu fortunés et l'emploi seul justifiait la perception.

« Cette redevance était le prix principalement du droit attribué au propriétaire du privilége de percevoir une rétribution sur tous les spectacles quelconques qui parcouraient la province ou qui pouvaient s'établir dans la ville de Rouen.

« L'intention du sieur Molé n'est pas d'échapper à cette redevance, mais ce qu'il vient d'exposer donne lieu à quelques réflexions.

« C'est ici le moment de faire remarquer à MM. les officiers municipaux de la ville de Rouen la loyauté et la bonne foi du sieur Molé dans sa manière de traiter. Cette redevance, portée à 9,000 liv., étant affectée au privilége de toute la province, il aurait dû en être distrait, au-delà de celle légitime à exiger pour la ville de Rouen, une somme quelconque pour les droits que percevait le sieur Neuville sur tous les spectacles répandus dans la province. Cette somme quelconque aurait amoindri celle pour Rouen et serait maintenant perçue au bénéfice des pauvres par les municipalités dans l'étendue desquelles le sieur Neuville mène ou établit des spectacles.

« La totalité ou portion de cette redevance, qui sera mise à la charge du sieur Molé par MM. les officiers municipaux, pourrait ainsi être versée par lui dans la caisse des hôpitaux ou dans celle des pauvres.

« Mais cette redevance était dans les mains du sieur Molé le prix du droit à lui attribué de prélever une rétribution sur tous les autres spectacles quelconques qui pouvaient s'établir dans la ville.

« Et, à cet égard, il croit possible de concilier les intérêts d'une bonne administration municipale, d'une sage police, avec les principes de la plus exacte justice et de la liberté la plus jalouse.

« Sans doute un privilége exclusif est un monstre dans un gouvernement libre.

« Mais l'unité des pouvoirs, si essentielle pour toutes les parties du gouvernement public, n'est point un privilége exclusif.

« Mais les municipalités, en recevant de la nation le droit d'accorder chez elles les permissions des spectacles, ont incontestablement reçu le droit de les refuser ou de les modifier par des conditions relatives à l'intérêt commun.

« MM. les chefs de la municipalité de Rouen peseront, dans leur sagesse, s'il ne convient pas à l'intérêt de la ville, à l'intérêt des arts qu'elle affectionne, de contraindre, par quelques modifications, cette facilité indéfinie des spectacles quelconques, des jeux ambulants dont le grand nombre ne tend qu'à égarer le bon goût, reserrer les ressources du grand théâtre, qui seul est dépositaire du bon goût et, ce qui peut être plus intéressant encore, porter le peuple à des dissipations dont le moindre danger est l'interruption de ses travaux journaliers.

« Ils sentiront sans peine que de toutes les villes du royaume, la ville de Rouen est, sans doute, la plus exposée à cet inconvénient.

« Sa proximité de la ville de Paris ne manquerait pas d'attirer dans son sein une foule d'entrepreneurs de spectacles et de jeux, si MM. les officiers municipaux ne mettaient pas au-devant de cette fausse liberté les entraves d'une police sage et prudente.

« Ils sentiront qu'il est en même temps convenable de procurer au théâtre de la ville les moyens de se maintenir avec une splendeur digne d'elle et de la purger de ce nombre de spectacles nuisibles aux mœurs autant qu'au commerce.

« Le moyen d'obtenir ce double avantage serait de n'accorder aucune permission d'ouvrir aucun spectacle dans la ville, qu'en mettant l'entrepreneur de ce spectacle en présence de l'homme choisi par la municipalité pour administrer le grand théâtre, avec faculté de régler amiablement ensemble la somme dont tout autre spectacle contribuerait pour le soutien du grand théâtre.

« Et cette somme, amiablement réglée entre les entrepreneurs, serait payée entre les mains de l'entrepreneur du théâtre de la ville, chargé lui-même de verser la redevance entière dans la caisse des pauvres ou des hôpitaux.

« Les chefs de spectacles quelconques se plaindraient injustement d'une condition apposée à la permission que MM. les maire et officiers municipaux pourraient refuser sans injustice, sans violation des principes de liberté.

« Et, à son égard, le sieur Molé, dans l'intention qu'il manifeste de consacrer ses derniers talents, son zèle, son expérience et toutes ses ressources à la plus grande perfection d'un spectacle qu'il veut un jour faire rivaliser avec les théâtres de la capitale, le sieur Molé se soumet à tout ce qui va lui être prescrit par la prudence et l'équité de MM. les chefs municipaux, pour le bon ordre en cette partie de leur administration, pour le plus grand intérêt des pauvres et des hôpitaux, pour la beauté du spectacle, pour la décence et le respect dû aux bonnes mœurs, à la tranquillité publique, au bon goût de cette ville fameuse de tout temps, et surtout aujourd'hui, renommée par la pureté des choix dont elle s'honore.

« Signé MOLÉ. »

Le procureur de la commune lui ayant appris que la jouissance exclusive de l'entreprise théâtrale à Rouen lui était confirmée, Molé a fait parvenir ses remercîments à la municipalité. Il n'est pas non plus sans intérêt de donner les termes dans lesquels il les a exprimés :

« Monsieur le maire et messieurs,

« J'éprouve à quel excès était juste la confiance sans bornes que j'ai eue dans votre équité, en déposant dans votre sein les titres d'une propriété immense que je ne pouvais plus tenir que de vous.

« Le billet de M. le procureur de la commune, qui m'apprend que ma jouissance exclusive vient d'être confirmée pour toute sa durée, est pour moi le comble du bonheur et de la gloire.

« Combien, messieurs, il m'est flatteur de tenir ce titre de votre choix libre ! Combien d'efforts pour m'en rendre digne ! Cette équitable décision de votre part, ce respect pour une propriété acquise vont bien dignement confirmer l'opinion déjà répandue, que la municipalité de Rouen est la réunion de toutes les vertus et l'assemblage le plus parfait.

« Puisse-t-elle, par sa sagesse et sa justice, devenir, pour le bonheur de la France, le modèle des autres, et puissent tous les citoyens, soumis à son administration, respirer comme moi le charme de la reconnaissance, la vénération pour ses principes, et le respect inséparable d'un pouvoir administré par la sagesse, l'équité et la bienveillance.

« Je suis avec un profond respect, etc.

« Paris, 24 juin 1790. Signé MOLÉ,

« *Entrepreneur des spectacles de la commune de Rouen.* »

L'ouverture du théâtre de Rouen s'est faite, pour cette campagne, le 12 avril 1790, par un compliment prononcé par Corréard, le premier comique. On donnait, ce jour-là, *Sylvain*, opéra en un acte, et l'*Amant jaloux*, opéra en trois actes.

Ces deux ouvrages ont servi de début à Renaldi, haute-contre; à Lecoutre, basse-taille; à Mme Lecoutre et à Mlle S. Martin.

Le lendemain et les jours suivants, Chapisot, jeune-premier, Vanhove, père noble, Canot, financier, et Mlle Bernard, jeune amoureuse, ont débuté dans le *Père de Famille*, comédie en cinq actes et en prose, de Diderot, *Dupuis et Desronais*, comédie en trois actes et en vers, de Collé, l'*Ecole des Maris*, etc.; Mlle Derosés, soubrette, dans les *Folies amoureuses*. Boquet, qui remplaçait Baptiste aîné, a débuté dans *Coriolan* et dans *Philoctète*, c'est-à-dire, comme nous le verrons, dans deux pièces qui ne faisaient pas encore partie du répertoire, ce qui, disons-le une fois pour toutes, ne devrait jamais se faire. Jeannin, troisième rôle, a débuté aussi lors de la première représentation de *Coriolan*.

L'opéra le *Magnifique*, en trois actes, a été choisi pour la première apparition de Mlle Renaldi et la continuation des débuts de Renaldi; en même temps, par exception, Corréard, le comique de comédie, y a joué et chanté le rôle de valet et y a obtenu quelque succès. Ces tentatives excentriques n'étaient pas rares : M{ll̃e} Mézières, danseuse, a chanté, en mars 1791, le rôle d'Ariane, dans l'opéra de ce nom.

La troupe a été composée ainsi :

Pour l'opéra : Paulin, Fleury, Manyer; Mmes Guérin, Granier, Damassis, Lucier, artistes restant ; — Renaldi, haute-contre; Lecoutre, basse-taille; Mlle S. Martin, Mlle Renaldi et Mme Lecoutre, grandes chanteuses ; — Corréard et Mlle Mézières exceptionnellement.

Pour la comédie: Bérard, Corréard, Leber (1), Mmes Dufresne, d'Estival, Lucier, Leber (2), artistes restant; — Boquet, premier rôle ; Chapisot, jeune-premier; Vanhove, père noble; Canot, financier; Jeannin, troisième rôle; Mlle Bernard, jeune amoureuse; Mlle Derosés, soubrette ; — Renaldi jouait aussi dans la comédie.

Pour le ballet : Borda, Vermilly, Guingret; Mlles Camerer et Mezières.

Le Théâtre-Français laissait beaucoup de loisirs à Molé, son illustre pensionnaire ; en effet, dès le mois de mai 1790, il est venu à Rouen jouer le rôle du métromane

---

(1) Désigné précédemment comme troisième rôle ; c'était plutôt un emploi rompu, ce qu'on appelle aujourd'hui une grande utilité ou encore, si l'on veut, ce qu'on a longtemps nommé un raisonneur.

(2) C'était une deuxième duègne, ce qu'on appelait, dans ce temps-là, les Margot, les caquettes, les bavardes, par opposition à la première duègne, qui avait le côté noble de l'emploi.

dans la *Métromanie*, comédie en cinq actes et en vers, de Piron.

De la comédie de Piron, nous ferons trois citations, les deux premières pour un motif que l'on comprendra sans peine, la troisième parce qu'il s'y trouve deux vers que beaucoup de gens citent ou parodient sans savoir, et surtout sans supposer, qu'ils sont de Piron.

DAMIS.

Ça, partageons les prix que dans peu je remporte.

MONDOR.

Les prix ?

DAMIS.

Oui ; de l'argent, de l'or, qu'en lieux divers
La France distribue à qui fait mieux les vers.
A Paris, à Rouen, à Toulouse, à Marseille,
Je concourrai partout, partout ferai merveille.

Plus loin, Damis le métromane, auquel on fait entrevoir les jugements trop souvent fantasques du public, s'écrie :

Que peut, contre le roc, une vague animée ?
Hercule a-t-il péri sous l'effort du Pygmée ?
L'Olympe voit en paix fumer le mont Etna.
Zoïle, contre Homère, en vain se déchaîna ;
Et la palme du Cid, malgré la même audace,
Croît et s'élève encore au sommet du Parnasse.

Enfin, voici les sages paroles que Piron met dans la bouche de son héros :

DAMIS.

Oui, de mes mœurs, bientôt j'instruirai tout Paris.

BALIVEAU.
Et comment, s'il vous plaît?
DAMIS.
Comment? Par mes écrits.
Je veux que la vertu, plus que l'esprit, y brille,
La mère en prescrira la lecture à sa fille.

Au mois de septembre 1790, Molé a donné des représentations à Bordeaux, et le 18 janvier 1791, nous le retrouvons à Rouen ; il y a interprété le rôle d'Alceste dans le *Philinte de Molière*, dont la première représentation, dans cette ville, ne remontait qu'au mois d'août précédent. Le 23 février, il a paru dans la même pièce, le lendemain dans *Brutus*, rôle de Titus, le 4 mars dans le *Séducteur*, comédie en cinq actes et en vers, de de Bièvre (rôle du séducteur), et dans *Nanine*, comédie en trois actes et en vers, de Voltaire (rôle du comte d'Olban), et le surlendemain dans le *Festin de Pierre* (rôle de Don Juan).

Molé a presque toujours été à Rouen pendant le mois d'avril 1791. D'abord le 6 a été donnée la première représentation due au bénéfice des hôpitaux ; elle se composait du *Philinte de Molière* (Alceste joué par Molé) et des *Arts et l'Amitié*, comédie en un acte mêlée de chants (première représentation de la reprise). Entre les deux pièces, Griot a exécuté un concerto de violon (1). Ensuite, le 9, a commencé une grande série de représentations

(1) La deuxième représentation due au bénéfice des hôpitaux paraît n'avoir pas été donnée pendant cette année théâtrale.

extraordinaires, par Mlles Contat et Molé ; elles ont duré jusqu'au 16 inclusivement, jour de la clôture de l'année théâtrale, qui s'est faite d'une manière remarquable. Il y a eu DEUX représentations dans la soirée du 16 avril ; la première à quatre heures et demie, composée du *Jaloux sans amour* et de l'*Anglais à Bordeaux*, en un acte et en vers, par Favart ; Molé et Mlle Louise Contat jouaient dans les deux pièces ; la deuxième à dix heures, composée de *Soliman II*, ou les *Trois Sultanes*, comédie en trois actes, ornée de ses ballets, terminée par le couronnement de Roxelane. Molé jouait Soliman et Mlle L. Contat Roxelane.

La veille, il y avait eu également deux représentations ; la première, composée de la *Fausse Agnès*, comédie en trois actes, par Destouches, et des *Amours d'été*, comédie en un acte ; Mlle L. Contat jouait dans les deux pièces ; la deuxième, composée du *Préjugé à la mode*, ou le *Triomphe des Dames*, comédie en cinq actes et en vers, de la Chaussée, et du *Legs*, avec Molé et Mlle Contat dans les deux ouvrages.

Ces deux artistes ont donné, en outre, pendant leur séjour, les *Amours de Bayard*, par Monvel et Champein ; la *Surprise de l'Amour*, comédie en trois actes et en prose, par Marivaux ; les *Epreuves*, comédie en un acte et en vers, par Forgeot ; le *Mariage secret*, la *Coquette corrigée*, intitulée quelquefois la *Coquette fixée*.

Mlle L. Contact a joué avec les artistes de la troupe l'*Incertitude maternelle*, la *Gageure imprévue*, le *Couvent*, et avec sa sœur, les *Deux Pages*, ou *Auguste et Théodore*.

Enfin Molé, Mlles L. Contat et Mlle Contat cadette (Emilie), paraissaient tous les trois dans la *Folle Journée*, où le *Mariage de Figaro*, comédie en cinq actes, avec tous ses agréments. M{ lle} L. Contat jouait Suzanne, Mlle Contat cadette le petit page Chérubin, et Molé le comte Almaviva.

On voit que le mois d'avril 1791 a fourni un grand nombre de brillantes soirées.

Dans l'année, Molé avait joué en outre le rôle principal dans l'*Homme à bonnes fortunes*, comédie en cinq actes et en prose, par Baron, et dans le *Bourru bienfaisant*.

PIÈCES DE CIRCONSTANCE. — Il nous faut, jusqu'à nouvel ordre, consacrer un chapitre tout spécial aux pièces faites sur les événements de l'époque et à celles qui puisaient un attrait nouveau dans les allusions offertes à l'agitation publique. Déjà, dans l'année théâtrale précédente, à propos de *Charles IX*, du *Souper de Henri IV*, de *Sargines*, d'*Ericie* et d'*Epiménide*, ce côté de l'histoire dramatique nous était apparu. Dorénavant et pendant longtemps nous rencontrerons très-fréquemment ce qu'on peut appeler la politique au théâtre. Pour ce motif, nous avons formé un groupe des ouvrages suivants :

La *Journée de Louis XII*, comédie en trois actes, de Collot d'Herbois. Première représentation le 31 mai 1790 (1). Une foule d'allusions aux circonstances ont été saluées par les applaudissements.

Le *District de village*, pièce de circonstance, par Des Fontaines. Première représentation le 9 juin 1790. C'est

---

(1) Pour la première représentation des pièces politiques, nous avons soin, autant que possible, de faire connaître la date précise.

une allusion à la contribution patriotique du quart du revenu et au serment civique. La direction avait donné à la garde nationale du village, représentée par le détachement de Salis, l'uniforme de la garde nationale de Rouen. Ce détail a fait le plus grand plaisir.

Le *Serment civique*, ou la *Fédération de Rouen*, pièce de circonstance, par la Vallée, ancien capitaine. Première représentation en juillet 1790. Le 29 juin avait eu lieu, au camp fédératif (sur les bruyères de Saint-Julien), la solennité de la Fédération de Rouen.

La *Famille patriote*, ou la *Fédération nationale*, comédie héroïque en deux actes et en prose, par Collot d'Herbois. Première représentation le 25 août 1790. La Fédération nationale ou générale de la France avait été célébrée, à Paris, au Champ-de-Mars, le 14 juillet.

Guillaume Tell, tragédie en cinq actes, de Lemierre, jouée, pour la première fois, à Paris en 1776 et reprise en 1786. Première représentation, à Rouen, le 6 septembre 1790. Tout le monde connaît cette page de l'histoire et la réponse de Tell à Gesler :

Si mon malheureux fils eut péri par ma main,
La flèche que tu vois t'aurait percé le sein.

Cette pièce a eu du succès à Rouen, mais c'est surtout à Montpellier qu'en 1790 elle a été un aliment au patriotisme des masses.

Nicodème dans la Lune, ou la *Révolution pacifique*, pièce-folie ou opéra-folie en trois actes, mêlé d'ariettes et de vaudevilles, par Beffroy de Regny (Cousin Jacques). Première représentation le 24 janvier 1791.

La *Liberté conquise*, ou le *Despotisme renversé*, drame

en cinq actes et en prose, par Harny, orné de tout son spectacle et d'une décoration nouvelle. Première représentation le 19 mars 1791. Cette pièce, espèce de pantomime dialoguée, retrace les faits politiques du mois de juillet 1789. — Le 25 mars 1791, un *Te Deum* fut chanté à Rouen pour la convalescence du roi. Ce jour-là la direction donna le drame de Harny en annonçant qu'il y aurait grande illumination et une nouvelle décoration.

L'*Ecole de l'Adolescence*, comédie en deux actes et en prose de Dantilli. Première représentation le 11 mai 1790. Des traits décochés contre la finance et l'ancienne inégalité des conditions ont beaucoup contribué au succès de cette pièce.

Brutus, tragédie en cinq actes, par Voltaire (1); reprise le 4 décembre 1790. Ce jour-là, pour que le spectacle n'offrît pas de contraste, on donnait, avec cette tragédie, la *Famille patriote* ou la *Fédération*. Vanhove jouait le rôle de Brutus, Bérard celui de son fils. L'enthousiasme a été à son comble à Rouen comme dans toutes les villes de France où l'œuvre de Voltaire fut demandée à cette époque. Plusieurs représentations, presque coup sur coup, ont eu un égal succès. Quinze jours environ avant celle du 4 décembre, une reprise de cet ouvrage au Théâtre-Français de Paris, avait offert plusieurs incidents remarquables. Le public ayant aperçu Mirabeau

---

(1) La ville de Rouen a la gloire d'avoir donné le jour à Mlle Bernard, qui a fait une tragédie de *Brutus*, jouée pour la première fois le 16 décembre 1690, et qui resta au théâtre encore longtemps après. Voltaire a fait de nombreux emprunts à l'œuvre de notre compatriote.

dans une loge du centre l'avait forcé de s'asseoir dans la galerie à la place la plus honorable, puis on avait applaudi à outrance ces deux vers :

Mais je te verrai vaincre ou mourrai, comme toi,
Vengeur du nom romain, libre encore et sans roi.

Le peuple, craignant qu'on ne crût que son approbation tombait sur les derniers mots, a crié : VIVE LE ROI ! à plusieurs reprises, ensuite VIVE LA NATION ! VIVE LA LOI ! VIVE LA LIBERTÉ !

Au moment où Brutus a dit :

Dieux, donnez-nous la mort plutôt que l'esclavage,

les cris, les applaudissements, les trépignements ont été si violents qu'on croyait que la salle allait crouler.

La *Mort de César*, tragédie en trois actes, par Voltaire, reprise le 22 décembre 1790, avec un succès presqu'égal à celui de *Brutus*. On savait que quelques jours auparavant la *Mort de César* avait excité à Bordeaux de frénétiques transports d'enthousiasme.

Le *Souper de Henri IV*, comédie montée l'année précédente.

Epiménide — même remarque.

La musique elle-même était mise à contribution pour célébrer la liberté, témoin le *pot-pourri national* qui, en décembre 1790, était placé à la fin des *Deux petits Savoyards*, opéra.

Nous devons ajouter qu'au commencement de l'année 1791, le public rouennais vit avec mécontentement les *livrées* et les *plumets,* conservés sur le théâtre et qu'il fit donner à ce sujet aux comédiens un pressant avertissement.

Enfin, voici un fait qui n'a pas besoin de commentaires : Le 4 avril 1791, le spectacle a été fermé à l'occasion de la mort de Mirabeau (2 avril, à l'âge de quarante-cinq ans).

RÉPERTOIRE. — La tragédie, le drame et la comédie ont continué à être l'objet de la sollicitude du directeur qui, en sa qualité de pensionnaire de la Comédie-Française, faisait de ces trois genres l'objet de ses prédilections, sans cependant négliger ni l'opéra, ni le ballet.

TRAGÉDIE. — Pendant cet exercice, on représenta *Mérope*, *Tancrède*, *Zaïre*, la *Veuve du Malabar*, en cinq actes, par Lemierre ; — en 1791, un amateur y joua le rôle du général français ; — *Hypermnestre*, également en cinq actes et par Lemierre ; — le même amateur y joua, à la même époque, le rôle de Lincée ; — *Alzire*, en cinq actes, de Voltaire ; l'amateur y a joué le rôle de Zamore.

On a mis en outre à la scène :

Coriolan, tragédie en cinq actes, de de La Harpe. Première représentation en avril 1790. Ce sujet avait été traité par Durier, par Balze et Gudin, etc. Le *Coriolan*, de de La Harpe, était la douzième tragédie de ce nom ; les onze premières n'avaient pas eu de succès ; celle-ci, à Paris même, ne produisit que très-peu d'effet, ce qui motiva l'épigramme suivante :

Ci-gît le dernier des enfants
Des malheureux Coriolans,
Qu'un jour voit naître et qu'un jour tue.
N'êtes-vous pas tous étonnés
Qu'une race se perpétue
Par des enfants morts-nés ?

Jean Calas, tragédie en cinq actes, de Laya. Première représentation le 9 mars 1791.

Philoctète, tragédie en trois actes, de de La Harpe. Première représentation en avril 1790 ; c'est une traduction de l'œuvre de Sophocle.

DRAME. — On laissa au répertoire l'*Habitant de la Guadeloupe*, drame en trois actes, par Mercier, classé quelquefois au nombre des comédies ; l'*Honnête Criminel*, drame en cinq actes, et le *Déserteur*, drame en cinq actes, qui, pour le dire en passant, fut représenté le dimanche 28 novembre 1790, avec le *Déserteur*, opéra en trois actes, de Sedaine et Monsigny (huit actes de déserteur !)

Les drames mis à la scène sont :

Le *Comte de Comminges*, drame en trois actes, par d'Arnaud, imprimé depuis vingt-cinq ans lorsqu'on le donna à Rouen pour la première fois en juin 1790.

Jean Hennuyer, évêque de Lisieux, drame en trois actes et en prose, par Mercier, joué, pour la première fois, à Rouen, le 31 janvier 1791, avec *Guillaume Tell*, tragédie, au bénéfice de Mlle Dufresne, premier rôle. Cette pièce historique montre le vertueux évêque accueillant avec bonté les protestants qui viennent dans son palais pour échapper aux ordres sanguinaires de Charles IX, de ses ministres et de ses courtisans, puis couvrant de son corps le lieutenant du roi, que son obéissance aux ordres supérieurs expose à des représailles terribles. La scène se passe à Lisieux, le 27 août 1572. Sur le théâtre de Rouen, Vanhove a représenté l'évêque ; autres acteurs : Bérard, Leber et Mlle Dufresne, la bénéficiaire.

Mélanie, drame en trois actes et en vers, par de La

Harpe. Première représentation en octobre 1790. Mlle Dufresne jouait Mélanie.

COMÉDIE. — A cette époque, on jouait souvent la haute comédie : *Tartufe*, le *Menteur*, le *Méchant*, le *Dépit amoureux*, dont on ne donnait que deux actes ; les *Femmes savantes*, l'*Etourdi*, les *Etourdis*, d'Andrieux ; le *Dissipateur*, en cinq actes et en vers, par Destouches ; le *Triple Mariage*, en un acte, par le même ; le *Jeu de l'Amour et du Hasard*, en trois actes, par Marivaux ; le *Tuteur*, en un acte, par Dancourt, et le *Philosophe sans le savoir*, comédie en cinq actes, par Sedaine.

On avait en outre laissé au répertoire : le *Bourru bienfaisant*, en trois actes, par Goldoni ; les *Trois Jumeaux vénitiens*, en quatre actes et en prose, par le même (Bérard y jouait les trois frères jumeaux) ; le *Cocher supposé*, en un acte, par Hauteroche ; les *Deux Amis*, ou le *Négociant de Lyon*, en cinq actes, par Beaumarchais (classé quelquefois au nombre des drames); *Esope à la cour*, en cinq actes et en vers, par Boursault ; l'*Esprit de contradiction*, en un acte et en prose, par Du Fresny ; la *Famille extravagante*, en un acte et en vers, par Legrand ; l'*Epreuve réciproque*, comédie en un acte, attribuée par les uns à Alain, par les autres à Legrand, par d'autres enfin à ces deux auteurs en collaboration ; l'*Impromptu de campagne*, en un acte et en vers, de Poisson fils ; l'*Orpheline*, en trois actes et en prose, par Pigault-Lebrun ; la *Femme jalouse*, *Fellamar*, ou la *Suite de Tom Jones à Londres*, la *Feinte par amour*, *Céphise*, l'*Orphelin anglais*, en trois actes, par de Bongal et le marquis de Longueil, et *Fanfan et Colas*, en un acte, par Mme de Beaunoir.

Quant aux premières représentations de l'année, en voici la liste :

L'*Amant femme de chambre*, comédie en un acte et en prose. Première représentation en mars 1791.

L'*Amour et la Raison*, comédie en un acte et un prose, par Lebrun. Première représentation en janvier 1791.

Le *Couvent*, comédie en un acte, par Laugon. Première représentation en août 1790.

L'*Heureuse erreur*, comédie en un acte et en prose, de Patrat. Première représentation de la reprise en mai 1790. Renaldi, première haute-contre, jouait dans cette pièce. A cette époque, une telle particularité n'avait rien de surprenant.

L'*Histoire universelle*, opéra en deux actes, ou plutôt comédie en vers libres, mêlée d'ariettes et de vaudevilles, par le cousin Jacques, terminée par un divertissement. Première représentation en mars 1791, au bénéfice de Paulin, première haute-contre.

L'*Incertitude maternelle*, ou le *Choix impossible*, comédie en un acte et en vers. Première représentation en juillet 1790. Mme d'Estival y jouait le principal rôle, celui de la mère.

La *Nouvelle Omphale*, comédie en trois actes, mêlée d'ariettes, par Beaunoir, musique de Floquet. Première représentation en octobre 1790. Le sujet est tiré d'un joli conte de Sénecé, intitulé *Filer le parfait Amour*.

Le *Philinte de Molière*, ou la *Suite du Misanthrope*, comédie en cinq actes et en vers, par Fabre d'Eglantine. Première représentation en août 1790.

OPÉRA. — Nous avons, en passant, nommé quelques opéras conservés au répertoire ; il faut ajouter à ce nombre.: la *Belle Arsène*, en quatre actes et en vers, par Favart et Monsigny, terminé par un ballet; *Blaise et Babet*, en deux actes, par Monvel et Dezède; les *Trois Fermiers*, en deux actes, par le même, terminé par un ballet; l'*Amoureux de quinze ans*, en trois actes, de Lanjon et Martini; *Blaise le Savetier*, en un acte, par Sédaine et Philidor; le *Comte d'Albert*, en deux actes, par Sedaine et Grétry, terminé par la *Suite du Comte d'Albert*, opéra-comique en un acte, par les mêmes; l'*Epreuve villageoise*, en deux actes, par Desforges et Grétry; la *Fausse Magie*, en deux actes, par Marmontel et Grétry; *Lucile*, opéra-bouffon en un acte, par les mêmes; les *Deux Avares*, en deux actes, de Fenouillot de Falbaire et Grétry; *Panurge dans l'île des Lanternes*, orné de tout son spectacle et de tous ses ballets; *Alexis et Justine*, la *Dot*, *Renaud d'Ast*, la *Caravane du Caire*, orné de tout son spectacle et de tous ses ballets; *Azemia*, *Sargines*, la *Mélomanie*, terminé par un ballet nouveau; *Nina*, le *Nouveau don Quichotte* et le *Milicien*, en un acte, par Anseaume et Duni.

On a joué encore, pendant cette campagne, les *Dettes*, en deux actes, par Forgeot et Champein; les *Evénements imprévus*, en trois actes, par d'Hell et Grétry; le *Maréchal*, en un acte, par Monsigny; *Rose et Colas*, en un acte, par Sedaine et Monsigny; la *Rosière de Salency*, en trois actes, par Musson de Pezay et Grétry; la *Servante maîtresse*, en deux actes, par Beaurans et Pergolèze; le *Soldat magicien*, en trois actes, par Anseaume, Serrières et Philidor; le *Tonnelier*, en un acte, par Audinot et Quétant; le *Tableau parlant*, en deux actes, par Anseaume et Grétry; la *Clochette*, en un acte, par Anseaume et Duni, repris en 1791; les *Pêcheurs*, en un acte, musique de Gossec, reprise en 1791 (Manyer, laruette, a dû débuter dans cette pièce en 1787; ce qu'il y a de certain, c'est qu'il y excellait), et les *Femmes vengées*, en un acte, par Sedaine et Philidor.

Qu'on nous permette une anecdote relative à ce dernier ouvrage. En 1778, il fut donné, pour la première fois, à Toulouse; il plut au parterre, qui le redemanda pour un jour prochain. Un Capitoul, peu rassuré sur la décence du spectacle, demanda une autre pièce afin que les dames pussent rire sans le secours de l'éventail. — Eh bien! dit l'acteur chargé de répondre au public, nous aurons l'honneur de vous donner *Beverley*, pièce en vers libres, de M. Saurin. — Comment, encore une pièce en vers libres, lorsque c'est précisément pour cela que je vous interdis les *Femmes vengées!* Relâche au théâtre pour huit jours!

Les opéras montés en 1790-1791 sont:

Colinette à la Cour, opéra en trois actes, avec ballets, de Grétry. Première représentation en juillet 1790.

Les *Pommiers et le Moulin*, comédie-opéra en un acte; paroles de Forgeot, musique de Le Moine. Première représentation en août 1790.

Raoul Barbe-Bleue, pièce lyrique en trois actes, ornée de tout son spectacle, par Sedaine et Grétry. Première représentation en octobre 1790. Acteurs: Lecoutre, Renaldi et Mme Lecoutre.

Raoul, sire de Créqui, opéra en trois actes, avec tous ses agréments, paroles de Monvel, musique de Dalayrac. Première représentation en décembre 1790.

Les *Rigueurs du Cloître*, opéra en deux actes et en prose, par Fiévée, musique de Le Breton fils. Première représentation en février 1791.

La *Vieillesse d'Annette et Lubin*, opéra en un acte, musique de Chapelle. Première représentation en juillet 1790. C'est, bien entendu, la suite de l'opéra-comique intitulé *Annette et Lubin*.

CONCERTS. — Les représentations lyriques de ce genre ont continué à être très-rares.

Mme Clery, harpiste, musicienne du roi et du Concert spirituel, qui était déjà venue à Rouen six ans auparavant, a donné au théâtre, en mai 1790, à deux reprises, un concert vocal et instrumental, avec le concours de quelques musiciens de l'orchestre qui ont exécuté des solos.

Le mois suivant, un sieur Berthaume, premier violon du Concert spirituel de Paris, a donné un concert dans lequel on a entendu Paulin, Lecoutre et Mmes Renaldi et Damassis, ainsi que Griote, premier violon du théâtre.

Enfin, en décembre de la même année, Mlle Molliex, âgée de dix ans, élève de Rebour, a exécuté, entre les deux pièces d'une représentation, un concerto sur la harpe.

BALLET. — La plupart des opéras étaient terminés par des ballets, et souvent les artistes exécutaient entre les pièces ce qu'on appelait alors une *chaconne*, danse fort longue d'un mouvement très-modéré, à trois et quelquefois quatre temps.

On a maintenu à la scène l'*Offrande à l'Amour*, — les *Maures ravisseurs*, — les *Sabotiers*, ballets-pantomimes en un acte, ainsi qu'un *Ballet nègre*, — un *Ballet des Sauvages* et un pas de deux des *Sabotiers*, que l'on exécutait entre les pièces.

Un ballet-pantomime nouveau, de la composition de

Vermilly, danseur du théâtre, la *Sauvage égarée*, a été représenté pour la première fois en avril 1790.

Enfin, au mois d'août suivant, une célébrité chorégraphique, Labory, l'un des premiers danseurs de l'Opéra de Londres, a donné des représentations sur la scène rouennaise.

Borda, danseur de la troupe, a fait représenter un ballai de sa composition en février 1791.

Les abonnés tenaient beaucoup à avoir un ballet ; la direction, qui le savait, annonça le 10 mars 1791 que son intention n'était pas de supprimer les ballets l'année suivante, comme le bruit s'en était répandu dans le public, mais, qu'au contraire, elle ne négligerait rien à cet égard pour le satisfaire.

REPRÉSENTATIONS EXTRAORDINAIRES. — Mlles Louise et Emilie Contat, Molé et Labory ne sont pas les seuls artistes célèbres qui soient venus à Rouen dans cette campagne.

En mai 1790, Mlle Raucour, comédienne et pensionnaire du roi, a joué les rôles de reine dans *Médée* et dans *Sémiramis*.

Dans les mois de novembre et de décembre de la même année, Des Essarts, comédien du roi, rôle de financier, a donné successivement le *Glorieux*, comédie en cinq actes et en vers, de Destouches, le *Chevalier à la mode*, la *Partie de chasse de Henri IV* et le *Malade imaginaire* avec tous ses agréments (sic).

Un acteur du nom de Juliette est venu, en 1791, jouer le rôle de Nicodème dans *Nicodème dans la lune*, et celui du marchand de croquets dans les *Deux petits Savoyards*.

Enfin, une représentation extraordinaire a été organisée,

en février 1791, au bénéfice de Vanhove, père noble de la troupe. Elle se composait de la troisième représentation de *Jean Hennuyer*, drame, et de *Brutus*, tragédie. Dans cette dernière pièce, Vanhove, comédien français et frère aîné du bénéficiaire, a rempli le rôle de Brutus. Profitant de son séjour à Rouen, le pensionnaire du roi s'est montré dans plusieurs autres ouvrages, par exemple dans *Athalie*, rôle de Joad. On voit que, grâce à la position de son directeur, le théâtre de Rouen recevait à cette époque de fréquentes visites des acteurs du Théâtre-Français.

TRAVAIL DRAMATIQUE. — La direction elle-même a résumé ainsi le travail dramatique pour l'année 1790-1791 :

4 Tragédies.
2 Comédies en cinq actes.
6 Comédies en trois actes.
7 Comédies en un acte.
5 Opéras en trois actes.
2 Opéras en deux actes.
4 Opéras en un acte.
En tout 30 nouveautés.

C'est en vain que l'on tenterait de mettre ce résumé d'accord avec le classement que nous avons fait, mais cela tient uniquement à ce qu'à l'époque qui nous occupe on donnait aux pièces tantôt une qualification, tantôt une autre. Telle pièce était une comédie pour les uns, un opéra pour les autres ; à plus forte raison arrivait-il que le même ouvrage était intitulé comédie ou drame selon le caprice du moment.

BALS AU THÉATRE. — Une ordonnance de l'assemblée

municipale et électorale de la commune de Rouen, donnée au château du Vieux-Palais le 15 janvier 1790, défendit les déguisements et les bals masqués dans la ville et les faubourgs de la ville. Vainement Molé sollicita une exception en sa faveur, sous prétexte que les bals parés ne faisaient pas de recette. D'ailleurs, écrivait-il, si les jeunes gens ne vont pas au bal, ils iront chercher le plaisir dans d'autres réunions, et il sera moins facile de les surveiller que s'ils étaient tous réunis dans un même lieu ; enfin ne pourrait-on pas exiger que le masque ne fût porté que dans la salle de spectacle? L'assemblée municipale et électorale, après avoir pris connaissance de la lettre de Molé, passa à l'ordre du jour.

Une ordonnance de police générale de la municipalité de Rouen, à la date du 27 janvier 1791, défendit de nouveau les déguisements dans la ville et les faubourgs, ainsi que les bals masqués.

Pour ce motif, les dimanches 13 et 27 février 1791, le jeudi suivant 3 mars et enfin le dimanche 6 mars, la salle de spectacle fut ouverte à onze heures du soir pour un bal seulement paré.

INCIDENTS.

L'année théâtrale a commencé par un incident aussi important qu'inattendu. Une sentence du siége de police du bailliage, datée du 22 avril 1790, ordonna que les bancs du parterre de la salle de spectacle de Rouen fussent retirés *dans le jour*, et fixa le prix des places, savoir :

Secondes loges et galeries . . . . . . 36 sols.
Troisièmes . . . . 24 »
Quatrièmes . . . . 12 »
Parterre . . . . 20 »

L'affiche du 26 février 1791 annonçait qu'il y aurait relâche le soir au théâtre. Nous n'aurions pas relevé ce fait sans la singularité du motif allégué par la direction : *Relâche pour cause de maladie presque générale.* Une épidémie sévissait-elle à Rouen à cette époque ?

Le spectacle du 18 mars 1791 a été troublé par le vol commis dans le parterre d'un portefeuille appartenant à un négociant de Méru et contenant plusieurs assignats et des effets négociables. Au premier avis de ce délit, on a donné l'ordre d'interdire la sortie de la salle, et il a été question de faire toutes les recherches possibles pour découvrir l'auteur de ce vol. D'après le vœu spontanément exprimé par presque tous les assistants, on a rendu la perquisition générale en faisant défiler et en fouillant chacun à son tour, sans aucune exception. Malgré cette précaution, le coupable n'a pas été découvert.

Après ce défilé, qui dut constituer un entr'acte fort divertissant, la représentation a été continuée.

Direction Cabousse. — 1791-1798.

La lettre adressée par Molé aux maire et officiers municipaux de la ville de Rouen, au commencement de la campagne 1790-1791, et l'annonce faite par lui le 10 mars 1791, relativement au ballet, devaient faire supposer que ce directeur conserverait le plus longtemps qu'il lui serait possible l'administration du théâtre de Rouen. Cependant il la céda à Cabousse dans le courant de l'année théâtrale dont nous allons faire l'histoire. Il est impossible de connaître les motifs qui le déterminèrent ; mais le champ des suppositions est ouvert. Molé a dû être effrayé de la marche des affaires politiques ; d'un autre côté, il avait rencontré bien des déceptions : quand il venait à Rouen donner des représentations, il n'obtenait qu'un succès d'estime, et les recettes ne répondaient pas à son attente. De plus, le public ne plaçait pas Molé beaucoup au-dessus de Bérard, qui tenait l'emploi. Ainsi, dans la *Métromanie* et dans la *Gageure imprévue*, le pensionnaire du roi ne pouvait faire oublier l'acteur rouennais. En présence de la tourmente révolutionnaire et de ses mécomptes à Rouen, Molé préféra céder la place.

Année théâtrale 1791-1792.

Cette année théâtrale a commencé le lundi 2 mai 1791, par *Adélaïde Duguesclin*, avec la *Servante maîtresse*. Ce jour-là et les jours suivants, — jusqu'au 11 mai seulement, — tous les débuts se sont effectués; les autres ouvrages qui ont servi à ces épreuves sont, pour l'opéra : *Alexis et Justine*, *Renaud d'Ast*, les *Dettes*, la *Fausse magie*, la *Mélomanie*, *Sylvain* et le *Devin du Village*, opéra terminé par un ballet analogue à la pièce ; pour la tragédie, le drame et la comédie : *Hypermnestre*, *Alzire*, *ou les Américains*, tragédies ; *Pygmalion*, mélodrame en un acte, de J.-J. Rousseau ; le *Dissipateur*, *Turcaret*, en cinq actes, de Lesage ; la *Partie de chasse de Henri IV*, *Tartufe* et *Dupuis et Desronais*; pour le ballet : des divertissements nouveaux et ce qu'on appelait alors des *ballets analogues aux pièces*. Les rentrées, bien entendu, se sont faites en même temps. — Il y a eu des rentrées et des débuts le dimanche, ce qui est préjudiciable aux intérêts de l'art.

La troupe a été en très peu de temps composée ainsi qu'il suit :

Pour l'opéra : Paulin, Renaldi, Lecoutre, Fleury, Dozainville, Manyer ; Mmes Lecoutre et Damassis, artistes restant ; — Desfossés, haute-contre ; Mlle Pauline, première chanteuse ; Mlle Rochette, ingénuité d'opéra, artistes nouveaux.

Plus tard ont paru Mlle Descoins, dans le *Czar Pierre*; Mlle Vauquelin l'aînée, dans le même ouvrage et dans *Rosine et Colin*; Mlle Vauquelin la jeune, dans les *Marchandes de Modes*; enfin Mlle Delisle a débuté avec succès, en octobre 1791, dans *Blaise et Babet*, *Renaud d'Ast*, l'*Epreuve villageoise* et les *Deux petits Savoyards*.

Pour la tragédie, le drame et la comédie : Berard, Correard, Dozainville, de Chapiseau (1), Leber ; Mmes Dufresne, Bernard et Vanloo, artistes restant ; — Garnier, premier rôle ; Valmore, père noble ; Menonval, financier ; Mme Desplasses, premier rôle ; puis Mme Derville, même emploi ; Mme Garnier, soubrette ; Mme Correard, soubrette, artistes nouveaux.

Mlle Parisot, première danseuse, s'est essayée dans la comédie et a joué le rôle d'Eugénie dans la *Femme jalouse*, c'est-à-dire le rôle principal.

Pour le ballet : Borda, Mlles Camerer et Vanloo, artistes restant ; — Rossy, premier danseur et maître des ballets ; Mlle Parisot, première danseuse, ci-devant première danseuse du théâtre du Palais-Royal, et venant de débuter à Paris à l'Académie royale de musique ; Dutarque, premier danseur ; Barré, maître des ballets à la fin de la campagne, artistes nouveaux.

PIÈCES DE CIRCONSTANCE. — Le mois de juillet, ramenant l'anniversaire de la prise de la Bastille et des fédérations, a ramené aussi les pièces politiques. Le 13 juillet 1791, on a donné la *Liberté conquise, ou le Despotisme renversé*, drame patriotique. Le lendemain, jour de la fête de la Liberté, dans laquelle a été renouvelé le serment de la Fédération, le spectacle se composait de *Brutus*, tragédie, et de la *Famille patriote, ou la Fédération nationale*, comédie héroïque. — Le 29, c'était *Guillaume Tell, ou la Suisse délivrée*, tragédie, et le 31, *Il y a bonne justice, ou le Paysan magistrat*, drame en cinq actes, par Collot d'Herbois, qui, pour ne plus avoir à y

(1) C'était le fils de l'un des trois régisseurs de l'année 1789-1790 (page 220).

revenir, a été représenté au mois de décembre suivant avec un dénoûment nouveau.

La tragédie de *Brutus* avait une attraction toute spéciale. En août 1791, un jeune acteur y débuta avec quelque succès dans le rôle de Titus; deux mois après, un amateur, qui n'avait jamais paru sur un théâtre, a choisi le rôle de Brutus pour son second essai, après avoir tenté le premier dans *Zaire*.

Les dates ont ici tant d'importance que nous mentionnerons encore une représentation de la *Famille patriote*, le 20 septembre, et de la *Liberté conquise*, le 24 du même mois. Cette dernière a cela de particulier que Saint-Prix et Naudet, comédiens français, pensionnés du roi, y jouaient les principaux rôles (l'affiche annonçait M. Prix et non M. Saint-Prix).

Le répertoire politique s'est enrichi pendant cette année théâtrale; voici ses acquisitions par ordre chronologique:

Mirabeau à son lit de mort, drame historique et patriotique en un acte et en prose, par Pujoulx. Première représentation le 18 juin 1791. La pièce était terminée, pendant que le rideau tombait lentement, par un morceau de musique analogue à la situation. Bérard représentait Mirabeau. A la dernière scène, un monument et un tombeau prenaient la place de la chambre du mort. Au-dessus de ce tombeau, on lisait ces mots décrétés par l'Assemblée nationale:

AUX GRANDS HOMMES LA PATRIE RECONNAISSANTE.

L'idée de ce tableau n'appartenait pas à l'auteur, mais à Bérard.

A l'occasion de ce drame, un habitant de Rouen, qui a gardé l'anonyme, a publié, le 13 juillet, les idées suivantes :

« La pièce la *Mort de Mirabeau* nous peint avec éner-
« gie les derniers instants du grand homme, regretté à
« juste titre de tous les bons Français. Toutes les classes
« des citoyens sont venues verser des larmes sur sa tombe
« et honorer sa mémoire de leur reconnaissance. Il serait
« à désirer qu'on donnât à cette classe indigente, qui, dans
« ces jours de deuil, s'est particulièrement distinguée,
« une représentation gratuite de cette pièce, ce qui lui
« donnerait le plaisir d'admirer les derniers traits de ce
« célèbre défenseur de la liberté. On pourrait la faire
« précéder de la *Famille patriote* et terminer par le
« *District de village*, cela formerait un spectacle aussi
« intéressant que patriotique.

« Le jour de la Fédération me paraît favorable pour
« cette fête populaire ; il m'est doux de penser que les
« personnes aisées qui fréquentent ordinairement le
« spectacle se feraient un devoir de s'en absenter ce
« jour-là, afin de laisser jouir pleinement ceux pour qui
« la fête serait destinée. »

On sait que ce vœu n'a pas été exaucé.

Ça ira, pantomime en trois actes. Première représentation le 27 juillet 1791. La mort de Mirabeau, le serment civique, etc., faisaient le sujet de cette œuvre légère.

La *Bonne nouvelle*, ou l'*A-propos du moment*, intermède mêlé de couplets et de danses, à l'occasion de l'heureuse acceptation du roi, par Bérard et Ménonval, acteurs à Rouen. Première représentation le dimanche

18 septembre 1791. — Un bourgeois, bon patriote, a préparé une fête en l'honneur de ce grand événement. Les invités s'entretiennent de la démarche mémorable du roi, puis on couronne son buste. Un vaudeville terminait la pièce, dans laquelle Hus avait placé un ballet de sa composition.

Ce dimanche 18 septembre 1791, le roi, la reine et ses enfants ont assisté, à Paris, à la représentation de l'Opéra. Comme à Rouen, le peuple était enthousiaste. A l'arrivée du roi, on a crié de toutes parts : VIVE LE ROI DES FRANÇAIS ! VIVE LE ROI DE LA CONSTITUTION ! VIVE LA REINE ! VIVE LE PRINCE ROYAL ! L'orchestre, pendant ce temps, exécutait le morceau de *Lucile* :

Où peut-on être mieux qu'au sein de sa famille ?

Puis on représenta l'opéra *Pollux et Castor*, et les applaudissements furent frénétiques quand Pollux dit à Castor :

Tout l'univers demande ton retour,
Règne sur un peuple fidèle.

Dans un des passages de la pièce, un acteur dit : « Allez, traversez les airs et descendez sur la terre pour y voir ce roi de l'univers. » Le public remarqua qu'il désignait la loge royale, et, approuvant cette allusion, il fit répéter les paroles que nous venons de citer.

L'à-propos de Bérard et Ménonval a été donné aussi le 25 septembre, jour où l'on a célébré à Rouen, par une grande fête, l'achèvement de la constitution décrétée par l'Assemblée nationale et acceptée par le roi.

Pierre-le-Grand, czar de Moscovie, ou le *Czar Pierre*, comédie en trois actes, mêlée d'ariettes, ou plutôt opéra paroles de Bouilly, musique de Grétry. Première représentation le 8 octobre 1791. Paulin jouait le rôle du czar. Autres acteurs : Desfossés, Fleury, Lecoutre, de Chapiseau; Mlles Pauline, Descoins et Vauquelin. Cette pièce, ornée de tout son spectacle, finissait par des couplets en l'honneur du czar; celui que chantait Catherine (Mlle Pauline) était terminé par ces vers sur l'air de la *Belle Gabrielle* :

> Ciel, entends la prière
> Qu'ici je fais :
> Conserve un si bon père
> A ses sujets.

Le parterre, saisissant l'allusion, a demandé *bis*. Les quatre vers ont été répétés et applaudis très-chaleureusement.

Mucius Scevola au camp de Porsenna, ou le *Volontaire romain*, mélodrame historique, en vers, par des amateurs de Rouen, musique de Granier, musicien de l'orchestre, orné de tout son spectacle, et terminé par une marche triomphale. Première représentation le 17 octobre 1791, au bénéfice de Correard. Garnier jouait Mucius et Valmore Porsenna. — Echec complet.

Washington, ou la *Liberté du Nouveau-Monde*, drame en quatre actes et en vers, de Sauvigny, orné de toute sa pompe et de l'assemblée générale du congrès américain. Première représentation le 7 novembre 1791. Garnier jouait le rôle de Washington. Autres acteurs : Lecoutre, Leber, Mlle Dufresne.

Le *Club des bonnes gens*, ou le *Curé Français*, pièce en deux actes et en vers, mêlée de vaudevilles, par le cousin Jacques. Première représentation le 14 janvier 1792.

Le *Suisse de Château-Vieux*, fait historique de Nancy, en deux actes et en prose, de Dorvigny, terminé par un ballet analogue à la pièce. Première représentation le 7 mars 1792, au bénéfice de Mlle Bernard. Ce drame retrace la catastrophe du régiment de Château-Vieux et l'amnistie à l'occasion de l'acceptation de la constitution par Louis XVI.

Le 6 décembre 1791, le spectacle a été terminé par un ballet dans lequel Rossy et Mlle Camerer ont dansé en pas de deux l'air *Ça ira*; il était orné d'une décoration transparente et finissait par un pas-de-Suisse.

TRAGÉDIE. — La direction a maintenu au répertoire :

Adélaïde Duguesclin. *Hypermnestre.*
Alzire. *Mahomet.*
Andromaque. *Nadir.*
Brutus. *L'Orphelin de la Chine.*
Le Cid. *Pierre-le-Cruel.*
Cinna. *Tancrède.*
Gabrielle de Vergy. *La Veuve du Malabar.*
Gaston et Bayard. *Zaïre.*
Guillaume Tell.

Romeo et Juliette, en cinq actes, de Ducis.
Zelmire, en cinq actes, de Du Belloy.

La seule tragédie mise à la scène pendant cette campagne est :

Marius dans les marais de Minturnes, ou *Marius à Minturnes*, tragédie en trois actes et en vers. Première représentation en octobre 1791. Ayant appris que l'auteur était dans la salle, le public l'a demandé, et Arnault s'est montré dans une loge. Valmore jouait Marius. Autres acteurs : Garnier et Bérard. Plus tard, cette année-là, un jeune homme étranger au théâtre a débuté dans cet ouvrage par le rôle de Céthégus.

DRAME ET MÉLODRAME. — En mettant à part les drames politiques ou de circonstance, on ne trouve pour ce genre que quatre nouveautés et une reprise :

Amélie et Monrose, ou *les Sacrifices de l'amitié*, drame en quatre actes et en prose, par Faur. Première représentation en septembre 1791.

Charles et Caroline, drame en cinq actes et en prose, par Lebrun. Première représentation en janvier 1792.

Le Comte de Waltron, ou *la Discipline militaire du Nord*, drame en cinq actes et en prose, du théâtre allemand, orné de tout son spectacle, d'évolutions militaires et de la tenue d'un conseil de guerre à l'allemande. Première représentation de la reprise en octobre 1791.

La Joueuse, drame en trois actes et en vers. Première représentation en septembre 1791.

Le Soldat prussien, ou *le Fils généreux*, drame en trois actes et en prose. Première représentation en novembre 1791, au bénéfice de Mᵐᵉ Damassis.

On a représenté en outre : *Beverley*, ou *le Joueur anglais*; les *Deux amis*, ou le *Négociant de Lyon*; *Mélanide*, drame en cinq actes et en vers; le *Père de famille*, désigné quelquefois comme comédie; l'*Habitant de la Guadeloupe*; la *Piété filiale*, ou l'*Honnête criminel*, en cinq actes et en vers, par Fenouillot de Falbaire; *Pygmalion* et *Radamiste et Zénobie*, en cinq actes et en vers, par Crébillon.

COMÉDIE. — Nous ne citerons ici que les comédies dont il n'est pas question dans les autres chapitres de cet exercice. La liste, qui ne contient que sept nouveautés, en est déjà fort longue :

Les *Amants généreux*, en cinq actes et en prose, par Rochon de Chabannes.

Amphitryon, en trois actes, de Molière.

L'*Aveugle clair-voyant*, en un acte et en vers, par Legrand.

L'*Avocat Patelin*, comédie en trois actes et en prose, qui datait de 1706, imitation d'une excellente farce du quinzième siècle, par Brueys et Palaprat. *Maître Patelin*, opéra-comique en un acte, joué à Rouen en 1858, est, on le sait, une imitation de la comédie dont Brueys était le principal auteur.

Le *Babillard*, en un acte, de Boissy.

Le *Barbier de Séville*, en quatre actes, de Beaumarchais.

Le *Bourgeois gentilhomme*, en cinq actes, de Molière. Dans le premier acte, il y avait un ballet de demi-caractère ; dans le second, un pas de tailleur ; dans le troisième, un pas de cuisinier ; dans le quatrième, la réception burlesque du bourgeois gentilhomme et la cérémonie turque ; enfin le cinquième était terminé par un divertissement ; il est bon de dire que le *Bourgeois gentilhomme* a été représenté ainsi le dimanche-gras 1792.

Les *Bourgeoises à la mode*, en cinq actes et en prose, par Dancourt et Saint-Yon.

Les *Bourgeoises de qualité*, ou la *Fête de village*, comédie en trois actes et en prose, par Dancourt, suivie d'un ballet analogue (quelquefois l'ordre des deux titres est interverti).

Les *Châteaux en Espagne*, comédie en cinq actes et

en vers, par Collin-d'Harleville, première représentation en mai 1791.

Le *Consentement forcé*, en un acte et en prose, par Guillot de Merville.

Crispin rival de son maître, en un acte et en prose, de Lesage.

L'*Epouse imprudente*, ou les *Dangers de la séduction*, comédie en cinq actes et en vers, de Desforges, ornée d'une décoration nouvelle représentant un salon à la moderne. Première représentation en février 1792, au bénéfice de Mlle Dufresne. Cette pièce était la *Femme adultère*, retouchée par l'auteur lui-même.

L'*Epoux par supercherie*, en deux actes et en vers, de Boissy.

L'*Epreuve nouvelle*, en un acte et en prose, par Marivaux.

Les *Folies amoureuses*, en trois actes et en vers, de Regnard.

L'*Homme du jour*, ou les *Dehors trompeurs*, en cinq actes et en vers, par Boissy.

L'*Impatient*, en un acte et en vers libres, de Lantier.

Lequel des deux, comédie, par un auteur de Rouen. Première représentation le 17 octobre 1791, au bénéfice de Correard. — Insuccès.

M. de Crac dans son petit castel, ou les *Gascons*, comédie en un acte et en vers, de Collin d'Harleville, terminée quelquefois par un ballet de tambourins. Comme il y a des Gascons ailleurs qu'en Gascogne, surtout parmi les chasseurs, les vers suivants méritent d'être reproduits :

M. DE CRAC.

Cé jeune homme prétend qué jé tire chez lui.
Suis-je dans lé cas, moi, d'avoir besoin d'autrui ?

THOMAS (*le garde de M. de Crac*).

Vous risquez de tirer sur la terre d'un autre,
Quand vous n'ajustez pas du milieu de la vôtre.

Cette pièce, qui, donnée à Paris pour la première fois le 4 mars 1791, a été mise à Rouen à la scène en novembre de la même année, renferme plusieurs traits d'un bon comique ; par exemple celui-ci : M. de Crac prétend que voyant en même temps une perdrix et un lièvre, il tire ses deux coups, la perdrix tombe sur le lièvre blessé lui-même mortellement. Son fils trouve cela fort ordinaire ; il lui est arrivé plus fort, à lui : le tonnerre gronde, il éclate et tombe dans le bassinet de son fusil ; le fusil part et tue un lièvre qui passait.

Voici le couplet final :

M. DE CRAC, *au public*.

On sé fait là-bas une fête
Dé savoir lé sort dé céci.
En tout cas ma réponse est prête :
Jé dirai qué j'ai réussi.
Mon sort serait digne d'envie
Si vous né disiez pas qué non ;
Alors une fois dans ma vie
J'aurais dit vrai quoique Gascon.

L'*Obstacle imprévu*, ou l'*Obstacle sans obstacle*, en cinq actes et en prose, de Destouches.

Le *Portefeuille*, comédie en deux actes et en prose, par

Collot d'Herbois. Première représentation en mai 1791.

La *Pupille*, en un acte et en prose, par Fagan.

Le *Retour imprévu*, en cinq actes.

Ricco, en deux actes et en prose, par Dumaniant.

Le *Somnambule*, en un acte et en prose, de Pont-de-Vesle.

Le *Sourd*, ou l'*Auberge pleine*, comédie en trois actes et en prose, de Desforges. Première représentation le 6 juillet 1791. Correard a créé le rôle de Danières et Dozainville celui du garçon d'écurie. On sait que cette pièce est restée très-longtemps au répertoire et a été reprise tout récemment.

Tom-Jones à Londres, en cinq actes et en vers, par Desforges.

Tom-Jones et Fellamar, en cinq actes et en vers, par Desforges; cette pièce est la suite de la précédente.

Les *Trois Cousines*, comédie en trois actes et en prose, de Dancourt, ornée de tout son spectacle. Première représentation en décembre 1791, au bénéfice de Mlle Camerer, danseuse; aussi y eut-il au premier acte un ballet de meuniers, au deuxième un ballet de bohémiens et au troisième un ballet de pèlerins.

Les *Trois Frères rivaux*, en un acte et en vers, de Lafont.

Le *Tuteur*, en un acte et en prose, par Dancourt.

Enfin, on a représenté aussi :

L'*Anglais à Bordeaux*.   L'*Epreuve réciproque*.
Le *Bourru bienfaisant*.   L'*Esprit de contradiction*.
Le *Chevalier à la mode*.   Les *Etourdis*.
Le *Dépit amoureux*.   La *Fausse Agnès*.
L'*Ecole des maris*.   La *Feinte par amour*.

Le *Festin de Pierre*.
La *Folle journée*.
Les *Fourberies de Scapin*.
La *Gageure*.
Le *Glorieux*.
Guerre ouverte.
L'*Homme à bonnes fortunes*.

L'*Heureuse erreur*.
Le *Joueur*.
Le *Legs*.
Le *Médecin malgré lui*.
Le *Menteur*.
La *Métromanie*.
Le *Misanthrope*.
Le *Triple mariage*.

OPÉRA. — Nous commencerons par les nouveautés et les reprises importantes; elles sont au nombre de neuf :

La *Belle esclave*, opéra en un acte, de Philidor. Première représentation en novembre 1791. — Insuccès.

Didon, grand-opéra en trois actes, musique du célèbre Piccini (sic), orné de tout son spectacle. Première représentation de la reprise en mars 1792, dans laquelle Mlle Rousselois, première actrice de l'Académie royale de musique, jouait le rôle de Didon.

Euphrosine, ou le *Tyran corrigé*, opéra en trois actes, ou drame lyrique, avec ses agréments, par Hoffmann et Méhul, élève du chevalier Gluck. Le fond de la pièce est emprunté à l'article Coradin, de la *Bibliothèque des romans*. Première représentation en mai 1791. — En décembre de la même année, cet ouvrage a été repris avec un troisième acte nouveau et des changements considérables, musique de Méhul. Acteurs : Paulin, Lecoutre, Dozainville, Mmes Lecoutre et Damassis.

Les *Mariages samnites*, opéra en trois actes, de Grétry, orné de son spectacle et marches triomphales et guerrières. Reprise en mars 1792.

Paul et Virginie, opéra en trois actes, de Favières,

musique de Creutzer, orné de tout son spectacle et de trois décorations nouvelles : la première représentant un site américain, la seconde l'intérieur d'une habitation et la troisième un site orageux. Première représentation en janvier 1792. Virginie, Mᵐᵉ Lecoutre ; Paul, Renaldi ; le nègre, Fleury.

Les *Prétendus*, opéra en un acte, suivi d'un ballet analogue à la pièce, et orné d'une illumination, paroles d'un anonyme, musique de Lemoine. Première représentation en septembre 1791. Acteurs : Paulin, Desfossés, Lecoutre, Fleury, Mᵐᵉˢ Pauline, Lecoutre et Damassis.

Rosine et Colin, opéra en un acte. Première représentation en septembre 1791. — Insuccès.

Ruse d'amour, opéra en un acte, de Chardini. Première représentation en octobre 1791.

La *Soirée orageuse*, opéra en un acte, par Radet et Dalayrac. Première représentation en juin 1791.

Nous avons, à propos des débuts et des pièces à allusions politiques, parlé d'un certain nombre d'opéras ; les représentations extraordinaires nous donneront l'occasion d'en enregistrer d'autres. Cependant nous n'aurions fait qu'ébaucher l'étude du répertoire lyrique si nous ne mentionnions pas encore, pour l'année 1791-1792, les opéras suivants :

L'Amant jaloux, opéra en trois actes, de Grétry.

L'Amant statue, — *Azemia*, — la *Belle Arsène*.

Blaise le savetier, — la *Caravane du Caire*.

La *Colonie*, opéra en deux actes, du célèbre Sacchini, disait l'affiche ; elle aurait pu ajouter que le compositeur Framery, né à Rouen en 1745, avait arrangé, en 1775, cet opéra-comique pour le Théâtre-Italien.

Les *Deux Avares,* — les *Deux Tuteurs.*

Les *Deux Chasseurs et la Laitière,* opéra en un acte, par Anseaume et Duni.

La *Dot.*

Le *Droit du Seigneur,* opéra en trois actes, orné de tout son spectacle, par Martini.

Les *Événements imprévus.*

Le *Jugement de Midas,* en trois actes, par Grétry.

Julie, en trois actes, de Dezède.

Lucile, en un acte, de Grétry.

Le *Magnifique,* en trois actes, de Grétry.

Le *Maréchal ferrant,* en deux actes, par Philidor.

Le *Maréchal,* — le *Milicien,* — *Nina.*

Le *Nouveau don Quichotte,* — *Panurge,* — les *Pêcheurs.*

Les *Rigueurs du Cloître,* — *Rose et Colas.*

La *Rosière de Salency,* — le *Soldat magicien.*

Le *Tonnelier,* — les *Trois Fermiers,*

La *Vieillesse d'Annette et Lubin.*

Zémir et Azor, ou la *Belle et la Bête,* grand-opéra bouffon en quatre actes, orné de tout son spectacle, de ses changements de décorations et de ballets analogues à cette pièce, musique de Grétry.

BALLET. — Molé avait eu bien raison de craindre l'effet des bruits qui circulaient à la fin de la campagne précédente. Ce genre de spectacle, en effet, a continué à être très-goûté. Le 16 mai 1791, par exemple, un divertissement, annoncé pour la fin du spectacle, n'ayant pu être donné, le plus grand tumulte a régné dans la salle. Que n'aurait-on pas fait, si la troupe du ballet eût été supprimée?

Beaucoup d'ouvrages étaient représentés avec des ballets analogues à la pièce, comme on disait à cette époque. Ainsi, le *Devin du Village*, avec un ballet pastoral; la *Rosière de Salency*, avec un ballet pastoral animant le couronnement de la rosière; une autre fois, c'était un *Ballet des Pèlerins*, ou bien encore un *Ballet de Bohémiens*; enfin un *Ballet de Meûniers*, sans compter le *Pas russe*, un pas de trois dansé par Rossy et Mlles Camerer et Parisot, etc., etc.

A la fin de *Monsieur de Crac*, en novembre 1791, Barré, qui était alors maître des ballets en remplacement de Rossy, a fait exécuter un grand *Ballet de Tambourins* de sa composition. Quelques jours après, Borda, danseur de la troupe, a composé aussi un ballet qui fut mis à la scène; Barré s'est alors hâté d'en produire un nouveau. Cette lutte a servi les intérêts de la direction.

On a repris *Mirza et Lindor*, et monté les cinq grands ballets dont les noms suivent :

Les *Aventures et la Mort du capitaine Cook dans le nouveau monde*, grand ballet-pantomime en trois actes, mis au théâtre de Rouen, le 10 août 1791, par Hus et Joubert, danseurs de Londres, avec Mlle Parisol, danseuse de la troupe. (On sait que le navigateur James Cook, d'York, est mort en 1779, à l'âge de cinquante-un ans.)

En quittant Rouen, Hus adressa au public la lettre suivante :

« 3 octobre 1791.

« Messieurs,

« Le premier des devoirs étant celui de la reconnaissance, je croirais y manquer si je partais sans témoigner au public combien je suis sensible à l'accueil favorable qu'il a bien voulu faire à mes ouvrages. Il y a près de trente-deux ans que vous eûtes les mêmes bontés pour mon père, dont vous reçûtes les prémices : depuis ce temps, il fut assez heureux pour se mériter une réputation dans les premières villes du royaume et même dans la capitale. Je vais suivre sa carrière, me réservant, si je suis aussi heureux que lui, de revenir à Rouen. On doit l'hommage de ses talents à ceux qui savent inspirer le désir d'en acquérir; mais en tel temps que j'y reparaisse, croyez, messieurs, que ce sera toujours avec la même reconnaissance, le même zèle, et que vos bontés pour moi ne s'effaceront jamais de mon ressouvenir; c'est dans ces sentiments que je me dis avec respect, etc.

« Hus fils. »

Le *Bonheur d'aimer*, grand ballet anacréontique, par d'Auberval, maître des ballets de l'Académie royale de musique, mis au théâtre de Rouen par Rossy, en juin 1791. Autres artistes : Borda, Mlles Parisot, Camerer et Vanloo.

Les *Deux Jumelles*, ou la *Méprise*, grand ballet-pantomime historique en trois actes, de la composition de Barré, pensionnaire de l'Académie royale de musique; il était orné de tout son spectacle et de deux décorations nouvelles : l'une représentant une gloire, l'autre un lieu désert et pittoresque sur le bord de la mer. Première représentation en octobre 1791. — En 1792, Dutarque, élève de Barré, a débuté dans ce ballet par le rôle principal.

La *Fête de Sophie*, ou les *Deux Amis soupçonnés criminels*, grand ballet-pantomime en trois actes, orné de tout son spectacle, luttes et combats, et d'un pas de quatre sabotiers exécuté par des enfants. Ce ballet, de la composition de Barré, de l'Académie royale de musique, a été donné pour la première fois en février 1792.

Les *Marchandes de Modes*, grand ballet-pantomime en un acte. Première représentation en octobre 1791. A la deuxième représentation, Desfossés, haute-contre, a chanté dans ce ballet l'ariette du *Malheur d'Auguste, victime d'Œdipe à Colonne*, et M⁽ˡˡᵉ⁾ Vauquelin la jeune une romance de *Renaud d'Ast*. Aux six représentations suivantes, ces deux artistes ont fait entendre une nouvelle ariette et une nouvelle romance.

CONCERTS. — Il n'y eut pas, à proprement parler, de concerts au Théâtre-des-Arts. Voici ce que nous placerons cependant sous ce titre :

Entre les pièces on entendait souvent des solistes : en mai, Landes, première clarinette du régiment de Salis, exécuta un concerto de Michel ; — Delange, clarinette de l'orchestre, a exécuté une autre fois un concerto également de Michel ; — Schneider père et fils ont donné sur le cor une symphonie concertante ; — Kuntz a exécuté un concerto de violon de Jarnovict ; — Griot, premier violon du spectacle, a joué un concerto de Viotti ; — enfin, Voyls a fait entendre un concerto de flûte, une sonate et de petits airs variés de sa composition.

Un musicien de Londres, nommé Dewrelle, a fait connaître, en décembre 1791 et dans le mois suivant, son talent tout spécial sur le violoncelle par plusieurs airs variés, dont une sonate de sa composition ; il a chanté en outre une ariette en s'accompagnant, et une scène bouffonne dans laquelle il a imité dix sortes d'instruments.

Pour la première fois, nous rencontrons un fait qui va dorénavant être très-fréquent : dans un entr'acte fort long de *Washington*, en novembre 1791, la musique nationale exécutait l'ouverture de *Lodoïska*, opéra du théâtre de Monsieur, et plusieurs marches militaires. Nous verrons souvent l'orchestre du théâtre jouer des ouvertures dans les entr'actes.

REPRÉSENTATIONS EXTRAORDINAIRES. — Le ballet et les concerts nous ont déjà fourni l'occasion de citer plusieurs artistes en représentation à Rouen, mais nous avons dû réserver aux autres ce chapitre spécial.

Thiémé, mime, venant de Paris et passant par Rouen, en août 1791, avec plusieurs de ses camarades (*sic*), a joué la scène des *Moines gourmands* et l'*Embarras comique*, proverbe dans lequel il faisait cinq personnages différents. Il a donné aussi la *Chasse*, scène d'imitation; le *Comédien de Société*, l'*Etranger*, proverbe en un acte, où il contrefaisait un anglais; la *Nuit blanche*, proverbe; l'*Ambigu comique*, qui lui fournissait l'occasion d'imiter, sur sa main, la figure d'une femme qui rit, mange, chante et boit. Notons en passant que cette dernière pochade a figuré un jour sur l'affiche avec *Zaïre*, tragédie.

Le mois suivant, Saint-Prix et Naudet, comédiens français, pensionnés du roi, ont représenté *Zaïre* (Saint-Prix jouant Orosmane et Naudet Lusignan) et l'*Orphelin anglais* (Naudet jouant Thomas Frick); la *Liberté conquise*, comme nous l'avons dit, et enfin *Cinna*.

En janvier 1792, Lazary, pantomime et machiniste italien, a donné *Arlequin protégé par l'Amour*, pantomime à machines, en deux actes, ornée de tout son spectacle. Il y a rempli le rôle d'Arlequin et fait, à vue d'œil, sept travestissements.

Suivant un usage qui datait déjà de loin et qui a été respecté encore longtemps, une série non interrompue de représentations vraiment extraordinaires a eu lieu pendant la semaine de la passion (du 22 mars au 2 avril 1792). Gabousse avait engagé à la fois :

Molé, comédien français, l'ex-directeur du théâtre de Rouen.

M¹¹ᵉ Rousselois, première actrice de l'Académie royale de musique.

Chesnard, artiste du Théâtre-Italien.

Renaud, acteur de l'Académie royale de musique.

M¹¹ᵉ Rosine, également de l'Académie royale de musique.

Molé et M¹¹ᵉ Rousselois jouaient ensemble dans *Nanine* et dans l'*Amant bourru*, comédie en trois actes et en vers, de Monvel.

M¹¹ᵉ Rousselois a donné le *Comte d'Albert et sa Suite*, le *Tableau parlant*, les *Prétendus*, la *Gageure imprévue*, comédie en un acte, de Sédaine ; *Renaud d'Ast*, *Pierre-le-Grand* et *Sargines*.

Avec Chesnard, elle s'est fait connaître encore dans *Ariane abandonnée dans l'île de Naxos*, opéra en un acte, par Delman ; *Raoul Barbe-Bleue*, orné de tout son spectacle et de tous ses ballets analogues ; la *Mélomanie*, le *Déserteur*, l'*Epreuve villageoise*, *Félix*, ou l'*Enfant trouvé*, en trois actes, par Monsigny ; *Sylvain*, enfin *Raoul sire de Créqui*.

M¹¹ᵉ Rosine a chanté une scène française del signor Piccini et un air de Bravura, paroles italiennes del signor Pasiello (textuel).

Enfin, voici la représentation de clôture, celle du 2 avril 1792. On a donné *Didon*, avec Chesnard, Renaud et Mlle Rousselois. Avant cet opéra, Mlle Rosine a chanté une grande ariette de Piccini.

Après la représentation de *Didon*, Ménonval prononça le discours de clôture dont voici la teneur :

« Messieurs,

« Choisi pour vous présenter le tribut de la reconnaissance que vous doivent les entrepreneurs du spectacle de cette ville, je me glorifie, en ce moment, d'être leur interprète auprès de vous. Daignez agréer leurs hommages, leurs remerciements, et croire que le désir de vous plaire les a guidés sans cesse dans toutes leurs entreprises.

« Les preuves les plus évidentes de leur zèle et de leur activité sont les précieux talents de la capitale dont ils vous font jouir en ce moment, et le nombre de pièces nouvelles qu'ils ont fait monter dans le cours de cette année. Toutes n'ont pu réussir également ; mais celles qui ont obtenu vos suffrages, messieurs, resteront à jamais au théâtre ; elles ont été jugées par le sentiment, l'esprit, la délicatesse, et approuvées par le bon goût.

« Veuillez recevoir par ma voix, messieurs, les justes regrets de ceux de mes camarades que d'autres engagements forcent à vous quitter : ils ne se consolent de ce départ affligeant que dans l'espérance de revenir un jour plus dignes encore de contribuer à vos amusements.

« Quant à ceux qui restent, croyez, messieurs, qu'ils feront tous leurs efforts, qu'ils n'épargneront rien pour se conserver ou mériter, à l'avenir, ce qui est le plus cher aux yeux des artistes, votre estime et votre approbation. »

BÉNÉFICE DES HÔPITAUX. — Le mercredi 21 décembre 1791, les *Arts et l'Amitié*, le *Mariage secret* et les *Prétendus*, opéra suivi d'un ballet, avec une décoration transparente. — Le 19 mars 1792, l'*Ecole des Pères* et l'*Ami de la Maison*, opéra bouffon en trois actes, de Grétry.

BALS. — Un arrêté du conseil municipal de la commune de Rouen a défendu les déguisements et les bals masqués dans la ville de Rouen et les faubourgs de ladite ville. — Séance du 31 janvier 1792, an quatrième de la liberté, publication le 4 février suivant.

INCIDENTS.

Depuis deux ans que le régiment de Salis-Samade (suisse) était à Rouen, il s'était concilié l'estime et l'affection de tous les bons citoyens par sa bravoure, sa discipline et les services qu'il avait rendus au département. En 1789, il avait contribué à rétablir la tranquillité; en juillet 1791, il avait fourni plusieurs détachements qui, avec la garde nationale de Rouen, avaient promptement réprimé une insurrection survenue à Auffay à propos du prix des grains. Aussi les comédiens de Rouen, partageant les justes regrets que causait à toute la cité l'ordre du départ de ce régiment appelé à la défense des frontières, ont-ils donné, le 24 août 1791, un petit intermède en prose terminé par un vaudeville analogue à l'événement. Cet à-propos, intitulé les *Regrets du cœur*, était de Bérard et Ménonval, acteurs qui, après la représentation, ont été ramenés sur la scène par Correard au bruit des applaudissements unanimes. La donnée était fort simple : M. Delval, fabricant de Rouen, son fils Julien et son chef de comptoir se désolent du départ du régiment de Salis-Samade, d'autant plus que Paul Helden, sous-officier du régiment, est l'ami et le maître d'armes de Julien. Une belle dame arrive sur les entrefaites et ne comprend pas un pareil engouement. Paul survient, et la dame, entendant l'expression de ses nobles sentiments, se range à l'avis commun et boit à la santé du brave régiment de Salis. Voici les couplets qui terminaient cette petite pièce de circonstance :

AIR *du vaudeville de Figaro.*

GÉRARD.

A des pertes trop amères
Rarement on est soumis.
Que les destins sont contraires
En séparant des amis!
Quoi! Salis, nos tendres frères,
Vont nous quitter! — Et pourquoi?

PAUL.

Mon hami
Pour opéir à la loi.

DUMAS.

Des grands destins de la France,
Nous nous reposons sur vous :
Ah! dans cette circonstance,
Sur qui donc compterions-nous?
Tout prouve votre vaillance,
Zèle, amitié, bonne foi,
Et votre amour pour la loi.

M. DELVAL.

Citoyens, femmes et filles,
Tout vous regrette en ce jour :
Nous n'étions pas deux familles,
De tous vous aviez l'amour.
Messieurs, dans toutes les villes,
Plaire sera votre emploi !...
Vous chérir est une loi.

JULIEN.

Bien défendre la patrie
Et se battre tout de bon,
Pour elle donner sa vie.
Paul, c'était là ta leçon :
Si la tienne est poursuivie,
Mon camarade, écris-moi,
Et je vole auprès de toi.

PAUL.

Mon pauvre âme être interdite
De tous vos bons sentiments;
Chacun de nous les mérite :
Nous frères dans tous les temps.

On rappelle

Le tambour bat, je vous quitte...
Adieu, pour dernière fois :
Toujours obéir aux lois !

On donnait, avec les *Regrets du cœur*, la comédie la *Fausse Agnès*, et le spectacle était terminé, vu le départ du régiment, par la troisième et dernière représentation de *Mirza et Lindor*, grand ballet pantomime (probablement des soldats y figuraient; cependant ce ballet a encore été dansé peu de temps après).

Pendant la représentation, les officiers qui étaient dans les loges se sont levés pour remercier le public des applaudissements sympathiques qu'il ne cessait de faire entendre; beaucoup de soldats pleuraient. On a demandé et obtenu une deuxième représentation pour le lendemain, afin d'honorer davantage ce régiment auquel la garde nationale offrit un drapeau au moment de son départ. — En décembre de la même année, le régiment de Salis-Samade passa par Rouen, et le soir, au théâtre, l'accueil le plus flatteur fut encore fait aux officiers, sous-officiers et soldats qui assistaient au spectacle.

Le second incident est un acte de bienfaisance. Dans le mois de septembre 1791, en l'absence des troupes de ligne, vingt jeunes gens de la ville s'offrirent pour faire les évolutions militaires dans la *Liberté conquise* ou le *Despotisme renversé*, joué par Saint-Prix et Naudet, et cependant ils prirent des billets de parterre afin que la recette n'en souffrît pas. Alors, par un combat de délicatesse entre ces jeunes gens et la direction, le prix de leurs places fut destiné aux pauvres; et l'un des jeunes gens le remit au bureau central de charité (établi en la maison commune, rue Saint-Lô) sans vouloir prendre de reçu.

La présence des artistes de la capitale n'empêcha pas la politique de se faire jour au théâtre. Le 31 mars 1792, entre les deux pièces, un cri presque unanime demanda l'air *Ça ira!* l'orchestre l'exécuta sur le champ; alors on manifesta le désir de voir arborer dans la salle le drapeau de la nation, et soudain il fut apporté au bruit de la musique qui jouait l'air de *Lucile*, opéra: *Où peut-on être mieux qu'au sein de sa famille!* Le sieur Bosquet, régisseur, s'avança sur le théâtre ; on demanda que le drapeau fût placé dans la salle, ce qui fut exécuté sur le champ, au bruit des airs : *Ça ira !* et *Vive Henri IV.* Cette inauguration, qui fut faite à l'imitation de Paris, Strasbourg et Bordeaux, se passa avec calme et dignité.

A l'époque dont il est ici question, le spectacle commençait de très-bonne heure. Ainsi, le 14 avril 1791 on annonçait que le spectacle commencerait immédiatement après la cérémonie publique. Or, cette cérémonie publique était l'entrée à Rouen de Charrier de la Roche, évêque métropolitain des côtes de la Manche, par conséquent évêque de notre département. — De même, le dimanche 15 mai 1791, l'affiche prévenait qu'on ne commencerait le spectacle *qu'après la revue*. — Le 18 septembre de la même année, le fait est encore plus clairement énoncé : « Vu la revue, le spectacle ne commencera qu'à six heures et demie. » On sait que ce jour-là on donnait un à-propos relatif à l'heureuse acceptation du roi (voir les pièces de circonstance).

Enfin, et ce n'est pas l'incident le moins curieux de l'époque révolutionnaire qui nous en fournira tant d'autres, la direction A BATTU MONNAIE au mois de février 1792. On sait peut-être que la municipalité de Rouen a patroné alors une association patriotique qui, pour remplacer les divisions et subdivisions du numéraire habituel disparu presqu'en totalité de la circulation, échangeait gratuitement les assignats et émettait des billets ; le capital destiné à la garantie de ceux-ci était déposé dans une caisse placée dans l'enceinte de la maison commune, les membres de l'association ne retirant aucun intérêt de leur mise.

Sur les entrefaites, un des entrepreneurs de la comédie de Rouen a émis des *billets de cinq sols* portant une légende pareille à celle des bons de l'association dont nous venons de parler, c'est-à-dire les mots : *Association patriotique*.

En présence de ce fait, la municipalité a invité, le 4 février 1792, les habitants de Rouen à se tenir en garde contre une émission dont elle ne connaissait ni les associés, ni leur solvabilité, ni aucun fonds destiné à la garantie de leurs billets. L'identité de la légende justifiait bien cet avis du conseil municipal.

L'association patriotique de la comédie de Rouen a répondu d'une manière péremptoire, en annonçant que tous ceux qui possédaient des bons de cinq sols émis par elle pouvaient se présenter au bureau de recette des troisièmes loges de la comédie, tous les matins, depuis neuf heures jusqu'à midi ; on les rembourserait en bons de 6 livres, 3 livres, 30 et 20 sols de Rouen et assignats de 50 livres, conformément à la promesse mentionnée sur les bons.

Année théâtrale 1792-1793.

La réouverture du théâtre de Rouen, fermé depuis douze jours seulement, a eu lieu le samedi 14 avril 1792, par le *Philosophe marié*, ou le *Mari honteux de l'être*, comédie en cinq actes et en vers, de Destouches, et l'*Epreuve nouvelle*, comédie en un acte et en prose, de Marivaux.

Interprète de la direction Cabousse, Bérard a prononcé, au lever du rideau, le compliment d'usage, dont voici quelques passages :

« Messieurs,

« Une nouvelle carrière dramatique va s'ouvrir pour vos amusements.

« Les sujets destinés à la parcourir sont jaloux de vos suffrages ; ils savent que l'artiste auquel vous les accordez peut se vanter à bon droit de son talent.

« Je ne viens point ici, messieurs, faire parade d'un zèle auquel vous ne croiriez peut-être pas.

« Nos travaux constants et soignés, le choix de nos pièces, le beau genre de comédie enfin qui vous convient, voilà sans doute, si nous vous tenons parole, le compliment le plus agréable et le plus flatteur.

« Vous parler de vous, messieurs, et de votre goût éclairé dans tous les arts, c'est répéter ce qu'on vous a dit cent fois, et ce que personne n'ignore. Mais j'en ai parlé à mes nouveaux confrères ; je les ai maintenus dans la haute opinion qu'ils avaient de vous : je leur ai dit que la médiocrité trouvait en vous un juge inexorable, que vous étiez quelquefois sévères pour les talents faits; mais que vous enflammiez par vos encouragements ceux à qui vous soupçonniez les moyens d'acquérir encore. Pouvais-je mieux les assurer de votre indulgence? Car quel est l'artiste qui, chaque jour, ne fait pas de nouvelles découvertes dans son art?

« Ils vont donc paraître devant vous avec le désir et l'intention de bien faire. J'ai osé les encourager tous; car qui plus que moi pouvait parler avec sentiment des honorables bontés dont vous m'avez si souvent comblé? »

Les débuts ont commencé dans les deux pièces de la soirée d'ouverture; ils ont continué le lendemain dimanche et les jours suivants pour la tragédie, le drame et la comédie, dans l'*Habitant de la Guadeloupe*, les *Jeux de l'amour et du hasard*, où *Arlequin maître et valet*, *Tartufe*, le *Dépit amoureux*, *Mélanide*, comédie en cinq actes et en vers, par La Chaussée, qualifiée quelquefois de drame; le *Joueur*, *Don Juan*, ou le *Festin de Pierre*, l'*Ecole des maris*, *Eugénie*, drame en cinq actes et en prose, de Beaumarchais; la *Fausse Agnès*, ou le *Poète campagnard*, le *Père de famille*, *Zelmire*, enfin *Phèdre et Hippolyte*. En même temps, Mlle Parisot, première danseuse, s'est essayée, avec quelque succès, dans *Tartufe*, rôle de Marianne, et dans la *Jeune Indienne*, comédie en un acte et en vers, de Chamfort.

Les débuts d'opéra ont été faits dans : la *Belle Arsène*, *Rose et Colas*, la *Fausse magie*, *Blaise et Babet*, l'*Amant statue*, *Sargines*, *Alexis et Justine*, la *Mélomanie*, enfin l'*Epreuve villageoise*.

Pour le ballet, un pas russe a servi de début à Mlle du Chaumont, élève de l'Opéra de Paris.

La troupe a été composée ainsi qu'il suit :

Pour la comédie, artistes nouveaux : Beauval, premier rôle; Dubreuil, jeune-premier; Colson, troisième rôle à la place de Lachenée, qui a échoué dans ses débuts; Delval, grande utilité; Mme Valmore, deuxième premier rôle, grande utilité; Mmes Beauval et Ménonval, utilités; Mlle Brulo, jeune-première; Mlle Gonthier, soubrette. (Mlle Bernard, qu'elle remplaçait, était engagée au théâtre Louvois. Le bruit a couru à Rouen, en juillet 1792, que Mlle Bernard ayant échoué à Paris, en était morte de chagrin. Dubuisson, administrateur général du théâtre Louvois, écrivit pour assurer qu'au contraire Mlle Bernard remplissait avec succès les rôles d'ingénuité et de première amoureuse.) — Artistes restants : Valmore, Ménonval, Bérard, Prin et Mlle Dufresne. Il faut savoir que Bérard, quittant son emploi, a pris cette année les *valets*. Pour faciliter les débuts, il joua encore le rôle de Tartufe, puis débuta lui-même par le rôle de Gros-René du *Dépit amoureux*, de Sganarelle de *Don Juan* et d'Hector du *Joueur*. — Mlle Parisot jouait accidentellement la comédie.

En novembre, Mme Valmore a changé d'emploi et a débuté dans *Turcaret* pour tenir celui qu'on appelait emploi des *caractères*.

Pour l'opéra, artistes nouveaux : Duberneuil, première haute-contre; Dupuis, haute-contre; Cuvillier, deuxième basse; Desromains, trial; Mme Micallef, duègne; Mme Duberneuil, deuxième duègne. — Artistes restants : Lecoutre, Fleury, Manyer, Mlle Pauline, première chanteuse;

Mme Lecoutre, dugazon ; Mlle Delisle, dugazon-corset, c'est-à-dire les jeunes filles.

Desfossés, première haute-contre, est rentré en septembre seulement dans le *Devin de village* et le *Nouveau Don Quichotte*, opéra bouffon en deux actes, de Boissel et Champein.

Le mois précédent, Bourgeois, haute-contre, a débuté dans l'*Amant statue*, *Blaise et Babet* et le *Devin de Village*.

Pour le ballet : Barré, Mlles Parisot et du Chaumont.

LA POLITIQUE AU THÉATRE. — Dorénavant nous ne trouverons pas seulement des pièces de circonstance, mais encore nous rencontrerons un grand nombre de faits relatifs à la politique ; aussi devons-nous élargir notre cadre pour y faire entrer tout ce qui touche aux événements révolutionnaires.

Dans l'espace de douze mois la même pièce, la même allusion pouvaient être accueillies diversement. Ainsi, à propos de *Pierre-le-Grand*, opéra, qui a été donné en avril et en juin 1792, les Rouennais se montrèrent fort irrités contre Mme Lecoutre, chargée du rôle principal (Catherine), qui substitua le mot *Français* au mot *sujets*. Mme Lecoutre, pleine de déférence pour le public, s'empressa de se justifier : « Cette substitution, dit-elle, a été « faite par Mlle Rousselois elle-même au mois de mars 1792 « et le 21 avril suivant par Mlle Pauline, et lorsque ces « changements sont faits par des acteurs de Paris, nous « nous y conformons, parce qu'il est à présumer qu'ils le « sont avec l'agrément de l'auteur. » Or, voici le couplet que chante Catherine et sur lequel roulait le débat :

CATHERINE (*au public*).

En célébrant un empereur
Que son peuple chérit, révère,
Chacun de nous sent que son cœur
Lui nomme notre auguste père.
Si, par ses travaux assidus,
PIERRE fit fleurir son empire,
LOUIS, par ses grandes vertus,
Force tous les Français à dire :
　Béni soit à jamais
Notre prince dont la tendresse
　S'occupe sans cesse
　Du bonheur de ses sujets! (1)

En tout cas, la substitution était insignifiante, et tant de bruit pour rien prouve combien, à cette époque, était grande la susceptibilité du public.

La même remarque pourrait être faite à propos de l'*Anglais à Bordeaux*, comédie représentée en mai 1792, qui fut bien accueillie, parce qu'à cette époque la France n'était pas en guerre avec l'Angleterre (voyez page 7). Cette pièce de circonstance, qui datait de 1763, était donnée quand la France avait l'Angleterre pour alliée et chaque fois que la paix était signée entre les deux peuples. Aussi ne la vit-on plus figurer sur l'affiche à partir de février 1793, la Convention nationale ayant déclaré la guerre au roi d'Angleterre.

Les dates ont ici la plus grande importance ; nous suivrons donc ponctuellement l'ordre chronologique.

---

(1) *Pierre-le-Grand*, Tours, imprimerie Legier, 1790.

11 Mai 1792. — Première représentation d'un ballet, appelé *Ballet patriotique*, analogue aux circonstances où l'on se trouvait, c'est-à-dire à la guerre contre le roi de Bohême et de Hongrie qui avait refusé de renoncer au concert des puissances liguées contre la France, à savoir la Prusse, la Suède, la Russie et l'Espagne. Ce ballet était composé sur les airs patriotiques les plus populaires, et rempli de manœuvres, d'évolutions et de marches militaires. Ce qui a fait choisir le 11 mai pour cette représentation, c'est qu'il y avait ce jour-là en passage à Rouen : 1° le 3° bataillon des volontaires de la Seine-Inférieure, venant de Dieppe et allant à Lorient, d'où il devait s'embarquer pour la Martinique ; 2° un bataillon des volontaires d'Ille-et-Vilaine.

14 Juillet. — A cette date fut célébrée la cérémonie annuelle de la Fédération du district de la ville de Rouen. Le soir, on a eu soin de donner au théâtre la *Famille patriote*, ou la *Fédération nationale*, comédie ornée de tout son spectacle et d'évolutions exécutées par les jeunes enfants de la garde nationale.

15 Juillet. — Même spectacle avec le ballet patriotique (c'était un dimanche).

24 Août. — On a composé un spectacle demandé par les volontaires de Lorient : la *Mort d'Abel*, tragédie ; la *Mélomanie*, opéra, et un ballet nouveau.

10 Septembre. — Le *Déserteur*, drame, après lequel MM. les volontaires du 4° bataillon national de la Seine-Inférieure ont exécuté des évolutions militaires. Ce bataillon se composait de huit compagnies de soixante-douze hommes chaque, et devait partir le lendemain pour Meaux ; un détachement seulement a paru sur la scène. La prestesse et

la précision qu'il a montrées dans les mouvements ont soulevé des applaudissements unanimes.

17 Septembre. — Spectacle pour les frais de la guerre, composé de *Raoul Barbe-Bleue* et de la *Mélomanie*. Chesnard, de la Comédie-Italienne, a joué dans ces deux opéras, et le produit de la recette, 1,467 livres 5 sous, a été porté à la municipalité.

24 et 29 Septembre. — *Brutus*, tragédie.

22 Septembre. — Première représentation de la *Mort de Dillon*, fait historique en trois actes et en vers, par Béville, citoyen de Rouen (Théobald Dillon avait été tué par ses propres soldats dans la fatale journée de Tournai). Cette pièce, ornée de tout son spectacle et d'évolutions militaires, retraçant une des actions de la guerre de la liberté, était à l'ordre du jour; elle a été fort applaudie et a valu une ovation à l'auteur. L'année suivante, des voleurs se sont introduits chez Béville, qui demeurait rue Pavée, n° 27, et, entre autres papiers, ils lui ont pris le manuscrit d'une pièce de théâtre en trois actes et en vaudevilles; infortunés voleurs!!

3 Octobre. — Première représentation des *Dangers de l'opinion*, drame en cinq actes et en vers, de Laya. Il n'est pas question dans cette pièce de l'opinion politique, mais de celle qui flétrit le fils d'un condamné; cependant l'état des esprits lui imprima un cachet d'actualité.

16 Octobre. — A la demande des volontaires de Brest, la *Mort de Dillon*, fait historique, et le *Grondeur*, comédie en trois actes et en prose, de Brueys.

18 Octobre. — A la demande de MM. les volontaires de Lorient et de Brest, *Brutus*, tragédie, et les *Deux petits Savoyards*, opéra.

24 Octobre. — Conformément au décret de la Convention nationale, à la date du 28 septembre précédent, on a célébré à Rouen, en grande pompe, les succès de nos armes en Savoie, et le soir au théâtre on a donné la *Mort de Dillon.*

29 Octobre. — *Mucius Scœvola au camp de Porsenna,* mélodrame.

7 Novembre. — Première représentation du *Départ des volontaires villageois,* comédie en un acte et en prose, mêlée de vaudevilles, par Lavallée, ancien capitaine au régiment ci-devant de Bretagne. Dans cette pièce il était question de la proclamation de la république, d'une fête patriotique à cette occasion, d'un *Te Deum* de la révolution, du roi de Prusse, du duc de Brunswich et de l'hymne des Marseillais.

17 Novembre. — Première représentation de l'*Offrande à la Liberté,* scène religieuse composée de l'air *Veillons au salut de l'Empire* et de l'hymne des Marseillais, arrangée par le citoyen Gossec. Le spectacle se terminait par *Brutus,* tragédie.

19 Novembre. — Deuxième représentation de l'*Offrande à la Liberté,* avec *Mucius Scœvola, ou le Volontaire Romain,* mélodrame en un acte et en vers, par UNE SOCIÉTÉ D'HOMMES LIBRES, musique du citoyen Granier. Lors de la première représentation à Rouen de ce mélodrame, on avait annoncé qu'il était composé par des amateurs de Rouen et que la musique était de M. Granier, musicien de l'orchestre.

26 Novembre. — Reprise du *Comte de Waltron,* ou la *Discipline militaire du Nord,* drame orné de tout son spectacle et d'évolutions militaires exécutées par les

citoyens de la garde nationale. « Prestesse, aplomb, justesse, précision, rien ne s'est laissé désirer dans ces évolutions. »

28 novembre. — La garde nationale de Rouen figure pour la seconde fois dans le *Comte de Waltron*.

10 Décembre. — La représentation de l'*Orphelin anglais*, pièce qui prête à des allusions favorables à la royauté, a causé un tumulte affreux. Quand la femme de Thomas a dit en scène à son mari qu'elle venait de parler au roi, des applaudissements ont éclaté, et en même temps des sifflets et les cris la *Marseillaise! Ça ira! Cabousse!* On a, dans la salle, dansé et chanté la *Carmagnole*, à tel point que l'on n'a pu finir la pièce l'*Orphelin anglais*, une partie du public demandant même qu'elle fût brûlée sur le théâtre. Le bruit s'est prolongé pendant les *Visitandines*, quoique ce fût la première représentation de cet opéra, dont le succès, à Rouen, ne date pour ce motif que de la deuxième audition.

19 Janvier 1793. — Première représentation du *Siége de Rouen*, ou le *Dévoûment de Blanchard, capitaine des bourgeois sous Charles VI*, fait historique en cinq actes et en vers, ouvrage dédié aux citoyens de Rouen par le citoyen Vieillard (Boismartin).

Deux jours auparavant, l'auteur adressait à ses concitoyens, par la voie du journal, la préface suivante :

L'auteur du Siége de Rouen *à ses concitoyens.*

« Concitoyens, je me suis proposé, dans l'ouvrage que je vous présente, d'approprier les mœurs publiques à l'esprit d'une constitution libre. Guy Le Bouteiller, gouverneur de la ville et château de Rouen en 1418, ouvre la scène avec son confident ; il haïssait mortellement Blanchard, le chef et le héros des bourgeois de Rouen. Ce fut Guy qui trahit vos ancêtres : son caractère doit donc fortement contraster avec le caractère de Blanchard. Dans la première scène du premier acte, Guy trace avec son confident le plan de la ville de Rouen et du généreux Blanchard.

« Vous sentirez dès-lors que le langage de Guy doit avoir une parfaite conformité avec son caractère. Je ne puis mettre le langage du patriotisme dans la bouche d'un homme qui méprise, hait et trahit le peuple. »

On a beaucoup applaudi quelques vers en forme d'adage, tels que ceux-ci :

On n'est pas sur le trône à l'abri du tonnerre (1).
Qui ne cède qu'au sort, n'est qu'à demi-vaincu.
Soixante ans de vertus valent bien des aïeux.

Les rôles principaux ont été remplis par : Beauval, Henri roi d'Angleterre ; Valmore, le capitaine Blanchard ; Mlle Dufresne, Constance. L'auteur, demandé à grands cris, a paru sur le théâtre et a été salué par des applaudissements frénétiques.

Antoine Vieillard, devenu, en 1793, maire de Saint-Lô, a écrit aux maire et officiers municipaux de Rouen la lettre suivante :

---

(1). Cette pensée a dû, le 19 janvier 1793, et surtout à la deuxième représentation, le 21 du même mois, produire sur l'auditoire un effet véritablement dramatique.

« 6 Octobre 1793.

« Très-chers concitoyens,

« Je vous adresse un exemplaire imprimé de la tragédie patriotique de *Blanchard*; les applaudissements qu'elle a reçus sur votre théâtre m'ont prouvé qu'il existe dans votre ville beaucoup de citoyens capables de marcher sur les traces de ce héros; pour moi, très-chers concitoyens, je ne forme plus qu'un vœu, c'est celui de mourir comme lui plutôt que de survivre au bonheur de ma patrie.

« VIEILLARD. »

28 Janvier. — Première représentation du *Siège de Lille*, fait historique en un acte et en prose, paroles et musique de Kreutzer. Cette pièce retraçait la résistance des citoyens et de la garnison de Lille aux soldats de l'Autriche, quand, au mépris des lois de la guerre, le duc Albert de Saxe-Teschen fit bombarder cette ville en 1792.

9 Février. — Première représentation de l'*Apothéose de Beaurepaire*, pièce en un acte et en prose, du citoyen Lesur, ornée de tout son spectacle, chants et marches. Cette œuvre était palpitante d'actualité. Beaurepaire, chargé de défendre Verdun contre les Prussiens, venait de se suicider pour éviter la honte de se rendre. La convention a fait transporter son corps au Panthéon.

16 Février. — Un opéra nouveau, intitulé *Tout pour la Liberté*, a été représenté pour la première fois.

TRAGÉDIE. — La pompe tragique devait plaire et plaisait beaucoup au milieu des grands événements de la révolution. On trouve, en effet, au répertoire les tragédies suivantes :

Adélaïde Duguesclin. — *Brutus*. — *Cinna*,

Le *Comte d'Essex*, en cinq actes, de Th. Corneille.

Fénélon, ou les *Religieuses de Cambray*, en cinq actes et en vers, par Chesnier. Première représentation à ce théâtre le 4 mars 1793 (1). Valmore jouait Fénélon ; autres acteurs : Beauval, Mmes Dufresne, Valmore et Ménonval. On sait que cette tragédie rappelle un événement dont Fléchier fut le héros, mais que Chesnier attribue à Fénélon, archevêque de Cambrai. On a applaudi un grand nombre de beaux vers, parmi lesquels doivent être cités les suivants :

La pitié qu'on inspire adoucit les malheurs.

Le bien vient de Dieu seul et le mal vient des hommes.

Le malheur qui n'est plus n'a jamais existé.

Dieu fit la liberté, l'homme a fait l'esclavage.

Gabrielle de Vergy. — *Hypermnestre*.
Iphygénie en Tauride, par Guimond de la Touche.
Mahomet. — *Marius à Minturnes*.

La *Mort d'Abel*, tragédie en trois actes et en vers, de Legouvé, ornée de tout son spectacle. Première représentation en juillet 1792. Valmore jouait Adam, Beauval Caïn, Dubreuil Abel, Mlle Dufresne Eve, Mme Valmore Mehala, et Mlle Brulo Thirza. Les applaudissements ont souligné ce vers, que le remords dicte à Caïn :

Un frère est un ami donné par la nature.

---

(1) Nous disons à ce théâtre, parce que depuis le 2 février précédent il y avait à Rouen un autre théâtre : le Nouveau Théâtre-Français, et que précisément *Fénélon* y avait été représenté la veille.

Ce vers, tant de fois parodié dans des ouvrages légers, contient une pensée qui n'est pas de Legouvé; elle appartient à un auteur indien.

OEdipe chez Admète, par Ducis.
Phèdre et Hippolyte. — *Philoctète*.
Roméo et Juliette. — *Sémiramis*.
Tancrède. — *Zaïre*. — *Zelmire*.

En tout, dix-neuf tragédies représentées dans l'année, dont deux nouvelles.

DRAME. — On a représenté *Amélie et Monrose*, les *Deux amis* et *Beverley*; mais il ne faut pas oublier qu'on a donné d'autres drames, dont nous avons parlé à propos de la politique ou des débuts.

COMÉDIE. — La direction Cabousse a maintenu à la scène les comédies pour ainsi dire classiques dont les noms suivent :

Amphitryon.
Le *Barbier de Séville*.
Les *Châteaux en Espagne*.
Le *Dépit amoureux*.
Le *Dissipateur*.
Don Juan.
L'*Ecole des Femmes*.
L'*Ecole des Maris*.
L'*Ecole des Pères*.
L'*Etourdi*.
Les *Etourdis*.
La *Fausse Agnès*.
Les *Femmes savantes*.
Les *Folies amoureuses*.
La *Folle journée*.
Le *Glorieux*.
Les *Jeux de l'amour et du hasard*.
Le *Menteur*.
La *Métromanie*.
Le *Misanthrope*.
Nanine.
Tartufe.
Turcaret.

Le *Distrait*, en cinq actes et en vers, par Regnard.
Le *Légataire universel*, idem.

Le *Joueur*, idem.

Le *Méchant*, en cinq actes et en vers, par Gresset.

L'*Enfant prodigue*, ou l'*Ecole de la jeunesse*, en cinq actes et en vers, par Voltaire.

D'autre part, le répertoire a été enrichi d'un certain nombre de comédies offertes pour la première fois au public rouennais, ou dont la reprise a mérité une mention spéciale, savoir :

L'*Andrienne*, comédie en cinq actes et en vers, de Térence, traduite et mise au théâtre français par Baron. Première représentation de la reprise en mai 1792. Acteurs : Valmore, Lecoutre, Bérard, Dubreuil, Mmes Dufresne et Gonthier. A l'exception de Bérard, ils portaient, au lieu d'un costume grec, des habits à la française, des perruques à bourse et des chapeaux à plumets ; ils s'en excusèrent en disant que la même chose se faisait à Paris.

Le *Cadeau*, ou les *Etrennes vivantes*, folie en un acte et en prose, par Patrat. Première représentation le 1er janvier 1793.

Marianne et Dumont, comédie en trois actes et en prose. Première représentation en décembre 1792. Mlle Dufresne jouait madame Dumont.

Le *Mystérieux*, comédie en cinq actes et en vers, par le citoyen Ménonval, financier de la troupe du théâtre. Première représentation en janvier 1793. L'auteur a été demandé et applaudi. C'était en effet la première fois que ce caractère était traité sur la scène française, tandis que Cumberland, poète anglais, avait donné au théâtre de Londres le *Mari mystérieux* (the Mysterious husband), qui avait eu un grand succès.

Le *Retour du mari*, comédie et un acte et en vers, de de Ségur. Première représentation en août 1792.

On a donné aussi pendant cette année théâtrale :

L'Amant auteur et valet, comédie en un acte et en prose, de Ceron.

L'Amant bourru. — *Les Bourgeoises de qualité*.

Le Bourru bienfaisant. — *Céphise*.

Le Consentement forcé. — *La Coquette corrigée*.

Les Dangers de l'absence. — *Dupuis et Desronais*.

L'Epoux par supercherie. — *L'Epreuve réciproque*.

Les Fausses infidélités, comédie en un acte et en vers, par Barthe.

La Feinte par amour. — *La Femme jalouse*.

Le Français à Londres, en un acte et en prose, par de Boissy.

La Gageure imprévue, en un acte et en prose, par Sedaine.

La Gouvernante, comédie en cinq actes et en vers, par Nivelle de la Chaussée.

L'Homme du jour. — *L'Impromptu de campagne*.

Le Mariage secret.

Les Maris corrigés, en trois actes et en vers, par de la Chabeaussière.

Le Mercure galant, ou la *Comédie sans titre*, en quatre actes et en vers, par Boursault.

L'Obstacle imprévu.

Le Procureur arbitre, en un acte et en vers, par Ph. Poisson.

La Pupille.

Les Rivaux amis, comédie en un acte, de Forgeot.

Le Somnambule.

Tom Jones à Londres. — *Tom Jones et Fellamar.*
Le *Triple mariage.* — Les *Trois frères rivaux.*
Le *Tuteur.*
Les *Vacances des procureurs*, comédie en un acte et en prose, par Dancourt, ornée de sa marche et vaudeville et terminée par un ballet.

OPÉRA. — Nous aurions pu appeler l'année précédente l'année de *Paul et Virginie*. Ce genre de locution est fréquent en langue théâtrale; appelons celle-ci l'année des *Visitandines*. C'est en effet, au milieu des nouveautés et des reprises, cet opéra qui domine, surtout au point de vue du succès populaire et du temps pendant lequel il est resté au répertoire. Voici du reste la liste des œuvres lyriques non citées dans d'autres chapitres de cet exercice :

L'Amant jaloux, par d'Helle et Gretry.
L'Ami de la maison. — *L'Amitié à l'épreuve.*
L'Amoureux de quinze ans, ou la *Double fête.*
Blaise le Savetier.
Camille, ou le *Souterrain*, en trois actes et en prose, par Marsolier, musique de Dalayrac. L'auteur du libretto a mis dans la bouche d'une mère ces belles pensées :

  O ciel ! dans ma douleur amère
  Je dois respecter tes décrets.
  Si nos pleurs ne coulaient jamais
  Il serait trop doux d'être mère.
  . . . .
  Dors, cher enfant... Que je l'embrasse !
  Ah ! tout dit à mes sens ravis
  Qu'il n'est pas de maux que n'efface
  Un baiser qu'on donne à son fils.

Cette pièce, mêlée d'ariettes, décorée quelquefois du titre d'opéra, a été représentée pour la première fois à Rouen en septembre 1792. Acteurs : Duberneuil, Dupuis, Desromains, Fleury, Cuvillier, Mmes Lecoutre, Delisle (rôle d'Adolphe) et Sophie. Cette dernière avait paru, le mois précédent, dans le rôle de la Française de la *Caravane du Caire*, en l'absence de Mlle Delisle.

Le Comte d'Albert et sa suite.

Le Déserteur. — *Les Dettes.* — *Les Deux avares.*

Les Chasseurs et la Laitière. — *Les Deux tuteurs.*

Le Devin de village, avec une décoration nouvelle représentant un village, composée et peinte par Guingret le jeune.

La Dot. — *Le Droit du seigneur.*

Les Evénements imprévus.

Le Faux lord, opéra en deux actes et en prose, de Piccini fils, musique de Piccini père. Première représentation de la reprise en mai 1792.

Les Femmes vengées. — *Lucile.* — *Le Magnifique.*

Le Mariage clandestin. Première représentation en février 1793.

Les Mariages samnites.

Le Maréchal. — *Le Maréchal ferrant.* — *Nina.*

OEdipe à Colonne, opéra ou tragédie lyrique, en trois actes, paroles de Guillard, musique de Sacchini, orné de tout son spectacle et ballets. Première représentation en juillet 1792. Lecoutre jouait le rôle d'OEdipe, Cuvillier celui de Thesée, Mlle Pauline celui d'Antigone, Mlle Delisle celui d'Eriphile, enfin Duberneuil celui de Polinice.

Panurge dans l'île des Lanternes, par Morel et Grétry, reprise en octobre 1792.

Paul et Virginie, opéra en trois actes et en prose, par

Favières, musique de Kreutzer, orné de tout son spectacle, repris en août 1792 et joué une fois en janvier 1793, en présence du citoyen Kreutzer.

Les *Pêcheurs*. — Les *Prétendus*.

Pygmalion, scène lyrique de J.-J. Rousseau.

Raoul sire de Créqui.

Renaud d'Ast. — Les *Rigueurs du cloître*. — La *Rosière*.

La *Servante maîtresse*. — La *Soirée orageuse*. — Le *Soldat magicien*.

Le *Sorcier*, opéra en deux actes et en prose, par Poinsinet et Philidor.

Stratonice, opéra en un acte, par Hoffmann et Mehul. Première représentation en novembre 1792 : c'est l'anecdote grecque d'Antiochus et de Stratonice.

Le *Tonnelier*. — Les *Trois fermiers*.

Les *Visitandines*, opéra-comique en deux actes et en prose, de Picard, musique de Devienne. Première représentation le 10 décembre 1792. On a surtout applaudi le rondeau : *Enfant chéri des dames*. On a vu que cette soirée a été très-orageuse (voyez page 292).

Zémire et Azor.

BALLET. — Le ballet, en honneur durant les années précédentes, fut au contraire très-négligé pendant cette campagne ; les seules nouveautés ont été un *pas russe*, le grand *Ballet patriotique* de 1792 et un divertissement de la composition de Barré. Ajoutons toutefois que presque tous les soirs le corps du ballet dansait à la fin du spectacle.

CONCERTS. — Au mois d'août 1792, Rode, virtuose de Paris, qui donnait alors des concerts dans la salle des

Consuls, a exécuté sur le théâtre, entre deux pièces, un concerto de la composition de Viotti. — En novembre, le citoyen Rethaller le jeune a fait entendre de même un concerto de corno-basseto, instrument inconnu à Rouen.
— Dans le même mois et en janvier 1793, le citoyen Rethaller, musicien du spectacle, a exécuté un concerto de clarinette.

Nous avons hâte d'arriver aux vrais concerts. Le premier de l'année théâtrale date du mois de mai 1792; il a été donné par Punto, premier cor du concert spirituel de Paris, qui y a exécuté plusieurs morceaux de sa composition. En voici le programme : 1° symphonie de Haydn, par l'orchestre; 2° grand air de *Didon : Ah ! que je fus bien inspirée*, chanté par Mlle Pauline; 3° sonate de Krumpholtz, sur la harpe, par Mlle Moliex; 4° ariette chantée par Cuvillier; 5° duo d'*Oreste et Pilade*, par Cuvillier et Dupuis; 6° un quatuor de cors exécuté par Punto. — Le concert a fini par de petits airs (sic).

Un second concert vocal et instrumental a été donné au théâtre, en juin de la même année, par Punto. C'était à peu près le même programme, sauf deux ariettes italiennes chantées par Mme Schneider.

Punto a organisé un troisième concert divisé en deux actes — comme on disait alors — dans une des salles des Consuls; puis en novembre, un quatrième dans la même salle, avec le concours de quelques-uns des artistes du théâtre. Toutefois, nous tenons à fixer l'attention sur ce dernier pour un tout autre motif, parce que Boïeldieu y a exécuté sur le forte-piano un nouveau concerto de sa composition. Dans le compte-rendu de cette soirée, un critique a écrit ceci : « La satisfaction publique n'a pas moins distingué M. Boïeldieu; on a remarqué avec intérêt qu'il exécutait très-nettement sur le forte-piano la volubilité. Ce jeune artiste offre les plus grandes espérances, quand l'expression, fruit d'un travail exercé, viendra embellir son talent du coloris des charmes de l'art. »

En décembre 1792, Punto a donné un nouveau concert dans la salle des Etats à l'évêché. Desfossés, première haute-contre du théâtre de Rouen, y a chanté une ariette de la composition de Boïeldieu.

Les citoyens Rode et Garat, dans un concert qui a eu lieu aux Consuls au commencement de janvier 1793, avaient chargé le jeune Boïeldieu de l'accompagnement sur le piano. « Ce jeune artiste, écrivait-on le lendemain, ne doit pas être oublié parmi ceux qui ont concouru à l'ensemble et à la perfection de ce concert. » A quelques jours de là, dans un deuxième concert offert encore aux Consuls par Garat et Rode, Boïeldieu exécutait une sonate de forte-piano, de sa composition, et ensuite un pot-pourri, également de sa composition. Aux mois de février et de mars suivants, Garat et Rode se sont fait entendre à plusieurs reprises dans la salle de la bibliothèque des ci-devant Cordeliers (rue des Cordeliers) et à la ci-devant Chambre des Comptes, rue des Carmes. Boïeldieu était au nombre des exécutants pour la partie instrumentale. — Enfin, le 29 mars, le lendemain de la clôture du théâtre, un grand concert spirituel a réuni, dans la salle de la rue des Carmes, la citoyenne Rousselois et les citoyens Garat, Punto, Rode, Boïeldieu et un amateur de Rouen.

Mais rentrons au théâtre après cette digression que justifie l'intérêt que nous portons à tout ce qui touche Boïeldieu et ses œuvres immortelles.

La salle du grand spectacle, arrangée en redoute, a été ouverte le 13 février 1793 pour un concert spirituel, vocal et instrumental au bénéfice du citoyen Punto et du citoyen Kreutzer, violoniste et compositeur en renom, avec le concours de la citoyenne Pauline et du citoyen Desfossés. Le forte-piano était tenu non par Boïeldieu, mais par le citoyen Broche, organiste de l'église Notre-Dame à Rouen.

REPRÉSENTATIONS EXTRAORDINAIRES. — L'année 1792-1793 n'était pas propice pour engager des artistes étrangers; cependant elle a fourni encore quelques belles soirées.

Chesnard, acteur de la Comédie-Italienne, qui, le 17 septembre 1792, avait chanté dans une représentation pour les frais de la guerre, s'est fait entendre le lendemain dans la *Colonie* et dans *Félix*, ou l'*Enfant trouvé*.

Au mois de décembre suivant, Dumas, acteur du Théâtre-Français de la rue Richelieu, a joué le rôle d'Ylus dans *Zelmire*, tragédie, et celui de Raoul de Couci de *Gabrielle de Vergy*, tragédie.

A la fin de mars 1793, à l'époque ordinaire des grandes représentations, Mlle Rousselois, actrice de l'Opéra, a chanté dans *Camille*, ou le *Souterrain*, le *Tableau parlant*, *Didon*, *Ariane abandonnée*, *Euphrosine*, la *Caravane du Caire*, *Sylvain*, le *Devin de village*, *OEdipe à Colonne*, *Iphigénie en Aulide*, enfin les *Visitandines*. Dans ce dernier ouvrage, le citoyen Punto, premier cor du concert spirituel de Paris, a accompagné l'ariette de cor de chasse.

Bientôt à Mlle Rousselois est venu se joindre Chéron, également artiste de l'Académie de musique de Paris, et il a paru avec elle dans *Ariane*, *Didon*, la *Caravane*, le *Devin*, *OEdipe à Colonne* et *Iphigénie en Aulide*.

Le 28 mars 1793, pour la clôture de l'année théâtrale, on a donné *Roland furieux*, suivi d'*Ariane abandonnée dans l'île de Naxos*. Les acteurs de Paris ont joué dans les deux opéras.

Voici quelques renseignements inédits relatifs à Mlle Rousselois, qui faisait, en 1793, les délices du parterre rouennais. Trente ans plus tard, elle était une duègne très-distinguée, que Bernard, directeur du théâtre de Bruxelles, avait eu le bonheur de s'attacher. C'était en 1823, et, malgré son âge, la duègne redevenait parfois chanteuse et paraissait dans les *Voitures versées* et la *Fausse magie*; dans la *Fausse magie*, quand l'artiste chargé de dire : « Ah! voilà de nos femmes, on n'en fait plus comme cela », avait terminé cette phrase, le public, appliquant ces paroles à Mlle Rousselois, lui décernait plusieurs salves d'applaudissements.

Un jour, elle chanta dans un concert en même temps qu'une de ses filles, Mme Lemesle, et qu'une première chanteuse légère, Mme Cazot; quoiqu'elle eût de beaucoup dépassé la cinquantaine, elle eut, pour sa part, beaucoup plus d'applaudissements que les deux jeunes cantatrices. — Disons, de suite, qu'une autre de ses filles était Mme Fay, et qu'ainsi Mlle Rousselois était grand'-mère de Léontine Fay.

Mlle Rousselois était une femme originale; se fiant à ses rares moyens, elle se dispensait souvent d'assister aux répétitions; quelquefois on se mettait à sa recherche, et on la trouvait pêchant à la ligne, dans l'eau jusqu'à mi-jambe.

Quelques années plus tard, elle quitta le théâtre.

BÉNÉFICE DES HÔPITAUX. — Le samedi 24 novembre 1792, la première des représentations au bénéfice des hôpitaux se composait du *Départ des volontaires villageois*, comédie, de *Mucius Scævola*, mélodrame, et d'*Azemia*, opéra; la deuxième, le mercredi 13 mars 1793, de *Fénélon*, tragédie, et du *Départ des volontaires villageois*. Le même jour, à la même heure, sur le nouveau Théâtre-Français de la place de la Poissonnerie, on jouait aussi *Fénélon*, le produit de la représentation étant destiné à subvenir à l'équipement des frères d'armes des bataillons du département.

BALS. — Le dimanche 17 février 1793, *à la demande du public*, l'administration a donné un grand bal (non masqué, bien entendu) à onze heures du soir, après le spectacle.

INCIDENTS.

Le 1er mai 1792, un incendie terrible éclata à Saint-Etienne-du-Rouvray, district de Rouen ; 120-140 bâtiments furent détruits, une femme et son jeune enfant périrent dans les flammes. Une souscription fut sur-le-champ ouverte à la municipalité et à la Société des Amis de la Constitution de Rouen. Le 3 mai, on donna, au bénéfice des incendiés de Saint-Etienne-du-Rouvray, *Sargines*, opéra, et la *Partie de chasse de Henri IV*, comédie. (L'abonnement de ce jour fut généralement suspendu et remis au 5 mai.) MM. les comédiens ont en outre consacré à cet acte d'humanité une journée de leurs appointements.

Le lendemain 4 mai, Cabousse, directeur du théâtre

de Rouen, a remis à M. Lesieur, curé de Saint-Etienne-du-Rouvray, 1,940 livres 10 sous, produit de la recette et de la générosité des artistes.

La conquête de la Savoie par l'armée française, en 1792, a donné lieu, comme nous l'avons dit plus haut, à une fête célébrée à Rouen, le 24 octobre de cette même année. On peut en lire le procès-verbal détaillé dans les registres des délibérations du conseil général de la commune de Rouen. Voici ce qui concerne le théâtre : « Au retour, les Savoisiens ont pris, avec quelques officiers municipaux et notables, leur part d'un dîner patriotique préparé dans la salle du tribunal criminel. Après le dîner, ils ont été conduits au spectacle par plusieurs membres du conseil général, qui ne les ont quittés qu'à la fin. Le directeur, entrant dans les vues du conseil général, a substitué au spectacle qu'il avait annoncé le matin la *Mort de Dillon* et les *Deux petits Savoyards*, comédie mêlée d'ariettes. Les entr'actes étaient remplis par des cris de : « Vive la nation française ! » que ne cessaient de répéter les loyaux Savoisiens, qui, après le spectacle, ont monté sur le théâtre et ont prononcé, par l'organe de l'un d'eux, un discours qui a été vivement applaudi ; ensuite ils ont dansé en rond avec les acteurs et actrices. Une chanson savoyarde, chantée par l'un d'eux, a terminé cette fête civique. »

Nous n'étonnerons personne en constatant qu'à l'époque à laquelle nous reportons le lecteur le public se montrait bruyant dans les salles de spectacle. Une liberté voisine de la licence était tolérée dans celui de Rouen. Les scènes du plus grand intérêt étaient fréquemment interrompues par des cris et des défis portés entre le parterre et les loges. On poussait le désordre jusqu'à insulter ou contrefaire hautement l'acteur dont le rôle frondait un ridicule ou combattait des maximes dangereuses. Il n'était pas rare d'entendre de grotesques imitations du cri des plus vils animaux. Quand nous traiterons du service de la police des théâtres, nous mentionnerons les arrêtés pris successivement en vue de mettre un terme à ces excès.

Lorsque l'on représentait des tragédies et en général les pièces où l'on observait l'unité de lieu, le passage d'un acte à un autre était marqué par une symphonie ; le souffleur élevant le bras au-dessus de la scène donnait le signal à l'orchestre.

Un Rouennais a émis à ce propos les idées suivantes :

« Le meilleur moyen de conserver l'illusion théâtrale, relativement au souffleur, serait de lui cacher la tête à la faveur d'une caisse dont l'intérieur fût doublé en fer blanc, et dont l'ouverture, du côté des acteurs, fût plus large que le fond, lequel pourrait servir à poser les feuilles de musique du chef de l'orchestre.

« Au nombre des avantages qui résulteraient de cette disposition, il en est un principal, c'est que la voix du souffleur ne serait plus entendue des loges ni du parterre ; que, portée tout entière vers le fond du théâtre, sans se perdre latéralement, elle irait avec plus de force frapper l'oreille de l'acteur en défaut ; tel est d'ailleurs l'usage consacré sur les théâtres de Lyon, de Nantes, de Bordeaux, et adopté déjà dans notre ville par le nouveau Théâtre-Français. »

Nous avons tenu à ne pas laisser dans l'oubli ce détail, quelque puéril qu'il puisse paraître.

Il en est un autre d'un genre tout différent et surtout bien plus difficile à présenter à tous les lecteurs. Un sieur Bourgeois, haute-contre, débutant, comme nous l'avons dit, en août 1792, dans le *Devin de village*, se fit remarquer par un costume qui dessinait trop les formes, au point qu'on fut forcé de lui adresser des reproches à ce sujet. On fit observer au sieur Bourgeois que plusieurs années auparavant un comédien de Rouen s'était fait huer pour le même motif, et que les magistrats, alors chargés de la police, lui avaient imposé l'obligation de respecter le public. — Le croirait-on, nous retrouverons plus tard un semblable incident sur la seconde scène de Rouen ?

Le mardi-gras, en 1793 (12 février), s'est encore passé assez gaîment à Rouen, si on en juge par le spectacle de la soirée : le *Malade imaginaire*, avec la réception burlesque du médecin.

THÉATRE DE LA MONTAGNE.

A la dénomination de théâtre de Rouen, donnée jusqu'alors à la salle de la porte Grand-Pont, a été substituée, le 18 novembre 1793 (28 brumaire an II), celle de théâtre de la Montagne (1). En consignant dès à présent ce changement de nom, nous évitons une subdivision inutile dans l'étude de l'année à laquelle nous sommes arrivé (2).

---

(1) Le nouveau Théâtre-Français de la place du Vieux-Marché s'est appelé alors théâtre de la République.

(2) Le calendrier aussi a changé pendant cette année. A partir du 7 octobre 1793, on a compté le seizième jour du premier mois de l'an II; le septième jour du deuxième mois de l'an II s'est appelé septidi de brumaire, puis sont venus frimaire, nivôse, pluviôse, etc., etc.

Année théâtrale 1793-1794.

Cette année théâtrale, comprise tout entière sous la Terreur, et que l'on pourrait appeler l'année des Fêtes Décadaires, a été signalée par une foule de créations révolutionnaires, si l'on peut s'exprimer ainsi.

L'ouverture a eu lieu le 1er avril 1793; le théâtre n'est donc resté fermé que trois jours, ce qui n'a rien de surprenant, puisque Cabousse a conservé la direction.

La troupe de tragédie, drame et comédie est restée composée comme pendant la précédente campagne; il n'y a eu que des rentrées qui ont été toutes heureuses. Nous retrouvons donc Beauval, Dubreuil, Valmore, Bérard, Ménonval, Colson, Mlle Dufresne devenue Mme Bérard, Mlles Brulo, Gonthier et Vanloo, Mmes Valmore, Ménonval et Beauval.

Pour l'opéra, après des débuts effectués dans la *Mélomanie*, *Blaise et Babet*, la *Rosière de Salency*, l'*Épreuve villageoise*, *Nina*, et enfin la *Dot*, la troupe a été composée ainsi : artistes nouveaux : Buffard, première basse-taille, remplaçant Lecoutre; Collin, deuxième haute-contre; Defond, trial, et Mlle Caroline, première dugazon; artistes restant : Desfossés, Duberneuil, Fleury, Cuvillier, Manyer, Mlles Pauline et Delisle.

Au mois de septembre 1793, une demoiselle Laurens a débuté par le rôle de Lucette de la *Fausse magie*.

Le ballet a perdu M{^{lle}} Parisot, qui, engagée par Ribié, avait, dès le 26 mars, c'est-à-dire avant la fin de l'exercice 1792-1793, débuté avec succès au nouveau Théâtre-Français.

Le régisseur était Verteuil.

Le peintre décorateur était Guingret.

REPRÉSENTATIONS EXTRAORDINAIRES.—C'est par une représentation de ce genre qu'a été faite l'ouverture; deux comédies, le *Philinte de Molière* et le *Retour du mari*, ont été jouées en effet le 1{^{er}} avril 1793, par Molé, acteur du théâtre de la Nation (Théâtre-Français de la rue Richelieu). Les jours suivants, l'ex-directeur du théâtre de Rouen a donné les *Châteaux en Espagne*, l'*Epoux par supercherie*, l'*Optimiste*, ou l'*Homme content de tout*, l'*Entrevue*, le *Mariage secret*, enfin la *Gageure imprévue*. Nous devons une mention spéciale au *Vieux célibataire*, comédie dans laquelle Molé a créé le principal rôle lors de la première représentation à Rouen (voir plus loin).

Pendant l'année, il n'y a pas eu d'autres artistes étrangers en représentation, pour des motifs que l'on devine sans peine.

LA POLITIQUE AU THÉATRE. — Cabousse, directeur du grand théâtre, était l'ami intime d'un nommé Lamine, ardent républicain, membre de la Société populaire, et qui a failli être maire de Rouen. Ribié, directeur du nouveau Théâtre-Français, était également membre influent de la Société populaire; Cabousse était membre du comité de l'instruction publique que le conseil général révolutionnaire de la commune s'était adjoint; Vernon, régisseur du théâtre de Ribié, faisait partie de ce même comité; il en est résulté, l'époque du reste l'exigeant, une grande émulation entre Cabousse et Ribié. Aussi notre chapitre de la politique au théâtre va se trouver plus rempli que jamais.

26 Avril 1793. — Reprise de l'*Apothéose de Beaurepaire*, pièce en un acte, mêlée de chant et marches.

15 Mai. — Pour les frais de la guerre de la Vendée, reprise du *Siége de Lille*, opéra en un acte, précédé de la *Coquette corrigée*, comédie en cinq actes.

20 Mai. — Première représentation de la *Mort du général Dampierre*, fait historique en deux actes et en prose, du citoyen Ménonval, acteur du théâtre de Rouen, orné de tout son spectacle et d'une marche funérale. (Dampierre a été blessé mortellement sous les murs de Valenciennes, le 7 mai 1793.)

14 Août. — *Brutus*, tragédie, remise probablement à l'occasion de la fête de la Fédération, qui a été célébrée le 10 août.

15 Septembre (dimanche). — *Mucius Scævola*, avec le *Départ des Volontaires villageois*.

28 Septembre (samedi). — L'annonce du spectacle contenait entre parenthèses ces mots : « Pour le peuple, entrées libres. » On donnait *Guillaume Tell*, tragédie patriotique, et le *Départ des Volontaires villageois*, comédie. Ce jour-là, le même fait se produisait au nouveau Théâtre-Français, où le spectacle était composé ainsi : le *Général et le Charbonnier* et les *Bizarreries de la fortune*, comédies, et l'*Offrande à la Liberté*.

28me jour du premier mois de l'an II (19 octobre 1793). — Première représentation de *Caïus Gracchus*, tragédie de Marie-Joseph Chénier. Le public a beaucoup applaudi cet hémistiche :

Des loix et point de sang.

Le quartidi de la deuxième décade de brumaire (4 novembre 1793), — on a donné la *Première réquisition*, comédie en un acte.

Le sextidi de la troisième décade de brumaire an II (16 novembre 1793). — Première représentation de l'*Ami du peuple*, comédie en trois actes et en vers, par Cammaille (Saint-Aubin). Marat, sous le nom de Démophyle, est mis en scène par l'auteur. Roland et Dumouriez, sous des noms supposés, jouent dans cette pièce un rôle bien intéressant pour les circonstances. Beauval, représentait Marat ou plutôt Démophyle; autres acteurs : Bérard et Valmore. — Au sujet de l'*Ami du peuple* est survenue une grosse affaire qui donne une idée de la disposition des esprits. Verteuil, régisseur-directeur du théâtre de la Montagne, en annonçant à l'auteur que sa pièce avait réussi à Rouen, ajoutait que les journalistes n'en avaient pas rendu compte. Le 15 nivôse, Cammaille a fait imprimer la lettre de Verteuil dans les papiers publics de Paris. Le 29 du même mois, Noël, rédacteur en chef du *Journal de Rouen*, a repoussé vigoureusement cette calomnie, et prouvé qu'il avait au contraire rendu un compte détaillé de l'*Ami du peuple* le lendemain de la première représentation.

7 Frimaire. — *Mucius Scœvola*.

9 Frimaire (29 novembre 1793). — Première représentation de l'*Heureuse décade*, opéra en un acte.

10 Frimaire. — La relation de la première fête de la Raison, célébrée à Rouen ce jour-là, c'est-à-dire le jour

de la première décade de frimaire (1), touche par plusieurs points à l'histoire des théâtres ; d'abord la déesse Raison était représentée par Mme Ribié, femme du directeur du théâtre de la République. « On a terminé, dit le procès-
« verbal officiel, par exécuter à grand orchestre une
« hymne patriotique dont les paroles sont de Réal, substitut
« du procureur de la commune de Paris, et la musique de
« Champein... Cette fête de la Raison, de la Liberté et
« de l'Egalité s'est terminée par les représentations de
« *Caïus Gracchus*, l'*Heureuse décade*, le *Dernier juge-*
« *ment des rois* et la *Caserne*, ou le *Départ de la première*
« *réquisition*. Le patriotisme des directeurs des deux théâ-
« tres les a portés à donner ces spectacles gratis. »

Ajoutons qu'un chant populaire pour la fête de la Raison, à Rouen, a été composé par le citoyen Noël, rédacteur en chef du *Journal de Rouen*, et mis en musique par Boïeldieu.

16 Frimaire. — *Brutus*, tragédie.

22 Frimaire. — Arrivée dans les murs de Rouen de la division de l'armée du Nord, qui se rendait dans le Calvados, et qui se composait d'une douzaine de régiments. Le soir, un soldat de cette division a chanté sur le théâtre de la Montagne (théâtre de Rouen) deux hymnes patriotiques de sa composition, et a obtenu le plus grand succès.

28 Frimaire (18 décembre 1793). — Première représentation de *Régulus*, tragédie, qui fut jouée comme elle avait été écrite. Nous verrons par la suite quelles suppressions et quels changements cette tragédie a dû subir de par l'autorité supérieure.

---

(1) En exécution de la délibération du conseil général de la commune, du 25 brumaire.

3 Nivôse. — La *Veuve du républicain*, comédie en trois actes.

5 Nivôse (25 décembre 1793). — La nouvelle de la prise de Toulon excita aux deux théâtres un enthousiasme difficile à contenir ; des couplets analogues, chantés dans les entr'actes, servirent d'expression à la satisfaction générale. — Le lendemain 6, on a proclamé la prise de Toulon, officiellement, sur les places publiques, et le soir on donnait au grand théâtre le *Siège de Lille*, opéra. Bérard annonça, pendant le spectacle, que le lendemain 7, il y aurait représentation au bénéfice des veuves, mères et enfants des frères d'armes morts sur les murs de Toulon (1).

Parmi les couplets chantés le 6 au spectacle de la Montagne, on a distingué les suivants :

Air *de la Montagne*.

Français, braves républicains,
Jouissez de votre conquête ;
Des lauriers cueillis par vos mains
Nous allons orner votre tête.
Quand la victoire suit vos pas,
Qu'elle est toujours votre compagne,
La gloire aussi vous tend les bras
Du haut de la Montagne.

Peuple franc, abandonne-toi
Aux doux transports de ton délire ;
Chante l'égalité, la loi

---

(1) La même offrande a été faite le 7 nivôse par le théâtre de la République.

Et la liberté qui t'inspire.
Pour détruire tes ennemis,
Il ne te faut qu'une campagne.
Va, reviens trouver tes amis,
Ils sont sur la Montagne.

15 Nivôse. — On a donné à la fois : la *Veuve du républicain*, le *Départ des Volontaires villageois* et la *Reprise de Toulon*. Cette dernière pièce était jouée aux deux théâtres.

22 Nivôse. — Première représentation de *Roussel et Sophie, ou le Négociant vertueux*, paroles de Conjon, musique de Granier. Cette pièce était remplie de couplets patriotiques qui rappelaient que sans lois il n'y a pas de société, sans mœurs pas de république.

23 Nivôse. — La *Mort de César*.

30 Nivôse. — *Guillaume Tell*, avec l'*Heureuse décade*.

3 Pluviôse (22 janvier 1794). — Première représentation du *Véritable ami des lois, ou le Républicain à l'épreuve*, comédie en quatre actes et en prose, ornée d'évolutions militaires, par la citoyenne Villeneuve. La scène se passe en Vendée. La pièce de la citoyenne Villeneuve a eu à Rouen un grand succès et a été donnée très-souvent en pluviôse et en ventôse.

22 Pluviôse (10 février 1794). — Première représentation des *Deux prisonniers, ou la Fameuse journée*, drame lyrique en trois actes, orné de tout son spectacle, paroles de Martin, musique de Champein. C'est l'histoire touchante de Latude et de Dalègre, en 1756. Le succès de cet opéra a été très-grand, parce que le public y a trouvé des allusions à la tyrannie monarchique. Buffart a créé le rôle de Latude, Duberneuil celui de Dalègre.

Voici des couplets adressés à cette occasion à Champein :

Air : *Mon honneur dit*, etc.

Fils d'Apollon, chantre de la Montagne,
Nouveau Lulli, dans tes charmants concerts,
De tes talents la gloire est la compagne
Et ceint ton front de lauriers toujours verts.
Sur le théâtre, aux accents de ta lyre,
L'air est frappé de sons mélodieux,
Quand la patrie est le dieu qui t'inspire,
Tu prouves bien qu'elle est tout à tes yeux.

Poursuis, Champein, ta carrière brillante,
Du sol français chante la liberté,
De ton pays la voix reconnaissante
Porte ton nom à l'immortalité.

Citoyenne C. D.

27 Pluviôse. — Première représentation de : *Les Tu et les Toi*, en trois actes et en prose, du citoyen Dorvigny, avec la troisième représentation des *Deux prisonniers*. *Les Tu et les Toi* est une des meilleures comédies qu'ait fait éclore la révolution.

4 Ventôse. — *Encore un curé*, opéra en un acte. On donnait en même temps l'*Heureuse décade*.

13 Ventôse. — Le *Siége de Landau*, pièce en trois actes, tout-à-fait de circonstance.

30 Ventôse, jour de fête décadaire, offrant cette particularité qu'il y avait, outre les cérémonies habituelles, trois plantations d'arbres de la liberté. — On a donné, avec *Les Tu et les Toi*, la troisième représentation de la *Fête de l'Agriculture*, comédie de circonstance, composée en trois jours par deux acteurs, Valmore et Beauval, à l'occasion

des fêtes rurales et républicaines du Champ de l'Egalité, commencées le 16 ventôse (défrichements des bruyères Julien, autrefois et aujourd'hui Saint-Julien, par tous les bataillons de la garde nationale de Rouen, qui s'y rendaient tour à tour); elle a été aussi annoncée sous le nom de la *Fête des Bruyères*, ou l'*Heure du repos*; elle était en un acte.

9 Germinal. — La *Seconde décade*, opéra en deux actes.

10 Germinal. — Cette même pièce avec la *Fête des Bruyères*. Après les couplets, sur l'air de la *Carmagnole*, chantés par Bérard, chargé du rôle de maire dans la comédie, un des acteurs lui demanda s'il l'autorisait à chanter une nouvelle *Carmagnole* de la composition d'un frère de Paris. Sur la réponse affirmative de M. le maire, cet acteur chanta huit couplets, entre autres ceux-ci :

Air *de la Carmagnole :*

Sur ma guitare assez longtemps (*bis.*)
J'ai chanté les tendres amants; (*bis.*)
Chantons la liberté,
La sainte égalité
Et le doux nom de frères.
Soyons unis, soyons unis,
Et le doux nom de frères,
Soyons unis, mes amis.

Il fut un cheval de renom, (*bis.*)
Celui des quatre fils Aimon; (*bis.*)
Pourquoi l'antiquité
L'a-t-elle tant vanté ?
C'est qu'il portait des frères,
Soyons unis, etc.

> Dans le joli mois des amours, (bis.)
> Quel signe préside aux beaux jours? (bis.)
> Almanachs vieux, nouveaux
> Vous diront : les Gémeaux,
> C'est-à-dire les frères,
> Soyons unis, etc.
>
> Deux frères, fils de Jupiter, (bis.)
> L'un pour l'autre allaient en enfer. (bis.)
> Envions tous le sort
> De Pollux, de Castor,
> Et mourons pour nos frères.
> Soyons unis, etc.

On a demandé l'auteur des huit couplets et les applaudissements ont éclaté quand on a nommé Florian, citoyen de la section de la Halle-au-Blé et soldat dans la septième compagnie, le poëte qui a chanté Estelle et Némorin.

A toutes ces pièces politiques il faut encore ajouter trois ouvrages qui figuraient dans les représentations républicaines :

Alexis et Rosette, opéra en un acte ;

Au retour, opéra en un acte ;

Le *Marchand de Smyrne*, comédie en un acte, par Champfort.

A chaque fête décadaire, à chaque plantation d'arbres sur les places, on donnait le soir un spectacle composé d'œuvres républicaines ou de pièces dans lesquelles on pouvait trouver des allusions aux idées révolutionnaires. Le directeur n'avait pas grand effort à faire pour arriver au but qu'il se proposait; en effet, le public, avide d'émotions, les faisait naître à tout propos. Ainsi, pour ne citer qu'un exemple, le chœur des *Rigueurs du cloître* :

« *O liberté, déesse de la France!* etc. », devenait pour cet opéra un nouvel élément de succès que l'on aurait eu tort de négliger. Voici ce chœur, tant de fois répété :

CHŒUR D'HOMMES.

Périsse à jamais l'homme impie,
Qui pourrait trahir nos serments!
Que les remords, la honte et l'infamie,
Comme des vautours renaissants,
Jusqu'au dernier jour de sa vie,
Ne lui donnent que des tourments.

CHŒUR GÉNÉRAL.

O liberté, déesse de la France,
Plutôt mourir que de vivre sans toi!
Du despotisme étouffer la puissance,
N'obéir jamais qu'à la loi,
Punir tous ceux qui lui seraient rebelles,
Voilà nos vœux. Dieu! devant toi
Nous le jurons, nous leur serons fidèles.
Vive la liberté, la patrie et la loi!

Il faut savoir aussi que, pendant la célébration des fêtes décadaires, des morceaux de musique étaient exécutés par les musiciens et les comédiens des deux théâtres, avec le concours d'un certain nombre d'amateurs.

Voici une lettre du directeur qui trouve ici tout naturellement sa place; elle était adressée au président du conseil général de la commune révolutionnaire de Rouen :

« Rouen, ce 18 pluviôse an II de la république
française une et indivisible.
« LIBERTÉ. ÉGALITÉ.

« Citoyen,

« La décade dernière, la commune m'a procuré le plaisir d'avoir à mon spectacle dix citoyens ou citoyennes à son choix. Je te prie de réclamer pour moi, tant pour cette décade-ci que pour les suivantes, le même avantage. Rien ne peut mieux embellir mon spectacle que ce qui peut y être placé par une autorité aussi respectable qu'aimée par tous les vrais sans-culottes.

« Mon seul désir est de propager l'esprit qui vous anime, certain que votre route est celle qui doit nous asseoir au sein de la Montagne, trop heureux si mes efforts peuvent mériter une feuille des lauriers que les vrais amis de la chose publique vous préparent. Mon grand et seul vœu est le vôtre, le bonheur de la République. Je te prie, citoyen, de ne faire aucune mention de ce que mon cœur et mon zèle te demandent.

« Salut, courage et fraternité.

« *Signé* CABOUSSE. »

Enfin, il est, à la date du 4 frimaire an II, un arrêté du comité de salut public de la Convention nationale qu'il ne faut pas oublier; celui en vertu duquel, dans tous les spectacles de la République, l'*Hymne de la Liberté* devait être chanté régulièrement tous les décadi et chaque fois que le public le demanderait. Cet arrêté fut signifié à Cabousse, qui s'y est conformé à partir du 12 du mois.

RÉPERTOIRE. — Il a pu être divisé, comme les années précédentes, en comédie, drame, tragédie, opéra et ballet, à l'exception de deux ouvrages, peu importants d'ailleurs, qui ont été annoncés sans aucune qualification, ce sont:

L'*Amour et les Muses*.

L'*Intérieur de la Maison*, ou les *Epoux raisonnables*.

COMÉDIE. — Quelques ouvrages des meilleurs auteurs

ont été mis à la scène. Le lecteur saura les remarquer dans la liste que voici :

Adèle et Paulin, ou la *Prévention paternelle*, comédie en deux actes et en vers, par Delrieux. Première représentation en avril 1793.

Le *Cercle*, ou la *Soirée à la mode*, comédie épisodique en un acte et en prose, par Poinsinet.

Le *Conciliateur*, ou l'*Homme aimable*, en cinq actes et en vers, par Demoustier. Première représentation en mai 1793. On y trouve cet éloge de la peinture :

> Quel bonheur de créer, sur la toile animée,
> Ces regards séduisants et cette bouche aimée,
> Et ces traits enchanteurs, et ce front adoré,
> De les faire rougir et sourire à son gré ;
> L'heureuse main qui trace une si belle image
> Semble avec le pinceau caresser son ouvrage.

Le conciliateur, chargé de terminer à l'amiable un procès entre deux voisins, parle ainsi à l'un des plaideurs :

> Que ce terrain, sujet de guerres intestines,
> Devienne un bien commun. Des deux routes voisines
> Ne faites qu'un chemin. Ces sentiers réunis
> Demain s'appelleront le *Chemin des Amis*.
> Il communiquera de sa terre à la vôtre ;
> Vous irez promener au-devant l'un de l'autre ;
> Chacun avec plaisir en fera la moitié,
> Bien sûr d'y rencontrer au milieu l'amitié.
> Vous nommerez ce lieu le *Rendez-vous des Frères*.
> Là, dans vos derniers ans, bons amis, heureux pères,
> Vous verserez souvent des pleurs de volupté,
> Et vos enfants, témoins de votre intimité,

De vous presqu'en naissant apprenant comme on aime,
Chériront votre exemple et s'aimeront de même.

Le *Conteur*, ou les *Deux postes*, comédie en trois actes et en prose, mêlée de vaudevilles, par Picard. Première représentation en avril 1793.

Les *Deux billets*, comédie en un acte, représentée pour la première fois à ce théâtre en juillet 1793, tandis qu'elle avait été montée au nouveau Théâtre-Français dès le mois de février précédent, c'est-à-dire quelques jours après l'ouverture de la salle; elle est de Florian.

Le *Divorce par amour*, comédie en trois actes et en vers. Première représentation en germinal an II.

Les *Fausses confidences*, comédie en trois actes, par Marivaux.

Les *Femmes*, comédie en trois actes et en vers, de Demoustier. Première représentation en septembre 1793.

La *Mère coupable*, ou l'*Autre Tartufe*, pièce en cinq actes, de Caron-Beaumarchais. Première représentation en juillet 1793. Il y avait déjà à la scène française : la *Mère coquette*, de Quinault; la *Mère embarrassée*, de Pannard; la *Mère jalouse*, de Carolet; la *Mère ridicule*, par un anonyme; la *Mère confidente*, par Marivaux; la *Mère jalouse*, de Barthe; la *Mère parricide*, canevas italien en cinq actes; la *Mère rivale*, par Beauchamps; une autre *Mère rivale*, par Harnot, et encore une autre *Mère rivale*, en un acte, par un anonyme.

Avant la pièce de Beaumarchais, le théâtre en France n'avait pas de *Mère coupable*, et il faut ajouter que cette mère coupable est plutôt une épouse coupable; cette mère coupable est une bonne mère. Le théâtre italien, au contraire, possédait une pièce d'Albergatila, la *Madre colpevole*, qui justifie son titre de *Mère coupable*, car à la fin de la pièce elle reconnaît son fils dans son amant, son fils qu'elle avait abandonné au toit conjugal pour mener une vie d'aventures.

Les *Trois Cousins*, comédie en un acte, de Levrier-Champ-Rion.

Le *Vieux Célibataire*, comédie en cinq actes et en vers, par Collin d'Harleville. Première représentation en avril 1793. Molé lui-même, étant en représentation à Rouen, a créé le principal rôle. — On sait qu'en 1775, Dorat avait fait une comédie intitulée le *Célibataire*, et Dubuisson, en 1782, le *Vieux Garçon*.

Dans une autre catégorie, celle des comédies des grands maîtres, on doit enregistrer aussi pendant cette année :

Amphitryon.	La *Fausse Agnès*.
Le *Barbier de Séville*.	Les *Folies amoureuses*.
La *Bonne Mère*.	Le *Grondeur*.
Le *Bon Père*.	Le *Joueur*.
Le *Dépit amoureux*.	Le *Légataire universel*.
Don Juan.	Le *Mariage de Figaro*.
Le *Distrait*.	Le *Méchant*.
L'*Ecole des Maris*.	Le *Médecin malgré lui*.
L'*Ecole des Pères*.	Le *Menteur*.
L'*Enfant prodigue*.	Le *Misanthrope*.
L'*Etourdi*.	*Tartufe*.
Les *Etourdis*.	*Turcaret*.

Relativement au *Mariage de Figaro*, les Méridionaux se sont montrés beaucoup plus chatouilleux que les Normands. En nivôse an II, la commission municipale de

Marseille a défendu la pièce de Beaumarchais parce qu'elle était jouée avec des costumes proscrits, parce qu'elle rappelait d'anciens préjugés, des maximes de despotisme et des distinctions anti-sociales, enfin parce qu'elle était attentatoire aux bonnes mœurs. A propos de ce dernier point, nous rappellerons que lors des premières représentations du *Mariage de Figaro*, on avait fait cette épigramme :

> Et pour voir à la fois tous les vices ensemble,
> Le parterre, à grands cris, a demandé l'auteur.

Nous aurons cité toutes les comédies, quand nous aurons encore dressé cette liste d'ouvrages maintenus au répertoire :

L'*Amant bourru*.
Le *Bourru bienfaisant*.
Céphise.
Les *Dangers de l'absence*.
L'*Esprit de contradiction*.
Les *Fausses infidélités*.
La *Feinte par amour*.
L'*Impromptu de campagne*.
La *Jeune indienne*.
Mélanide.
Les *Maris corrigés*.
Le *Mercure galant*.
Nanine.
L'*Orpheline*.
Le *Philosophe marié*.
Les *Portefeuilles* (1).
La *Pupille*.
Les *Trois Frères rivaux*.
Le *Tuteur*.

DRAME. — Nous retrouvons à la scène l'*Habitant de la Guadeloupe*, *Beverley*, la *Piété filiale*, ou l'*Honnête cri-*

---

(1) Comédie en deux actes et en prose, par Collot-d'Herbois, annoncée lors de la première représentation sous le nom de : Le *Portefeuille* (voir page 267).

minel, *Eugénie*, enfin l'*Indigent*. Le seul drame nouveau de l'année est *Adèle de Crécy* (août 1793), encore est-ce un drame héroïque ; mais, entre toutes, cette variété du genre était bien celle qui convenait le mieux alors.

TRAGÉDIE. — Indépendamment des tragédies politiques et patriotiques, on a donné :

Le *Cid*.
Fénélon.
La *Mort d'Abel*.
Philoctète.
Sémiramis.
Tancrède.
La *Veuve du Malabar*.

La tragédie en cinq actes et en vers de Lemierre, intitulée : *Barnevelt, grand pensionnaire de Hollande*, a été annoncée pour le 11 mai 1793, mais depuis il n'en a plus été question.

OPÉRA. — La première représentation de *Lodoïska*, de Kreutzer, et surtout celle de la *Fille coupable*, de Boïeldieu, caractérisent suffisamment cette campagne, dont voici du reste le contingent :

Ambroise, ou *Voilà ma journée*, opéra en un acte. Première représentation en août 1793.

Le *Batelier de Rouen et l'Aubergiste de Dernétal*, joué en août 1793.

Caroline et Werther (appelé aussi *Werther et Charlotte*), opéra en un acte, par Dejaure et Kreutzer. Première représentation en juin 1793. Le sujet de cette pièce est tiré des *Passions du jeune Werther*, ouvrage traduit de l'allemand (Goëthe).

La *Caverne*, ou *Rolando chef de brigands*. Première représentation en septembre 1793. Le sujet de la pièce est tiré de Gil-Blas.

La *Chasse*, opéra-comique en trois actes, de Desfontaines, musique de Saint-Georges.

Les *Deux hermites*. Première représentation en juin 1793. C'est un opéra-comique en un acte, par Planterre, musique de Gaveaux.

Le *Directeur dans l'embarras*, opéra bouffon italien, en deux actes, par Dubuisson, musique de Cimarosa. Première représentation en mai 1793.

La *Fête du village*, appelée quelquefois la *Fête de village* ou bien encore la *Fête villageoise*, comédie mêlée d'ariettes en deux actes, c'est-à-dire opéra, par Dorvigny et Desormery.

La *Fille coupable*, en deux actes, par le citoyen Boïeldieu, de Rouen. Première représentation le duodi de la deuxième décade de brumaire de l'an II (2 novembre 1793). C'était la première pièce jouée à Rouen de notre illustre compatriote; c'était aussi sa première composition lyrique pour le théâtre (1). On a beaucoup applaudi l'ouverture et plusieurs morceaux. Le jeune élève des Muses, comme disait le journal du temps, a reçu des gages non équivoques de la satisfaction publique. A la deuxième représentation, Boïeldieu apporta à son œuvre quelques changements qui en augmentèrent encore le succès.

Malgré les beautés de cet opéra, un mauvais plaisant de l'époque a écrit que le père de Boïeldieu était coupable d'avoir fait Boïeldieu fils, que celui-ci était coupable d'avoir fait la musique de la *Fille coupable*, que le directeur était coupable d'avoir monté cet opéra, que les acteurs étaient coupables de l'avoir chanté et que le public

---

(1) Les paroles étaient de Boïeldieu père.

était bien coupable de les avoir écoutés jusqu'au bout. L'envie commençait à s'attaquer aux œuvres de notre compatriote, c'était déjà d'un bon augure.

Les *Folles Amours*, opéra joué en mai 1793.

Le *Franc Breton*, ou le *Négociant de Nantes*, en un acte, par Dejaure, musique de Kreutzer.

Jean et Geneviève, opéra-comique en un acte, de Favières, musique de Solié.

La *Journée dérangée*, opéra joué en octobre 1793.

Lodoïska, ou les *Tartares*, grand-opéra en trois actes, paroles de Dejaure, musique de Kreutzer. Première représentation en avril 1793. Cette pièce était ornée de tout son spectacle, danses, combats, évolutions et incendie. Mlle Caroline a créé le rôle de Lodoïska.

Midas au Parnasse, ou la *Suite du Jugement de Midas*, opéra joué en juillet 1793.

Le *Mort imaginaire*, opéra avec un divertissement. Première représentation en vendémiaire an II.

Philippe et Georgette, opéra en un acte, musique de Dalayrac. Première représentation en juillet 1793. Fleury, qui jouait dans cette pièce, était aimé à Rouen, non-seulement comme artiste, mais encore comme citoyen. Quand il y disait : « Je suis honnête homme, je suis chéri, aimé de tous ceux qui me connaissent », les applaudissements de tous les spectateurs ne manquaient pas d'accorder à Fleury l'hommage le plus flatteur.

Les *Sabots et le Cerisier*, opéra joué en juin 1793.

La direction a conservé au répertoire un certain nombre d'opéras, dont la vogue n'a pas été éphémère, tels que :

Alexis et Justine.
L'Amant statue.
L'Ami de la maison.
Azémia.
Camille.
Le Comte d'Albert et sa suite.
Les Deux Avares.
Les Deux petits Savoyards.
Les Deux Tuteurs.
Les Dettes.
Le Droit du Seigneur.
Le Devin de village.
Félix.
Le Jugement de Midas.
Lucile.
Le Maréchal.
Le Nouveau Don Quichotte.
Paul et Virginie.
Les Prétendus.
Raoul Barbe-Bleue.
Renaud d'Ast.
Rose et Colas.
Sylvain.
Le Tableau parlant.
Le Tonnelier.
Les Visitandines.

BALLET. — Souvent le spectacle se terminait par un ballet sans autre désignation ; on dansait quelquefois à la fin des pièces, par exemple à la fin de la *Belle Arsène*, une chaconne, divertissement dont nous avons défini le caractère ; toutefois, la danse et la pantomime ont occupé moins de place dans le répertoire et l'on a monté seulement :

La *Précaution inutile*, ou l'*Oiseau perdu*, ballet annoncé quelquefois sous le titre de l'*Oiseau pris*. Première représentation en juin 1793.

L'*Hermitage*, ou les *Brigands de Pologne*, pantomime dialoguée. Première représentation en frimaire an II.

CONCERTS. — Un grand concert vocal et instrumental, dans lequel Boïeldieu a fait entendre un concerto de clavecin de sa composition, a été donné le 27 mai 1793, sur la scène du théâtre de Rouen, au bénéfice du citoyen

Kreutzer; entre autres morceaux, ce violoniste a exécuté, avec Griot, dont nous avons souvent parlé, une grande symphonie concertante. Schneider a joué du cor, Lombard de la basse, Réthaller de la clarinette et la citoyenne Moliex du violon ; les citoyens Duberneuil, Colin et Théodore ont chanté des airs et des duo. L'orchestre et les chœurs du théâtre ont complété l'ensemble.

Les talents de notre immortel compatriote étaient déjà très-estimés à Rouen ; dût-on nous accuser de sortir de notre sujet, nous voulons mentionner tous les concerts dans lesquels il fit sa partie. En revenant un peu sur nos pas, nous rencontrons un grand concert, à son bénéfice, qui a eu lieu le 8 avril 1793, dans une des salles de la ci-devant chambre des comptes ; Garat et Mlle Rousselois pour le chant; Rode, violoniste, et Punto, premier cor du concert spirituel de Paris, s'étaient réunis au bénéficiaire, qui a exécuté sur le piano, avec Broche, un morceau de la composition de ce dernier, puis un concerto de piano de sa composition, et enfin un nouveau pot-pourri arrangé par lui. — Il est curieux d'apprendre en passant que le concert commençait à six heures très-précises.

En second lieu se place un concert du 2 mai suivant, salle des ci-devant francs-maçons, porte Cauchoise, au profit de la citoyenne Rousselois, avec le concours de Boïeldieu, Garat, Punto et Rode.—Le 13 du même mois, autre concert à la salle du ci-devant bureau des finances, vis-à-vis Notre-Dame, par Boïeldieu, Punto, Garat, Broche et Rode. Un nouveau duo, de la composition de Broche, a été exécuté, ce jour-là, sur deux pianos, par lui et Boïeldieu.

Le 20 juin de la même année, ce même duo a été entendu dans un grand concert vocal et instrumental, au ci-devant couvent de Saint-Louis, place de la Rougemare, au bénéfice du citoyen Broche. Les autres artistes étaient Garat et Théodore pour le chant, Rode, Griot, Moliex et Lombard pour les instruments. Ces quatre derniers ont exécuté un quatuor de Pleyel.

Garat, Boïeldieu et Punto ont organisé, à la fin de brumaire an II, un grand concert dont la recette a été consacrée à concourir à l'armement et à l'équipement des volontaires qui devaient partir sous peu de jours.

Enfin, le 21 ventôse de la même année, la salle du ci-devant bureau des finances, vis-à-vis le temple de la Raison (1), s'ouvrait pour un grand concert vocal et instrumental, au bénéfice des citoyens Rode, volontaire du 4e bataillon de la Dordogne, et Boïeldieu. Desfossés, haute-contre, y a chanté à deux reprises, Rode a fait entendre plusieurs concerto de violon, et Boïeldieu a exécuté une sonate de forte-piano de sa composition et la sonate la *Coquette*, d'Hermann.

Il n'y eut pas en 1794, à proprement parler, de clôture de l'année théâtrale. Pâques était le 20 avril; si l'on eût suivi les errements habituels, les vacances eussent commencé le samedi veille des Rameaux, 12 avril. Il y eut, au contraire, spectacle le dimanche 13 avril, de même le samedi saint et toute la semaine de Pâques. Cette absence de clôture n'a rien qui puisse étonner, la direction restant dans les mains de Cabousse. D'autre part, on était en pleine Terreur, le directeur ainsi que les artistes avaient

---

(1) Notre-Dame.

intérêt à ne pas rompre les engagements. Il devait en être de même dans les autres villes; les débuts et les mutations d'usage à cette époque ne pouvaient guère, cette année-là, être effectués. Enfin le comité de salut public, voulant que des représentations de par et pour le peuple fussent données fréquemment, les conseils généraux des grandes communes révolutionnaires et en particulier celui de la commune révolutionnaire de Rouen ordonnèrent que les théâtres resteraient ouverts.

Pour nous, nous terminerons fictivement l'année théâtrale au 24 germinal an II (13 avril), jour des Rameaux, et nous commencerons la suivante par la publication des pièces officielles relatives à ces spectacles civiques donnés gratuitement au peuple.

INCIDENTS.

Les incidents de cette année théâtrale se ressemblent tous et sont très-significatifs : nous les rapporterons sans commentaires.

En brumaire de l'an II, le citoyen Griot, au nom des artistes composant l'orchestre du grand spectacle, a remis la somme de cent cinquante livres en assignats et dix paires de bas de laine chez les citoyens Elie et Leclerc père, rue de l'Hôpital, 13, chargés de l'habillement et équipement de la première réquisition.

Le 3 frimaire an II (23 novembre 1793), a été célébrée à Rouen une fête populaire en mémoire de Jourdain et de Bordier, morts martyrs de la liberté en

1789 (1). Ribié, directeur du théâtre de la République, membre de la Société populaire de Rouen, a pris la parole pendant cette solennité, qui se passa sur le port, à l'entrée du pont, entre le quai Bordier et le quai Jourdain ; là des hymnes patriotiques, des airs favoris des amis de la liberté ont été chantés par les actrices des deux théâtres, vêtues de blanc, ayant sur la tête une guirlande de roses et portant une ceinture tricolore. La musique militaire et celles des spectacles les accompagnaient.

En ventôse an II, le bruit a été répandu à Rouen que le citoyen et la citoyenne Lecoutre, ci-devant attachés au théâtre de la porte Grand-Pont et alors pensionnaires de celui de Bordeaux, avaient subi la mort pour avoir participé aux complots du fédéralisme dont Bordeaux a été le berceau. Cette nouvelle était fausse. En effet, quelques jours après, Lecoutre a demandé et obtenu un diplôme de membre de la Société populaire de Rouen.

La délibération qui va suivre nous a paru, sinon surprenante, au moins fort curieuse. Le conseil général révolutionnaire de la commune de Rouen (séance publique du 5 germinal an II, — 25 mars 1794), sur le rapport de son comité d'instruction publique :

Arrête, l'agent national entendu : que les directeurs ou régisseurs des théâtres de la Montagne et de la République seront tenus de faire lever la toile tous les jours à cinq heures et demie du soir très-précises, et de finir à neuf heures, à peine d'être condamnés en cent livres d'amende, par voie de justice municipale.

---

(1) Voir page 220.

Année théâtrale 1794-1795.

Cette nouvelle campagne de la direction Cabousse est surtout remarquable par les représentations offertes gratis au peuple tant pour l'instruire que pour l'amuser. Nous commencerons donc par elles et nous n'épargnerons pas les détails.

SPECTACLES DE PAR ET POUR LE PEUPLE. — C'est sous ce titre qu'il convient d'ouvrir un nouveau chapitre politique.

Le maire de Rouen a donné connaissance au conseil général révolutionnaire de la commune, dans sa séance du 25 ventôse an II, d'un arrêté du comité de salut public qu'il venait de remarquer dans la feuille du *Salut public*, concernant les spectacles civiques qui devaient être donnés gratuitement au peuple, trois fois chaque décade, sur les théâtres de la République. Ces représentations étant déjà organisées à Paris, il a proposé de prendre des mesures pour suivre un si bel exemple. L'étude de cette question a été renvoyée par le conseil à son comité d'instruction publique, qui s'en est occupé dès le surlendemain.

Un membre du comité a pensé qu'on pourrait donner chaque décadi, alternativement sur les deux théâtres de la commune de Rouen, une représentation gratuite. On a fait observer que les deux théâtres n'étant pas également vastes, 15 à 1,600 citoyens jouiraient à la fin d'une décade du bénéfice de la loi, tandis que la décade suivante

5 à 600 seulement obtiendraient cet avantage. L'alternat a été rejeté.

Un autre membre a dit qu'il vaudrait mieux choisir un autre jour que le décadi, parce que ce jour-là les citoyens jouissent déjà d'un spectacle également amusant et instructif dans le temple de la Raison. Pour ce motif, le conseil a été d'avis que les représentations de par et pour le peuple devraient être fixées au quintidi de chaque décade, jour placé au milieu des neuf jours de travail et dans lequel on pouvait sans inconvénient accorder le soir au peuple quelques heures d'une récréation agréable, instructive et peut-être nécessaire. Le conseil a pensé aussi que le même jour et à la même heure chacun des deux théâtres, de la Montagne et de la République, pourrait donner un spectacle gratuit. — Une commission a été chargée de faire un rapport et l'a soumis au comité le 28 ventôse.

Ce rapport adopté a été présenté le jour même au conseil général, ainsi qu'un projet d'arrêté. Le conseil, le substitut de l'agent national entendu, a pris, le 5 germinal an II (25 mars 1794), l'arrêté suivant :

« Le conseil général révolutionnaire de la commune de Rouen, lecture faite de l'arrêté du comité de salut public de la Convention nationale, en date du 20 ventôse, dont l'article 6 porte que, dans les communes où il y aura des théâtres en activité, la municipalité est chargée d'organiser, sur les bases y énoncées, des spectacles civiques donnés au peuple gratuitement chaque décade ;

« Considérant que, s'il importe à l'égalité de détruire entièrement l'aristocratie des richesses et de rendre communs au peuple les avantages jusqu'ici réservés exclusivement à l'opulence orgueilleuse, il est aussi du devoir d'une administration populaire et révolutionnaire de hâter cette époque bienfaisante ;

« Considérant que les bons citoyens de cette commune, concourant, autant qu'il est en eux, au maintien de notre sublime révolution, méritent de jouir le plus tôt possible des bienfaits que la loi assure aux bons citoyens des grandes communes de la République ;

« Et, sur le rapport de son comité d'instruction publique, et les conclusions de l'agent national,

« Arrête ce qui suit :

« Art. 1er. — Il y aura tous les quintidi de chaque décade, à dater de ce mois, une représentation gratuite de pièces patriotiques sur les deux théâtres de cette commune.

» Art. 2. — Le comité d'instruction publique désignera chaque tridi les pièces dont la représentation devra avoir lieu le quintidi suivant sur les deux théâtres.

« Art. 3. — Aucun citoyen n'y sera admis s'il n'est muni d'une carte, qui ne sera délivrée par la municipalité qu'aux citoyens dont le patriotisme est reconnu. La Société populaire, à cet effet, sera invitée de donner au comité d'instruction publique une liste des citoyens qui doivent profiter des faveurs de la loi.

« Art. 4. — Dans les deux théâtres, les places du parquet, des premières loges et galeries, seront uniquement destinées pour les femmes, les enfants et les vieillards, qui recevront en conséquence des cartes particulières.

« Art. 5. — Le comité d'instruction publique fera, primidi prochain, un rapport sur la manière de délivrer les cartes mentionnées aux deux articles précédents.

« Art. 6. — Le conseil général, considérant que les propriétés sont inviolables ; considérant que, par le décret du 8 ventôse sur les détenus, les propriétés des patriotes ont été particulièrement déclarées inviolables et sacrées, accordera aux directeurs des théâtres de la Montagne et de la République les indemnités auxquelles ils auront droit de prétendre.

« En conseil général, le 5 germinal an II de la République, une et indivisible.

« Signés PILLON, maire,
« et HAVARD, secrétaire-greffier,
« Avec paraphes. »

Un autre arrêté du conseil général, à la date du 13 germinal, est ainsi conçu :

« Le conseil général, ouï le rapport de son comité d'instruction publique, et Leboucher faisant pour l'absence de l'agent national, arrête :

« Art. 1er. — Les théâtres de la Montagne et de la République seront ouverts, et donneront une représentation de par et pour le peuple le quintidi prochain.

« Art. 2. — Les directeurs seront tenus de faire afficher aux portes de leurs salles respectives, en caractères très-ostensibles, une inscription portant ces mots :

« UNITÉ,
« INDIVISIBILITÉ DE LA RÉPUBLIQUE FRANÇAISE,
« ÉGALITÉ ET FRATERNITÉ,
« AUJOURD'HUI SPECTACLE DE PAR ET POUR LE PEUPLE.

« Art. 3. — En exécution de l'arrêté du comité de salut public, le répertoire des pièces qui seront données sur les deux théâtres de par et pour le peuple, sera envoyé à l'administration du district, au plus tard la veille des représentations.

« Art. 4. — Le conseil général prévient ses concitoyens que la distribution des billets aura lieu provisoirement d'après le mode suivant :

« Chaque membre du conseil général distribuera dix billets aux patriotes de sa connaissance.

« Il sera envoyé, par le secrétaire-greffier, cent billets à l'administration de l'Hospice-Général, pour être distribués aux vieillards, aux femmes et aux enfants de l'un et de l'autre sexe, de l'âge de huit ans et au-dessus.

« Art. 5. — Le comité d'instruction publique remettra trois cents billets aux instituteurs des écoles primaires, qui les distribueront à leurs élèves âgés de huit ans et au-dessus.

« Le même comité enverra pareil nombre de billets aux treize bureaux d'humanité, qui les distribueront aux patriotes de leur connaissance.

« Il en sera envoyé neuf cent dix à la Société populaire, qui en fera la distribution tant à ses membres qu'aux citoyens et citoyennes des tribunes qu'elle jugera dignes de les obtenir.

« Art. 6. — Le conseil charge son comité d'instruction publique de lui présenter, dans le plus bref délai, un mode invariable et uniforme pour la distribution des billets.

« Art. 7. — La présente sera imprimée, affichée et envoyée aux directeurs des spectacles, afin qu'ils aient à se conformer aux dispositions qui les concernent.

« Signés PILLON, maire,

« et HAVARD, secrétaire-greffier,

« Avec paraphes. »

En même temps que paraissait cet arrêté, le directeur du théâtre de la Montagne et celui du théâtre de la République étaient invités à faire savoir au conseil général de la commune combien ils avaient dans leur répertoire d'ouvrages de nature à stimuler l'énergie du peuple et à le façonner aux mœurs et aux vertus républicaines, et quels étaient les titres de ces ouvrages. Cabousse adressa la liste que voici :

« Tragédies : *Caius Gracchus*, 3 actes ; *Regulus*, idem ; *La Mort de César*, idem ; *Brutus*, cinq actes ; *Guillaume Tell*, idem ; *Mucius Scævola*, un acte.

« Comédies : La *Première réquisition*, un acte ; l'*Ami du Peuple*, trois actes ; la *Veuve du Républicain*, idem ; le *Véritable Ami des lois*, quatre actes ; les *Tu et les Toi*, trois actes ; le *Siége de Landau*, idem ; la *Fête des Bruyères*, un acte ; le *Divorce par amour*, trois actes ; les *Portefeuilles*, deux actes ; le *Départ des Volontaires*, un acte ; le *Marchand de Smyrne*, idem.

« Opéras : Les *Deux Prisonniers*, trois actes ; *Alexis et Rosette*, un acte ; l'*Heureuse décade*, idem ; la *Seconde décade*, deux actes ; *Au Retour*, un acte ; le *Mariage de Roussel*, deux actes ; *Encore un curé*, un acte ; le *Siége de Lille*, idem ; les *Rigueurs du Cloître*, deux actes. »

Le premier spectacle de par et pour le peuple a eu lieu le quintidi 15 germinal an II. Le conseil général, sur l'avis de son comité d'instruction publique, avait fait choix de trois pièces.

1° L'*Ami du Peuple* ;
2° La *Seconde décade* ;
3° Le *Repos des Bruyères*.

Le second spectacle a été donné le quintidi 25 germinal, le troisième le quintidi 5 floréal et ainsi de suite.

Lors de ces représentations, le spectacle le plus curieux devait être, sans contredit, dans la salle elle-même. Tous les patriotes de la connaissance des membres du conseil général, les vieillards, les vieilles femmes et les enfants de l'Hospice-Général, les élèves des écoles primaires, placés dans l'origine aux troisièmes et plus tard aux secondes, tous les patriotes des treize bureaux d'humanité, et tous les membres de la société populaire étaient là de droit, aux termes de l'arrêté du 13 germinal ;

bientôt, le comité d'instruction publique s'est empressé d'accorder vingt billets à l'atelier d'armes établi à Maclou (Saint-Maclou), pour les ouvriers et leurs femmes. Plus tard, on en a donné également aux personnes occupées à la fabrication des armes, place Voltaire, au ci-devant Ouen, et aux employés de la fabrique de salpêtre. Puis, l'agent supérieur militaire du département et du district a obtenu vingt-cinq billets de chaque théâtre pour des jeunes gens de la première réquisition. Enfin, trente billets ont été octroyés aux sans-culotte des bureaux de l'administration révolutionnaire du district.

Le conseil général recevait d'ailleurs des demandes très-pressantes, telles que celle-ci :

« Rouen, ce 16 germinal l'an deuxième de la République une, indivisible et impérissable en dépit des tyrans.

« Aux citoyens composant le conseil général révolutionnaire de Rouen,

« Liberté, égalité, fraternité ou la mort.

« Citoyens,

« Et nous aussi, nous sommes des sans-culotte et des enfants de la patrie ; nous avouons avec sincérité que nous n'avons pas su sans quelques regrets que nos concitoyens, élèves comme nous des écoles nationales, étaient allés hier (le quintidi dernier) à la comédie, avec des billets que vous leur aviez fait distribuer.

« L'école d'hydrographie ne contient que des patriotes ; loin de nous, périssent tous ceux qui n'aiment pas la République ! mais nous désirons nous instruire ; nous demandons à aller attiser à des pièces patriotiques le feu qui embrase nos âmes.

« Vous ne verrez pas à la suite de notre pétition une longue série de noms : le nombre de nos camarades diminue. Déjà la plupart sont partis pour monter les vaisseaux de la République ou ceux qui vont transporter chez ces insolents Bretons nos braves et intrépides frères d'armes. Ils nous ont promis de revenir vainqueurs, de combattre l'Anglais corps à corps. Pour la plupart, jeunes encore, nous travaillons à acquérir des connaissances nécessaires aux marins ; nous voulons être dignes d'eux ; nous voulons les surpasser, s'il est possible.

« Daignez donc ne pas nous oublier, faites-nous partager les bienfaits de la Patrie, notre mère commune ; nous lui paierons avec usure les sacrifices qu'elle fait pour nous, et vous, magistrats du peuple, continuez à bien mériter de vos concitoyens, vous pourrez compter sur leur imperturbable reconnaissance.

« Salut et fraternité, les élèves de l'école nationale d'hydrographie. »

(Suivent vingt-une signatures.)

Tout alla bien tant que les directeurs des deux théâtres ne réclamèrent pas ce qui leur était dû, mais à la fin de l'an II ils présentèrent leur note.

Le conseil général, dans sa séance du 1er vendémiaire an III, entendit le rapport fait par Carré, au nom du bureau municipal, sur la pétition Cabousse et Ribié, directeurs des théâtres, tendant à obtenir paiement des représentations de par et pour le peuple. Aux victoires remportées sur les ennemis de la France, il y avait eu des représentations données gratis ; les directeurs ne demandaient aucune rétribution pour ces représentations, non plus que pour celles qui avaient été données pour venir au secours des braves frères d'armes, prisonniers et autres. Ils ne réclamaient que les spectacles des quintidis.

« Or, tels étaient les comptes établis en commun par les deux directeurs :

« Pour le théâtre de la Montagne, la dépense annuelle
« s'élève à 180,796 livres, soit chaque mois 15,066 livres
« 6 sols 8 deniers, et par jour, y compris les frais de bu-
« reaux, postes, habilleuses, bougies, huile, imprimeur et
« afficheur, 638 livres 14 sols 3 deniers.

« Pour celui de la République, la dépense annuelle
« s'élève à 187,900 livres, y compris les dépenses ci-
« dessus, soit par jour 514 livres 16 sols.

« Dans ces sommes ne sont pas compris les frais d'au-
« teurs, loyer de la salle, frais de magasin, de peinture,
« serrurerie, menuiserie, l'entretien des ballots, non plus
« que les appointements que pourraient réclamer, savoir :
« Cabousse comme maître de musique du théâtre de la
« Montagne, et Ribié comme acteur du théâtre de la Ré-
« publique et dont ils font l'abandon en faveur de la
« République.

« Il revient à Cabousse, pour dix-sept représentations
« jusqu'au 1er vendémiaire an III, à raison de 638 liv.
« 14 s. 3 d. chaque, ci. . . . . . . 10,858 l. 2 s. 3 d.
« et à Ribié, pour pareil nombre de
« représentations . . . . 8,751 18 »
                                                19,610 l. 0 s. 3 d.

Le conseil général, l'agent national entendu, a décidé que ces tableaux seraient envoyés aux maire et secrétaire greffier pour être signés, puis aux administrations du district et du département pour être soumis à leur approbation respective, de là enfin au comité de salut public pour de la part desdits directeurs en obtenir le paiement.

On eût sans doute préféré trouver des ressources à Rouen pour faire face à cette dépense, mais on n'y avait pu réussir; des souscriptions, il est vrai, avaient été ouvertes pour les fêtes civiques ; or, les spectacles de par et pour le peuple constituaient au premier chef des fêtes civiques, mais ces souscriptions étaient bien insuffisantes à payer les 19,610 livres dues aux directeurs, puisqu'au 1er vendemiaire, les fonds disponibles ne s'élevaient qu'à 2,000 livres.

Quoi qu'il en soit, il y a encore eu un spectacle gratis le quintidi 5, le quintidi 15 et le quintidi 25 vendemiaire; mais il était facile de prévoir la fin prochaine de ces enseignements républicains. En effet, le 13, le comité d'instruction publique avait été saisi de la question de savoir si les spectacles de par et pour le peuple devaient être continués. Il avait prudemment passé à l'ordre du jour. Enfin, le 1er brumaire, le conseil général de la commune, considérant qu'il n'ayait encore reçu aucune réponse du comité de salut public, a arrêté qu'à l'avenir ces représentations seraient suspendues jusqu'à la réponse dudit comité.

Ces spectacles ont donc duré six mois et demi, et il y a eu en tout vingt représentations.

A la dernière, à celle du 25 vendémiaire an III, les vieillards, hommes et femmes de l'Hospice-Général, ainsi que les enfants des deux sexes de cet établissement, brillaient par leur absence ; les administrateurs de l'Hospice avaient demandé que les citoyens de cette maison n'allassent plus au spectacle. « Une partie des personnes qui y étaient conduites quittaient leurs concitoyens, pour entrer dans des cabarets; une autre partie, composée de jeunes citoyennes, se répandait dans les corridors et par là échappait à toute surveillance. Les spectacles se prolongeaient jusques à neuf heures et demie et faisaient revenir les assistants trop tard et après l'heure du coucher. Les vieillards et enfants ne pouvaient qu'avec peine revenir d'aussi loin pendant la nuit. » Le conseil général décida, le 23 vendémiaire an III, qu'à l'avenir il ne serait plus délivré de billets aux citoyens et citoyennes de l'Hospice-Général.

La ville de Rouen, en ce qui touche les spectacles de par et pour le peuple, s'est montrée la première après Paris. Qu'on nous pardonne, en faveur de cette considération, d'en avoir tant dit sur ce sujet.

LA POLITIQUE SUR LA SCÈNE. — Après ce que l'on vient de lire, on ne s'étonnera pas de voir le répertoire s'enrichir d'un grand nombre de pièces de circonstance. Les spectacles de par et pour le peuple devaient bientôt achever la transformation de la scène en une tribune. C'est en effet ce qui est arrivé. Voici dans l'ordre chronologique le bulletin du répertoire politique :

30 Germinal an II. — Représentation de *Mucius Scœvola au camp de Porsenna*. Quelques jours après, Léon Levavasseur, officier d'artillerie au port de la Montagne (Var), a envoyé au conseil général de la commune de Rouen un exemplaire de ce mélodrame qu'il avait composé, deux ans auparavant, avec plusieurs patriotes. Il venait, disait-il, d'augmenter considérablement cette pièce; il y joignait

l'*Apothéose de Lepelletier* et demandait que ces œuvres fussent autorisées pour la scène.

25 Prairial. — Représentation de *Epicharis, ou la Conspiration contre Néron pour la liberté*, tragédie en cinq actes et en vers, par G. Legouvé, appelée aussi *Epicharis et Néron*. Cette tragédie était, depuis peu de jours, au répertoire et le conseil général de la commune n'aurait pas voulu manquer l'occasion de la faire entrer, au plus prochain quintidi, dans un spectacle de par et pour le peuple.

11 Messidor. — Première représentation de la *Fête de l'Egalité*, mélodrame-pantomime lyrique en un acte et en vers, paroles de Planterre, musique de Desvignes. Il était terminé par un ballet de la composition de Ledet, maître de ballet de ce théâtre. Cadet, premier danseur, et Mlles Grangée et Camerer, premières danseuses, y paraissaient à la fois.

12 Messidor. — Première représentation d'une pièce improvisée par Ménonval, acteur du théâtre, à propos de la tentative d'assassinat faite par Admiral sur Geoffroy, représentant du peuple ; elle était intitulée le *Crime et la Vertu, ou Admiral et Geoffroy*, fait historique en deux actes.

30 Messidor. — On donnait la *Noce, ou la Férocité autrichienne*, comédie en deux actes, et la *Discipline républicaine, ou la Guerre de la Vendée*, opéra en un acte. Le 15 thermidor, même représentation. On sait que ces deux jours étaient, l'un jour de fête décadaire, l'autre jour de spectacle de par et pour le peuple.

23 Thermidor (10 août 1794, jour de la fête commémorative du 10 août 1792). — Première représen-

tation de la *Réunion du 10 août*, ou l'*Inauguration de la République française*, pièce sans-culotide dramatique en cinq actes et en vers, mêlée de chants et de déclamations, etc., par les citoyens Fouquier, membre de la Convention nationale et du comité d'instruction publique, et Moline, secrétaire-greffier attaché à la Convention, mise en musique par le citoyen Porta, ornée de tout son spectacle, marches, cérémonies, évolutions militaires exécutées par les enfants de la patrie, de quatre ballets de la composition du citoyen Ledet, maître des ballets du théâtre de la Montagne, et de cinq décorations nouvelles représentant la place de la Bastille, l'arc-de-triomphe élevé sur le boulevard de l'Opéra-Comique-National, la place de la Révolution, ci-devant Louis XV, l'hôtel des Invalides et le Champ-de-Mars. Il y avait même une danse exécutée par les citoyennes et les forts ou porteurs de la Halle de Paris. — Cette pièce, qualifiée quelquefois de grand-opéra, a porté aussi le titre de : les *Sans-Culotides*.

13 Fructidor. — Première représentation de *Alisbelle, ou les Crimes de la Féodalité*, opéra en trois actes et en vers, par Desforges, musique de Jadin.

Voici la principale romance de cet opéra; elle est mise dans la bouche d'un troubadour :

  Savez-vous, aimables époux,
  Ce que c'est que le mariage?
  C'est le départ pour un voyage
  Qui doit durer autant que nous,
  Par un beau temps quand on s'embarque,
  On a l'espoir d'un heureux sort,
  Ce n'est pas toujours une marque
  Qu'on doit arriver à bon port!

Il ne suffit pas que d'amour
Les doux soupirs enflent la voile
Et que sa séduisante étoile
Nous éclaire le premier jour.
Du frêle navire qui flotte
Sur un océan dangereux
Que la raison soit le pilote,
Je réponds d'un voyage heureux.

On ne peut dire trop souvent,
Dût-on paraître un peu sévère,
Que la raison est une mère
Et que l'amour est un enfant.
De tous les deux je suis l'apôtre
Pour guider nos cœurs et nos sens,
Ils ne peuvent rien l'un sans l'autre,
L'un par l'autre ils sont tout puissants.

La scène se passe au treizième siècle, cependant l'auteur prête à ses personnages le langage de la liberté, le langage de la fin du dix-huitième.

Premier jour des sans-culotides. — Première représentation de l'*Enfance de Jean-Jacques Rousseau*, opéra en un acte, musique de Dalayrac. Le poème renferme des idées républicaines et fait allusion à la translation des cendres de Jean-Jacques au Panthéon. Mlle Delisle représentait le jeune Rousseau.

Quatrième jour des sans-culotides. — Première représentation de *Tout pour la République*, ou l'*Ingratitude punie*, drame en cinq actes et en prose, du citoyen Ménonval, pensionnaire du théâtre de la Montagne. Un mois après, l'auteur, — qui signait Daage-Ménonval, — a demandé au comité d'instruction publique un certificat attestant la pureté des principes développés dans sa pièce et le bon effet qu'avaient produit toutes les représentations qu'elle avait eues. On a décidé que Cabousse la ferait jouer le 3 brumaire an III en présence de tous les membres du comité. En effet, ce soir-là, ils se sont réunis, entre les deux pièces, dans un appartement offert par le directeur et ont délibéré ; après quoi ils ont rédigé un certificat ainsi conçu : « La pièce nous a paru marquée « au coin du républicanisme le plus pur et le plus désin- « téressé. Déjà connue par plusieurs représentations, elle « attire encore un concours nombreux de spectateurs, et « plusieurs scènes entre autres ont excité l'enthousiasme « général des patriotes. »

18 Vendémiaire an III. — *Charles et Caroline*, ou les *Abus de l'ancien régime*, comédie en cinq actes, par Pigault-Lebrun.

27 Vendémiaire.—La *Noce républicaine*, pièce donnée aussi sur la seconde scène rouennaise.

13 Brumaire. — Première représentation de *Timoléon*, opéra en trois actes, de M. J. Chénier, musique de Méhul. Le sujet est tiré de l'histoire de la Grèce ; il s'agit de Timoléon le Corynthien, le vainqueur de Denys tyran de Syracuse. Le public a remarqué avec regret que les artistes, pour jouer le rôle de Corynthiennes, s'étaient habillées à la française.

Ce nouvel ouvrage de Chénier a remis en mémoire un article du *Journal des Hommes libres* (deuxième année, n° 359, page 1514) dans lequel les Rouennais étaient accusés de modérantisme, pour avoir, comme nous l'avons dit plus haut, beaucoup applaudi cet hémistiche de *Caius Graccus*, tragédie du même auteur :

Des lois et point de sang....

Le *Journal de Rouen* a relevé le gant avec autant de force que de courage. Il en fallait, à cette époque pour défendre l'ombre même du modérantisme.

29 Brumaire. — *L'Intérieur d'un Ménage républicain*, opéra-comique et en vaudevilles, en un acte, par Chastenet de Puységur, musique de Fay.

29 Pluviôse. — Première représentation d'*Arabelle et Vascos*, ou l'*Inquisition de Goa*, opéra-drame en trois actes et en prose, du citoyen Lebrun-Tossa, musique de Lesueur. C'était une œuvre fertile en allusions aux événements qui venaient de se passer en France. Elles ont été saisies et applaudies avec enthousiasme. — Acteurs : Fleury, Buffard, Collin ; Mmes Micaleff et Delisle.

On n'a pas oublié que l'*Hymne des Marseillais*, par arrêté du comité de salut public, devait être chantée sur la scène tous les dix jours au moins, et que Cabousse avait commencé le 12 frimaire an II à se conformer à cet ordre. Voici une plainte rédigée presque jour pour jour un an après :

« Le 15 frimaire an III de la République française une, indivisible et impérissable.

« Liberté. Egalité.

« Les citoyens soussignés, membres de la Société populaire et républicaine de la commune de Rouen,

« Aux citoyens composant le conseil général de ladite commune.

« Citoyens,

« Les républicains doivent célébrer leur sainte révolution par des hymnes faites en sa mémoire, et en ce point l'esprit public ne doit point rétrograder en leur préférant des chansons et complaintes qui n'y ont aucun rapport.

« La Convention nationale elle-même en a senti la nécessité, puisqu'elle a décrété que l'*Hymne des Marseillais* serait chantée tous les décadis sur les théâtres de la République. En conséquence, les soussignés observent au conseil général que les directeurs des théâtres de cette commune n'exécutent pas cette loi ; c'est pour vous demander son exécution qu'ils vous adressent la présente.

« Connaissant votre zèle pour tout ce qui peut propager l'amour de la révolution dans le cœur de vos concitoyens, nous espérons que vous accueillerez notre réclamation. »

(Suivent cinquante signatures.)

Si on négligeait l'*Hymne des Marseillais*, à coup sûr on ne peut pas en dire autant du répertoire politique. En effet, aux ouvrages que nous venons de passer en revue, il faut encore ajouter ceux-ci que l'on a donné souvent, quelque connus qu'ils fussent :

Alexis et Rosette, ou les Houlans.
Le Départ des Volontaires villageois.
Le Divorce par amour.
Encore un Curé.
Le Marchand de Smyrne.
Les Portefeuilles.
Les Rigueurs du Cloître.
La Seconde Décade.
Le Siége de Lille.
Les Tu et les Toi, ou la Parfaite égalité.
Le Véritable Ami des Lois.
La Veuve du Républicain.

LA POLITIQUE DANS LA SALLE. — La scène étant devenue une tribune, la salle ne tarda pas à être un véritable *forum*. Nous citerons tous les faits de quelqu'importance qui s'y sont passés pendant cette année théâtrale.

Le 15 pluviôse an III, on demanda de tous les points de la salle une chanson patriotique à la mode — nous ne savons plus laquelle. L'officier municipal de service voulut rétablir l'ordre. Un citoyen du nom de Dubois, demeurant rue Haranguerie, 7, se mit à pérorer; on lui rappela la teneur des règlements et on le contraignit au silence, mais le 18 paraissait dans un journal une longue lettre de ce spectateur turbulent par laquelle il annonçait à tous « qu'il n'avait pas voulu troubler l'ordre public, « qu'il aimait sa patrie et qu'il *réclamait* un gouverne-« ment sage et solide, un gouvernement doux et paisible, « qui assurât à chacun sa liberté individuelle et qui pro-« tégeât à la fois le droit non moins sacré des propriétés, « en un mot un gouvernement fondé sur la justice, la « raison, l'humanité et la bienfaisance. » Le citoyen Dubois n'était pas exigeant !

Le 16 du même mois, la soirée a été signalée par une triple émotion. Depuis plusieurs jours le buste de Marat, placé à l'un des côtés du théâtre, était l'objet de l'indignation publique; il en avait été ôté, puis replacé. Avant la première pièce, ce jour-là, il fut trouvé en morceaux ; le théâtre fut déblayé de ses débris au bruit des applaudissements. Presqu'au même instant, le bonnet rouge placé au-dessus de la loge ordinaire de l'officier municipal fut couvert par une très-large cocarde tricolore, au milieu des bravos. Enfin un artiste, nommé Prin, qui avait été soupçonné de délation et forcé d'abandonner son emploi, reparaissait pour la première fois, après s'être pleinement justifié. Il était père de famille; le public ne l'en accueillit que plus chaleureusement.

Ainsi a été devancé de quelques jours, dans la salle du principal théâtre de Rouen, le décret rendu par la Convention nationale, dans sa séance du 20 pluviôse, portant entre autres choses que le buste d'un citoyen ne pourrait être placé dans les lieux publics que dix ans après sa mort. C'est en vertu de ce décret que le conseil général de la commune de Rouen a, dès le lendemain, arrêté « que les bustes de Marat, Châlier et autres, ainsi que les « portraits de ces divers personnages qui se trouvaient « exister dans les lieux, rues et places publiques de la « commune de Rouen, seraient enlevés et soustraits aux « regards des citoyens, excepté ceux des bustes qui re- « présentaient Descartes, Rousseau, Voltaire, Brutus et « autres grands hommes pour lesquels la postérité existait « déjà et dont la gloire est à l'abri de toutes les révolu- « tions futures. »

La cocarde dont il vient d'être question nous rappelle un autre arrêté du conseil général de la commune de Rouen, de pluviôse également, qui était un rappel à l'ordre et non pas une injonction nouvelle. L'article 1er était ainsi conçu : « Conformément à la loi, il est enjoint « à tous les citoyens de porter, d'une manière ostensible, « la cocarde nationale. » Les considérants commençaient par cette phrase qui nous ramène à notre sujet : « Le con- « seil général est informé que des citoyens et notamment « des citoyennes, ont été rencontrés dans les rues, *et* « *même se sont présentés au spectacle,* sans être porteurs « de la cocarde nationale. »

Le 6 ventôse an III (24 février 1795), dans la salle du grand théâtre, pendant un entr'acte, Victor Lefebvre, officier municipal, a prononcé un long discours, à l'occasion d'une nouvelle reçue à Rouen dans la journée; la Convention avait décrété que tout ce qui rappelait la Montagne disparaîtrait de la surface de la République. Victor Lefebvre a pris pour texte *l'oubli des offenses*, et ses paroles ont été couvertes d'applaudissements (1).

Ce jour-là, pour célébrer l'heureuse nouvelle, on jouait au bénéfice des indigents; le spectacle se composait du *Festin de Pierre*, comédie, des *Prétendus*, opéra, et de la *Rose*, ballet. Des couplets sur la démolition de la Montagne ont été chantés entre les pièces; nous pourrions en reproduire dix, mais un seul suffit:

AIR : *Ramonez-ci, ramonez-là*, etc.

On a rasé la Montagne
Au champ de l'égalité,
On a fait rase campagne
Pour courir en liberté :
Hé hut, hé aye, hé hut, hé pousse,
Hé aye, hé hut,
Et voilà comme il arrive :
A tous ceux qui bâtiront là
Autant il en arrivera :
Ecoutez-ci, écoutez-ça (*bis.*)
Tous ces couplets du haut en bas. (*bis.*)

Après le spectacle, il y a eu bal aux deux théâtres, également au bénéfice des indigents; le bal du grand

---

(1) Le nom du théâtre rappelait la Montagne; on verra plus loin ce qui est advenu.

théâtre a été très-animé ; les danses et les jeux se sont prolongés jusqu'à six heures du matin. — A la séance publique du conseil général de la commune révolutionnaire de Rouen, le 7 nivôse an III, un membre a déposé sur le bureau 709 livres, produit du bal du théâtre de la République, et 3,016 livres 7 sous, produit de la représentation et du bal du grand théâtre. Les directeurs n'en avaient pas même distrait le montant des frais et les auteurs d'une des pièces avaient renoncé à leur droit.

PERSONNEL. — Le document que l'on va lire faisait partie des pièces envoyées par Cabousse à l'appui de sa demande quand, au commencement de vendémiaire an III, il réclama le paiement des représentations de par et pour le peuple :

Cabousse, entrepreneur et maître de musique.
Verteuil, agent du théâtre, c'est-à-dire régisseur . . . . 3,000 liv.
Lacroix, agent du théâtre. 1,800

  Total pour les régisseurs . . . . . 4,800 liv.

Beauval, premier rôle. . . . . 5,500 liv.
Duguay, jeune premier 3,600
Bérard, premier comique. 4,300
Prin, second comique. 2,400
Chaperon, troisième rôle 1,800
Ménonval, financier et grime. 3,000
Valmore, père sensible 4,000
Marsilly, troisième amoureux. 1,200

  A reporter. . . . . 25,800 liv.

THÉATRE

Report.	25,800 liv.
Mmes Bérard, premier rôle.	5,300
Desfossés, jeune première (et sa fille).	4,600
Valmore, caractère.	3,000
Derville, idem	3,000
Gonthier, soubrette.	3,000
Beauval, deuxième soubrette.	1,500
Vanloo, deuxième amoureuse.	1,200
Total pour la comédie.	47,400 liv.
Fleury, basse-taille.	4,900 liv.
Buffard, idem	4,800
Allaire, deuxième basse-taille.	2,400
Monier, idem	1,500
Duberneuil, haute-contre	5,100
Canard, idem	5,000
Desfossés, haute-contre-colin.	3,000
Desromains, trial et laruette	3,000
Lemaire, trial	1,350
Mmes Pauline, première amoureuse	5,500
Caroline, dugazon	4,000
Delisle, idem	3,000
Bonnet, deuxième chanteuse	900
Micalef, première duègne.	4,000
Norton, deuxième duègne.	900
Bourdonnée, deuxième chanteuse.	300
Total pour l'opéra.	49,650 liv.

Chœurs. — Schneider, 600 liv.; Joly, 720; Lauce, 432; Linguet fille, 600; Fourico, 400; Monbrun et son fils, 1,200; Deronne, 800; Desonnes, basse-taille, 900;

Frauville, haute-contre, 1,200; Joly, 600; Bellemanière, 900. — Total pour les chœurs : 8,352 liv.

Ballet.—Ledet, maître de ballet, 4,000 liv.; Dutarque, premier danseur (et sa femme), 3,600; Grangée, première danseuse, 4,000; Camerer, première danseuse, 2,400; Linguet mère, 900; Louise Marigny, 800. Mmes Frauville, 800; Murat, 800; Hébert, 1,200; Julienne, 1,200; Saint-Etienne, 600; Marigny cadette, 600; Bordeaux, 600; Adam, 800; Lucet et son fils, 1,400; Dourdée, 1,200; Gambac, deuxième danseur, 1,150; Gricourt, deuxième danseur, 1,200; Soudre, 1,000; Ledieutre, 432; Lenfant, 1,000; Duverrie, 432; Etienne, 432. — Total pour le ballet : 30,546 liv.

Orchestre. — Laroche, maître de musique, 2,000 liv.; Griot, premier violon, 1,200; Granier, idem et répétiteur, 1,400; Varin, premier violon, 800; Rochet, idem, 792; Rousset, idem, 1,200; Vilig, idem, 720; Kerstenne, idem, 800; Rebours, hautbois, 1,000; Schindelere, idem, 1,000; Schneider et son fils, cors, 2,000; Graff, contrebasse, 792; Valentin, idem, 900; Réthaler aîné, basson, 1,008; Christophe, idem, 800; Réthaler cadet, clarinette, 800; Valery, alto, 800; Lieuret, basse, 1,500; Hartung, violon, 1,000. — Total pour l'orchestre, 20,512 liv.

Employés divers.—Andrée, contrôleur, 1,200; Baron, idem, 1,800; Sophie, commis, 1,000; Protin, peintre, 3,000; Pinel, souffleur, 1,200; Têted'homme, machiniste, 1,200; Sansom, magasinier, 1,300; Rosel, pour les contremarques, 300; Plée, perruquier, 504; Choquet, portier, 432; Legée, menuisier, 1,020; Parisien, idem, 1,020; Grenet, pour le luminaire, 720; Careault, idem, 1,000; Chauvain, pour le théâtre, 540; Marais, idem,

744 ; Bidon, idem, 504 ; Amand, idem, 504 ; Leclerc, idem, 540 ; Mayne, idem, 504 ; Bonnami, idem, 504. — Total pour les employés divers : 19,536 liv.

Les appointements seuls de tout le personnel portaient donc la dépense annuelle à 180,796 liv., soit par mois 15,066 liv. 6 s. 8 d, et par jour . . . 502 l. 4 s. 3 d.

Pour chaque jour il faut ajouter :

Frais de bureaux, postes, habilleuses.	13	10	»
Dix livres de bougie	55	»	»
Huile	60	»	»
Imprimeur et afficheur	8	»	»
Total de tous les frais pour un jour.	638 l.	14 s.	3 d.

RÉPERTOIRE. — L'année théâtrale qui nous occupe s'étend du 30 germinal an II au 8 germinal de l'année suivante (19 avril 1794 — 28 mars 1795). Procédons au classement méthodique des pièces représentées durant ces onze mois.

COMÉDIE. — La liste des comédies dont nous n'avons pas encore parlé se réduit à huit ouvrages :

Gange, ou le *Commissionnaire de Saint-Lazare*, fait historique en un acte, par Gamas, joué en brumaire an III.

Claudine, ou les *Deux petits Commissionnaires*, brumaire an III également.

Contentement passe richesse, ou les *Cent écus*, dans le même mois.

Le *Divorce*, comédie en deux actes, de Demoustier. Première représentation en floréal an II.

Les *Dragons et les Bénédictines*, comédie en un acte, jouée le 24 prairial an II.

Les *Dragons en cantonnement*, comédie en un acte, suite de la précédente, donnée en messidor de la même année.

Le *Malentendu, ou Il ne faut jurer de rien*, comédie-proverbe en un acte, par Sédaine de Sarcy, neveu de Sédaine, jouée en brumaire an III.

Minuit, ou l'*Heure propice*, en vendémiaire de la même année.

Les comédies classiques maintenues au répertoire sont au nombre de dix, savoir:

L'*Avare*.
Les *Châteaux en Espagne*.
Le *Dépit amoureux*.
Le *Dissipateur*.
Don Juan.
L'*Ecole des Pères*.
Les *Femmes savantes*.
Les *Folies amoureuses*.
Le *Médecin malgré lui*.
Tartufe.

Enfin une dernière catégorie renferme les ouvrages suivants qui ont continué à jouir de la vogue:

L'*Aveugle clairvoyant*.
L'*Avocat patelin*.
Le *Bourru bienfaisant*.
Les *Caquets*.
Le *Conciliateur*.
Le *Conteur*.
Les *Dangers de l'absence*.
La *Femme jalouse*.
Le *Fou raisonnable*.
La *Gageure imprévue*.
L'*Impatient*.
La *Jeune Indienne*.
Le *Mariage secret*.
Nanine.
Le *Philosophe marié*.
Le *Somnambule*.
Le *Sourd*, ou l'*Auberge pleine*.
La *Surprise de l'Amour français*.

DRAME. — On a représenté *Beverley*, *Eugénie*, le *Déserteur* et l'*Habitant de la Guadeloupe*, drames connus depuis longtemps, et, de plus, deux nouveautés:

Bérinville et Sercours, ou les *Erreurs de l'Amour*, drame en cinq actes et en vers, par le citoyen Valmore, artiste à Rouen. Première représentation en pluviôse an III.

Les *Egarements de la jeunesse*, ou le *Nouveau Père de famille*. Première représentation en fructidor an II.

TRAGÉDIE. — On n'a donné dans cette campagne que trois tragédies : *Mahomet*, *Fénélon* et la *Veuve du Malabar*, ou l'*Empire des Coutumes*.

OPÉRA. — Cinq ouvrages ont été montés ; quatre ont trouvé leur place dans le chapitre réservé à la politique ; il ne reste pour celui-ci que :

La *Famille indigente*, fait historique, paroles de Blantter, musique de Gaveaux. Première représentation en brumaire an III. Un rôle de voyageur y était rempli par Fleury, c'était celui d'un honnête homme, ce qui a fait dire « que ce rôle n'était pas joué, mais qu'il était rempli au naturel. » Fleury avait su profiter de la leçon que Dorat a donnée, par le vers suivant, à tous ceux qui montent sur le théâtre :

Opposez-lui (*le public*) des mœurs, il va vous respecter.

Nous devons, toutefois, mentionner les opéras déjà connus joués dans l'année, ce sont :

Alexis et Justine.	La *Caravane du Caire*.
L'*Amant jaloux*.	La *Chasse*.
L'*Amant statue*.	Le *Devin de village*.
Ambroise.	Le *Directeur dans l'embarras*.
Ariane abandonnée.	
Azémia.	L'*Epreuve villageoise*.

Fanfan et Colas, ou les
Frères de lait.
La Fausse Magie.
Félix.
Jean et Geneviève.
Le Jugement de Midas.
Lodoïska.
La Mélomanie.
Nina.
Paul et Virginie.

Philippe et Georgette.
Les Prétendus.
Renaud d'Ast.
Rose et Colas.
Les Sabots et le Cerisier.
La Servante maîtresse.
Le Sorcier.
Sylvain.
Les Visitandines.

La citoyenne Gontier, actrice de l'Opéra-Comique-National de Paris (ci-devant les Italiens), s'est fait entendre en fructidor an II, dans *Blaise et Babet*, rôle d'Alix.

BALLET. — Très-souvent le spectacle se terminait par un ballet sans autre désignation. Quelquefois, c'était par le ballet de la *Chasse*, opéra, le ballet du *Déserteur*, pantomime, etc. Dans les opéras on dansait toujours des ballets analogues, par exemple dans les *Prétendus*. Les nouveautés ont été :

La *Chercheuse d'esprit*, grand ballet-pantomime.

La *Rose*, ballet-pantomime nouveau.

CONCERTS. — Il n'y a pas eu de concerts au théâtre. Ils ont au contraire été très-fréquents dans les locaux affectés alors aux soirées musicales. Nous n'en mentionnerons que trois.

Un grand concert vocal et instrumental a été organisé le 25 fructidor an II, dans la salle des ci-devant Consuls, au bénéfice des citoyens Garat, Boïeldieu (Boïeldieu fils aîné, comme on disait alors) et Sallentin, haut-bois, professeur de musique de l'Institut national de Paris. Monnier, artiste du théâtre de la Montagne, y a chanté un air d'*Œdipe à Colonne*. Boïeldieu a exécuté deux morceaux de sa composition et a été très-chaleureusement applaudi.

Garat et Boïeldieu ont donné, en vendémiaire an III, deux autres concerts dont ils se sont partagé la recette.

INCIDENTS.

La nouvelle de la victoire de Fleurus, parvenue à Rouen le 12 messidor an II (30 juin 1794), y a produit une grande allégresse. Les musiciens du théâtre de la Montagne se sont rendus le soir au Champ-de-Mars et, grâce à eux, des jeux et des danses ont pu s'y former.

L'air mortellement infect que les prisonniers respiraient dans la conciergerie a causé parmi eux, en thermidor an II, une cruelle épidémie. On fut forcé de les transporter dans une autre prison située à Sever, faubourg de l'Egalité (Saint-Sever). Une souscription a été ouverte par la Société populaire afin d'acheter pour eux des linges et des vêtements. D'autre part, une représentation a été donnée à leur bénéfice sur les deux théâtres, le 1ᵉʳ fructidor; au théâtre de la Montagne, elle se composait de *Mucius Scævola*, de *Paul et Virginie* et de la *Fête de l'Egalité*.

Pendant cette campagne, beaucoup d'artistes de la troupe et de l'orchestre ont prêté, comme d'usage, à l'autorité de concours le plus empressé pour la célébration des fêtes civiques et décadaires. Il paraît que c'était là une recommandation d'une grande valeur, car aucun d'eux n'a négligé de demander au comité d'instruction publique un certificat attestant le zèle qu'il avait mis à seconder l'exécution des fêtes patriotiques. Il y a plus, un chanteur du théâtre de la Montagne a sollicité l'exemption du service militaire parce qu'il était utile aux fêtes décadaires de Rouen.

A la fête décadaire du 30 vendémiaire an III, on a exécuté une hymne patriotique, paroles de Beauval, premier rôle au théâtre et membre de la Société populaire, musique de Frauville, haute-contre des chœurs.

L'incident le plus marquant est, sans contredit, la fermeture du théâtre pendant quelques jours. Voici les faits : Dans les premiers jours de pluviôse an III, l'ordre et la tranquillité des spectacles furent gravement compromis. Tantôt un spectateur en apostrophait un autre et le traitait de jacobin. L'inculpé tentait en vain de se justifier ; on le passait à la porte, non toutefois sans un grand tumulte. Tantôt on demandait telle ou telle chanson patriotique ; d'autres fois, un billet tombait tout-à-coup sur la scène et la lecture en était bruyamment demandée. En conséquence, le 10 pluviôse, par arrêté du conseil général de la commune, les règlements de police concernant les théâtres furent rappelés à la population.

La continuation d'une turbulence dangereuse motiva la lettre significative que l'on va lire :

« Rouen, le 18 pluviôse an III.

« Le conseil général de l'administration révolutionnaire du district de Rouen,

« A la commune de Rouen.

« Tous les nonodis de chaque décade nous rendons compte au comité de salut public de la Convention nationale des impulsions que reçoit l'esprit public dans notre district. Les spectacles sont ordinairement les lieux où il se manifeste librement et d'une manière plus expressive ; mais nous ne pouvons en juger nous-mêmes, et vous seuls pouvez nous donner sur cet objet les renseignements dont nous avons besoin, puisque tous les jours un membre du conseil général de votre commune se rend dans chacune des salles de spectacle qui se trouvent dans votre arrondissement pour y exercer la police et la surveillance voulues par les lois.

« Nous vous invitons en conséquence, frères et amis, à nous faire connaître pour demain, dix heures du matin au plus tard, quel a été l'objet des mouvements qui ont eu lieu aux spectacles, dans le courant de la présente décade, et dont nous n'avons eu qu'une connaissance fort indirecte, et quel a été le vœu le plus général et le plus prononcé des citoyens qui s'y sont trouvés. Vous voudrez bien y ajouter toutes les observations et tous les renseignements que vous croirez propres à nous instruire et à nous mettre à même d'en rendre compte au comité de salut public de la Convention.

« Nous vous serons en outre obligés, citoyens, de continuer à nous informer pour les décades subséquentes et, au plus tard, les octodis de chacune, de l'esprit public qui se sera manifesté dans les différents spectacles de votre commune.

« Salut et fraternité.

« Signé F. Reverdun et Houdeville. »

En ventôse, des mouvements d'un caractère plus grave se sont manifestés à Rouen, notamment dans les théâtres et pendant les fêtes publiques. Un soir, le commandant de la force armée s'est vu contraint par les clameurs du parterre de quitter la loge de l'officier municipal où il avait été appelé pour y recevoir les ordres que les circonstances exigeaient. Des citoyens ont été insultés pendant les représentations mêmes. Le bonnet de la Liberté a été arraché de la place où il avait été mis dans la salle du grand théâtre. Cet attentat a eu lieu à plusieurs reprises. Une fois un spectateur s'est élancé du parterre pour escalader la première loge et arracher des mains d'un magistrat du peuple ce bonnet de la Liberté qu'il avait mis sous sa sauvegarde. Par un nouvel arrêté, le conseil général de la commune, dans sa séance du 11 ventôse, s'efforça de rétablir la tranquillité dans les rues, lieux et places publiques.

Le théâtre resta ouvert jusqu'au 24 ventôse inclusivement (14 mars 1795) ; à partir de ce jour, les représentations cessèrent, mais le conseil général de la commune, à la date du 28 ventôse, décida ce qui suit :

1° Les spectacles de la République et des Arts seront rouverts à compter de demain 29 de ce mois ;

2° Vu l'article 7 de la loi du 19 janvier 1791, le commandant de la troupe soldée sera requis de fournir un détachement pour la garde du spectacle, concurremment avec la garde nationale ;

3° Cette précaution aura lieu jusqu'à ce que la tranquillité publique soit assurée.

Quelques jours restaient pour finir l'année théâtrale 1794-1795 ; ils se sont passés à peu près sans encombre.

THÉATRE-DES-ARTS.

La première scène rouennaise a pris le nom de Théâtre-des-Arts le 6 nivôse an III (26 décembre 1794), à la place du nom de théâtre de la Montagne qu'elle portait encore la veille. La tragédie de *Fénélon* et l'opéra la *Fausse Magie* ont, pour ainsi dire, inauguré la nouvelle dénomination.

Ce fut seulement en ventôse an III que la Convention nationale a décrété que tout ce qui rappelait la Montagne disparaîtrait de la surface de la République. On sait que le 6 de ce mois il y a eu à cette occasion une fête au grand théâtre de Rouen. Comme on le voit, on n'avait attendu ni ce décret, ni cette fête pour faire disparaître le nom du théâtre de la Montagne.

Pour nous, si nous n'avons pas consigné plus tôt le

titre de Théâtre-des-Arts, c'était afin de ne pas scinder, pour une question de mots, l'histoire d'une campagne bien délimitée.

Année théâtrale 1795-1796.

Ce sixième exercice de la direction Cabousse a commencé le 17 germinal an III (6 avril 1795), lundi de Pâques, et a fini le 29 ventôse an IV (19 mars 1796), samedi veille des Rameaux ; c'est dire que Cabousse a encore une fois traversé des temps bien difficiles, puisque la France, à cette époque, était affligée à la fois par la disette, par la guerre à l'étranger et par des troubles à l'intérieur. (1)

La troupe n'a été que très-peu modifiée. Nous retrouvons pour la comédie, le drame et la tragédie : Beauval, Valmore, Chaperon, Ménonval, Prin, Verteuil et M⁰⁰ Brulo ; pour l'opéra : Fleury.

Mme Bérard-Dufresne a été remplacée par Mlle Desrosières. Les seconds rôles étaient joués par Mme Vandalaise.

Dans l'emploi des premiers comiques, Bérard a été remplacé par Barré.

Enfin les débuts d'opéra ont été favorables pour Grandville, première haute-contre ; Boniolis ou Bonioni, première basse-taille ; Collin, colins ; Velu, dit Perceval,

---

(1) Les deux théâtres, qui avaient été de nouveau suspendus par suite des événements, ont été rouverts le 17 germinal an III.

trial; Mᵐᵉ Richardy, première chanteuse, en remplacement de Mˡˡᵉ Pauline; Mˡˡᵉ Grandville (fille de Grandville), seconde amoureuse d'opéra. Au milieu de l'année, Mˡˡᵉ Kreutzer a débuté avec succès dans le principal rôle de *Camille, ou le Souterrain.*

LA POLITIQUE SUR LA SCÈNE. — Quoique moins nombreuses, les pièces républicaines doivent occuper encore un chapitre spécial.

17 Germinal an III. — Réouverture du théâtre et première représentation du *Souper des Jacobins,* comédie en un acte et en vers. Les jacobins y sont peints avec les couleurs les plus hideuses.

9 Floréal. — Première représentation du *Concert de la rue Feydeau,* petite pièce en vaudevilles dans laquelle le zèle outré de certains membres des comités révolutionnaires était attribué à une rapacité coupable. — L'auteur de cette bluette est René Perrin, journaliste de Paris, qui vient de mourir à l'âge de quatre-vingt-cinq ans. M. Eugène Guinot rapporte ainsi une anecdote qu'il a entendu raconter à Perrin lui-même :

« Peu après le 9 thermidor, — on voit qu'il datait de loin, — René Perrin fit jouer à l'Ambigu-Comique un vaudeville intitulé : le *Concert de la rue Feydeau.* C'était une pièce de circonstance, qui mettait en scène des soirées musicales très à la mode alors et dans lesquelles se faisait entendre le célèbre chanteur Garat. Il y avait dans la pièce un rôle de jeune fat parfaitement ridicule, qu'un autre personnage apostropha du titre de *muscadin.* A ce mot, un orage éclata dans la salle.

« Tous les jeunes élégants qui figuraient parmi les

spectateurs se trouvèrent offensés. Ils ne voulaient pas souffrir que l'on jouât avec cette qualification de muscadin qui leur était appliquée comme un sobriquet dérisoire. Leur colère fut si violente que quelques-uns, non-contents de l'exprimer par des sifflets et des vociférations, s'élancèrent sur la scène, appelant l'auteur pour le sommer de rayer le mot qui les avait blessés.

« L'auteur parut et s'avança au milieu du groupe menaçant. Un grand silence se fit aussitôt, et René Perrin, prenant la parole, dit d'une voix ferme : « Messieurs, le « mot n'était pas dans le manuscrit, mais il y sera demain « et l'acteur le répétera. » Cette déclaration si nette et si imprévue produisit un instant de stupéfaction, bientôt suivi d'un tumulte furieux. Les acteurs se précipitèrent au secours du vaillant auteur, et le rideau tomba sur la mêlée.

« Le lendemain, l'affiche de l'Ambigu-Comique annonçait la seconde représentation du *Concert de la rue Feydeau*.

« Tous les muscadins de Paris se donnèrent rendez-vous au théâtre pour avoir raison de l'insulte qu'ils prétendaient leur être faite. Ils y allèrent de bonne heure pour avoir de bonnes places. Le commerce, toujours à l'affût des circonstances, exploita celle-ci. Sur toute la ligne des boulevards stationnaient des marchands de cannes qui firent un immense débit de leur marchandise. Ce n'étaient que cannes au théâtre de l'Ambigu. Chaque spectateur avait sa canne. Les acteurs jouaient la canne à la main. Les musiciens de l'orchestre, les machinistes, les garçons de théâtre, étaient armés de joncs et de bambous.

« La pièce de René Perrin terminait le spectacle. On l'attendait avec impatience. Un frémissement parcourut l'assemblée lorsque la scène critique arriva.

« Ainsi que l'auteur l'avait annoncé, le mot *muscadin* fut répété, et, comme la veille, la tempête éclata.

« Aux représentations suivantes, il en fut de même. Toujours la foule, toujours le mot et toujours la bataille.

« La police aurait pu défendre la pièce, mais au milieu des scènes de désordre si fréquentes et si énormes à cette époque, celle-ci n'était qu'une bagatelle, et l'administration républicaine connaissait trop bien ses devoirs pour ne pas laisser aux citoyens le plein exercice du droit sacré de se donner des coups de bâton.

« De sorte que, grâce à son mot irritant, la pièce, qui n'était jamais achevée, fit salle comble pendant un grand nombre de représentations, et que le théâtre encaissa de superbes recettes.

« De plus, la victoire lui resta dans cette lutte. Ce furent les muscadins qui, de guerre lasse, abandonnèrent le champ de bataille. »

15 Prairial an III. — Première représentation des *Suspects*, ou les *Fédéralistes*, opéra à vaudevilles, par Martinville. C'est l'anecdote d'un maire de village sommé par le comité de salut public de dresser la liste des *suspects* et qui met sur son tableau les meilleurs patriotes, dans l'indécision et l'ignorance de la valeur expressive de ce nouveau mot, quiproquo qui déjoue la malveillance des agents de l'oppression.

27 Prairial. — Première représentation de *Pausanias*, tragédie en cinq actes et en vers, par Trouvey. Cette

pièce retrace une des principales époques de l'histoire de Sparte. On y a remarqué ce vers :

Qui sert bien son pays ne fait que son devoir.

9 Thermidor. — On a célébré en grande pompe, à Rouen et notamment sur le Théâtre-des-Arts, l'anniversaire du fameux 9 thermidor de l'an II (chute de Robespierre); on a donné une *pièce analogue,* ornée d'un divertissement ; nous pensons qu'elle était intitulée : le *Neuf thermidor.*

15 vendémiaire an IV. — Première représentation de la reprise du *Club des Bonnes gens,* ou le *Curé français,* comédie en deux actes et en vers, mêlée de vaudevilles, par le cousin Jacques (Beffroy de Reigny). On y voyait un bon curé prêchant la paix, l'amour de l'ordre et l'oubli des offenses.

La partie officielle du chapitre que nous avons intitulé la politique sur la scène n'est certainement pas la moins curieuse. On peut en juger :

L'arrêté du comité de salut public de la Convention nationale qui ordonnait de chanter l'*Hymne des Marseillais* (1) amenait sans cesse des orages nouveaux. De graves désordres survenus à cette occasion au théâtre du Havre, au commencement de thermidor an III, suggérèrent à Casenave, représentant du peuple en mission dans le département de la Seine-Inférieure, l'idée de faire cesser de chanter la *Marseillaise* sur les théâtres de

---

(1) Voir pages 322 et 350.

Rouen, mais il ne tarda pas à recevoir du comité de sûreté générale une lettre de rappel fort pressante.

On se conforma à cette nouvelle injonction, et des troubles continuèrent à s'élever à Rouen, comme au Havre, pendant les représentations, à tel point que le 21 brumaire an IV, Cabousse, directeur du Théâtre-des-Arts, fit observer aux maire et officiers municipaux composant le conseil général de la commune, que le retard apporté par le tumulte résultant, entre les deux pièces, de l'*Hymne des Marseillais* lui faisait dépenser plus de luminaire qui, indépendamment de sa cherté, devenait extrêmement rare (textuel) ; il demandait en conséquence que l'on chantât ces couplets soit au commencement soit à la fin du spectacle.

Le lendemain 22, le conseil de la commune de Rouen publiait sa délibération ainsi formulée :

« Considérant que lors de l'exécution de l'arrêté qui ordonne de chanter l'*Hymne des Marseillais* il s'est élevé des troubles dans les salles de spectacles ;

« Que cet arrêté ne fixe pas l'heure à laquelle cet hymne sera chanté ;

« Que tous les artistes attachés au théâtre pour chanter doivent concourir à l'exécution de la loi,

« Arrête :

« Art. 1er. — L'*Hymne des Marseillais* sera chanté dorénavant à cinq heures et demie précises.

« Art. 2. — Les artistes attachés au théâtre, les chanteurs des chœurs exceptés, chanteront cet hymne tour à tour en commençant par le premier emploi. Tous les musiciens seront tenus de se trouver à l'orchestre pour accompagner le chanteur. »

Les choses ne devaient pas en rester là.

Le directoire exécutif, à la date du 18 nivôse an IV, a arrêté :

« Tous les directeurs, entrepreneurs et propriétaires des spectacles de Paris sont tenus, sous leur responsabilité individuelle, de faire jouer chaque jour par leur orchestre, avant la levée de la toile, les airs chéris des républicains, tels que la *Marseillaise*, *Ça ira*, *Veillons au salut de l'Empire* et le *Chant du départ*.

« Dans l'intervalle des deux pièces, on chantera toujours l'*Hymne des Marseillais* ou quelques chansons patriotiques.

« Le Théâtre-des-Arts (1) donnera chaque jour de spectacle une représentation de l'*Offrande à la Liberté* avec ses chœurs et accompagnements ou quelques autres pièces républicaines.

« Il est expressément défendu de chanter, laisser ou faire chanter l'air homicide dit le *Réveil du Peuple*.

« Le ministre de la police générale donnera les ordres les plus précis pour faire arrêter tous ceux qui, dans les spectacles, appelleraient par leur discours le retour de la royauté, provoqueraient l'anéantissement du corps législatif ou du pouvoir exécutif, exciteraient le peuple à la révolte, troubleraient l'ordre ou la tranquillité publique et attenteraient aux bonnes mœurs.

« Le ministre de la police mandera, dans le jour, tous les directeurs et entrepreneurs de chacun des spectacles de Paris; il leur fera lecture du présent arrêté,

---

(1) De Paris, bien entendu.

leur intimera, chacun à leur égard, les ordres qui y sont contenus ; il surveillera l'exécution pleine et entière de toutes ses dispositions et en rendra compte au directoire. »

Le 27 nivôse suivant, le directoire exécutif a décidé que les dispositions de son arrêté du 18, concernant les spectacles de Paris, seraient communes à tous les spectacles du territoire de la République.

La ville de Rouen ne se montra pas, à ce qu'il paraît, très-ardente pour ces manifestations règlementées à l'avance. En effet, immédiatement après la fête civique du 1er pluviôse an IV, Merlin, ministre de la police générale de la République, écrivit à l'administration municipale du canton de Rouen pour lui faire savoir qu'il avait vu avec peine, par le compte-rendu que cette administration lui avait fait de la fête du 1er pluviôse, le refroidissement d'une partie de la garde nationale. «J'ai été informé aussi, ajoute « le ministre, que dans votre commune, le jour de la fête, « la *Marseillaise* n'a pu être chantée au spectacle et que « les militaires l'ayant commencée eux-mêmes le silence « leur a été imposé par un officier municipal ; j'ai peine à « croire à un tel fait et j'attends avec impatience des « renseignements exacts. »

Le représentant du peuple Casenave, commissaire du département de la Seine-Inférieure, avait, lui aussi, été frappé de ce refroidissement de la population rouennaise, puisque, dès le 3 pluviôse, il publiait un arrêté sur les théâtres de Rouen qui reproduisait les termes mêmes employés par le directoire, le 18 nivôse.

Le 11 ventôse suivant, le ministre de la police générale de la République, après avoir pris les ordres du directoire exécutif, a formulé un arrêté par lequel il enjoignait aux directeurs de Paris de continuer à faire chanter les airs patriotiques avec toute la pompe et la dignité convenables. Afin de parler aux yeux, on y ajoutera, disait-il, tous les accessoires dont ces airs sont susceptibles. On pourra les encadrer dans des scènes analogues aux sujets, etc. — Il est probable qu'à Rouen on ne négligea pas ce nouveau moyen d'aviver l'esprit public, d'entretenir le feu sacré du patriotisme, pour nous servir des expressions de Merlin, ministre de la police, et que l'on sut éviter ainsi un second rappel à l'ordre.

LA POLITIQUE DANS LA SALLE. — L'extrême disette de subsistances et la réduction de la quantité du pain que recevaient les citoyens, dont une très-grande partie avait même été rayée de la liste des distributions, ont occasionné des troubles à Rouen les 13, 14 et 15 germinal an III. Ils ont été promptement réprimés. Cependant, un mois après, les mouvements qui avaient précédé cette insurrection se manifestèrent de nouveau ; le conseil général de la commune fut forcé de prendre, le 13 floréal, un arrêté sévère (1).

Dans ces circonstances, la salle de spectacle surtout offrait des signes inquiétants pour la tranquillité publique et il y régnait presque sans cesse une fermentation malveillante. C'est ainsi que le 2 floréal, le citoyen Vallois, capitaine de la compagnie des canonniers du septième bataillon de la légion de Rouen, a été insulté au Théâtre-

---

(1) Sur lequel nous reviendrons en temps et lieu.

des-Arts ; traité de terroriste, il a dû fuir pour ne pas être victime de la fureur de ses ennemis.

Nous n'avons que l'embarras du choix parmi les soirées orageuses qui se sont succédé pendant cette campagne. Esquissons les plus remarquables :

Il y a eu, le 3 thermidor an III, au Théâtre-des-Arts, un tapage épouvantable ; des officiers volontaires ont demandé que l'on jouât la *Marseillaise, Ça ira,* d'autres voulaient le *Réveil du peuple.* A la rumeur ont succédé les voies de fait, les volontaires ont fait usage de leurs armes ; on est parvenu cependant à les mettre tous dehors.

Le 23 fructidor an III, des cris : *Cabousse !* Valmore ! *Cabousse !* Valmore ! ont éclaté après la première pièce. Une partie du public a demandé le *Souper des Jacobins* à la place de la deuxième pièce annoncée sur l'affiche. Le chant le *Réveil du Peuple* a été entonné et la représentation n'a pu être achevée. Deux jours après, les citoyens Thirion et Osemanne fils comparaissaient devant le tribunal de police municipale de la commune de Rouen et s'entendaient condamner l'un à 50 liv. d'amende et l'autre à 12 liv. aussi d'amende ; et, l'un et l'autre, à garder prison pendant huit jours pour avoir occasionné du trouble dans la salle du spectacle des Arts.

Le soir même du jour où cette condamnation était prononcée, le 25 fructidor an III, pendant la représentation de *Turcaret* et du *Concert de la rue Feydeau,* on a crié : *A bas les jacobins ! A bas les terroristes ! A bas les royalistes !* Une rixe générale s'en est suivie ; le spectacle n'a pu être achevé ; la garde a dû faire évacuer la salle. Neuf citoyens ont été cités, à la suite de ces faits, devant le tribunal de police municipale. Deux ont été condamnés chacun à 24 liv. d'amende et vingt-quatre heures de détention à la maison de Lô (Saint-Lô), quatre ont été *invités* par le tribunal à être plus circonspects à l'avenir; les trois autres ont été déchargés de l'action (séance du 15 vendémiaire an IV).

Dix jours après ce jugement, le tapage recommença de plus belle. Les soirées du 18 et du 19 brumaire furent également très-chaudes. Un citoyen s'obstinait à entrer dans la salle un fouet à la main, un autre voulait empêcher de chanter la *Marseillaise,* un troisième sifflait cet hymne. *A bas les chouans du parterre!* criait l'un ; *On fera des logements* (1) *aux femmes qui resteront à écouter l'Hymne des Marseillais*, criait l'autre ; pendant qu'à chaque strophe le public criait *Vive la République!* les tapageurs criaient par dérision *Vive les jacobins!* De tout cela sont résultés deux jugements du tribunal de police de l'administration municipale du canton de Rouen ; le premier, à la date du 8 frimaire an IV, condamnait trois citoyens chacun à 50 liv. d'amende. A l'égard du citoyen L....., vu qu'il n'y avait pas de charges suffisantes contre lui pour mériter la peine d'une amende, il a été condamné seulement aux dépens. — Le second jugement, à la date du 14 frimaire, condamnait les citoyens Desomme, fabricant d'indiennes, boulevard Mont-Riboudet, 25, et Lemonnier fils, employé dans les fourrages, demeurant rue Laurent, à chacun 50 liv. d'amende, pour avoir voulu

---

(1) Souvenirs de l'année 1787-1788 (voyez page 152). Cette menace d'ailleurs a été suivie d'effet ; les cabaleurs, au commencement de l'an IV, ont fait des affiches qui diffamaient les femmes.

empêcher que l'on chantât la *Marseillaise* comme d'usage sur le théâtre.

La fermentation qui régnait sans cesse dans les théâtres détermina Casenave à prendre, le 4 thermidor, un arrêté pour défendre de lire ou chanter aucun écrit ou aucune chanson au spectacle qui ne fissent point partie de la pièce. Quelques jours auparavant, le 28 du mois de messidor, le comité de salut public avait fait afficher à Paris pareilles défenses; ce qui explique la lettre suivante, lue le 8 thermidor dans la séance de la Convention nationale :

« *Casenave, représentant du peuple, en mission dans le département de la Seine-Inférieure, au président de la Convention nationale.*

« Rouen, le 4 thermidor an III de la République.

« Citoyen président, les désordres qui se sont manifestés aux spectacles de Rouen m'ont paru n'être que la répétition de ceux que la Convention nationale a fait sagement réprimer à Paris. Il est affligeant pour la société qu'elle soit sans cesse exposée à être privée de son repos par l'intrigue et le mécontentement de quelques individus qui furent toujours sans aveu aux yeux de la liberté et de l'égalité, et qui ne se vantent d'avoir été persécutés que pour tâcher de devenir impunément des persécuteurs outrés. Ils se plaignent de l'arbitraire qui fut inventé par les scélérats qui organisèrent la terreur, mais ils tendent, par la domination insolente qu'ils veulent exercer, à ressusciter l'arbitraire de la royauté. L'horreur que doivent inspirer aux vrais amis de la justice et de la République les hommes de sang, sert de prétexte aux factieux modernes qui entraînent dans leur parti des citoyens qu'ils trompent en les aveuglant à la faveur de ces idées dont ils frappent les esprits crédules et bornés, de manière à leur faire entendre que la Convention et les comités de gouvernement sont disposés à rétablir le terrorisme. De telles absurdités ne rapprochent que trop de leur but les espérances de nos ennemis.

« Pénétré de la nécessité de faire rentrer promptement dans l'ordre les perturbateurs, j'ai pris un arrêté qui leur a servi de bonne leçon, et je déclare qu'ils auront à se repentir d'en violer les principes. Je périrai plutôt que de souffrir que la dignité de la Convention nationale soit avilie, mais les circonstances lui recommandent de plus en plus de se raidir contre les obstacles que l'on entreprend d'élever à sa marche pour l'empêcher de conduire la République à sa consolidation, par l'établissement d'un gouvernement durable.

« Salut et fraternité.

« CASENAVE. »

COMÉDIE. — Les débuts, très-peu nombreux d'ailleurs, ont été faits dans la *Femme jalouse*, de Desforges ; le *Légataire universel*, etc., etc.

Les pièces nouvelles sont :

Paméla, ou la *Vertu récompensée*, en cinq actes et en vers, par François de Neufchâteau, qui a scénifié l'intéressant roman de Fielding. Première représentation en vendémiaire an IV. Cette pièce, dans la soirée du 12 brumaire, servit de prétexte aux perturbateurs, qui allèrent jusqu'à jeter des pierres aux artistes.

La *Petite École des Mères*, comédie en un acte, par de M., en floréal an III.

Les *Savoyards*, en un acte, mêlée d'ariettes, par Piis.

La *Soubrette française*, en trois actes. Première représentation en ventôse an IV.

Ont été maintenues à la scène :

Crispin, rival de son maître.
L'Ecole des Femmes.
La Fausse Agnès.
Le Fou raisonnable.
Le Consentement forcé.
La Coquette corrigée.
Le Jaloux sans amour.

Le Sourd, ou l'Auberge pleine.
Tartufe.
Turcaret.
Le Retour imprévu.
Le Philosophe marié.
Céphise.
L'Homme du jour.

DRAME. — Deux ouvrages anciens, *Beverley* et la *Piété filiale*, ont seuls figuré sur l'affiche.

TRAGÉDIE. — Les acteurs ont représenté la *Mort d'Abel* et *Fénélon*, dont le succès s'est maintenu et ils ont monté une tragédie républicaine dont nous avons parlé plus haut.

OPÉRA. — Les débuts se sont faits dans les *Prétendus*, dans la *Fausse Magie*, dans *Raoul Barbe-Bleue*, dans le *Déserteur*, *Félix*, *Sylvain*, enfin dans *Camille*.

Les nouveautés sont :

Zélia, en trois actes, de Dubuisson, musique de Deshayes. Première représentation en brumaire an IV.

Rosalie et Mirza, en trois actes, par Boïeldieu; c'est le deuxième ouvrage de notre compatriote qui ait été joué à Rouen. Première représentation le 6 brumaire an IV (28 octobre 1795).

La *Pauvre Femme*, en un acte, par Marsollier et Dalayrac. Première représentation également en brumaire an IV.

Ont été maintenus au répertoire :

Alexis et Justine.
L'Ami de la Maison.
Le Comte d'Albert et sa suite.
Pygmalion.
Le Tonnelier.
Les Deux petits Savoyards.

BALLET. — Aussi négligé que possible, ce genre existait cependant au Théâtre-des-Arts durant cette campagne; il n'en est question que dans la représentation du 9 thermidor an III (voyez page 371).

CONCERTS. — Aucun concert n'a été donné au théâtre; mais, continuant la dérogation que nous avons faite jusqu'à présent en ce qui touche Boïeldieu, nous enregistrons ici :

1º Un concert vocal et instrumental donné le 16 prairial an III, par Jadin et Boïeldieu, dans une des salles du ci-devant évêché, avec le concours de la citoyenne Richardy, première chanteuse, et des citoyens Grandville, première haute-contre, Desmeulles, violoniste, et Goulay, chanteur;

2º Un concert du 30 prairial, par les mêmes et dans le même lieu. Boïeldieu y a exécuté sur le piano un concerto de sa composition. Goulay a chanté des romances de notre compatriote. La soirée a été terminée par un duo potpourri de la composition de Jadin, exécuté par lui et par Boïeldieu, sur deux pianos, — redemandé. — Prix des places : 10 liv.; on commençait à six heures et demie du soir;

3º Un concert semblable, à la date du 28 messidor. — Prix des places : 25 liv.

REPRÉSENTATIONS EXTRAORDINAIRES. — Les seules représentations de cet ordre qui aient eu lieu en 1795-1796, ne sont pas dignes d'un théâtre de premier ordre. En effet, le 15 floréal an III, des expériences de physique et des tours nouveaux furent faits sur la scène de Corneille et de Boïeldieu, par un émule des Comus et des Pinetti, le sieur Val, artiste de Paris. Ce prestidigitateur donna deux autres séances de physique amusante, le 17 floréal et le 14 prairial.

INCIDENTS.

Le 25 fructidor an III (11 septembre 1795), le conseil de la commune faisait afficher un arrêté du comité de salut public, que lui avait envoyé le directoire du district, et en vertu duquel les jeunes gens mis en réquisition pour les charrois militaires, accusés d'exciter dans les lieux publics, et notamment dans les spectacles de Rouen, des désordres qui y avaient eu lieu, devaient être poursuivis et traités comme perturbateurs du repos public, suivant toute la rigueur des lois.

Le 18 vendémiaire de l'an IV, le Théâtre-des-Arts a été cerné par la force armée afin de signaler les perturbateurs, de rechercher les jeunes gens qui s'étaient soustraits à la première réquisition et de noter ceux qui, appartenant à quelque corps ou établissement militaire, se déguisaient en ne portant pas l'uniforme, enfin de rechercher les gens sans passeport. Beaucoup ont été amenés à la commune; les uns ont été notés comme étant dans l'habitude d'exciter du trouble, d'autres ont été renvoyés à la police municipale, un seul a été mis en arrestation et le surplus a été renvoyé.

Le programme de la fête nationale du 1ᵉʳ pluviôse an IV, rédigé par l'administration du département de la Seine-Inférieure, contenait un article 16 que nous ne laisserons point passer inaperçu :

« Les directeurs des différents spectacles de la commune de Rouen seront invités de faire trouver leur musique à midi précis, pour exécuter pendant la cérémonie les airs patriotiques chéris des bons Français. » Cette invitation pure et simple évitait le quart d'heure de Rabelais que les ordres formels donnés les années précédentes avaient rendu fort onéreux.

Voici enfin un incident qui jetera peut-être un peu de gaîté dans notre récit. Nous lui laissons la forme épistolaire qu'une dame de Rouen lui a donnée. Nous sommes au commencement de l'an IV ; cette dame écrivait :

« Au milieu des grands événements qui vous occupent ainsi que tout bon Français, puis-je espérer, monsieur, que vous voudrez bien donner une petite place dans votre journal à de très-petites observations sur la police des spectacles? Depuis quelque temps, les circonstances m'ont entraînée dans ces assemblées tumultueuses dont j'ai peu d'usage.

« Livrée jusqu'ici à l'éducation de mes enfants et à la société de quelques amis de choix, je vivais beaucoup chez moi et j'y trouvais le bonheur. Mais mon fils a seize ans, il est aux frontières. Ma fille m'a quittée pour entrer dans une maison de commerce où malgré ses treize ans et sa jolie figure, elle court les rues toute seule avec 100,000 fr. de linon sous les bras et ne rentre qu'à la nuit. Mon mari, excellent patriote, est tout le jour aux assemblées de section, le reste du temps il lit les journaux et ne me dit pas un mot. Aussi presque tous les jours, vers six heures, je cherche au spectacle une distraction devenue nécessaire.

« Dernièrement, j'étais à une représentation de *Fénélon;* étant arrivée un peu tard, je fus obligée de prendre une place de derrière ; deux jeunes courtisanes étaient devant moi parlant ouvertement de leurs intrigues et de leurs plaisirs. Une d'elles, belle et faible comme l'amour, s'amusait, pour attirer les regards, à briser les brins délicats de son éventail; ensuite les portant à sa bouche, elle les transformait en petits moulins qu'elle essayait de faire tourner avec son souffle et ses jolis doigts. Cela faisait rire beaucoup de jeunes gens qui, étant derrière moi, se penchaient pour lui parler et me chatouillaient le visage avec leurs cheveux en oreilles de barbets. A ma droite était une femme avec deux enfants, l'un d'environ six ans, l'autre encore à la mamelle ; le plus petit n'était pas le plus incommode, mais l'aîné avait mille besoins, il fallut le faire sortir dix fois ; il finit par casser une carafe de limonade qui nous inonda tous. A ma gauche, était une autre femme âgée ; un grand mantelet qu'elle arrangeait toujours recelait le plus joli chien du monde et dont elle nous eût dérobé la présence si des applaudissements multipliés ne l'avaient fait sortir en japant, comme un petit furieux, du giron de sa maîtresse.

« Alors, tout le monde se retournant vers notre loge, on cria longtemps : *A bas le chien !* — La dame ne s'en inquiéta guère et le spectacle suspendu recommença enfin.

« Cependant, la pièce avançait et l'intérêt croissait avec elle, il commandait si impérieusement l'attention, que chiens, enfants, jeunes gens et courtisanes se taisaient. Les mouchoirs se tiraient, les larmes commençaient à couler, on n'entendait plus que ce murmure causé par l'attendrissement. Quelques personnes, dont les larmes retenues prenaient une route intérieure, se mouchaient à petit bruit. Tout-à-coup une clameur épouvantable s'élève du parterre, criant tous à la fois : *A bas le nez ! A bas le nez !* Le commandement est précis, mais l'obéissance difficile, car enfin, comment se séparer de son nez ou comment ne le pas moucher quand l'impérieux besoin nous y contraint ? D'ailleurs, ces gens si en colère contre les larmes n'éprouvent donc aucune émotion ? ils ne sont pas alors la partie la plus précieuse des spectateurs. De quel droit veulent-ils commander le silence à l'expression d'une sensibilité vertueuse et douce que l'on devrait cultiver comme le don le plus aimable de la nature ? — Les tigres qui viennent d'opprimer la France et de verser tant de sang ne pleuraient pas à *Fénélon* et criaient : *A bas le nez !* Pourquoi d'ailleurs le parterre, qui n'est qu'une fraction du public, deviendrait-il despote au point de faire ouvrir et fermer les loges à sa volonté ? Il réprouve telle parure, il ne veut pas qu'on se retourne, il jette des cris quand un mantelet traîne sur la loge; il exige qu'on applaudisse ce qui lui plaît, enfin c'est un tyran capricieux qui mène à la baguette une portion de société plus nombreuse que lui, qui met dans la balance autant de goût, souvent plus d'instruction et un peu plus d'argent.

« La connaissance de nos droits et des bienséances sociales, l'intérêt même de nos plaisirs n'exigeraient-ils pas que l'assemblée des spectacles fût soumise comme les autres à des lois réglementaires consenties librement mais obligatoires pour tous? On pourrait y trouver alors instruction, décence, repos et plaisir; les mœurs et le bonheur y gagneraient également. »

Cette lettre, inventée peut-être à plaisir par un journaliste facétieux, pourrait encore, de nos jours, trouver place dans le compte-rendu de la soirée à certain théâtre de province.

PRIX DES PLACES EN L'AN IV.

	livres	sous
Premières et parquet	3	»
Galeries	2	»
Secondes	1	16
Troisièmes	1	4
Quatrièmes	»	12
Parterre	1	»

Année théâtrale 1796-1797.

Après une vacance qui a duré un peu plus de trois semaines, Cabousse s'est remis à l'œuvre. La campagne a commencé le 24 germinal an IV, pour finir le 9 germinal an V ; en d'autres termes, elle a duré presque douze mois, du 13 avril 1796 au 29 mars 1797.

Tous les débuts ont été faits concurremment et avec activité. Pour la comédie, le drame et la tragédie : une demoiselle Legrand, premier rôle, s'est montrée dans *Hypermnestre*, *Fénélon*, la *Femme jalouse* et les *Femmes*; Mlle Delisle, ex artiste du théâtre de la République de Rouen, a débuté dans *Nanine* et dans *Fénélon* à titre de second rôle; puis, Mme Huin, premier rôle, a choisi pour ses débuts : *Tartufe*, le *Misanthrope*, etc.; Granger, jeune premier, les *Victimes cloîtrées*, le *Philosophe marié*, etc.; Mme Baroyer, jeune première, l'*Habitant de la Guadeloupe*, les *Deux Amis*, etc.; Fougères, amoureux, *Céphise*, etc.; un acteur du nom de Quesnel, les *Fausses infidélités*, le *Dissipateur* et *Heureusement*. Pour le dire en passant, ce dernier ouvrage et les *Victimes cloîtrées* ont servi de pièces de début quoiqu'on les jouât pour la première fois.

Pour l'opéra, nous voyons les débuts se faire dans la *Fausse magie*, *Blaise et Babet*, la *Dot*, l'*Epreuve villageoise*, la *Colonie*, etc. Platel, âgé de seize ans seulement, rôle de Colin, a eu beaucoup de succès, surtout dans les *Visitandines*, pour son troisième début.

Les débuts terminés, la troupe a été constituée ainsi qu'il suit :

Verteuil, régisseur.
Pinel, second régisseur et souffleur.

Beauval, premiers rôles.
Granger, jeunes premiers.
Fougères, amoureux.
Valmore, pères nobles.
Ménonval, financiers et paysans.
Lopinot, idem.
Huin, troisièmes rôles et confidents.
Dédier, idem.
Barré, premiers comiques.
Prin, seconds comiques.
Jeanne, confidents et utilités.

Mmes Huin, premiers rôles.
Baroyer, jeunes premières.
Brulo, amoureuses.
Vanloo, secondes amoureuses.
Valmore, caractères et confidentes.
Ménonval, idem.
Gonthier, soubrettes.
Beauval, idem.

Grandville, première haute-contre.
Colin, colins (1).

---

(1) A la fin de ventôse an V, cet artiste a débuté avec le plus grand succès à Paris, au théâtre de la rue Favart, dans *Blaise et Babet* et dans *Lodoïska*; il n'avait alors que vingt-deux ans.

Platel, idem.
Goyon, idem.
Champmelé, basse-taille.
Fleury, idem.
Monier, idem.
Perceval, trial.
Lenoble, laruette.

Mmes Richardy, première chanteuse.
Hyacinte, dugazons.
Franck-Valcourt, idem.
Grandville, secondes amoureuses.
Hyacinte la jeune, idem.
Micalef, duègnes.
Mautouchet, idem.

Sept chanteurs pour les chœurs.
Huit chanteuses idem.

Hus, maître de ballet.
Rivière, premier danseur.
Guingret, première danseuse.
Dix danseurs.
Dix danseuses.

Laroche, maître de musique.
Roussel, deuxième maître de musique.
Vingt-deux musiciens.

Cadet-tête-d'Homme, machiniste.

A la fin de frimaire an V, Saint-Phar, laruette, a débuté avec succès dans les *Deux Avares*, de Grétry (reprise). Cet artiste excellait dans la *Rosière de Salency*.

LA POLITIQUE SUR LA SCÈNE. — Sans perdre de son intérêt, ce chapitre commence à être moins étendu que les années précédentes.

10 Prairial an IV. — Conformément à l'annonce faite par l'affiche, on a chanté entre les deux pièces le *Chant du départ*, hymne du citoyen Chénier, musique de Méhul. Ce jour-là, en effet, on célébrait à Rouen la fête des victoires et de la reconnaissance, ordonnée par la loi du 18 floréal et par l'arrêté du directoire exécutif du 20 du même mois.

6 Vendémiaire an V. — Reprise du *Souper des Jacobins*, d'Armand Charlemagne. Valmore et Fleury plaisaient beaucoup dans cette pièce.

10 Vendémiaire. — Reprise du *Club des bonnes gens*, pièce en deux actes par le cousin Jacques, dans laquelle surtout brillait le talent de Perceval.

28 Vendémiaire. — Première représentation de la *Pauvre Femme*, opéra du cousin Jacques également. Cette œuvre, qu'il ne faut pas confondre avec la pièce de Marsollier et Dalayrac, a fait grand bruit dans toute la France. Partout les Jacobins ont voulu en empêcher la représentation. A Rouen, toutefois, il n'y a eu aucun tumulte à propos de la *Pauvre Femme*, tandis qu'au Havre et à Amiens elle soulevait, à la même époque, la plus vive opposition. Le mois suivant, en frimaire, cette pièce suscita du trouble à Toulouse et à Lyon. En nivôse, à Toulouse, le désordre a été véritablement affreux ; on est allé jusqu'à jeter des pierres à l'actrice chargée du rôle principal, pendant que dans la salle on jouait du bâton et du sabre.

17 Ventôse. — Première représentation de la *Petite*

Nanette, opéra en deux actes, que l'on avait promis dès le mois de nivôse pour calmer les agitateurs impatients. C'est encore une œuvre du cousin Jacques qui a causé aussi de grands dissentiments politiques.

Voici les couplets principaux de la *Petite Nanette :*

> Est-ce par des cris indécents
> Qu'on change la face des choses ?
> Quel Français n'a depuis sept ans
> Sur ses pas trouvé que des roses ?
> Peut-on se plaindre en bonne foi
> Quand on regarde autour de soi ?
> Qu'on me cite des malheureux,
> Quel que soit leur sort que j'ignore,
> Qui ne rencontrent autour d'eux,
> D'autres plus malheureux encore !
>
> Mon cœur ne connaît pas le fiel
> Dont veut s'abreuver la vengeance ;
> Je laisse au vengeur éternel
> Le soin de prendre ma défense.
> Est-ce par des crimes nouveaux
> Que nous réparerons nos maux ?
> O vous qui fîtes nos malheurs,
> Si le malheur vous environne,
> Si la paix rentre dans vos cœurs,
> Toute la France vous pardonne.

Nous croyons, sans pouvoir l'affirmer, qu'en vendémiaire an V, on a joué à Rouen *l'Intérieur des Comités révolutionnaires*. Dans le cas de l'affirmative, il est certain que cette pièce n'a pas causé de troubles.

Le Gouvernement, quoique plus réservé que par le passé, ne laissait pas que de rechercher les *jeux du théâtre* comme moyen de complaire aux masses. C'est ainsi que le 27 ventôse an V (17 mars 1797), le ministre de l'intérieur adressait aux commissaires du pouvoir exécutif près des administrations départementales et municipales une instruction sur la célébration des fêtes nationales dans laquelle on lisait :

« Dans les grandes occasions, l'administration municipale devrait, en payant une indemnité aux directeurs des spectacles, leur demander des représentations pour le peuple. En distribuant, par la voie du sort, des cartes d'entrée aux citoyens inscrits sur le rôle de la garde nationale, on évite cette confusion, ces désordres que font craindre les représentations gratuites aux magistrats chargés de la police. J'invite les administrations des communes auxquelles les salles de spectacles appartiennent de réserver, en les affermant aux directeurs d'artistes dramatiques, un certain nombre de représentations gratuites. Les *jeux du théâtre* doivent aussi faire partie de ceux qui sont destinés à embellir nos fêtes. »

Il va sans dire que, si on désirait des spectacles *gratis* dans les jours de fête, on était bien aise que la représentation fût composée de pièces *analogues*. Mais, à Rouen du moins, le vœu du ministre ne fut pas exaucé. Ce mode d'embellissement des fêtes coûtait bien trop cher.

LA POLITIQUE DANS LA SALLE. — Cabousse a rencontré une assez vive opposition, pendant cette campagne, parce qu'on trouvait qu'il ne donnait pas assez de pièces à l'ordre du jour. Le 4 vendémiaire an V, on a demandé le *Souper des Jacobins*, la *Pauvre Femme*, le *Club des bonnes gens*. Plusieurs fois, pendant le spectacle, le directeur et le régisseur, appelés à plusieurs reprises, n'ont pas paru par suite du refus formel de l'officier municipal. Comme nous l'avons vu, Cabousse ne tarda pas à faire représenter les ouvrages demandés ; en même temps, il promettait la *Conspiration des Boites, Arabelle et Vascos*, etc. ; les artistes du Théâtre-des-Arts, et en particulier Barré, ont dit qu'ils redoubleraient de travail pour satisfaire à l'opinion publique.

Le 6 et le 8 vendémiaire, le *Souper des Jacobins* a obtenu le plus grand succès. Aux deux premières représentations de cette reprise, même affluence, mêmes applaudissements, même tranquillité, même indignation..... et tout cela sans que l'appareil militaire ait été déployé.

Le 10 vendémiaire, la reprise du *Club des bonnes gens* n'a suscité aucun désordre. Même remarque à l'occasion de la *Pauvre Femme* et de la *Petite Nanette*, pièces nouvelles pour Rouen.

COMÉDIE. — Le nombre des comédies nouvelles ou reprises est bien restreint. Les voici :

Cécile, ou la *Reconnaissance*, comédie en un acte et en vers, par Souriguères. Première représentation en ventôse an V.

Démocrite amoureux, reprise en pluviôse an V.

L'*Enrôlement supposé*, en germinal an V.

Heureusement, en un acte et en vers, par Rochon de Chabannes. Première représentation en floréal an IV.

L'*Homme singulier*, reprise en frimaire an V.

Le *Muet*, dans le même mois.

Le *Revenant*, reprise en germinal an V.

Les comédies classiques conservées au répertoire sont :

Crispin rival.
Le Dissipateur.
L'Ecole des Maris.
L'Enfant prodigue.
Les Etourdis.
La Fausse Agnès.
Les Femmes savantes.
Le Festin de Pierre.
Les Folies amoureuses.
La Folle journée.
Le Glorieux.
Le Joueur.
Le Légataire universel.
La Métromanie.
Le Misanthrope.
Nanine.
Tartufe.

Enfin, pendant cette campagne, on a joué encore les comédies suivantes, dont nous avons mainte fois parlé :

Les Amants généreux.
L'Aveugle clairvoyant.
Les Bourgeoises de qualité.
Le Bourru bienfaisant.
Le Conciliateur.
Le Conteur.
Les Deux Pages.
Le Divorce.
L'Esprit de contradiction.
La Feinte par amour.
Le Fou raisonnable.
Le Français à Londres.
La Gageure.
L'Homme à bonnes fortunes.
Le Jaloux sans amour.
Le Philosophe sans le savoir.
La Pupille.
L'Orphelin anglais.
Les Savoyards.
Le Souper de famille.
La Surprise de l'Amour français.
Tom Jones à Londres.
Le Triple Mariage.
Les Trois Jumeaux vénitiens.
Le Tuteur.

DRAME. — Les nouveautés de l'année sont :

Bélisaire, en cinq actes. Première représentation le cinquième jour complémentaire de l'an IV.

Le *Bon Curé*, joué en frimaire an V.

Turenne, en trois actes. Première représentation en fructidor an IV.

Les *Victimes cloîtrées*, en quatre actes, par Monvel. Première représentation à ce théâtre en floréal an IV. Dans une soirée de ventôse an V, ce drame, qui a été qualifié de farce ultra-lugubre, n'a pu être joué jusqu'à la fin, une partie des spectateurs le regardant comme immoral.

Nous avons retrouvé dans le répertoire : les *Deux Amis*, l'*Habitant de la Guadeloupe*, *Beverley*, *Mélanie*, la *Piété filiale*, le *Père de famille*, l'*Indigent*, le *Déserteur* et *Eugénie*.

TRAGÉDIE. — Aucune nouveauté, mais on a donné : *Fénélon*, *Gaston et Bayard*, *Hypermnestre*, la *Veuve du Malabar*, *Tancrède*. A cette époque, le public soulignait par ses applaudissements ce passage de *Tancrède* :

Ce n'est plus aujourd'hui qu'un sénat ombrageux,
Toujours en défiance et toujours orageux;
Qui lui-même se plaint et que le peuple abhorre.

OPÉRA. — Un grand nombre d'opéra ont été chantés pendant cette année. Nous donnerons une mention spéciale aux suivants :

L'*Amoureux de quinze ans*, reprise.

La *Cinquantaine*, ou la *Fête de la Cinquantaine*, en deux actes, par Faur et Dezède. Première représentation en brumaire an V.

Le *Coin du feu,* dans le même mois.

Le *Diable à quatre,* en ventôse an V.

Une Faute par amour, en un acte et en prose, par Vial et Mengozzi. Première représentation en prairial an IV.

Lodoïska, de Kreutzer, avec pluie de feu et embrasement du palais de Boleslas (reprise).

Mariane, ou la *Tendresse maternelle,* par Dalayrac. Première représentation en fructidor an IV.

Le *Petit Matelot,* en un acte, musique de Gaveaux. Première représentation en thermidor an IV.

Les *Rêveries grecques,* ou les *Rêveries renouvelées des Grecs.* Première représentation en floréal an IV. Voici l'histoire de cette pièce : Quand Guimond de la Touche eût fait représenter son *Iphigénie en Tauride,* en 1757, on en donna une parodie au Théâtre-Italien sous le titre de la *Petite Iphigénie,* en un acte et en vers, attribuée à Boucher ou à Favart. Plus tard, le chevalier Gluck ayant donné à l'Opéra l'*Iphigénie en Tauride,* de Guillard, qu'il avait mise en musique, on imagina d'étendre en trois actes la *Petite Iphigénie,* sous le titre des *Rêveries renouvelées des Grecs,* et de reporter sur l'opéra la critique faite sur la tragédie. Cette manipulation est due à Guérin de Frémicourt et à Favart devenu vieux. Les *Rêveries grecques* étaient en fin de compte une parodie mêlée de chants et de danses plutôt qu'un opéra bien important.

Les *Sabots,* en un acte et en prose, par Sedaine, musique de Duni. Cette œuvre, donnée en floréal an IV, est probablement la même que les *Sabots et le Cerisier,* dont nous avons parlé plus haut.

Le *Secret,* en un acte et en prose, par Hoffmann, musique de Sollié, artiste de l'Opéra-Comique-National de Paris. Première représentation en prairial an IV. Acteurs: Grandville, Perceval, Mme Richardy.

Stratonice. Reprise en nivôse an V.

Tom Jones, en trois actes, par Philidor. Reprise en vendémiaire an V.

Les *Trois Fermiers*. Reprise.

Les opéra maintenus au répertoire, qui ne sont cités ni aux débuts ni aux représentations extraordinaires, sont :

Alexis et Justine.	*Euphrosine*.
L'*Amitié à l'épreuve*.	Les *Femmes vengées*.
La *Belle Arsène*.	Le *Jugement de Midas*.
Blaise le Savetier.	*Nina*.
La *Caravane du Caire*.	*Paul et Virginie*.
Le *Comte d'Albert et sa suite*.	Les *Pêcheurs*.
	Philippe et Georgette.
Le *Déserteur*.	Les *Prétendus*.
Les *Dettes*.	*Pygmalion*.
Les *Deux Chasseurs et la Laitière*.	*Raoul sire de Créqui*.
	Les *Rigueurs du cloître*.
Les *Deux petits Savoyards*.	*Rose et Colas*.
Les *Deux Tuteurs*.	Le *Tableau parlant*.
Le *Devin de village*.	Le *Tonnelier*.
Le *Droit du Seigneur*.	*Zemire et Azor*.

BALLET. — La direction a fait cette année de notables sacrifices pour relever le ballet que l'on voyait avec peine diminuer de jour en jour. Elle a engagé, comme nous l'avons dit, un maître de ballet, un premier danseur, une première danseuse, dix danseurs et dix danseuses. De cette manière on a pu monter :

Tout cède à l'Amour, ballet-pantomime par Hus, maître de ballet du théâtre. Première représentation en vendémiaire an V.

La *Fête de la Rose*, en frimaire an V.

On a repris :
Les *Marchandes de modes*.
La *Mort du Capitaine Cook*.

Certains opéra, tels que l'*Amoureux de quinze ans*, *Euphrosine*, etc., étaient ornés d'un ballet. La *Dot* se terminait alors par l'*Allemande* à trois personnes.

Dans la comédie de Beaumarchais, la *Folle Journée*, il y avait un divertissement.

REPRÉSENTATIONS EXTRAORDINAIRES. — Au commencement de l'année, à l'époque même des débuts, Rouen a possédé Narbonne, basse-taille, artiste de l'Opéra-Comique-National de Paris, qui a obtenu un grand succès dans *Sylvain*, *Blaise et Babet* (Jacques), *Félix*, la *Mélomanie* (Géronte) et surtout *OEdipe à Colonne*, rôle d'OEdipe. Mme Richardy représentait Antigone.

Au mois de messidor an IV, Fontaine, première haute-contre de la ci-devant chapelle de Versailles, a chanté, dans *Azémia*, le rôle brillant d'Alvar.

L'année s'est terminée par les représentations d'un artiste de comédie attaché à l'un des théâtres de Paris, Beaulieu, qui a joué le *Sourd*, ou l'*Auberge pleine*, les *Cent louis* et le *Présent*, comédies. Accusé de terrorisme par la rumeur publique, Beaulieu, à son entrée en scène, fut très-mal accueilli, mais, sans se déconcerter, il invita, avec tout le respect dû au public, ses accusateurs à citer des faits. Aucune voix ne s'éleva. Dès lors, l'acteur fut écouté et bientôt chaleureusement applaudi.

BALS. — Un assez grand nombre de redoutes ou bals parés, — non masqués bien entendu, — ont été donnés pendant l'hiver 1796-1797, le premier à la date du 11 nivôse an V (31 décembre 1796) et le dernier, le 7 ventôse de la même année républicaine (25 février 1797). Il y en avait souvent deux par semaine, le mercredi et le samedi, plus souvent le premier de ces deux jours. Il est vrai qu'alors, le dimanche étant presque supprimé, la semaine étant remplacée par la décade, le directeur devait, pour faire le choix des jours de bal, se déterminer par des raisons étrangères à nos mœurs actuelles.

INCIDENTS.

L'auteur célèbre des *Contes moraux*, Marmontel, alors le Nestor de la littérature française, assistait au spectacle le 14 thermidor an IV (1er août 1796); à son entrée, il a été couvert d'applaudissements et, après la représentation, il a été reconduit chez lui par la foule qui lui a témoigné la plus vive sympathie. On a répété à ce sujet la propre maxime de Marmontel : « Les faux plaisirs du monde ne valent pas une seule jouissance du sentiment. »

L'entrepreneur et les artistes du Théâtre-des-Arts ont donné le 20 fructidor an IV (6 septembre 1796), une représentation au bénéfice des artistes du grand théâtre de Nantes, dont la salle et les magasins avaient été totalement incendiés le 7 fructidor, pendant le troisième acte de *Zémire et Azor*. On jouait, pour ce bénéfice, *Turenne*, drame, et le *Déserteur*, opéra. Le produit fut de 873 liv. 14 sous. Les pensionnaires et artistes attachés au Théâtre-des-Arts ont ajouté à cette somme le don d'une journée de leurs honoraires. Le théâtre de la République a imité le Théâtre-des-Arts dans cette circonstance.

Le directeur, qui avait été déjà fort tracassé en vendémiaire an V, à propos du répertoire que l'on ne trouvait pas assez politique, vit, le mois suivant, surgir d'autres plaintes ; on le pria vertement d'allumer enfin ses poêles (le 13 novembre 1796). En frimaire, le public remarqua une économie *terrible* sur la lumière ; «le grand réverbère avait perdu plus des deux tiers de son éclat.» Cabousse, rappelé à l'ordre, se décida à chauffer et à éclairer la salle.

Restent seulement les incidents qui se rattachent aux grandes fêtes nationales ; ils se bornent à bien peu de chose.

On n'a pas oublié sans doute le très-prudent article 16 du programme officiel rédigé pour le 1er pluviôse an IV (voyez page 383). Il résume toute la question des rapports de l'administration avec le théâtre aux époques des solennités républicaines, aussi l'avons-nous retrouvé à chaque fête. Quelquefois l'orchestre des théâtres voulait bien exécuter un ou deux morceaux durant la cérémonie. Quant aux artistes dramatiques, ils ne se rendaient pas à l'invitation faite dans la forme que nous avons indiquée ou de cette autre manière : «Les musiciens et les artistes du théâtre sont *invités* à concourir par leurs talents à l'embellissement de la fête.»

Cette absence des artistes n'a rien de bien surprenant; avec le temps, tout s'use, l'enthousiasme comme le reste. Mais voici un dernier fait qui étonnera probablement davantage : A l'occasion de la fête des vieillards, le 10 fructidor an IV, on a donné au Théâtre-des-Arts *Blaise et Babet*, opéra, et l'*Honnête criminel*, drame; l'affiche portait ces mots : « Les vieillards assisteront à cette repré-
« sentation ; la salle sera illuminée à l'instar du bal. »
L'article 6 du programme de la fête était ainsi conçu :
« Les vieillards seront conduits au Théâtre-des-Arts,
« conformément à l'article 12 de l'arrêté du Directoire,
« et ils y occuperont une place distinguée. » En conséquence, après les cérémonies publiques, les vieillards ont été conduits au spectacle par une députation de l'administration municipale, accompagnés des vétérans et d'une partie de la musique.

Année théâtrale 1797-1798.

Après deux jours de vacances seulement, l'année théâtrale a commencé le 11 germinal an V (31 mars 1797). Pâques était cette année-là le 27 germinal (16 avril), Cabousse n'avait donc pas tenu compte des anciens errements qui consistaient à clore l'année le samedi veille des Rameaux et à faire l'ouverture le lundi de la Quasimodo; mais, en ce temps-là, les fêtes de la religion étaient lettres mortes.

Non-seulement cette campagne est la dernière de la direction Cabousse, mais encore elle n'a pu être terminée. Dans les derniers jours de nivôse an VI (janvier 1798), la ruine de Cabousse étant complète, le théâtre fut fermé.

Parmi les débuts d'opéra, nous mentionnerons ceux de Tanquerelle, basse-taille, dans la *Mélomanie, Blaise et Babet*, les *Visitandines* et *Euphrosine*, et ceux de Mlle Delacroix, première chanteuse, dans *Renaud d'Ast*, etc. — Grandville, Goyon, Fleury, Monnier, Perceval, Saint-Phar, Mmes Richardy, Valcourt, Grandville, Micalef, Mautouchet restaient au théâtre de Rouen.

Pour la comédie, le drame et la tragédie, Mlle Pelletier, premier rôle, a débuté dans le *Philosophe marié*, le *Consentement forcé*, *Tancrède* et *Alzire*. On avait rengagé Beauval, Prin et Mlle Brulo.

Le ballet, tout en conservant Hus, Rivière et la citoyenne Guingret, s'est complété par la présence de Laborie et de la citoyenne Lombard, qui ont débuté dans *Amphion, ou l'Elève des Muses*, l'un par le rôle d'Amphion, l'autre par celui de Thalie. Puis, dans le courant de l'année, en vendémiaire an VI, Angomard, second danseur et mime, a débuté dans la reprise de l'*Ermitage*, en même temps que Mme Dutac, mime également, qui s'est fait connaître dans l'*Héroïne américaine*, pantomime. Laborie avait quitté la troupe de Rouen, on crut qu'Angomard venait pour le remplacer, et cet artiste, pour ce motif, eut été refusé, s'il n'avait nettement déclaré qu'il ne prétendait qu'au titre de second danseur.

LA POLITIQUE AU THÉATRE. — A côté de l'élément républicain, nous voyons la politique extérieure inspirer les auteurs dramatiques. Sans autre commentaire, suivons l'ordre chronologique :

24 Germinal an V. — Première représentation d'*Elise dans les bois, ou l'Heureuse révolution du 9 thermidor*, fait historique.

8 Floréal. — On a appris à Rouen la signature des préliminaires de la paix ; une fête *impromptu* a été organisée, mais cette journée d'allégresse a été troublée au Théâtre-des-Arts. La direction avait composé son spectacle de la *Gageure imprévue*, de *Heureusement!* et d'*Elise dans les bois, ou l'Heureuse révolution du 9 thermidor*. Cette dernière pièce a été le prétexte de troubles qui ont failli avoir des suites fâcheuses.

1er Messidor (19 juin 1797), première représentation de *Les Bruits de paix, ou l'Heureuse espérance*, opéra.

6 Brumaire an VI. — L'administration municipale de Rouen a appris, à deux heures de relevée, que le traité de

paix définitive avec l'empereur avait été signé le 26 vendémiaire précédent (17 octobre 1797). Elle a décidé, entre autres choses, que les directeurs des deux théâtres seraient invités à illuminer et à donner à leur spectacle toute la pompe possible.

7 Brumaire. — En réjouissance de la paix avec l'empereur, spectacle gratis pour le peuple aux deux théâtres de Rouen. Au Théâtre-des-Arts, on a joué :

La *Fausse Agnès*.

Blaise et Babet, avec des couplets sur la paix.

Les *Marchandes de Modes*.

12 Brumaire. — Première représentation de la *Nouvelle de la Paix*, impromptu par le citoyen Beauval, mêlé de divertissements de la composition du citoyen Hus.

La direction a laissé au répertoire la *Pauvre Femme*, opéra anti-jacobin, ainsi que le *Club des bonnes Gens*, ou le *Curé français*. L'affiche du 24 germinal an V annonçant les *Bonnes Gens*, ne donnait aucune autre explication ; nous pensons pour ce motif que l'on désignait ainsi la pièce du cousin Jacques (Beffroy de Reigny), auteur alors très en vogue, plutôt que la comédie en un acte et en prose de Guillemain, qui datait de 1783 et qui était intitulée : les *Bonnes Gens*, ou *Boniface à Paris*.

Nous le répétons à dessein, la *Pauvre Femme* n'a pas causé à Rouen l'effervescence signalée dans plusieurs autres villes, à Dijon, par exemple, où le sang a coulé le 10 prairial an V, où un citoyen a été tué et plusieurs autres grièvement blessés.

OPÉRA. — Trois nouveautés seulement figurent ici : *Les Bruits de paix*, que nous avons dû placer au chapitre de la politique, et en second lieu :

Alix de Beaucaire, en trois actes, dont la première représentation a été donnée en vendémiaire an VI. Mlle Delacroix jouait Alix. Le décor du troisième acte, simulant un rocher dont le haut se prolongeait hardiment sur les eaux d'un fleuve, a produit un effet très-saisissant.

La *Famille suisse*, opéra de Saint-Just et de Boïeldieu. Première représentation vers la fin de nivôse an VI (janvier 1798), dans les derniers jours de la direction Cabousse.

Toutefois, il ne faudrait pas croire que l'opéra ait été négligé. Le relevé des annonces de spectacle comprend, indépendamment des pièces de début et des représentations par des artistes étrangers, tous les ouvrages dont les noms suivent :

Alexis et Justine.
Ambroise, ou Voilà ma journée.
Camille, ou le Souterrain.
La Caravane du Caire.
La Colonie.
Les Deux petits Savoyards.
La Dot.
Les Dettes.
Les Deux Chasseurs et la Laitière.
Félix.
Les Femmes vengées.
Jean et Geneviève.
Lodoïska.
Les Prétendus.
Paul et Virginie.
Pierre-le-Grand.
Raoul Barbe-Bleue.
Raoul, sire de Créqui.
Les Sabots.
La Soirée orageuse.
Le Tableau parlant.

BALLET. — De tous les genres, le ballet a été relativement le plus cultivé dans cette dernière campagne de la direction Cabousse. Voici les ouvrages connus et nouveaux qui ont été représentés :

Amphion, ou l'Elève des Muses, ballet d'action, monté

en floréal an V, pour le premier début de Laborie, premier danseur, et de la citoyenne Lombard. Rivière, autre premier danseur, et la citoyenne Guingret, première danseuse, y faisaient leur partie.

Le *Déserteur*, ballet-pantomime (reprise).

L'*Ermitage*, ou les *Brigands de la Pologne*, ballet-pantomime (reprise).

L'*Héroïne américaine*, pantomime dans laquelle on a introduit des évolutions et des ballets d'une composition nouvelle.

Les *Marchandes de Modes*, ballet-pantomime.

Psyché, ballet-pantomime par Gardel, arrangé par Hus, maître de ballets du théâtre. Première représentation en messidor an V. Acteurs : Laborie, Rivière, Mmes Lombard, Richardy et Guingret. Rivière jouait l'Amour ; Laborie, Zéphir ; Mme Richardy, Vénus ; la citoyenne Guingret, Flore ; la citoyenne Lombard, Psyché. La scène française, à cette époque, possédait deux autres *Psyché*, ballets-pantomimes également, l'un de Noverre, l'autre de Dauberval. — Le 16 thermidor, *Psyché*, de Gardel et Hus, a été donné au bénéfice du citoyen Laborie et de la citoyenne Lombard, tous deux devant, le 19 du même mois, cesser de faire partie de la troupe.

Tout cède à l'Amour, ballet d'action.

Enfin, à la reprise de la *Caravane du Caire*, la danse a été l'objet d'un soin tout particulier. Laborie, Rivière, les citoyennes Lombard et Guingret l'ont exécutée à la grande satisfaction du public.

COMÉDIE. — Les pièces auxquelles nous consacrerons une mention particulière sont peu nombreuses et encore

n'ont-elles jamais eu un grand retentissement; ce sont :
Les *Deux Fermiers*, en germinal an V.

Esope à la Foire, en messidor de la même année. C'est une comédie épisodique en un acte et en vers, attribuée par les uns à Mogue de Saint-Aubin et par les autres à Levacher de Charnois et Landrin-Guérard.

Le *Géographomane*, ou le *Voyage supposé*, en un acte et en vers, par Legrand jeune. Première représentation en nivôse an VI. On y a remarqué le passage suivant :

> Si je pense à Solon, j'aperçois l'homme habile,
> Préparant au bonheur une foule imbécile.
> Et par de bons avis, trop longtemps méconnus,
> Accoutumant les cœurs à chérir les vertus.
> Plus loin, j'y vois Lycurgue : il crut former des sages ;
> Sa législation ne fit que des sauvages ;
> De l'amour de la gloire il enflamma les cœurs,
> Mais il manqua son but... il négligea les mœurs.

L'*Intrigue secrète*, ou la *Veuve*, comédie en prose, par Monnet, annoncée quelquefois, à Rouen, sous le titre de la *Veuve*, — à moins que l'on ait désigné ainsi par abréviation la *Veuve du Malabar*, ou bien encore qu'on ait joué la *Veuve*, comédie en un acte de Collé. Il faut savoir que, dans le siècle dernier, les régisseurs n'apportaient pas beaucoup de soin à la rédaction des annonces.

Le *Libelliste*, ou les *Effets de la Calomnie*, fait historique représenté pour la première fois le 10 prairial an V (29 mai 1797).

Les *Méprises par ressemblance* (voir aux représentations extraordinaires, page 409).

La *Matinée du roi de Prusse, Frédéric II*, comédie jouée en prairial an V.

Le *Mort marié*, ouvrage qui d'abord était un opéra-comique en deux actes, paroles de Sedaine, musique de Bianchi (1777), et qui ensuite a été joué sans musique (1782). A Rouen, en vendémiaire an VI, on l'annonçait comme reprise.

Le *Seigneur supposé*, en deux actes, par Favières.

Quant aux comédies du répertoire courant, en voici la liste :

L'*Avocat Patelin*.
Céphise.
Le *Consentement forcé*.
La *Coquette corrigée*.
Les *Deux Pages*.
Le *Divorce*.
Dupuis et Desronais.
L'*Enrôlement supposé*.
L'*Epreuve réciproque*.
Les *Etourdis*.
La *Fausse Agnès*.
Les *Fausses infidélités*.
Le *Festin de Pierre*.
Les *Folies amoureuses*.
La *Gageure imprévue*.
Heureusement.
L'*Impromptu de campagne*.
La *Jeune Indienne*.
Les *Jeux de l'Amour et du Hasard*.
Le *Médecin malgré lui*.
Le *Mercure galant*.
La *Mère coupable*.
Le *Misanthrope*.
Le *Philosophe marié*.
La *Pupille*.
Le *Souper de famille*.
Le *Sourd*, ou l'*Auberge pleine*.
Les *Trois Frères rivaux*.

DRAME. — Aucune nouveauté ; maintien au répertoire des œuvres dont les noms suivent : *Béverley*, les *Deux Amis*, le *Déserteur*, *Eugénie*, l'*Habitant de la Guadeloupe*, le *Père de Famille*.

TRAGÉDIE. — Ce genre était en honneur ; on a représenté : *Alzire*, *Gaston et Bayard*, *Hypermnestre*, *Mérope*,

Tancrède, Zaïre, Zelmire, enfin le *Cid* pour célébrer la fête de Pierre Corneille.

On a en outre donné, pour la première fois, en brumaire an VI, *Agamemnon,* tragédie en cinq actes et en vers, par L. Lemercier.

Nous verrons tout à l'heure que les représentations de Larive, à Rouen, ont encore relevé le répertoire dramatique.

REPRÉSENTATIONS EXTRAORDINAIRES. — Dès les premiers jours de l'exercice, Beaulieu, dont nous avons parlé l'année précédente et dont nous avons raconté la mésaventure politique, a donné sur le Théâtre-des-Arts quelques représentations et a joué notamment dans les *Méprises par ressemblance* et dans la *Veuve.*

Une courte digression à propos des *Méprises par ressemblance,* œuvre de J. Patrat et de Grétry, qui, malgré la collaboration de Grétry, est plutôt une comédie mêlée de chant qu'un opéra : ce petit ouvrage, — petit par le peu de développement des morceaux, sinon par leur nombre, — fut joué d'abord à Fontainebleau, en 1786, devant la cour, et quelques jours après à Paris. Il eut, à Fontainebleau et à Paris, un succès d'estime et rien de plus. Bientôt Patrat, laissant de côté la partition, fit jouer sa pièce sur le théâtre du Marais; le titre fut changé et les vers furent traduits en prose. Le succès fut grand, cette fois. L'Opéra-Comique de Paris a repris, en 1858, les *Méprises par ressemblance* et le succès a justifié cette tentative. Au dix-huitième siècle, la pièce a tué la partitition, parce que, de tous les ouvrages de Grétry, celui-là est peut-être le moins important ; au milieu du dix-neuvième siècle, au contraire, la partition a fait réussir la pièce.

En messidor an V, Michu, acteur du théâtre des Italiens, — Michu qui bientôt sera directeur du théâtre de Rouen, — s'est fait entendre dans la *Belle Arsène*, opéra-féerie, et dans *Azémia;* le 15 de ce mois, il a joué à son bénéfice dans la reprise du *Magnifique* et dans *Stratonice*.

Le mois suivant, en thermidor, Larive, le célèbre successeur de Lekain, a joué le rôle de Vendôme dans *Adélaïde Duguesclin*, et celui de Ladislas dans *Venceslas*, de Rotrou.

Larive a donné aussi à cette époque la tragédie de *Spartacus*, dans laquelle on voit ce que peuvent faire entreprendre l'amour de la liberté et la haine de la tyrannie et de l'esclavage. Les applaudissements ont éclaté quand Spartacus, répondant aux offres que lui fait le consul Crassus pour l'engager à faire la paix avec les Romains, s'exprime ainsi :

Mes soldats, dites-vous, seront faits citoyens,
Rome à leur subsistance assignera des biens ;
On fera chevalier le chef qui me seconde,
Avec vous, au sénat, je régirai le monde...
Mais peut-être demain, sénateurs, citoyens
Seront en mon pouvoir ainsi que tous vos biens.
J'ordonnerai du sort de ces maîtres du monde,
Je verrai sur quel droit ce grand titre se fonde
Et si, soumettant tout aux lois du consulat,
Il faut que Rome soit et qu'elle ait un sénat.

Le chef-d'œuvre de Pierre Corneille, le *Cid*, a été pour Larive l'occasion du plus grand triomphe ; à la fin de cette tragédie, on a jeté sur la scène les vers suivants adressés à l'éminent artiste en représentation :

Emule de Lekain, toi dont les grands talents
Te firent victimer par nos nouveaux tyrans,
Des fleurs du sentiment j'ose embellir ta tête ;
Ta présence est pour nous le plus beau jour de fête ;
Par tes mâles accents, tu séduis tous nos cœurs.
Comme tu nous peins bien le Cid en ses fureurs !
Tu fais naître en nos sens le plaisir et l'ivresse ;
Nos bravos répétés sont tous à ton adresse.

A propos de Lekain, on est en droit de penser qu'il a joué à Rouen ; qu'on en juge plutôt par cette lettre adressée précisément à Larive, son double à la Comédie-Française. Nous transcrivons l'autographe lui-même, qui appartient à M. Charles Maurice (1) :

« A Saint-Paul près Rouen, ce 4 avril 1777.

« J'ai été tellement incommodé dans mon voyage, mon cher lieutenant, que j'ai été forcé de séjourner à Rouen plus que je ne l'avais projeté. J'ai saisi cette occasion pour prendre les eaux de Saint-Paul qui me font beaucoup de bien, malgré la température de ce pays contraire à toute sorte de remède. Il est fort possible que je les continue encore une partie de la semaine prochaine et pour lors je vous prierai de me suppléer dans ce surcroît de vacances et d'étouffer, le plus qu'il vous sera possible,

---

(1) Auteur, comme chacun le sait sans doute, d'un livre délicieux intitulé : *Histoire anecdotique du Théâtre et de la Littérature*. Paris, 1856, chez Henri Plon.

ces petites clameurs anodines qui, sous l'ombre d'un intérêt tendre et touchant, font pourtant beaucoup de mal à la personne qu'elles regardent. J'ai écrit à Rosette Vestris pour la prier de m'obtenir cette légère faveur de M. le maréchal Duras; je n'en ai point encore reçu de nouvelles; j'espère pourtant qu'elles me parviendront. J'ai appris ici d'une de vos figurantes de Lyon, engagée avec Chevillard, que vous aviez fait la plus grande sensation à Lyon. Je vous en fais mon compliment bien sincère. Pour moi, mon cher collègue, je n'ai pu remplir en cette ville que la moitié de mes engagements : j'y suis arrivé malade, j'y suis resté malade, mais j'espère m'en retourner un peu plus égrillard. Il se pourra très-bien faire qu'en vertu de cette égrillardise, je rende aux Rouennais ce que je n'ai pu leur donner dans la semaine de la Passion. Voilà mon secret, je vous le confie, bien persuadé que vous n'en ferez d'autre usage que celui que l'amitié vous suggérera. Adieu, mon cher collègue, embrassez bien pour moi votre digne et aimable compagne. Je suis, sans cérémonie,

« Votre serviteur et votre ami,

« LEKAIN. »

Pendant le mois de fructidor an V, Martin, artiste du théâtre des Italiens, a joué le rôle de Bonnefoi dans *Philippe et Georgette*, et celui de Lafrance dans l'*Epreuve villageoise;* il a donné aussi les *Visitandines* et le *Secret*.

Enfin, Mme Davrigny, que les Rouennais avaient applaudie bien des fois lorsqu'elle portait le nom de Mlle Renaud, est venue en vendémiaire an VI recevoir de nouvelles ovations pour la manière dont elle a interprété les personnages de Lucette dans la *Fausse Magie*, de Célimène dans l'*Amant statue*, etc., etc.

INCIDENTS.

Un certain jour de messidor an V, le bruit s'étant répandu qu'on demanderait aux deux théâtres l'exécution de la *Marseillaise*, deux cents gardes nationaux ont été commandés et deux administrateurs, accompagnés des chefs de la garde nationale, se sont présentés dans les spectacles. Leur présence a suffi pour maintenir le bon ordre.

La partie du public disposée à demander la *Marseillaise* alléguait les arrêtés du Directoire exécutif des 18 et 27 nivôse an IV (voyez pages 373 et 374).

On leur opposait un extrait des registres des délibérations de ce même Directoire exécutif du 11 germinal an IV, c'est-à-dire un arrêté plus récent; il était ainsi conçu :

« Le Directoire exécutif arrête ce qui suit :

« Art. Ier. — Tout spectacle où des troubles se manifesteraient sera fermé.

« Art. II. — On ne pourra jouer ou chanter sur les théâtres que les pièces ou airs indiqués par les affiches.

« Art. III. — Le théâtre de la rue Feydeau pourra rouvrir son spectacle.

« Le ministre de la police générale est chargé de l'exécution du présent arrêté, qui sera imprimé. »

Il suffisait donc à cette époque de recommander au directeur du théâtre de ne point indiquer sur l'affiche l'hymne des Marseillais pour paralyser l'ardeur patriotique de certains spectateurs qui désiraient l'entendre très-souvent. D'autre part, l'article Ier de l'arrêté du 11 germinal déterminait l'entrepreneur de spectacles à veiller au maintien du bon ordre dans la salle, de sorte que le tumulte était devenu aussi rare qu'il avait été fréquent dans les années précédentes.

Quinze mois de crise théâtrale.
— 1798-1799. —

La faillite de Cabousse, en nivôse an VI, a eu pour résultat la fermeture prématurée du Théâtre-des-Arts. Les artistes se sont trouvés dans une position très-précaire, quoique dans les derniers jours de nivôse la recette de chaque jour leur eût été partagée. Les acteurs de comédie et la plupart de ceux de l'opéra ont quitté Rouen pour s'engager dans divers endroits, notamment à Lisieux. Une faible partie, au contraire, a préféré former une espèce de société et a obtenu la permission d'achever l'année théâtrale en jouant pour son propre compte.

Le théâtre a été rouvert dans ces conditions le 12 pluviôse an VI (31 janvier 1798), après une quinzaine de jours d'interruption. L'entreprise a suivi son cours tant bien que mal pendant la fin de pluviôse, ventôse et jusqu'au 18 germinal inclusivement. Pâques était le 19 germinal (8 avril); la société dramatique a donc tenu jusqu'à l'époque ordinaire de la clôture.

Voici une liste officielle des artistes et employés du Théâtre-des-Arts (1); elle est datée du 23 ventôse an VI :

Prin.	Grandville.
Saint-Fard.	Goyon.
Monnier.	Fleury.

---

(1) Les emplois n'y sont pas indiqués, mais presque tous ces artistes nous sont connus.

Perceval.   Mmes Brulo.
Tanquerelle.   Valcourt.
Fontaine.   Mautouchet.
Dulaire.   Micalef.
Mmes Richardy.   Grandville.
Derville.

Danseurs : Hus, maître de ballet ; Rivière, Angomard, Lebouchet, Mikelli, Dutac, Gricourt, Gambu, Fleury, Lucet père, Lucet fils, Duveret et Lareine.

Danseuses : Guingret, Dutac, Rivière, Hus, Guingret cadette, Murat, Lebert, G. Fressinet, S. Fressinet, F. Fressinet, Gricourt, Fleury mère, Richemont et Desforges.

Orchestre : Laroche, Cabousse et vingt musiciens.

Chœurs : Sept femmes, sept hommes.

Employés divers : Sept hommes.

Garçons de théâtre : Treize, y compris le perruquier, le portier et le menuisier.

Bureaux, postes, habilleuses : Vingt femmes et deux hommes.

Les artistes en société ont joué : *Azémia, Blaise le Savetier,* la *Caravane du Caire* avec ses ballets, la *Dot,* le *Maréchal ferrant, Panurge* avec ses ballets, *Philippe et Georgette,* les *Pêcheurs, Rose et Colas,* le *Secret,* etc. D'autre part : le *Ballet des Sabotiers,* le *Ballet de la Paix ;* enfin, au commencement de germinal an VI, une pièce nouvelle *Adèle et Dorsan,* opéra en trois actes, de Marsollier et Dalayrac, et un ballet de circonstance dont voici le titre et l'analyse succincte :

Les *Fêtes de Mars et de Vénus,* ballet-pantomime de la composition de Hus, représenté, pour la première fois, en ventôse an VI. Après quelques entrées de danse, le fond du théâtre s'ouvrait tout-à-coup et présentait le pont d'Arcole gardé par les Autrichiens. Les Français qui les attaquent sont d'abord repoussés, mais le général Buonaparte arrive avec un régiment des Guides, il prend l'étendard des mains du général Augereau, court sur le pont et l'y plante malgré le feu des Autrichiens; Mars et Vénus se rendent au-devant du vainqueur, Buonaparte est élevé sur un pavois et, au même instant, la Victoire et la Paix, descendant du ciel, couronnent le héros auquel toutes les troupes présentent les armes.

Un nouveau changement à vue découvre un port de mer avec une escadre française. Buonaparte fait ses adieux à Mars. La gloire de venger la République l'appelle. Il se met à la tête des troupes, défile et va s'embarquer. La Victoire et la Paix, élevées dans l'air, planent sur son vaisseau, l'escadre part et la toile tombe.

Cependant Cabousse, du consentement de ses créanciers, avait cédé son entreprise à deux individus de Paris, Bruno et Montereau, qui en traitèrent sous le nom de leurs femmes. Avec eux était sous main le nommé Champagne-Demoute.

Bruno possédait déjà, depuis deux mois environ, le théâtre de la République; on y jouait les variétés, les vaudevilles et les pantomimes, tandis qu'au Théâtre-des-Arts étaient réservés les autres genres. C'était la première fois que l'on voyait à Rouen les deux théâtres réunis sous une même direction ; toutefois, il y avait deux troupes, celle du grand théâtre représentait, dans certaines soirées, sur la seconde scène, mais la réciprocité n'avait pas lieu. Le régisseur du Théâtre-des-Arts était un nommé Belleval, acteur en même temps ; celui du théâtre de la République s'appelait Rozeval.

La direction Bruno-Montereau et Cie a fermé, jusqu'à nouvel ordre (1), le théâtre de la République le 20 floréal an VI (9 mai 1798) et a fait le lendemain l'ouverture du Théâtre-des-Arts.

On donnait :

1º Un *Prologue d'ouverture*, dans lequel Belleval, régisseur, et la citoyenne Dossonville, ex-artiste du théâtre de l'Odéon, à Paris, jouaient les principaux rôles ;

2º *Iphigénie en Aulide* ; les rôles d'Agamemnon, d'Achille, d'Ulysse, de Clytemnestre, d'Iphigénie et d'Eriphile étaient joués par Dugrand, ex-artiste du théâtre de l'Odéon de Paris, Garnier, artiste qui avait déjà été acteur à Rouen, Belleval, les citoyennes Milord, ex-artiste du grand théâtre de Lyon, Guérin et Reymond ;

3º La *Gageure imprévue* ; la citoyenne Milord débutait par le rôle de Mme Clainville.

Le second jour, ont commencé les débuts d'opéra dans deux ouvrages très-connus :

1º La *Fausse Magie* ; les rôles de Lainval, d'Alain, de

---

(1) Jusqu'au 7 prairial suivant.

Rosimond et de Lucette étaient interprétés par Demarthe, Richard, Fleury et la citoyenne Véricourt;

2° *Camille*, ou le *Souterrain*, Andrieu, Demarthe, Richard, Fleury, Monnier, Montbrun, les citoyennes Mézières et Frésinet jouant les rôles d'Alberti, Lorédan, Fabio, Marcelin, Strosi, Adolphe, Camille et Laurette.

Fleury et Monnier étaient les deux artistes que le public applaudissait à ce théâtre pendant les campagnes précédentes. La direction avait aussi conservé Mme Micalef, que suppléait quelquefois une artiste nommée Renaut. Quant à Demarthe et à Mlle Mezières, Joigny et autres, ils venaient du théâtre de la République.

D'autres débuts d'opéra ont été effectués dans les *Deux Chasseurs et la Laitière*, les *Deux petits Savoyards*, *Philippe et Georgette*, les *Visitandines*, etc.; dans ce dernier ouvrage, la citoyenne Véricourt chantait le rôle d'Euphémie.

Pour la comédie, Calland, comique, débuta par le rôle d'Hector et Mme Garnier par celui de Nérine dans le *Joueur*; Sidonis, par les rôles du Français dans le *Français à Londres*, et de Valère dans le *Glorieux*, comédie qui a servi aussi de début à Roselle, financier. — Le *Légataire universel* fut donné pour Frogères, ex-artiste du théâtre de la République de Paris, jouant Crispin, et la citoyenne Dossonville, jouant le rôle de la soubrette; la *Fausse Agnès*, pour Frogères, rôle de Desmazures, et la citoyenne Guérin, rôle de la fausse Agnès; la *Feinte par amour*, pour la citoyenne Reymond, rôle de Mélite; enfin, dans le *Père de Famille*, drame, le rôle de Saint-Albin fut choisi pour épreuve par Joigny, ex-acteur du théâtre de la République de Rouen.

OPÉRA. — La troupe était encore incomplète parce que certains acteurs n'avaient pu arriver assez tôt pour la compléter en temps opportun. On fit prendre patience au public avec les six opéra que nous avons cités et avec la *Belle Arsène*, l'*Epreuve villageoise*, le *Tonnelier*, les *Dettes* et *Paul et Virginie*; puis, au milieu du mois de prairial, Julien a débuté par le rôle de Bonnefoi de *Philippe et Georgette* (1), et Gubian par ceux du mélomane, du déserteur et de Sylvain, dans la *Mélomanie*, le *Déserteur* et *Sylvain*; ce dernier ouvrage, à la même époque, a permis à la citoyenne Frémont de s'essayer dans le rôle d'Hélène. Enfin, la citoyenne Méjan, tour à tour comtesse et Colombine, a débuté dans le *Comte d'Albert et sa Suite* et le *Tableau parlant*.

A la fin de ce même mois, on a donné la première représentation du *Prisonnier*, ou la *Ressemblance*, opéra en un acte et en prose, de Duval, musique de Domenico-Della-Maria, et celle du *Traité nul*, opéra-comique en un acte, par Marsollier et Gaveaux.

Pour terminer ce qui concerne l'opéra, voici la liste des œuvres qui ont été maintenues à la scène sous cette direction et que nous n'avons pas eu occasion de citer:

---

(1) Ce début avait lieu le 10 prairial, un décadi, c'est-à-dire un dimanche républicain et, qui plus est, ce décadi était un jour de grande fête nationale. Deux irrégularités pour un seul début! La seule concession faite aux abonnés était exprimée en ces termes: « A cause de la fête, le spectacle ne commencera qu'à six heures. » On voit qu'en 1798 on commençait encore ordinairement le spectacle à l'heure à laquelle aujourd'hui on ne commence même pas le dîner.

L'*Amant jaloux*.   *Renaud d'Ast*.
Blaise et Babet.   *Rose et Colas*.
Félix.   *Le Secret*.
Raoul Barbe-Bleue.

La citoyenne Henniq a débuté en messidor an VI, par le rôle de Lucinde dans *Renaud d'Ast*.

Quelquefois, entre deux pièces, Réthaller père et son fils exécutaient une symphonie concertante pour deux clarinettes, une entre autres de la composition de Devienne, ou bien Réthaller fils faisait entendre un concerto de clarinette, ou bien encore l'orchestre jouait l'ouverture d'*Iphigénie en Aulide*, grand-opéra. On a eu même l'idée très-originale de faire précéder de cette ouverture la représentation d'*Iphigénie en Aulide*, tragédie.

BALLET. — Le corps de ballet était utilisé surtout au théâtre de la République ; cependant le Théâtre-des-Arts a vu monter deux ouvrages nouveaux :

Atalante vaincue par Hyppomène, ballet anacréontique en un acte. Première représentation en prairial an VI ;

Les *Deux Rivaux*, grand ballet-pantomime à grand spectacle, en trois actes, représenté pour la première fois dans le même mois. Lebœuf, maître de ballet et premier danseur, y a débuté. Il avait alors pour partenaire la citoyenne Saint-Vallery, première danseuse du grand théâtre de Marseille.

TRAGÉDIE, COMÉDIE ET DRAME. — La plus grande partie a été empruntée au répertoire classique:

Amphitryon.   *Crispin rival*.
Le *Barbier de Séville*.   Le *Dépit amoureux*.

Les *Étourdis*.	Les *Horaces*.
La *Fausse Agnès*.	*Iphigénie en Aulide*.
Fénélon.	Le *Joueur*.
Le *Festin de Pierre*.	Le *Légataire universel*.
Les *Folies amoureuses*.	*Mahomet*.
Les *Fourberies de Scapin*.	Le *Médecin malgré lui*.
Le *Glorieux*.	*Tancrède*.

Les autres ouvrages connus qui ont été représentés pendant cette courte saison théâtrale sont :

L'*Amant bourru*.	L'*Habitant de la Guade-*
Le *Bourru bienfaisant*.	*loupe*.
Les *Châteaux en Espagne*.	L'*Heureuse erreur*.
L'*Épreuve réciproque*.	L'*Impromptu de cam-*
Eugénie.	*pagne*.
La *Femme jalouse*.	La *Jeune Indienne*.
Gabrielle de Vergy.	Le *Philosophe marié*.
Guerre ouverte.	Les *Trois Frères rivaux*.

Un seul de ces trois genres, la comédie, a été enrichi de quelques rares nouveautés, savoir :

Le *Défi*. Première représentation en messidor an VI. On l'annonçait quelquefois sous le titre du *Défi hasardeux*.

Le *Major Palmer*, comédie mêlée d'ariettes, en deux actes, par Pigault-Lebrun, musique de Bremi. Première représentation dans le même mois.

Médiocre et Rampant, ou le *Moyen de parvenir*, comédie en cinq actes et en vers, par Picard. Première représentation dans le même mois. On a surtout applaudi les idées exprimées par ces vers :

A moins qu'il ne soit là tout prêt à se défendre,
Contre un homme jamais je ne veux rien entendre.
. . . .
Qui mérite une place est loin d'y parvenir
Et le sot, en rampant, est sûr de l'obtenir,

Les principaux rôles y étaient remplis par Dugrand, Garnier, Sidonis, Galland, Lejeune et Champion.

Le *Vieux Célibataire*. Première représentation de la reprise en prairial an VI. Belleval, le régisseur, y jouait le principal rôle, celui du célibataire ; autres acteurs : Sidonis, Mmes Milord (rôle de Mme Evrard) et Lequien.

Dès les premiers jours de messidor an VI, le public avait porté son jugement sur la nouvelle direction et sur la troupe qu'elle produisait ; les deux théâtres étaient très-peu suivis. Les recettes, quoi qu'on fît, allèrent chaque jour en diminuant.

Le 5 thermidor, on allait commencer le *Vieux Célibataire* quand l'acteur Sidonis déclara qu'il n'entrerait pas en scène parce qu'il n'était pas payé de ce qu'on lui devait (58 liv.); Belleval, l'un des régisseurs, a dû annoncer que la représentation ne pourrait avoir lieu. L'argent a été rendu au public, qui s'est retiré fort désappointé.

La direction, aux abois, obtint de Sidonis et de ses camarades qu'ils jouassent encore quelque temps, à la condition qu'ils seraient payés *un peu* sur les recettes de chaque jour.

Les représentations du Théâtre-des-Arts continuèrent donc, mais ne purent être poussées plus loin que le 13 thermidor inclusivement (31 juillet 1798). A partir de ce jour, les artistes jouèrent provisoirement au théâtre de la République, et pour leur compte, les pièces les plus connues du répertoire.

Les artistes jouaient pour leur compte ; cependant, par suite de quelque tripotage dont on n'aura jamais la clé, — non plus que de tous ceux qui vont encore se succéder pendant quelques mois, — le 23 thermidor on annonça que « les actionnaires, propriétaires de loges et les abon-
« nés au Théâtre-des-Arts, en présentant leur carte au
« théâtre de la République, y disposeraient de leurs
« entrées. »

Au milieu de la crise théâtrale, la mémoire de Pierre Corneille n'a nullement préoccupé les directeurs, ce qui motiva la lettre suivante, adressée au rédacteur d'un petit journal qui avait pour titre : *Affiches et Annonces de Rouen* :

« Rouen, le 13 messidor an VI (1er juillet 1798).

« Citoyen,

« La réclamation que je prends la liberté de vous adresser intéresse la littérature, et c'est à ce titre qu'elle doit trouver place dans un des numéros de votre feuille. Si la mémoire de Pierre Corneille, créateur de la tragédie en France, doit être chère et respectable à tous les Français, elle doit l'être doublement aux citoyens d'une ville au sein de laquelle il a pris naissance. Aussi avions-nous toujours été jusqu'ici dans l'usage, à Rouen, de consacrer tous les ans un jour à rendre hommage aux talents de cet illustre citoyen. Les artistes du Théâtre-des-Arts, que ce soin regardait plus particulièrement, illuminaient leur salle et donnaient au public la représentation de quelqu'une de ses immortelles tragédies. L'an passé même, nous eûmes encore le plaisir, en applaudissant le *Cid*, de payer, à son étonnant auteur, le juste tribut d'admiration qu'il mérite. N'aurions-nous pu, sans attenter à notre Constitution, sans manquer au respect que tout bon citoyen doit aux lois du Gouvernement, solenniser de même cette année la fête du grand Corneille? Je suis d'autant plus porté à le croire, que cette espèce de solennité, circonscrite, pour ainsi dire, à l'enceinte du spectacle, n'offrait à l'extérieur aucun appareil, aucune pompe qui pût déranger l'ordre public. La fête du génie dramatique, célébrée dans son propre sanctuaire, n'avait rien de commun, ni pour le lieu, ni pour la forme, avec celle que les chrétiens célèbrent dans leurs temples, en l'honneur de l'apôtre dont Corneille portait le nom... Que dis-je?... En honorant la mémoire de ce poète sublime, c'était fêter le précurseur de la liberté. La révolution, loin d'être un obstacle à notre hommage, nous fournit au contraire un motif de plus, puisque loin de diminuer notre estime pour cet homme célèbre, elle lui donne un nouveau droit à notre admiration. Je n'ai garde d'entreprendre ici son éloge. Cette tâche, bien supérieure à mes forces, était réservée à la plume de Fontenelle, dont la naissance honore aussi notre ville. Sans rien ajouter à ce qu'en a dit cet aimable écrivain, je me contenterai d'observer que la sublimité du génie de Corneille devait avoir une grande influence sur le caractère de sa nation et lui donner plus d'énergie et de grandeur, si la politique de Richelieu n'eût prévenu cet heureux effet. Ce père immortel de la tragédie semble s'être rendu familier le grand caractère des Romains, chez lesquels il a choisi la plupart de ses héros. En un mot, il a plus l'air d'appartenir à un Etat républicain qu'à un gouvernement monarchique.

« Cependant je sens que mon enthousiasme pour ce favori de Melpomène m'entraîne malgré moi et m'éloigne de mon objet, auquel je me hâte de revenir. Il me semble que l'on pourrait concilier l'obligation de suivre le nouveau calendrier avec celle d'honorer un grand homme, le respect dû aux lois avec celui que nous devons à sa mémoire. Ne serait-il pas possible, par exemple, pour perpétuer annuellement, dans notre cité surtout, l'hommage que mérite notre illustre compatriote, d'assigner un jour spécialement consacré à remplir au théâtre, comme par le passé, ce devoir solennel et respectable? Ce jour serait, par exemple, celui qui, dans le nouveau style, correspond au 6 juin de l'ancien calendrier, jour à jamais célèbre, à jamais mémorable, qui fut comme l'aurore du plus beau siècle de la scène française.

« L'oubli, ou peut-être la crainte prudente des artistes du Théâtre-des-Arts, m'a obligé de traiter à la hâte un sujet qui demandait sans doute plus de soin et de correction ; mais, comme le principal mérite de ces sortes d'écrits est l'à-propos, je m'empresse de vous communiquer sur-le-champ, et comme en impromptu, cette idée conçue à la vérité un peu trop tard pour qu'elle puisse se réaliser cette année, mais qu'on pourrait peut-être adopter pour les années suivantes. Au reste, j'ai cru, en la mettant au jour, acquitter ma part de la dette sacrée qui nous lie au plus illustre de nos compatriotes. Quelqu'opinion qu'on puisse avoir de ma démarche et quelqu'en puisse être l'effet, j'espère qu'on me saura gré de l'intention en faveur de celui qui en est l'objet.

« Salut, etc.

« D. L., de Rouen. »

Cette lettre, — qui n'a pas besoin de commentaires, — était perdue pour la génération actuelle ; nous avons eu un plaisir infini à la retrouver et à la reproduire.

Une compagnie, composée de Bligny, Patu et Ledreux, ce dernier étant directeur en titre, s'est substituée à Bruno, Montereau et Cie, qui avaient tout-à-coup quitté Rouen, sans payer leur dettes (1). Les trois nouveaux associés possédaient les deux théâtres comme leurs devanciers et avaient un régisseur général du nom de Delhormes. On commença par tenir fermé le Théâtre-des-Arts sous prétexte de former la troupe. Le théâtre de la République, au contraire, n'a interrompu ses représentations qu'à partir du 6 fructidor an VI (23 août 1798) ; à cette date précisément, le grand théâtre s'ouvrait pour la troisième fois depuis sept mois à peine.

L'ouverture du 6 fructidor a été très-brillante ; on avait huit artistes du théâtre du Vaudeville de Paris : les citoyens Henry, Duchaume, Carpentier, Legendre et Révol, et les citoyennes Blosseville, Duchaume et Thubé, qui jouèrent dans cette soirée :

1° La première représentation de l'*Hommage du petit*

---

(1) Ledreux était beau-frère de Montereau.

Vaudeville au grand Corneille, prologue en prose et en vaudevilles.

2º Le *Faucon,* vaudeville ;

3º Le *Cordonnier allemand,* vaudeville en un acte qui présente le même sujet que l'opéra-comique les *Souliers mordorés.*

Le lendemain et les jours suivants, ces artistes, réunis à Rouen sous la surveillance de deux hommes de lettres, Piis et Barré, jouissant alors d'un certain renom, ont complété successivement leur répertoire spécial par :

Le *Moulin de Sans-Souci,* vaudeville retraçant l'anecdote si connue de Frédéric, roi de Prusse.

La *Gageure inutile,* vaudeville.

La *Revanche forcée.*

Les *Plaisirs de l'hospitalité.*

La *Danse interrompue.*

Le 10 fructidor, pour la fête de la vieillesse, spectacle brillant, illumination de la salle, — la *Matrone d'Ephèse,* — les *Plaisirs de l'hospitalité,* — la première représentation de la *Fin du monde,* ou la *Comète,* comédie-parade en un acte. — L'administration municipale, accompagnée d'un détachement de la garde nationale et de la musique militaire, a conduit les vieillards à cette représentation, où ils ont occupé, selon l'expression consacrée, une place très-distinguée, c'est-à-dire la loge du milieu ornée de feuillage. L'administration municipale s'est mise dans les deux loges voisines. Vieillards et administrateurs ont été accueillis, à leur entrée dans la salle, par les témoignages de la plus flatteuse satisfaction. A l'issue du spectacle, les héros de la fête ont été reconduits à leur domicile.

Après le départ des artistes parisiens, le répertoire courant a été repris. Ainsi, celui de la tragédie a fourni *Alzire*, *Tancrède*, *Zaïre*, etc., et celui de la comédie et du drame :

L'*Amant bourru*.	La *Jeune Indienne*.
Les *Châteaux en Espagne*.	Le *Médecin malgré lui*.
Le *Consentement forcé*.	*Médiocre et Rampant*.
L'*Ecole des Pères*.	Le *Père de famille*.
Les *Etourdis*.	Le *Sourd*, ou l'*Auberge pleine*.
La *Femme jalouse*.	
La *Folle journée*.	La *Surprise de l'Amour français*.
Le *Français à Londres*.	
Le *Glorieux*.	Le *Vieux célibataire*.
L'*Heureuse erreur*.	

Pour l'opéra, nous retrouvons *Alexis et Justine*, les *Deux Chasseurs et la Laitière*, les *Deux petits Savoyards*, *Nina*, le *Prisonnier*, le *Secret*, *Raoul Barbe-Bleue*, le *Devin de Village*, etc., etc.

Nous n'accorderons une mention particulière qu'à un petit nombre d'ouvrages ; les voici :

Le *Dissipateur*, comédie dans laquelle la citoyenne Dufresnoy a fait son premier début par le rôle de Cidalise.

La *Feinte par amour*, comédie. La même actrice y a débuté par le rôle de Mélite.

La *Jeunesse de Richelieu*, ou le *Lovelace français*, comédie de Monvel et Duval. Première représentation au commencement de frimaire an VII.

La *Maison isolée*, ou le *Vieillard des Vosges*, opéra en deux actes, de Marsollier et Dalayrac. Première représentation en fructidor an VI. Evrard le vieillard des

Vosges était personnifié par Ducaire, Charles le jeune soldat par Dubian, Zozo le valet niais et poltron par Richard, et Claire par la citoyenne Saint-Léger.

Le *Mariage de Scarron*, vaudeville en un acte, par Barré, Radet et Desfontaines, joué en fructidor an VI.

Zelia, opéra (reprise).

Une représentation, donnée le 12 brumaire an VII, au profit des deux hospices de Rouen, a offert plus d'un genre d'attraits; elle se composait de :

1° Le *Vieux Célibataire*, comédie en cinq actes;

2° L'ouverture du *Jeune Henry* (Mehul), exécutée par l'orchestre;

3° Le *Devin de village*, paroles et musique de J.-J. Rousseau;

4° Un ballet, dans lequel les citoyens Vestris, Omer et les citoyennes Chevigny et Monroe, artistes du Théâtre-des-Arts de Paris, ont dansé les principales entrées.

Une autre représentation au bénéfice des hospices a produit, le 12 frimaire, la somme de 364 fr. 35 c.

Le 26 frimaire, un spectacle composé de *Zaire* et du *Sourd, ou l'Auberge pleine* a été l'occasion d'une critique en forme de lettre dialoguée, qui eût eu beaucoup plus de prix si l'auteur avait nommé l'artiste qui faisait le confident d'Orosmane (1). Nous la reproduisons néanmoins, parce qu'elle renferme quelques piquants détails :

« Rouen, le 27 frimaire an VII.

« Citoyen,

« J'ai assisté hier à la représentation de *Zaire* et du *Sourd*, et je vous avoue que je n'ai pu me défendre

---

(1) Il devait être question de l'acteur Belleval.

de quelque humeur, malgré les larmes que Lusignan m'a fait répandre. Pourquoi, ai-je dit à un de mes voisins, a-t-on l'air de plaisanter, de bafouer même le confident d'Orosmane? Est-ce à raison de sa coiffure, qui, à la vérité, ne lui est pas avantageuse? — Non, citoyen. — Pèche-t-il par l'intelligence? — Non, citoyen. — A-t-il l'habitude trop commune à présent de tronquer, de mutiler les vers? — Non, il n'est peut-être pas d'artiste dont la diction soit plus pure et la mémoire plus fidèle. — Quel est donc le reproche qu'on lui fait? — De ne pas crier aussi fort que son maître. — Mais c'est alors qu'il serait vraiment ridicule, si, oubliant qu'il n'est qu'un personnage secondaire, il donnait à sa voix et à son maintien une importance qui aurait l'air de singer le personnage principal et nuirait à l'effet du tableau. — Vous avez raison, mais il parle trop naturellement, et le goût du chant s'est tellement répandu, que dans la tragédie et la comédie même, on n'applaudit que ceux qui chantent. — Ah! je n'ai plus rien à dire, et sans doute il est souvent exposé aux désagréments qu'il éprouve aujourd'hui? — Pardonnez-moi, je l'ai vu remplir, à la satisfaction du public, les rôles d'Ulysse dans *Iphigénie*, de Narcisse dans *Britannicus*, rôles très-difficiles et qui demandent une profonde intelligence. Je l'ai vu justement applaudi dans les personnages du philosophe marié, du comte d'Olban, du mari de la femme jalouse, du raisonneur du *Tartufe*. Quant au vieux célibataire, il n'est qu'une seule voix sur son compte, c'est qu'il le joue avec une perfection rare. — Et il déplaît dans Corasmin? — Le malheur de cet artiste est de n'avoir pas les leviers nécessaires pour émouvoir fortement une certaine partie de spectateurs; mais ceux qui ont encore du goût et de la sensibilité s'accordent à lui trouver de la vérité, de la décence, de la noblesse et un ton de bonne société. — Et il déplaît dans Corasmin ? — Peut-être n'est-ce pas sans raison ; ce qui fait disparaître ses avantages, c'est son excessive complaisance, qui peut fort bien le rendre agréable à ses camarades, mais qui lui nuit infiniment dans l'esprit de ceux qui ne veulent point apprécier les sacrifices de l'amour-propre.

« La toile se leva pour la seconde pièce, et la gaîté franche et comique de Danières me rendit toute ma bonne humeur. L...... »

L'amateur qui a écrit les lignes précédentes prenait bien mal son temps pour s'occuper avec tant de soin du jeu des acteurs. En effet, la direction Bligny, Patu et Ledreux périclitait. Finissant aussi mal que la précédente, elle a fermé le Théâtre-des-Arts le 1er nivôse an VII (21 décembre 1798).

Formée depuis moins de quatre mois, la troupe se dispersa. Quelques artistes restèrent à Rouen; par exemple Calland, Belleval, Joigny, Mlle Lequien, etc.; ils s'engagèrent au théâtre de la République, et y donnèrent des pièces du grand répertoire. C'était, comme on disait alors, Euterpe donnant l'hospitalité à ses deux sœurs, Thalie et Melpomène. Le second théâtre de Rouen, depuis le commencement de la direction Ledreux et Cie, n'était ouvert que très-rarement. Il ne faisait pas ses frais. Après l'événement du 21 décembre, on y joua plus souvent et les spectateurs devinrent plus nombreux. Il ne tarda pas du reste à passer dans de nouvelles mains, dans celles d'un nommé Dugrand, qui était probablement l'ex-acteur du théâtre de l'Odéon de Paris et du Théâtre-des-Arts de Rouen, et plus probablement encore un homme de paille. Pour le dire en un mot, depuis la chute de Cabousse les deux théâtres étaient au pillage.

Revenons au Théâtre-des-Arts. A la date du 1er nivôse an VII, le jour même où la salle devait ne pas être ouverte le soir, se place une pièce officielle que nous transcrivons sans en rien retrancher :

« Le commissaire du directoire près l'administration municipale de Rouen, informé de l'abandon de la direction du Théâtre-des-Arts de la part des citoyens Bligny, Patu et Ledreux,

« Considérant que l'intérêt de la sûreté publique exige l'ouverture d'une salle de spectacle dans une commune populeuse, et que la police n'aurait pas tous les moyens de surveillance si les théâtres étaient fermés ;

« Considérant que la vente du terrain sur lequel la salle a été bâtie n'a été consentie qu'à la condition de voir la salle de spectacle ouverte sans interruption ;

« Considérant que le dixième, accordé par la loi pour les pauvres des communes où des salles de spectacles sont ouvertes, doit engager l'autorité administrative à empêcher la fermeture du Théâtre-des-Arts, particulièrement à une époque rigoureuse de l'hiver et où le commerce est en souffrance ;

« Invite et requiert en tant que besoin le propriétaire du Théâtre-des-Arts, ceux des décorations et tout intéressé quelconque à faire jouer la réunion d'artistes attachés à ce théâtre, en prenant entre eux tels moyens conciliatoires quant à leurs intérêts respectifs et sans entendre vouloir y préjudicier ;

« Dans le cas où des difficultés s'élèveraient, ils sont pareillement engagés, en attendant que l'autorité compétente en décide, à laisser représenter les acteurs qui pourraient, du consentement des parties, prendre tel parti qu'il conviendrait pour le partage de la recette ;

« Sans prétendre influencer et favoriser l'un des intéressés au préjudice des autres, vu que la réunion des acteurs dans la salle, sous la surveillance des intéressés ou leurs fondés de pouvoirs et des officiers de police, ne peut léser aucun intérêt, ils sont autorisés à s'assembler à l'endroit et à l'heure que l'on conviendra désigner. »

Fort de cette invitation, un des intéressés s'empressa de faire imprimer, le 2 nivôse, des billets d'annonce de spectacle pour le lendemain ; ils étaient ainsi conçus :

« *Sous l'autorité et du consentement des corps constitués*,

« Au profit des artistes provisoirement réunis,

« On jouera :

« Le *Sourd*, ou l'*Auberge pleine*, comédie en trois actes et en prose, de Desforges.

« Le *Vieillard des Vosges*, ou la *Maison isolée*, opéra en deux actes et en prose, de Marsollier et Dalayrac.

« Le *Somnambule*, comédie en un acte et en prose, de Pont-de-Vesle. »

Mais cette annonce fut décommandée et la représentation n'eut pas lieu.

On ne saurait imaginer un chaos plus impénétrable que celui dans lequel était tombée la question théâtrale à Rouen ; les deux théâtres, livrés à la fois aux combinaisons astucieuses d'industriels d'une probité douteuse, des cessions partielles, tantôt réelles, tantôt simulées, des ventes faites par les maris au nom de leurs femmes, procès sur procès, faillites sur faillites, etc., rien ne manquait pour compliquer les choses. Dans les dettes de Cabousse, il s'en trouvait d'anciennes qui remontaient jusqu'à Molé. Les créanciers de cette faillite justifiaient d'un déficit de 276,000 fr., dont un jugement obtenu par eux avait réglé le paiement par 95 fr. à chaque représentation pendant huit ans.

L'administration municipale de la commune de Rouen recevait, le 3 nivôse an VII, trois pétitions issues de trois ordres d'intérêts bien opposés.

D'abord, la femme Montereau exposait qu'elle avait fait originairement l'acquisition du spectacle des Arts avec la citoyenne Bruno ; que cet achat avait été fait du consentement des syndics des créanciers du citoyen Cabousse, qui exigèrent, pour éteindre leurs créances : 1° que l'on donnât le droit de prélever, chaque jour, sur la recette 95 fr. ; 2° qu'on accordât à chaque possesseur d'une action de 2,000 ou 3,000 fr. la liberté d'entrer librement au spectacle.

« Les créanciers de Cabousse, disait-elle, ont tenu à ces conditions et elle s'était donc bientôt trouvée à découvert de 42,000 fr.

« Elle avait cédé ses droits au citoyen Bligny ; mais,

instruite que Bligny voulait céder le bénéfice du bail qu'il tenait d'elle, elle avait réclamé la préférence, de sorte qu'à partir du 1er nivôse an VII, Bligny lui avait rétrocédé le restant de jouissance du bail.

« Elle priait donc l'administration municipale de la laisser régler librement sa fortune et ses intérêts comme elle le croirait convenable. Il était, en effet, impossible d'accorder aux artistes le droit de jouer à leur bénéfice; ce serait porter atteinte à sa propriété; n'était-elle pas d'ailleurs chargée de payer les créanciers de Cabousse? n'était-elle pas engagée avec eux ? Il ne lui resterait aucun moyen de faire face à environ 400,000 liv. d'obligations qui pesaient sur elle, à cause de l'entreprise des spectacles de la commune de Rouen. »

De son côté, le commissaire du Directoire exécutif près l'administration municipale de la commune de Rouen alléguait :

Que la salle avait été construite sur un terrain appartenant à la ville, aliéné sous la condition qu'on y donnerait quatre représentations par semaine ;

Que l'intérêt des indigents exigeait la réouverture du Théâtre-des-Arts ;

Qu'enfin la police s'exerçait plus facilement et avec plus de sûreté dans un spectacle que dans les autres lieux.

La femme Montereau (ou plutôt son mari, homme insolvable que l'opinion publique accusait d'indélicatesse) répondait :

« Que les années précédentes on avait joué tous les jours; on pouvait donc actuellement tolérer une trêve de quelques jours à l'occasion d'un changement de direction;

« Que la loi faite en faveur des indigents ne forçait pas

à ne jamais fermer le théâtre pendant quelques jours pour s'organiser ;

« Que jusqu'à ce jour enfin la surveillance de la police avait pu s'exercer de la manière accoutumée, puisqu'il n'y avait pas encore eu d'interruption au spectacle de la République, qui ne tarderait pas à être organisé. »

La seconde pétition du 3 nivôse était adressée au citoyen Caudron, commissaire du pouvoir exécutif près l'administration municipale de Rouen, par les artistes du Théâtre-des-Arts. Ils étaient livrés, disaient-ils, à une troupe d'intrigants qui se passaient successivement le loyer de la salle et accumulaient faillite sur faillite. Ils demandaient l'ouverture de la salle dans l'intérêt de la commune, dans l'intérêt des pauvres, dans l'intérêt des artistes.

« Vous avez, ajoutaient-ils, la surveillance immédiate
« du spectacle, vous avez donc le droit de le faire ouvrir
« ou de le faire fermer suivant l'intérêt de la commune
« que vous administrez, sauf aux tribunaux à prononcer
« sur les actes judiciaires. Mais vous avez le droit de de-
« mander un spectacle au propriétaire de la salle, surtout
« quand vous avez des raisons plus que suffisantes pour
« soupçonner la bonne foi des entrepreneurs.

« 3 Nivôse an VII.

Pour tous les artistes, PINEL, DULAIRE. »

L'administration municipale recevait enfin le même jour, 3 nivôse, une troisième demande qui n'est pas moins intéressante. Elle était signée de Champagne-Demoute, l'ex-associé de Bruno et de Montereau, auquel il était dû, dans cette affaire, 53,800 liv. et qui se trouvait, avec la femme Montereau, responsable de toutes les dettes de la grande faillite. Il avertissait les citoyens administrateurs de la municipalité de Rouen que sa femme, — toujours les femmes, — était entrée en jouissance de la location du Théâtre-des-Arts le 1er nivôse an VII. En effet, le citoyen Bligny, agent de change à Paris, leur avait proposé, à lui et à sa femme, au mois de thermidor précédent, de prendre l'exploitation du Théâtre-des-Arts à condition de payer les créanciers de Cabousse, les artistes, l'imprimeur Ferrand, Bruno, ci-devant directeur (1), Montereau (2), la citoyenne Montereau (3), etc., etc. Le pétitionnaire demandait qu'on ne le forçât pas à autoriser les acteurs en société du Théâtre-des-Arts à jouer pour leur compte; irait-on conserver cette troupe qui ne pouvait faire ses frais? Il allait d'ailleurs s'entendre avec le directeur du théâtre de la République pour mettre les deux théâtres en activité. «Que les artistes du Théâtre-des-Arts, disait-il en terminant, se contentent de donner deux ou trois représentations pour leur compte, exemptes de la rétribution des 95 fr. et avec la suppression des entrées gratis des actionnaires; cela aidera beaucoup les plus malheureux; faire plus, ce serait le ruiner lui et sa femme.»

Dans une lettre que les artistes du Théâtre-des-Arts ont adressée le 7 nivôse au juge-de-paix, officier de police judiciaire, ils ont dépeint énergiquement la situation; ils étaient, disaient-ils, victimes de deux banqueroutes

---

(1) A savoir : 6,000 fr.
(2) 800 fr. pour déboursés.
(3) Une rente annuelle de 1,500 fr.

frauduleuses. Montereau, qui faisait partie de la première société, était beau-frère de Ledreux, qui se trouvait dans la seconde; c'était une famille d'intrigants se passant le loyer de la salle. La femme Montereau paraissait ne vouloir ouvrir que le théâtre de la République, qu'elle remettait aux mains d'un nommé Saint-Aubin, parent de Ledreux. Quant à Montereau, poursuivi à la fois par les créanciers de Gabousse, par les artistes et les propriétaires de la salle, il voyait sans déplaisir les scellés apposés sur les divers magasins, parce qu'ainsi l'affaire traînait en longueur et cet état de choses empêchait d'arriver un directeur habile et solvable que l'on savait avoir des vues sur le théâtre de Rouen.

Tous ces tiraillements se prolongeant, les spectacles à Rouen furent très-peu suivis; on ne joua presque jamais au Théâtre-des-Arts pendant les mois de nivôse et de pluviôse. Ainsi, pour nivôse, les droits d'auteur ne s'élevèrent pas au-delà de 24 liv. 14 s. pour le grand théâtre, ni de 43 liv. 10 s. pour l'autre; total : 68 liv. 4 s., tandis que pour frimaire ils avaient encore été, pour le Théâtre-des-Arts, de 361 liv. 10 s. et, pour le théâtre de la République, de 67 liv. 14 s.; total : 429 liv. 4 s. — En brumaire, les deux sommes formaient 603 liv. 19 s. 6 d.; en vendémiaire, on avait fait 513 liv. 9 s. 6 d. d'une part, 92 liv. 12 s. 6 d. de l'autre ; total : 606 liv. 2 s.

Pendant le mois de pluviôse, on n'a joué que deux fois au Théâtre-des-Arts ; la troupe d'opéra étant dispersée, ce genre était complètement supprimé.

En ventôse, nous ne savons même pas que cette salle ait été ouverte une seule fois.

A la fin du mois de ventôse an VII, commence une phase nouvelle de cette ténébreuse affaire ; l'autorité supérieure intervient.

Le 25 ventôse, en effet, le ministre de l'intérieur adresse une longue lettre au commissaire du Directoire exécutif près l'administration centrale du département de la Seine-Inférieure, en réponse à une communication officielle par laquelle celui-ci l'avait informé (le 3 ventôse précédent) des débats élevés entre les directeurs du spectacle de Rouen, les propriétaires de la grande salle et les propriétaires des décors. Ces débats, dit le ministre, privent les habitants du plaisir du spectacle, laisse sans ouvrage un grand nombre d'ouvriers, enfin enlève aux hôpitaux un revenu annuel de 20 à 30,000 fr. On le prie de décider si l'autorité administrative locale peut ordonner, — malgré les actes divers passés entre les intéressés, — aux artistes qui restent de jouer sur le Théâtre-des-Arts, avec une recette sequestrée entre les mains d'un receveur nommé par elle. « Je pense, conclut-t-il, que l'adminis-
« tration du département et de la commune peuvent in-
« tervenir comme médiatrices dans ces débats en prenant
« toutes les précautions convenables pour ne préjudicier
« aux intérêts d'aucun des intéressés, en ayant soin de
« ne point se charger elle-même d'une comptabilité qui
« la rendrait responsable du bon ou du mauvais succès de
« ces théâtres, en n'apportant enfin, dans cette média-
« tion, que des vues patriotiques et désintéressées.

« François de Neufchateau. »

Le 27 ventôse, cette lettre a été signifiée au commissaire du canton de Rouen par le commissaire près le département, et une prompte solution eût été obtenue si les syndics et commissaires des créanciers unis du citoyen Cabousse n'eussent, de leur côté, signifié au commissaire du Directoire près l'administration municipale de Rouen qu'ils ne pouvaient, comme ce magistrat le désirait, permettre que l'on donnât, le 30 du mois de ventôse, une représentation sur le Théâtre-des-Arts. Ceci, écrivaient-ils, ne dépendait pas d'eux. La salle et ses accessoires n'étaient pas encore à leur disposition. Le tout était sous la main de la justice, les scellés étaient sur les magasins, etc.

Le 30 germinal suivant, les propriétaires de la salle ont enjoint à ces mêmes syndics, en vertu d'un jugement du 17, d'ouvrir et faire jouer, sur le Théâtre-des-Arts, au plus tard le 10 floréal. En conséquence, les syndics de la faillite de Cabousse d'une part et les propriétaires des décorations, habillements et autres effets, composant le mobilier du Théâtre-des-Arts, de l'autre, ont signé, en faveur du citoyen Louis Michu le jeune, le consentement qu'ils avaient jusque-là refusé.

Voici enfin un extrait du registre des délibérations de l'administration municipale du canton de Rouen, séance du 4 floréal an VII de la République française, une et indivisible :

« L'administration municipale,

« Considérant que la clôture de la salle du Théâtre-des-Arts en cette commune compromet d'une manière sensible les intérêts des hospices et des indigents, au profit desquels la loi du ..... frimaire attribue le dixième de la recette des spectacles ;

« Considérant, en outre, qu'il devient chaque jour plus

intéressant pour la police que les représentations recommencent en cette salle ;

« Que le contrat d'aliénation qui a été passé par l'ancien Hôtel-de-Ville, du terrain sur lequel elle est construite, porte comme clause expresse d'y faire élever une salle de spectacle ;

« Que cette interruption contrarie les vues du Gouvernement, qui considère les théâtres comme une institution utile à la propagation de l'esprit public et des mœurs, et prive en même temps le public d'un délassement qui contribue aux progrès des arts ;

« Considérant enfin que cette interruption, prolongée d'une manière qui révolte les honnêtes citoyens, paroît n'avoir pour cause que les manœuvres de l'astuce et de la chicane, et que le ministre de l'intérieur, par sa lettre du 25 ventôse dernier, déclare que les administrations peuvent entrer dans cette difficulté ;

« Après avoir entendu le commissaire du Directoire exécutif,

« Délibère :

« Art. I. — Les propriétaires de la salle du Théâtre-des-Arts seront requis d'ouvrir leur salle et d'y faire représenter en dedans le 10 de ce mois.

« Art. II. — Faute par eux de se conformer à ladite réquisition, l'administration leur déclare que le 11 elle fera dresser inventaire des meubles et décorations existants audit théâtre et représenter des ouvrages dramatiques, et au bénéfice de telle société d'artistes qui pourra se présenter.

« Art. III. — Lors du jugement définitif, l'administration remettra la jouissance de la salle à qui justice ordonnera. »

Deux jours après cette délibération, Louis Michu le jeune, artiste du théâtre des Italiens, à Paris, s'est engagé auprès de l'administration municipale à jouer aussitôt que la salle aurait été mise à sa disposition et s'est rendu passible de tous les événements prévus et imprévus.

La crise était donc terminée.

Le 7 floréal et jours suivants, les scellés ont été levés et l'inventaire a été dressé en présence des parties. Pour le dire en passant, il y avait à cette époque une grande quantité de magasins : deux rue du Petit-Salut, un à côté du Théâtre-des-Arts, deux rue Nationale, 9, un sur le foyer des artistes, un dans un grand foyer donnant sur la porte Grand-Pont (1), d'autres dans divers escaliers, notamment dans celui qui conduisait à la chambre du directeur, laquelle avait une vue sur le port ; enfin une foule d'armoires contenaient des accessoires et des pièces de théâtre.

L'enchaînement des documents que nous avons réunis pour l'histoire de la crise théâtrale qui a régné après la direction Cabousse nous a forcé de négliger ce qui con-

---

(1) Il ne s'agit pas ici du grand foyer destiné actuellement au public des premières places.

cerne les fêtes nationales. Il est temps de combler cette lacune.

Pendant la fête de la souveraineté du peuple, célébrée au Champ-de-Mars de Rouen, le 30 ventôse an VI (20 mars 1798), les musiciens des deux théâtres ont exécuté une ouverture à grand orchestre qui a été suivie d'un roulement de tambours. Quelques instants après, les acteurs et les musiciens ont fait retentir les airs d'un hymne à la Liberté, en grand chœur.

La fête de la vieillesse, célébrée en l'an VI, le 10 fructidor comme d'usage, s'est terminée par une très-brillante représentation au Théâtre-des-Arts (1); mais il paraît qu'il s'en est peu fallu qu'elle manquât de toute la pompe de circonstance. Voici une lettre qui en fait foi :

« *Le ministre de l'intérieur au président de l'administration municipale du canton de Rouen.*

« Paris, le 25 vendémiaire an VII de la République française une et indivisible.

« Citoyen, j'ai reçu la lettre que vous m'avez adressée le 3 fructidor dernier pour m'informer de la crainte que vous aviez que l'administration municipale que vous présidez n'éprouvât de la part du directeur du spectacle de Rouen quelque désagrément lorsqu'elle se serait présentée pour y conduire les vieillards couronnés à la fête du 10, soit en refusant de placer la municipalité dans la loge qu'elle avait coutume d'occuper, soit en lui assignant une place peu convenable aux magistrats du peuple, vous me demandez à cette occasion si l'administration municipale

---

(1) Voir page 428.

qui, par les lois, est chargée de la police des spectacles n'a pas le droit de choisir une loge. Il est bien constant que pour exercer la surveillance dont elles sont chargées, les administrations municipales doivent y occuper une place distinguée, autrement comment pourraient-elles exercer cette surveillance? Ainsi l'administration municipale de Rouen doit avoir une place au théâtre qu'elle surveille. Quoique la loi ne se soit pas formellement expliquée à cet égard, dans toutes les communes où il y a spectacle, les directeurs se sont tous empressés d'offrir aux administrations municipales une loge. Celui du théâtre de Rouen ne peut donc se refuser à en accorder une au choix de l'administration municipale, mais comme la loge que l'administration a précédemment occupée est louée à des officiers de la garnison, il serait contraire à la justice et à l'intérêt de l'entrepreneur d'exiger qu'il la leur retirât avant l'expiration du terme pour lequel elle est louée, mais l'administration peut le prévenir que quand ce terme sera expiré, elle est dans l'intention d'occuper cette loge; cette invitation sans doute ne sera pas sans effet. En attendant, l'administration municipale peut lui demander d'être placée d'une manière convenable.

« Citoyen, si je n'ai répondu qu'aujourd'hui, c'est que votre lettre ne m'est parvenue qu'après la fête pour laquelle vous désiriez particulièrement que je vous fisse une réponse, mais je pense que quoique tardive, elle pourrait peut-être vous servir de régulateur dans une autre occasion.

« Salut et fraternité.

« FRANÇOIS DE NEUFCHATEAU. »

446 THÉÂTRE

Le 1ᵉʳ vendémiaire an VII (22 septembre 1798), Rouen fêtait l'anniversaire de la fondation de la République française. Le cortége, revenant du Champ-de-Mars par le port et la rue Grand-Pont, est entré dans le temple sur la place de la République; sous ses voûtes a été exécuté, par les pensionnaires des deux théâtres, un concert vocal et instrumental composé ainsi qu'il suit :

1º L'orgue a exécuté une ouverture ;
2º Hymne à l'Eternel, par les chanteurs et les symphonistes ;
3º La Bataille de Jemmapes ;
4º Second morceau d'orgue ;
5º Une symphonie à grand orchestre ;
6º Le chant de guerre contre les Anglais ;
7º L'orgue a exécuté une sortie.

L'anniversaire de la mort du dernier roi a été, suivant la coutume, l'occasion d'une fête organisée avec les plus grands soins. Dès le 12 nivôse an VII, l'administration centrale du département de la Seine-Inférieure a pris un arrêté concernant la fête du 2 pluviôse suivant. On y lisait :

« Art. X. — Ce même jour, 2 pluviôse, les entrepre-
« neurs des spectacles sont invités et en tant que besoin
« requis à faire représenter des pièces républicaines, telles
« que *Brutus, Epicharis, Guillaume Tell, Caïus Grac-*
« *chus* et autres. »

On sait que le Théâtre-des-Arts, à cette époque, ne jouait que très-rarement. Le théâtre de la République, dirigé par Martin, a donné *Brutus*, tragédie en cinq actes de Voltaire.

Dans le temple décadaire où la fête a été célébrée, le

corps de musique du Théâtre-des-Arts, sous la direction de Cabousse, l'ex-directeur, chef de musique (1), a exécuté plusieurs morceaux, et Fleury, artiste du théâtre, accompagné par l'orchestre, a chanté l'*Invocation à l'Eternel,* ode approuvée par l'administration centrale. Les paroles étaient du citoyen Formage, professeur de langues anciennes à l'école centrale, la musique du citoyen Thiémé, artiste de Rouen fort distingué. Elle était ainsi conçue :

O père des humains, seul maître de la terre !
Du ciel, où ta bonté sourit à nos exploits,
Regarde un peuple armé du glaive de la guerre
Pour imposer silence à la ligue des rois.

Lorsque ta main posa les fondements du monde,
L'homme reçut de toi, pour don, la liberté.
Ce bien de tous les biens est la source féconde ;
Mais l'homme s'ennuya de sa félicité.

Il méconnut les droits qu'il tient de la nature,
Son front s'humilia sous le joug des tyrans.
Homme ingrat ! devais-tu faire à Dieu cette injure
Et, las de ses faveurs, en priver tes enfants ?

La France a reconquis un auguste héritage,
Elle a brisé ses fers, elle a repris son rang :
Conserve-lui, grand Dieu, l'honorable apanage
Que ses vaillants guerriers ont payé de leur sang.

Qu'à ta voix, affranchi de la griffe inhumaine,
Du monstre dont la rage ensanglante les flots,
L'océan roule en paix son eau républicaine,
Fier d'avoir pour vengeur un peuple de héros !

---

(1) Chef d'orchestre.

Qu'un sentiment commun, l'amour de la patrie,
Echauffe tous les cœurs en un seul confondus !
Que les arts triomphants couronnent le génie !
Que les talents heureux embrassent les vertus !
O Dieu, nous t'invoquons ! daigne ta main propice
Effacer de nos maux le triste souvenir !
Ou s'il faut que jamais la liberté périsse,
Avec elle, grand Dieu, permets-nous de mourir !

A la fin de la cérémonie, un roulement de tambours a été le signal de l'exécution, par le corps des musiciens du Théâtre-des-Arts, de l'*Hymne des Marseillais,* chantée par les artistes du même théâtre.

Notons pour mémoire que, par arrêté du Directoire exécutif, à la date du 23 pluviôse an VII, la fête de la souveraineté du peuple a été célébrée, le 30 ventôse suivant, dans toutes les communes de la république française, et que le soir les théâtres, en vertu de l'art. 10 du même arrêté, ont retenti de chants patriotiques et n'ont offert que des spectacles propres à inspirer l'horreur du royalisme et de l'anarchie.

La fête de la jeunesse, le 10 germinal an VII (30 mars 1799), a eu son programme spécial, dans lequel, toutefois, nous retrouvons un article dont la rédaction a déjà été précédemment l'objet d'une observation (1) : « Art. VII. Les musiciens de la garde nationale, les artistes et amateurs sont *invités* à contribuer à la solennité de cette fête. »

Quant aux fêtes décadaires, une circulaire adressée le

---

(1) Voir pages 383 et 400.

26 frimaire an VII, par le ministre de la police générale de la République aux administrations centrales et municipales et aux commissaires du Directoire exécutif placés près d'elles, en dit plus — beaucoup plus — que nous ne pourrions le faire. On y lit :

« Après avoir indiqué de quelle manière la garde nationale sédentaire doit contribuer à la célébration des fêtes décadaires, il me reste à cet égard à vous rappeler et vous recommander un objet bien important, je veux parler des jeux scéniques.

« La loi du 14 août 1793 (vieux style) autorise les administrations à diriger les spectacles et à y faire représenter les pièces les plus propres à former l'esprit public et à développer l'énergie républicaine.

« Vous veillerez, sans doute, à ce qu'un aussi puissant moyen ne soit pas négligé et à ce que les impressions favorables à la liberté et à la République qu'auront produites les fêtes décadaires ne soient pas rapidement détruites par des impressions contraires, et que le brûlant enthousiasme qu'inspire le récit des actions héroïques et des traits de dévoûment civique, loin d'aller s'éteindre dans les spectacles au profit de la honteuse superstition, de la royauté et des principes les plus méprisables, y trouve un nouvel aliment, et que les théâtres, qui, dans aucun temps, ne doivent rien offrir de contraire à la morale et au républicanisme, soient particulièrement et exclusivement consacrés les décadis à la liberté, par les airs chéris de la victoire et par la représentation des pièces républicaines. »

Ce langage n'a rien qui puisse étonner à une époque

où le ministre de l'intérieur donnait encore à la fête du 2 pluviôse le nom de célébration de l'anniversaire de la juste punition du dernier roi des Français.

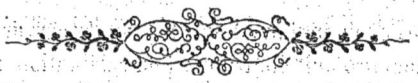

Trois incidents, qui n'ont pu trouver leur place au milieu de tous ceux de la longue crise que nous venons de parcourir, doivent former ici un dernier chapitre.

Le 14 prairial an VI, le commissaire du Directoire exécutif près l'administration municipale de Rouen écrivait au citoyen Noël, rédacteur du *Journal de Rouen* :

« Vous reconnaissez, citoyen, combien il est important que les théâtres soient l'école des mœurs ; l'administration municipale, pénétrée de ce principe, a exigé du citoyen Demarthe, artiste du Théâtre-des-Arts, une réparation authentique, vu sa conduite répréhensible, lorsqu'il a joué le rôle de Paul dans la pièce de *Paul et Virginie*, le 8 de ce mois.

« Comme il est essentiel que le public soit convaincu de l'intérêt que prend l'administration pour tout ce qui a rapport au maintien de la moralité et du respect que les artistes doivent aux spectateurs, je désire que vous rendiez publique, par la voie de votre journal, la réparation qui a été exigée du citoyen Demarthe, telle qu'elle a dû être prononcée.

« Salut et fraternité, *Signé* CAUDRON. »

Il nous a été impossible de savoir quelle avait été la conduite du citoyen Demarthe, mais voici le texte de la réparation qu'il a faite au public :

« Le 8 de ce mois, dans la représentation de *Paul et Virginie*, j'ai, dans l'exécution du rôle dont j'étais chargé, commis une faute qui a scandalisé les magistrats et le public.

« Je vous prie de croire qu'il y a eu de ma part plutôt vivacité et irréflexion qu'intention de commettre un acte dont j'aurais à rougir, s'il eût été volontaire.

« Je promets d'être plus circonspect à l'avenir. »

Quelques jours après la représentation donnée au Théâtre-des-Arts, le 12 brumaire an VII, au bénéfice des hôpitaux (1), la direction Bligny, Patu et Ledreux envoya l'état des frais de cette soirée à l'administration municipale de Rouen, qui l'a transmis aux administrateurs des hospices. Ceux-ci ont répondu en ces termes :

« Du 23 brumaire an VII.

« Citoyens,

« Nous avons reçu la lettre que vous nous avez adressée le 19 de ce mois, à laquelle était joint l'état des frais de la représentation donnée au Théâtre-des-Arts, le 12 de ce mois, au profit des deux hospices de cette commune.

« Sans examiner si ces frais sont ou ne sont point exorbitants, nous soutenons que le produit total de cette représentation doit être appliqué au soulagement des hospices et versé dans la caisse du receveur, sans aucune déduction ni retenue des frais accasionnés par cette représentation, à l'exception cependant de ceux de garde et de lumières. A l'appui de notre

(1) Voir page 430.

opinion, nous allons remettre sous vos yeux deux clauses essentielles du contrat de fieffe faite par les maire et échevins de cette commune à divers citoyens y dénommés, des terrains et bâtiments alors appartenant à l'Hôtel-de-Ville, faisant partie de l'emplacement de la Petite-Boucherie, sur lesquels ces citoyens ont fait construire la salle des spectacles, aujourd'hui désignée sous le nom de Théâtre-des-Arts. Ce contrat a été passé devant Vitecoq et son confrère, notaires à Rouen, en l'année 1774 (15 mars) ; il est rédigé en divers articles ; nous allons copier littéralement ceux cy-après :

« ARTICLE 8. Il sera donné chaque année, du consentement
« de monseigneur le gouverneur, au profit des deux hôpitaux
« de cette ville, dans le carême, à l'exception de la dernière
« semaine des spectacles, les frais de garde et de lumières
« prélevés, et tout abonnement cessant, deux représentations
« dont les pièces et les jours seront au choix de monseigneur
« le gouverneur sur la proposition qui lui en sera faite par
« MM. les maire et échevins, desquelles deux représentations
« le produit sera partagé également entre les deux hôpitaux.

« ARTICLE 9. Lesdits sieurs preneurs s'obligent d'employer
« dans les baux qu'ils feront de ladite salle de spectacles les
« conditions employées aux articles 7 et 8 cy-dessus, à peine
« de tous dépens, dommages et intérêts. »

« A la simple lecture de ces deux articles, on trouvera sans doute notre opinion bien fondée ; ce n'est point un acte de bienfaisance que l'entrepreneur des spectacles ou le locataire de la salle exerce en faveur des hôpitaux, en donnant à leur profit deux représentations par chaque année, c'est au contraire une dette qu'il acquitte, soit en son nom, soit en celui des propriétaires de la salle. Si le locataire n'en a point été chargé par son bail, aux termes de l'article 9 devant cité, c'est aux propriétaires à l'indemniser s'il veut exercer son recours contre eux. L'obligation de donner chaque année les deux représentations au profit des hospices est une redevance et une soumission du bail à titre de fieffe en sus, et sans aucune diminution du prix de ce bail. Elle peut et doit être assimilée aux soumissions ordinairement exprimées dans les baux, de faire tant de journées de maçonnerie, tant de journées de voyages avec un tel nombre de chevaux ; les fermiers qui exécutent ces sortes de soumissions ne viennent pas demander, en payant leurs fermages, à être remboursés des frais que l'exécution de ces soumissions leur occasionne.

« Dans le contrat dont il s'agit, on a prévu ceux des frais occasionnés par ces deux représentations qui devraient être remboursés seuls, ce sont ceux de garde et de lumières seulement ; tous les autres doivent être à la charge du propriétaire de la salle ou de son locataire.

« Suivant l'état des frais que vous nous avez fait passer et que nous vous remettons avec le bulletin de la recette dudit jour 12 de ce mois, nous ne trouverions à prélever sur le montant de cette recette par la direction du spectacle qu'une somme de 54 fr. qui nous paraît avoir été dépensée pour lumières, encore cette somme est-elle forcée ; nous n'y remarquons point de frais de garde avec raison, ainsi il ne peut en être question.

« Voilà, citoyens, les observations que vous deviez attendre de notre zèle à défendre les intérêts des hospices dont vous nous avez confié l'administration ; nous espérons que les jugeant bien fondées nous en obtiendrons par vos soins un résultat favorable. »

La question soulevée en l'an VII est revenue plusieurs fois depuis. Nous croyons donc pouvoir la réserver, en nous bornant à la reproduction que l'on vient de lire.

On sait dans quelle triste situation la chute de la direction Bligny, Patu et Ledreux avait laissé les deux théâtres de Rouen depuis le 1er nivôse an VII jusqu'à la réorganisation par Michu (10 floréal suivant); on admirera, par conséquent, une annonce datée du 3 pluviôse et ainsi conçue :

« A vendre quatre abonnements d'entrée aux théâtres
« de la République et des Arts, à la volonté du porteur,
« lesquels ont commencé à courir du 1er du courant
« et finiront le 30 germinal prochain, dont trois pour
« hommes et un pour femme.

« S'adresser, pour en traiter avantageusement, au ci-
« toyen Lefebvre, rue des Bons-Enfants, 53, au coin de
« celle Etoupée, qui les a reçus en paiement de la direc-
« tion des spectacles. »

Ah! le bon billet qu'a La Châtre!

Direction Michu
(1799-1801).

Après la tourmente théâtrale, l'administration municipale, malgré les prétentions opiniâtres de la dame Montereau, ne manqua pas de profiter des offres de Michu et lui confia la direction du Théâtre-des-Arts.

Directeur, Michu le jeune.
Régisseur, Michu aîné.

Année théâtrale 1799-1800.

Le théâtre a été ouvert le 10 floréal an VII (29 avril 1799). Ce jour-là, d'après l'ordre du commissaire du Directoire exécutif près l'administration municipale du canton de Rouen, on a pris des mesures énergiques pour prévenir les événements que l'on craignait de la part de la malveillance, les entrepreneurs du théâtre de la République étant intéressés à ce que le Théâtre-des-Arts continuât à être fermé. Ainsi on a mis des commissaires de police à toutes les places de la salle : deux au parquet ; un aux premières loges ; deux aux secondes, avec deux gendarmes ; deux aux troisièmes, avec deux autres gendarmes ; un aux quatrièmes, encore avec deux gendarmes ; un au parterre, toujours avec deux gendarmes ; enfin un dixième commissaire chargé de surveiller partout.

La direction a eu soin de rappeler sur la scène du grand théâtre un certain nombre de sujets connus et aimés à Rouen, par la manière distinguée dont ils avaient exercé leur art, soit au Théâtre-des-Arts, soit au théâtre de la République ; c'est ainsi qu'elle a engagé :

Cabousse, chef d'orchestre (1).
Desfossés, haute-contre.
Fleury, basse-taille.
Tanquerelle, idem.
Ducaire, troisième basse, utilités.
Perceval, trial (et comique de comédie).
Saint-Fard, laruette.

Mmes Pauline, première chanteuse.
Burger, première dugazon, les dugazon jeune, dugazon-corset, qui a débuté dans le rôle de Denise de l'*Epreuve villageoise*, Babet de *Blaise et Babet*, Virginie de *Paul et Virginie*, Justine d'*Alexis et Justine*.
Saint-Léger, dugazon.
Micaleff, duègne.
Fressinet, troisième dugazon, rôles travestis.

D'autre part pour les genres autres que l'opéra :
Ménonval, financier.
Galland, premier comique de caractère, quelquefois des niais.
Sidoni, amoureux.
Prin, comique.

---

(1) Chef d'orchestre depuis près de vingt ans et ex-directeur du Théâtre-des-Arts.

Mmes Guérin, rôles de mère.
    Gontier, soubrette.
    Fressinet, utilités.

Les artistes nouveaux, chargés des emplois importants, étaient :

Joanny, premier rôle, qui a débuté dans *Othello, ou le Maure de Venise*, tragédie en cinq actes et en vers, dans la *Femme jalouse* et dans le *Méchant*, et qui a joué le *Tartufe* en prairial an VII.

Duplan, deuxième premier rôle.

Duval-Desroziers, plus connu sous le nom de Desroziers, père noble, qui a débuté dans *Othello*, la *Femme jalouse*, etc.

Mmes Verteuil, premier rôle, qui a débuté dans la *Femme jalouse*, le *Méchant*, etc.
    Letellier, jeune première, dont les débuts ont eu lieu dans *Othello*, la *Femme jalouse*, le *Méchant*, les *Jeux de l'Amour et du Hasard*, etc.
    Dubois, deuxième jeune première, amoureuse.
    Toussaint, soubrette.

Julien, haute-contre.

Mmes Schreutzer, première chanteuse.
    Cartigny, deuxième dugazon.
    Goujet, rôles à baguettes, fées.

Enfin des rôles secondaires étaient remplis dans la comédie par: Delhorme, Grandfils, Baudoin, Montbrun, Thénard, Adam ; Mme Cartigny (à cette époque, rien de plus commun que de voir le même artiste jouer l'opéra et la comédie). — Dans l'opéra par: Garnier, Delhorme, Laviolette, Montbrun, Jules, Adam, Cambray, Fontaine; M#Louise et les petites Montbrun.

A la tête de la troupe, et comme directeur et comme acteur, était Louis Michu le jeune, ex-artiste du Théâtre-Italien, haute-contre d'un rare talent(1); il s'est fait connaître successivement dans les rôles de Paul de *Paul et Virginie*, de Blaise de *Blaise et Babet*, de Linval de la *Fausse Magie*, de Colin du *Maréchal ferrant*, d'Alexis d'*Alexis et Justine*. Il n'en fallait pas tant pour conquérir les faveurs du public, aussi Michu fut-il, dès les premiers jours, l'idole du parterre rouennais. Il obtint un succès égal dans les rôles d'Alcindor de la *Belle Arsène*, de Sargines de *Sargines*, de Félix de *Félix*, ou l'*Enfant trouvé*, dans les *Dettes*, les *Deux Avares*, *Lodoïska*.

Michu a créé en outre le rôle de haute-contre dans les ouvrages suivants :

Adolphe et Clara, ou les *Deux Prisonniers*, opéra en un acte et en prose, de Marsollier et Dalayrac, dont la première représentation a eu lieu en messidor an VII. Michu jouait Adolphe, et M#Burger Clara. Un spectateur a composé, pour cette dernière, des vers que nous reproduisons ici, en respectant, comme il le mérite, le titre qui leur a été donné.

A la citoyenne Burger, sur la manière plus qu'intéressante dont elle rend le rôle de Clara dans les Deux Prisonniers.

Quand pour éprouver un amour,
Que troubla seule l'étourderie,

---

(1) Michu était venu en représentation à Rouen, voir p. 410.

Votre oncle, hors de votre patrie,
Prétend fixer votre séjour,
Qui mieux que vous d'une âme tendre
Sait peindre les ardents regrets !
Il n'est pas de touchants effets
Que vos talents ne sachent rendre !
Prêts à tout vous sacrifier
Les cœurs, Clara, rendent les armes,
Le sort d'Adolphe a tant de charmes,
Qu'il se fait par nous envier.

Dans cet opéra, Gaspard, le géôlier du château de Limbourg, chante ce couplet qui mérite d'être lu :

Pour raccommoder deux époux
Qui, dit-on, vivent mal ensemble,
C'est en prison, sous mes verroux,
Qu'un même ordre ici les rassemble ;
Si le remède était certain,
Prenant pour exemple le nôtre,
Une moitié du genre humain,
Ferait bientôt enfermer l'autre.

Clémentine, ou la *Belle-Mère*, opéra en un acte et en prose, par Vial, musique de Fay, artiste du théâtre Feydeau. Dès la première représentation, en ventôse an VIII, on a remarqué un beau solo de cor dans l'ouverture et la manière distinguée dont Michu et Tanquerelle interprétaient leur rôle. Cette première représentation était au bénéfice de Mlle Saint-Léger, la seconde a été au bénéfice de Tanquerelle.

Gulnare, ou l'*Esclave persanne*, opéra en un acte et en prose, orné de son grand spectacle, de marches, d'une décoration nouvelle, de costumes neufs et de toute la pompe qu'il exige. Lors de la première représentation, en frimaire an VIII, Michu y obtint un véritable triomphe. Les auteurs sont Marsollier des Vivetières et Dalayrac.

Lisbeth, opéra en trois actes et en prose, de Favières, musique de Grétry, orné de tout son spectacle et d'une décoration nouvelle. Première représentation en prairial an VII. Acteurs principaux : Michu, Tanquerelle, Desfossés ; Mmes Burger et Cartigny. — Ajoutons, en passant, que cet ouvrage a été joué, pendant le mois de vendémiaire an VIII, en présence de Favières.

L'*Opéra-comique*, opéra en un acte et en prose, paroles de Ségur le jeune et Dupaty, musique de Domenico-Della-Maria, élève de Paësiello. A la première représentation, en prairial an VII, Michu jouait le rôle d'Armand, Tanquerelle celui de l'oncle, la citoyenne Saint-Léger celui de Laure. On a surtout applaudi une romance finissant par ces deux jolis vers :

Aimer, c'est rêver le bonheur,
Être aimé, c'est le bonheur même.

Ponce de Leon, opéra-bouffe en trois actes et en prose, orné de tout son spectacle, poème et musique de Berton. La première représentation a eu lieu en germinal an VIII, au bénéfice de Desfossés, avec *Auguste et Théodore*, ou les *Deux Pages*, comédie. Michu et Desfossés chantaient ; l'un le rôle de Ponce, l'autre celui de Padille, son valet.

Roméo et Juliette, ou *Tout pour l'Amour*, opéra en trois actes et en prose, du Théâtre-Italien, par Monvel et Dalayrac, orné de tout son spectacle et de décorations nouvelles. A la première représentation, en vendémiaire an VIII, Michu jouait le rôle de Roméo, Ducaire celui de Capulet, et Mme Schreutzer celui de Juliette. Autres acteurs : Desfossés, Perceval, Fleury, Saint-Fard, Laviolette ; Mme Micaleff, Goujet et la petite Joséphine Schreutzer, âgée de dix ans. Cette petite fille a chanté, avec un talent bien précoce, le coryphée du troisième acte, ce qui lui a valu une pièce de vers qui a été lue sur le théâtre le 28 vendémiaire. Voici les quatre derniers qui, par un chemin détourné, arrivaient, comme on le voit, à l'adresse de la première chanteuse, chargée du rôle de Juliette :

Euterpe n'eut jamais un accent plus flatteur ;
Des filles d'Apollon es-tu la jeune sœur ?
On m'a dit en secret : Cupidon est son frère.
Je n'en saurais douter en regardant ta mère.

LA POLITIQUE AU THÉATRE. — Après cette infraction aux règles de notre marche habituelle, faite en mémoire de l'artiste-directeur, reprenons nos chapitres accoutumés et commençons par la politique.

On a fait relâche le 20 prairial an VII (8 juin 1799), parce que ce jour-là, à Rouen, comme dans toute la France, a eu lieu une cérémonie funèbre en mémoire des ministres français Bonnier et Roberjot, assassinés près de Rastadt par les hussards de l'Autriche. Chacun, à cette époque, a voulu payer son tribut d'indignation contre l'assassinat des plénipotentiaires. L'auteur de la *Revue de l'an VI*, jouée à Paris, s'est empressé de mettre dans la bouche de l'amant un nouveau couplet. Il définit un tableau dans lequel on doit voir l'espérance en perspective et il termine ainsi :

AIR : *Femmes, voulez-vous éprouver.*

De nos ministres égorgés
S'offre l'image ensanglantée ;
Les Français dans le deuil plongés !
Plus loin l'Europe épouvantée !
Je peints les regrets, la douleur
Embrassant leur ombre plaintive ;
Au second plan, je mets l'horreur,
Et la vengeance en perspective.

Le général Buonaparte, à son retour d'Egypte, a débarqué le 17 vendémiaire an VIII, dans le port de Fréjus avec deux de ses lieutenants, Lannes et Murat et le savant Monge. Cette nouvelle a causé à Rouen une grande allégresse. Le 23 vendémiaire suivant (15 octobre 1799), les vers que nous donnons ci-après ont été lus sur le Théâtre-des-Arts :

Français, célébrons par nos chants
Le retour du fils de la Gloire ;
Ce jour ramène dans nos camps
Et Buonaparte et la Victoire.

Quels doux transports vont exciter
Un peuple que la joie convie !
Partout on entendra chanter :
Honneur, amour à la patrie.

L'Autrichien, tombant sous nos coups,
Trouve un tombeau dans l'Helvétie,
Et l'Anglais, fuyant devant nous,
Reçoit des fers en Batavie.

Puissent d'aussi brillants succès,
En ranimant notre espérance,
Dans nos champs ramener la paix
Et les trésors de l'abondance.

Sept jours après, le 30 vendémiaire (22 octobre), la direction a fait représenter un divertissement de circonstance, en un acte et en prose, mêlé de vaudevilles, intitulé l'*Heureux retour*. On y a remarqué ce couplet :

AIR : *Tôt, tôt, tôt, battez chaud.*

Pour rendre à notre heureux public
Le bonheur qui lui fut ravi,
Que chaque citoyen se pique
De n'embrasser aucun parti.
Pour nous ramener l'abondance,
Saisissons cet heureux instant,
Et faisons tant, tant, tant, tant,
Que la concorde et la clémence
Fassent dire à tous les Français :
Vivons en paix, vivons en paix !

La tragédie de *Guillaume Tell* a été jouée à Rouen le 18 brumaire an VIII. C'est là une coïncidence, puisqu'alors on ne pouvait pas connaître déjà les graves événements de cette journée.

Ce fut dès le 26 brumaire an VIII que l'on donna, pour la première fois, sur le Théâtre-des-Arts de Rouen, les *Mariniers de Saint-Cloud*, impromptu relatif au 18 brumaire et représenté sur le Théâtre-Italien, à Paris, le 22 du même mois (13 novembre 1799). On sait que le Gouvernement, craignant les réactions, n'a pas tardé à défendre cette pièce au théâtre Favart. Voici une lettre écrite à ce sujet :

« *Le ministre de la police aux administrateurs du théâtre de l'Opéra-Comique national de la rue Favart.*

« La révolution du 18 brumaire, citoyens, ne ressemble à aucune de celles qui l'ont précédée : elle n'aura point de réaction, c'est la résolution du Gouvernement. Si les factions persécutent, lorsqu'elles obtiennent l'une sur l'autre quelque léger avantage, la République, lorsqu'elle les écrase toutes, triomphe avec générosité.

« Une pièce intitulée les *Mariniers de Saint-Cloud* a été jouée sur votre théâtre. L'intention en est louable sans doute, mais trop de détails rappellent amèrement d'anciens souvenirs qu'il faut effacer. Quand toutes les passions doivent se taire devant la loi, quand nous devons immoler au désir de la paix intérieure tous nos ressentiments et que la volonté de le faire est fortement exprimée par le peuple et par ses magistrats, quand ils en donnent le touchant exemple, il n'est permis à personne de contrarier ce vœu. Vous obéirez, citoyens, et j'augure assez bien de votre patriotisme, pour croire que vous ferez, sans que je vous en donne l'ordre, le sacrifice de votre pièce, puisque la tranquillité publique vous l'impose. »

L'impromptu les *Mariniers de Saint-Cloud* fut toléré à Rouen, grâce à quelques *corrections* dictées par la prudence ; il fut joué, pour la deuxième fois, le 28 brumaire, puis le 30, et en frimaire, le 4 et le 6 ; en tout cinq fois. Le public rouennais, ne jugeant que l'intention, l'avait bien accueilli et avait applaudi avec transport tout ce qui faisait allusion au jeune héros, l'espoir de la France, et à la paix si ardemment désirée.

A la fin du mois de nivôse an VIII, on a donné le *Mameluck à Paris*, divertissement en vaudeville et en un acte. Il y était question de l'armée d'Egypte et d'une frégate ramenant plusieurs officiers de l'armée d'Orient. — En ventôse, on annonçait cet ouvrage sous le titre d'opéra-vaudeville et avec cette particularité que Ferrand, auteur du *Savetier de Péronne*, y jouait une scène de sa composition. Nous donnerons quelques détails dans l'histoire du théâtre de la République sur ce Ferrand, espèce d'idiot monomaniaque qui était indigne de tout le bruit que l'on a fait autour de lui.

Si les grandes fêtes républicaines ont passé presque inaperçues, ce n'est pas que les circulaires ministérielles aient manqué. Le ministre de l'intérieur écrivait aux administrations centrales et municipales, le 21 germinal an VII, relativement à la fête des Epoux, à célébrer le 10 floréal suivant :

« Invitez les directeurs de spectacles à donner pendant
« ce jour des pièces morales, telles que le *Père de Fa-*
« *mille*, le *Préjugé à la mode*, le *Bourru bienfaisant*,
« etc., etc. »

Le 27 floréal an VII, à propos de la fête de la Reconnaissance, à célébrer le 10 prairial suivant, il écrivait encore :

« En attendant que nos poètes aient pu seconder la
« morale publique par la composition de pièces appro-
« priées aux grands objets de nos fêtes nationales, vous
« inviterez les directeurs de spectacles à donner ceux des
« ouvrages de théâtre existant qui sont les plus propres
« à nourrir les sentiments de reconnaissance dans l'âme
« des spectateurs, tels que l'*Indigent*, le *Bienfait ano-*
« *nyme*, etc. »

Peine inutile! Les directeurs *invités* faisaient la sourde oreille, préférant donner des pièces qui fissent recette. Mais, en revanche, le 10 fructidor, jour de la fête de la Vieillesse, les vieillards occupaient, au spectacle, une place distinguée auprès des magistrats.

Le document officiel que l'on va lire complète bien ce que nous avons dit de la politique au théâtre pour l'an VII; c'est un extrait du compte moral de l'instruction publique dans la commune de Rouen pour l'an VII (1).

« Vingt-deuxième demande : Les théâtres, dans les communes qui en renferment, sont-ils dirigés dans un bon esprit? Sont-ils des écoles de républicanisme, de moralité et de bon goût?

« Réponse : La difficulté des temps semble ne pas laisser aux directeurs la liberté absolue du choix des pièces. La désertion évidente des théâtres les oblige de mettre au jour des productions éphémères et qui n'ont la plupart que le mérite de la nouveauté. Au reste, l'administration surveille les répertoires et n'admet à la représentation que des ouvrages connus et avoués du Gouvernement, ou que des pièces exemptes des inconvénients de l'immoralité.

« Arrêté en séance de l'administration municipale de la commune de Rouen, ce ... brumaire an VIII de la République française. »   (*Suivent cinq signatures*).

REPRÉSENTATIONS EXTRAORDINAIRES. — Elles ont été nombreuses pendant cette campagne.

Un mois environ après son entrée en fonctions, Michu fit venir Saint-Fal et la citoyenne Simon, artistes du Théâtre-Français, et les conserva depuis le 17 prairial an VII (5 juin 1799) jusqu'au 26 messidor suivant (14 juillet).

Ces deux artistes ont commencé par *Misanthropie et Repentir*, drame en cinq actes et en prose, du théâtre

---

(1) Compte moral rédigé conformément aux circulaires du ministre de l'intérieur des 20 fructidor an V et 17 prairial an VI.

allemand de Kotzbüe, traduit par Bursay et arrangé à l'usage de la scène française par la citoyenne Julie Molé, artiste du Théâtre-Français. C'était la première fois que l'on jouait ce drame (17 prairial) sur le Théâtre-des-Arts (1). Saint-Fal et Mme Simon, créateurs de l'ouvrage à Paris, ont rempli les rôles de Meino et de Mme Miller.

Dans la *Coquette corrigée*, Mme Simon jouait Julie, Saint-Fal et Mlle Verteuil, actrice du Théâtre-des-Arts, avaient les deux autres rôles les plus importants ; dans le *Babillard*, dans l'*Amant bourru*, on entendait également à la fois Saint-Fal et sa partenaire ; dans l'*Intrigue épistolaire*, Mme Simon était ravissante. La reprise de *Médiocre et Rampant*, ou le *Moyen de parvenir*, a permis à Saint-Fal de se faire connaître aussi dans le rôle de Laroche.

Ce jour-là, on donnait en outre *Eugénie*, drame. Mme Simon représentait Eugénie, et Saint-Fal Clarendon. A la fin du spectacle, on a jeté sur le théâtre des vers qui furent lus sur le champ ; les voici :

A LA CITOYENNE SIMON ET AU CITOYEN SAINT-FAL.

Quels transports de Thalie ont réveillé l'empire ?
Quels sont donc les mortels dont les heureux talents
Font sentir à nos cœurs ces doux ravissements ?
C'est Simon, c'est Saint-Fal, qui causent ce délire !
Oui, ce sont eux, amis, qui, charmant nos loisirs,
Sont venus parmi nous exciter les plaisirs.

---

(1) Cet ouvrage important avait été monté au théâtre de la République deux ou trois mois auparavant. (Voir notre *Histoire du Théâtre-Français de Rouen*, page 63.)

Artistes précieux, recevez notre hommage :
A nos yeux, en ce jour, vous paraissez charmants,
Et vos noms respectés, passant au dernier âge,
N'ont point à redouter les outrages du temps.
Oui, Meino, retrouvant son épouse chérie,
Ne plut jamais autant à notre âme attendrie
Que ce jour où, votre art imitant les douleurs,
Au spectateur ému fit verser tant de pleurs.
Je vous atteste, vous, cœurs tendres et sensibles,
A ce cruel aspect, demeuriez-vous paisibles?
Non, non, par des sanglots vous étiez déchirés.
Cessez! Bientôt, quittant le douloureux langage,
Ils vont nous égayer d'un charmant badinage,
Et d'allégresse, enfin, nous sommes enivrés.
Artistes, qu'à nos yeux vous possédez de charmes !
Vous excitez la joie et nous tirez des larmes,
Et des traits de la vie, heureux imitateurs,
Aux lugubres cyprès vous unissez des fleurs.

Par le citoyen Ch...,
Élève de l'école centrale de la Seine-Inférieure.

En prairial an VII, la première représentation d'un drame en cinq actes et en prose, de Monvel, *Clémentine et Desormes*, a offert cette particularité que les deux principaux rôles ont été joués par les acteurs en représentation.

On peut en dire autant d'une comédie en quatre actes et en prose, du même auteur allemand que *Misanthropie et Repentir*, traduite et adaptée à la scène française par J. Patrat, sous ce titre : les *Deux Frères*, ou la *Réconciliation*. Elle a été donnée à Rouen, le 19 messidor an VII (7 juillet 1799), alors qu'elle n'avait jamais été mise au théâtre à Paris, où l'on ne faisait encore que se préparer à la monter. Saint-Fal y a créé le rôle de François Bertrand, Mme Simon celui de Charlotte, et Joanny, acteur de la troupe, celui du docteur. Autres acteurs : Calland, Desroziers, Ménonval ; Mmes Guérin et Goujet. L'auteur, demandé à grands cris, a été amené sur la scène par Saint-Fal et Mme Simon.

Voici maintenant une reprise importante, avec Saint-Fal et Mme Simon : le 12 messidor, le *Chevalier sans peur et sans reproche*, ou les *Amours de Bayard*, comédie héroïque en quatre actes et en prose, du citoyen Monvel, orné de tout son spectacle, danse, chant, marches, combat de Bayard et Sotomayor et musiques militaires, terminée par un chœur à grand orchestre, musique du citoyen Monsigny. Saint-Fal a rempli le rôle de Bayard et Mme Simon celui de Mme de Rendan.

Le 5 messidor, une représentation extraordinaire, au bénéfice de Mme Simon, se composait :

1º De *Misanthropie et Repentir* ;

2º De l'*Homme sans façon*, ou le *Vieux Cousin*, comédie en trois actes et en vers, de Léger, qui n'en était qu'à sa deuxième représentation, la première ayant eu lieu à la fin de prairial.

Le 22 du même mois, Saint-Fal avait à son tour son bénéfice ; on donnait :

1º Les *Deux Jumeaux de Bergame*, comédie en un acte ;

2º Les *Deux Frères*, ou la *Réconciliation*, deuxième représentation ;

3º Le *Conteur*, comédie en trois actes et en prose.

L'auteur des *Deux Frères*, J. Patrat, a paru cette fois encore au milieu des plus vifs applaudissements ; il y a répondu par cet impromptu :

Quoique d'un tel accueil mon cœur soit enchanté,
　　Je sais fixer avec prudence
　　Des bornes à ma vanité
Et n'en mettrai jamais à ma reconnaissance.

Le lendemain, on adressait à Saint-Fal et à Mme Simon cette pièce de vers, sur leur prochain départ :

Vous désertez nos murs, pour nous plus d'allégresse !
Vous partez, nos plaisirs n'ont duré qu'un moment !
Adieu, nobles accents ! amitié ! tendresse !
　　Adieu finesse et sentiment !
Nos plaisirs sont finis ; vous en étiez la source !
Il est trop vrai, Saint-Fal va plaire à d'autres yeux,
Et prêtes, en tout temps, à la suivre en tous lieux,
Les Grâces de Simon accompagnent la course.
　　Allez, artistes trop charmants,
　　　Embellir une autre contrée ;
Partez ! et les regrets de notre âme enivrée
　　Egaleront nos applaudissements.

Enfin, le 24 messidor, après la troisième représentation des *Deux Frères*, entre autres pièces de vers, le Bouquet suivant a été lu, sur la scène, en présence des deux artistes célèbres :

BOUQUET A LA CITOYENNE SIMON ET AU CITOYEN
SAINT-FAL.

Pour le plaisir que Simon nous a fait,
On peut avec raison s'étonner qu'un bouquet
　　Soit notre seul hommage,
Surtout étant comme elle, et simple et sans apprêt.
La rose et l'immortelle en font tout l'assemblage ;
　　Mais il paraîtra davantage
　　Si nous en expliquons l'usage ;
　　Voici donc tout notre secret :
Pour peindre ta fraîcheur, il faut la fleur nouvelle ;
Pour peindre ton talent, il faut une immortelle.
　　(*Ici on présente le bouquet à la citoyenne Simon.*)
Pour toi, Saint-Fal, tu n'auras point de fleurs ;

Tour à tour tu fis naître et nos ris et nos pleurs :
Il faut à tes talents un emblême plus mâle ;
Ainsi donc, par justice, aux hommages flatteurs
    Que t'a rendus la capitale
Nous joindrons ce laurier, des arts il est le prix :
    Il gravera sur ta couronne
    Et le plaisir que tu nous fis
Et les regrets que ton départ nous donne.
    (Par le citoyen DUCATRE, *artiste du Théâtre-des-Arts*.)

Profitant de la présence à Rouen de Saint-Fal et de Mme Simon, Michu a consacré, par un hommage public, le respect dû à la mémoire de Pierre Corneille. Voici l'affiche du 11 messidor an VII (29 juin 1799), jour de la Saint-Pierre :

THÉATRE-DES-ARTS.

Aujourd'hui 11 messidor an VII,

SPECTACLE BRILLANT,

LA SALLE SERA ILLUMINÉE A L'INSTAR DU BAL.
En mémoire du GRAND CORNEILLE, natif de cette commune.

LE CID.

Tragédie en cinq actes et en vers de cet auteur.
Le citoyen SAINT-FAL remplira le rôle de *Rodrigue*, et la citoyenne SIMON celui de *Chimène*.

SUIVIE DE :

LE CONTEUR, OU LES DEUX POSTES,

Comédie en cinq actes et en prose, mêlée de vaudevilles.
Le citoyen SAINT-FAL remplira le rôle de *Milord Splin*, et la citoyenne SIMON celui de *Milady Splin*.

A propos des mots : *Spectacle brillant,* nous dirons qu'ils remplaçaient dans ce temps-là les mots : *Représen-*

tation extraordinaire. Une fois, en l'an VIII, on étala sur l'affiche le titre pompeux : *Spectacle brillant*, parce qu'on donnait ensemble *Didon* (reprise) et le *Magnifique*, De nos jours, on prodigue aussi les annonces de représentations extraordinaires ; les mots changent, les choses changent beaucoup moins,

Trois représentations extraordinaires ont été offertes par Mlle Desroziers, artiste du théâtre de l'Odéon et ex-artiste du grand théâtre de Rouen, Celle par laquelle elle a commencé, le 23 pluviôse an VIII, était au bénéfice de Desroziers, son père, acteur du Théâtre-des-Arts de Rouen ; Mlle Desroziers jouait le rôle de Paméla dans *Paméla*, comédie en cinq actes et en vers, de François de Neufchâteau, et celui d'Araminthe dans les *Fausses Confidences*, comédie en trois actes et en prose, de Marivaux. Les jours suivants, cette artiste a représenté la comtesse de la *Mère coupable*, ou l'*Autre Tartufe*, Angélique de la *Fausse Agnès* et Silvia des *Jeux de l'Amour et du Hasard*.

Le jour de l'an 1800, le 11 nivôse an VIII, représentation extraordinaire : le *Malade imaginaire* avec la cérémonie de la réception d'un médecin, et *Azémia*, opéra.

Aux Rois, le 16 nivôse : *Monsieur de Pourceaugnac*, comédie, précédée de l'opéra *Euphrosine et Coradin*, ou le *Tyran corrigé*.

BÉNÉFICE DES HÔPITAUX. — La première représentation de cette campagne donnée au bénéfice des hôpitaux, à la date du 6 vendémiaire an VIII (28 septembre 1799), se composait de :

1° Les *Prétendus*, opéra ;

2º L'ouverture du *Jeune Henri*;

3º Les *Deux Frères*, ou la *Réconciliation*, drame.

La seconde a été donnée le 2 pluviôse de la même année républicaine (22 janvier 1800), et se composait de :

1º Cinquième représentation de *Comment faire?* ou les *Epreuves de Misanthropie et Repentir*, opéra-vaudeville ;

2º La cinquième représentation du *Collatéral*, comédie ;

3º Les *Prétendus*, opéra.

Elle a produit 427 fr. 70 c., bénéfice net.

BÉNÉFICES DES ARTISTES. — Jamais ils n'avaient été aussi nombreux que cette année. Après les bénéfices de Saint-Fal et de Mme Simon, sont venus ceux de Desroziers, de Calland, de Percoval, de Joanny, de Duplan, de Sidony, de Desfossés, de Julien, de Fleury, de Tanquerelle, de Mmes Verteuil, Schreutzer, Burger et Saint-Léger, voire même de Legerot, premier violon de l'orchestre. Ils se sont succédé surtout à la fin de la campagne. En général, chaque artiste obtenait la faveur d'une première représentation, quelquefois de deux.

COMPLÉMENT DU RÉPERTOIRE. — Ici se placent seulement les ouvrages joués pendant cette campagne que nous n'avons pas eu l'occasion de citer.

OPÉRA. — Un grand nombre d'opéra, surtout à propos des rôles de Michu, ont été mentionnés plus haut. On a donné en outre :

Alexis, ou l'*Erreur d'un bon Père*, en un acte et en

prose, par Marsollier et Dalayrac. Première représentation en messidor an VII.

L'*Amour filial*, ou les *Deux Invalides*, en un acte et en prose, annoncé quelquefois sous le titre des *Deux Invalides*, ou la *Jambe de bois*, ou encore l'*Amour filial*, ou la *Jambe de bois*. C'est sous cette dernière dénomination qu'est connu un opéra en un acte de Demoustier, musique de Gaveaux, que l'on annonçait quelquefois l'*Amour filial*, ou les *Deux Suisses*, et qu'enfin on a aussi imprimé sous le titre de les *Deux Suisses*, ou la *Jambe de bois*. De telles irrégularités n'étaient pas rares à cette époque.

Aucassin et Nicolette, ou les *Mœurs du bon vieux temps*, opéra en trois actes, orné de tout son spectacle, par Sedaine et Grétry, — imprimé aussi avec ce sous-titre : les *Amours du bon vieux temps*. — Reprise en frimaire an VIII.

Azeline, en trois actes et en prose, par Hoffmann, musique de Solié.

Comment faire? ou les *Epreuves de Misanthropie et Repentir*, opéra-vaudeville en un acte, par Dejouy et Longchamps. Première représentation en nivôse an VIII. On donnait quelquefois cet opéra dans la même soirée que le grand drame *Misanthropie et Repentir*, auquel il faisait allusion.

La *Dame voilée*, opéra en un acte et en prose, par Ségur le jeune et Mengozzi. Première représentation en pluviôse an VIII, au bénéfice de Julien, avec le *Prisonnier*, opéra, et une comédie nouvelle.

La *Dot de Suzette*, en un acte et en prose, du Théâtre-Italien, par Dejaure, musique de Boïeldieu, annoncé le

16 floréal an VII, lors de la première représentation sous le titre de *Chenu, ou la Dot de Suzette*. Cet opéra a été chanté par Fleury, Grandfils, Cambray, Jules et Mmes Saint-Léger, Goujet et Micaleff.

Emilie et Volsan, en un acte et en prose, par deux citoyens de Rouen, musique de Mlle Thiémé, amateur. La première représentation, en germinal an VIII, a été donnée au bénéfice de Perceval, avec les *Rêveries renouvelées des Grecs*, opéra, et le *Babillard*, comédie ; à la seconde, on a fait des changements.

Fanny Morna, ou l'Ecossaise, opéra en trois actes et en prose, par Favières, musique de Persuis, orné de tout son spectacle. La première représentation, en pluviôse an VIII, a été donnée au bénéfice de Mme Schreutzer, avec les *Deux billets*, comédie, et la deuxième représentation de l'*Abbé de l'Epée*.

L'Oncle valet, en un acte et en prose, de Duval, musique de Domenico-Della-Maria. Première représentation en messidor an VII.

Le *Porteur d'eau*, en un acte et en prose, paroles de Ducaire, musique de Garnier, tous deux artistes du Théâtre-des-Arts. Première représentation en fructidor an VII. On y a remarqué un solo de basse, exécuté par Laroche, artiste de l'orchestre. Les auteurs ont paru à la chute du rideau et ont été très-applaudis.

La *Rencontre en voyage*, en un acte et en prose, par Pujoulx, musique de Bruni. Première représentation en pluviôse an VIII.

Sophie et Moncars, ou l'Intrigue portugaise, en trois actes et en prose, paroles de Guy, musique de Gaveaux. Première représentation en brumaire an VIII. Mlle Burger a créé le rôle de Sophie, Desfossés celui de Moncars fils, et Ducaire celui de Moncars père.

Adèle et Dorsan.
L'Amant jaloux.
L'Amant statue.
Ambroise, ou Voilà ma journée.
L'Ami de la Maison.
Camille, ou le Souterrain.
La Caverne.
La Colonie.
Le Comte d'Albert et sa suite.
Les Deux Chasseurs et la Laitière.
Les Deux petits Savoyards.
Le Déserteur.
Le Devin de Village.
Le Directeur dans l'embarras.
Le Droit du Seigneur.
Les Evénements imprévus.
Les Femmes vengées.
Jean et Geneviève.
Lucile.
La Maison isolée.
Marianne.
La Mélomanie.
Nina.
Le Nouveau Don Quichotte.
Philippe et Georgette.
Pygmalion.
Raoul Barbe-Bleue.
Renaud d'Ast.
Les Rigueurs du Cloître.
Rose et Colas.
La Rosière de Salency.
La Servante maîtresse.
La Soirée orageuse.
Stratonice.
Sylvain.
Le Tableau parlant.
Toberne.
Le Tonnelier.
Le Traité nul.
Zémire et Azor.

Pour compléter ce qui concerne le répertoire lyrique, nous ajouterons que plusieurs fois, entre deux pièces, l'orchestre a exécuté l'ouverture du *Jeune Henri*, de Méhul. — Il n'était pas rare non plus que, pendant les entr'actes, certains artistes de l'orchestre fissent entendre des solos.

BALLET. — Le Théâtre-des-Arts a été, pendant l'année 1799-1800, complètement privé de ballet. On y a bien représenté deux divertissements, mais il faut savoir qu'à cette époque le mot *divertissement* n'était pas toujours synonyme de danse; c'était une qualification vague qui s'appliquait surtout aux impromptu faits dans les jours d'allégresse publique.

Dans les ouvrages ornés de danse, comme on disait alors, c'étaient les figurants et les figurantes ordinaires qui exécutaient le divertissement.

COMÉDIE. — Le répertoire de la comédie ne le cède en rien à celui de l'opéra. A toutes les comédies que nous avons déjà citées ou que nous citerons dans des chapitres spéciaux, il faut encore ajouter:

L'*Abbé de l'Epée, Instituteur des Sourds et Muets*, comédie et fait historique en cinq actes et en prose, de Bouilly, avec une décoration nouvelle. Le rôle de l'abbé était joué par Desroziers; autres artistes: Joanny, Ménonval, Sidony; Mmes Letellier et Guérin. Première représentation le 9 pluviôse an VIII, au bénéfice de Calland. Ce jour-là, on faisait relâche au théâtre de la République pour la répétition générale de cette même comédie.

Cette émulation des deux troupes devint bientôt l'occasion d'un débat entre Belval, artiste de l'Ambigu-Comique, alors sociétaire du théâtre de la République, et P. Périaux, correspondant des auteurs dramatiques; ce dernier répondit ainsi:

« *Première et dernière réponse du citoyen Périaux, correspondant des auteurs dramatiques, au citoyen Belval, artiste de l'Ambigu-Comique.*

« Rouen, le 12 pluviôse an VIII.

« Votre lettre insérée dans la *Vedette*, n° 40, est une perfidie ; vos détails du n° 41 sont un ramas puéril de mensonges, d'exagérations et d'absurdités méprisables.

« Dans les premiers jours de nivôse, je vous communiquai, ainsi qu'au Théâtre-des-Arts, une circulaire annonçant des pièces nouvelles, du nombre desquelles était l'*Abbé de l'Epée*. Voyant, sans doute pour la première fois, de semblables circulaires, vous appelâtes celle-ci la liste des costumes. Vous en prîtes lecture. Le grand nombre des personnages vous fit peur et vous jugeâtes alors qu'il vous serait difficile de représenter cette pièce. Je vous promis, il est vrai, de vous prêter cette circulaire si vous en aviez besoin ; me l'avez-vous demandée ? Non.

« Quelques jours après, j'obtins pour vous une diminution de plus de moitié sur les rétributions fixées pour le théâtre de la République, et la lettre du 15 nivôse, dont vous et vos camarades furent très-satisfaits, vous interdisait de jouer l'*Abbé de l'Epée*, puisqu'elle porte : « Bien entendu que cette société (1)
« ne jouera aucune des pièces représentées sur les grands
« théâtres de Paris, ainsi que tous les opéras des petits théâtres
« et le Théâtre-des-Arts à Rouen. »

« Depuis la communication de la circulaire en question jusqu'au 7 du présent mois de pluviôse, vous ne m'avez pas dit un mot de la pièce l'*Abbé de l'Epée* (vous en convenez assez

---

(1) Société d'artistes de l'Ambigu-Comique exploitant alors la seconde scène de Rouen. (Voir notre *Histoire du Théâtre-Français*.)

gauchement, il est vrai). Feignant alors d'ignorer le vrai sens de la restriction et cherchant à me forcer de l'interpréter à votre avantage, vous me sollicitâtes de vous permettre de jouer cette pièce. Je vous refusai comme je le devais.

« Quoique je vous communiquasse le même jour une lettre que j'avais bien voulu écrire en votre faveur, vous vous récriâtes et vous prétendîtes que je n'avais pas le droit de m'opposer à la représentation de cette pièce ; qu'en payant les rétributions des auteurs, ils n'avaient rien à dire ; que vous étiez libre de jouer les pièces qu'il vous ferait plaisir. Vous contestâtes mes pouvoirs. Je m'adressai à l'administration centrale, chargée de protéger les auteurs dramatiques contre les entrepreneurs de spectacles qui se permettent de changer les titres des pièces, de morceler les opéras pour en faire des pantomimes ou des comédies, de représenter les pièces sans le consentement formel et par écrit des auteurs ou de leurs fondés de pouvoir, etc., et je vous fis interdire la représentation de l'*Abbé de l'Epée*. Dans tout cela j'ai rempli mes devoirs.

« Vous m'avez honoré de votre grande colère dans un journal ; je vous préparais une réponse trop longue, mes amis m'ont fait observer que vos déclamations ne méritaient que le mépris ; je suis de leur avis.

« Je dirai seulement que vos grandes phrases : — *Vous savez combien je m'intéresse à votre entreprise.* — *Je suis trop votre ami pour*, etc. — *Ouvrez-moi votre cœur comme à un ami.* — *Je ne veux que vous obliger*, et autres termes contenus dans vos lettres ne sont, vous le savez, citoyen Belleval, que des ombres, perfidement apprêtées par vous, pour mieux faire ressortir les couleurs avec lesquelles vous avez voulu me peindre, afin de donner plus d'effet à vos décorations.

« Une lettre que j'ai reçue ce jour confirme les exceptions contenues dans celle du 15 nivôse et vous interdit irrévocablement la représentation de l'*Abbé de l'Epée*.

« PÉRIAUX. »

Deux jours après, le citoyen P. Périaux triomphait sur toute la ligne et faisait publier les deux extraits suivants :

« *Extrait de la loi du 19 janvier* 1791.

« Art. 3. — Les ouvrages des auteurs vivants ne pourront être représentés sur aucun théâtre public, dans toute l'étendue de la France, *sans le consentement formel et par écrit des auteurs*, sous peine de confiscation du produit total des représentations au profit des auteurs. »

« *Extrait d'une lettre du citoyen Bouilly, auteur de la pièce l'*Abbé de l'Epée, *adressée au citoyen Michu.*

« Paris, 10 pluviôse an VIII.

« J'ai reçu ce matin, mon cher Michu, une députation du petit théâtre de Rouen, qui est venue me demander mon assentiment pour jouer ma pièce intitulée : l'*Abbé de l'Epée*. Comme j'ai pressenti que cette concurrence vous serait préjudiciable et que je ne veux pas vous être utile à demi, je vous autorise, *seul et spécialement*, à jouer sur votre théâtre mon ouvrage, qui ne peut être joué sur deux théâtres à la fois dans la même commune. Vous voudrez donc bien, *secondé par l'agent des auteurs*, à qui le citoyen Fillette-Loraux a fait passer *mes volontés*, réclamer l'appui de l'administration municipale, dont j'invoque la justice, pour que l'*Abbé de l'Epée* ne soit jouée que sur le grand théâtre de Rouen qui, *seul*, doit lui donner tout l'éclat et tous les soins que je désire.

« Bouilly. »

Voilà comme quoi la pièce intitulée l'*Abbé de l'Epée* ne fut pas représentée sur le théâtre de la République, quoique les acteurs de cette scène eussent tout disposé, appris et répété les rôles *en secret*, afin de jouer cet ouvrage avant ceux du Théâtre-des-Arts. Mais, au point de vue de l'art, les artistes de ce théâtre, ou plutôt de l'Ambigu-Comique, ne se tinrent pas pour battus. En effet, le 15 germinal de la même année, ils représentèrent cette pièce à la Société de l'Ecole dramatique (théâtre de société à Rouen) et prouvèrent qu'ils étaient dignes, eux aussi, de concourir au succès du chef-d'œuvre de Bouilly.

Les *Amants Protée*, ou *Qui compte sans son hôte compte deux fois*, proverbe en un acte et en prose, mêlé de vaudevilles. Lorsque cette pièce fut jouée pour la première fois à Rouen, en fructidor an VII, elle était, à Paris, à sa centième représentation (l'affiche en faisait mention), de plus, on annonçait qu'elle serait donnée en présence de l'auteur, J. Patrat.

Amphitryon, comédie en trois actes et en vers libres, précédée de son prologue.

Catherine, ou la *Belle Fermière*, en trois actes et en prose, mêlée de chant, par Mlle Amélie, Julie Candeille, connue surtout sous le nom de Mme Simons-Candeille. Première représentation en germinal an VIII, au bénéfice de Sidony. Mme Schreutzer a créé le rôle de la belle fermière.

Claudine de Florian, en trois actes et en prose, par Pigault-Lebrun. Première représentation en prairial an VII.

Le *Collatéral*, ou la *Diligence de Joigny*, en cinq actes et en prose, par Picard. La première représentation, le 20 nivôse an VIII, a été donnée au bénéfice de Fleury, qui chantait, ce jour-là, les *Visitandines*, également de Picard. Dans le *Collatéral*, Calland jouait le rôle de l'avocat Bavardet.

Le *Complot inutile*, en trois actes et en vers libres,

par J. Patrat, qui, lors de la première représentation, en vendémiaire an VIII, y a rempli le rôle de Valmont. Il a été très-applaudi et rappelé.

Démocrite amoureux, en cinq actes et en vers de Régnard.

Les *Deux Frères*, comédie dans laquelle Patrat, l'auteur, a joué, lors de la reprise en vendémiaire an VIII, le rôle de Bertrand le marin, créé à Rouen par Saint-Fal (voir page 469).

Les *Deux Jumeaux de Bergame*, comédie en un acte et en prose, par Florian, jouée en floréal an VII.

Le *Dissipateur*, pour le premier début, — au milieu de l'année, — de Mme Duplan, rôle de Lisette.

L'*Entrée dans le monde*, en cinq actes, de Picard.

L'*Heureux quiproquo*, ou les *Etrennes*, comédie en un acte et en prose, par Patrat, annoncée aussi sous le titre du *Présent*, ou l'*Heureux Quiproquo*.

Le *Mari retrouvé*, en un acte et en prose, par Dancourt, jouée en floréal an VII.

Le *Mariage du Capucin*, ou l'*Arrivée inattendue*, en trois actes et en prose, de Pelletier-Volmeranges. Première représentation en prairial an VII.

Monsieur Guillaume, ou le *Voyageur inconnu*, pièce en un acte et en prose (intitulée quelquefois opéra en un acte et en vaudevilles), par Barré, Radet, Desfontaines et Bourguenil, sociétaires du Vaudeville de Paris. Première représentation au Théâtre-des-Arts, le 6 germinal an VIII, et un peu plus tôt au théâtre de la République.

Ce Guillaume, cet inconnu, est Lamoignon-Malesherbes voyageant incognito, faisant triompher partout la sagesse et l'humanité en marquant ses pas par des bienfaits. Un jeune homme lui avoue qu'il a séduit une jeune fille et qu'il l'a épousée secrètement, abusant de l'hospitalité que lui a donnée le père de sa maîtresse. M. Guillaume lui dit :

> Epoux imprudent, fils rebelle,
> Vous aurez des enfants un jour,
> A l'autorité paternelle
> Vous prétendrez à votre tour.
> Mais, monsieur, ce pouvoir suprême,
> Ce pouvoir le plus saint de tous,
> De quel droit l'exercerez-vous
> Quand vous l'aurez bravé vous-même ?

Les *Précepteurs*, en cinq actes et en vers, ouvrage posthume de Fabre d'Eglantine. La première représentation, le 30 nivôse an VIII, a été donnée au bénéfice de Mlle Burger, avec deux opéras comiques. Duplan représentait le précepteur honnête, Sidony l'autre. A la seconde représentation, Joanny a repris son emploi et a remplacé Duplan.

Les *Projets de mariage*, ou les *Deux Militaires*, en un acte et en prose, de Duval. Première représentation en prairial an VII.

Les *Rivaux d'eux-mêmes*, en un acte, par Pigault-Lebrun, en messidor an VII.

Le *Roi de Cocagne*, comédie de Legrand, en trois actes et en vers, ornée de chant, de danses et de tout son spectacle. Reprise en ventôse an VIII.

Jean Sidos, ou le *Vieillard de la Nine, âgé de 116 ans*, fait historique en un acte, mêlé de vaudevilles, par un auteur de Rouen. La première représentation de cet impromptu a eu lieu le 25 germinal an VIII. Le sujet était tiré d'une nouvelle donnée par le *Journal de Rouen* du 18 germinal précédent, c'est-à-dire que l'on avait mis en scène un centenaire de la Haute-Garonne qui, sur le rapport de François de Neufchâteau, avait obtenu du Directoire en l'an VI une pension de 30 fr. par mois, à l'âge de 114 ans. En l'an VIII, Jean Sidos se portait à merveille, mais aussi il avait toujours été très-sobre, très-réservé et ne s'était marié qu'à quarante ans.

La pièce de notre compatriote n'a pas même été tolérée jusqu'à la fin de la première audition. Elle a donné lieu à l'épigramme risquée que voici :

Sur le VIEILLARD DE LA NINE, *pièce représentée et tombée au Théâtre-des-Arts, le 25 germinal an VIII.*

Jean Sidos mis en vaudeville,
Par un auteur de cette ville,
Loin d'obtenir aucun succès
N'a provoqué que des sifflets.
Je l'aurais parié d'avance,
M'a dit Chloé, je l'avais bien prévu,
Et sur le titre, en confidence,
Je l'avais prédit à Michu.
Eh quoi, lui dis-je, mettre en scène
Un bonhomme de cent seize ans !
Vos actrices perdront leur temps.
Peut-on monter une pareille pièce ;
Dans ce sujet rien n'intéresse.
L'auteur en vain croit son vieillard fort bon.
Il aura fait un travail inutile,
Son histoire est trop difficile
A mettre en action.

UN ABONNÉ.

En même temps que paraissaient ces vers, l'acteur Ducaire, qui avait été chargé du rôle de Jean Sidos, écrivait au rédacteur du journal :

« Rouen, le 27 germinal an VIII.

« Citoyen,

« Quoiqu'il y ait dans la petite pièce donnée avant-hier
« sur le Théâtre-des-Arts quelques jolis couplets que
« nos meilleurs faiseurs ne désavoueraient pas, je ne puis
« m'empêcher de détruire l'opinion peu fondée qui a
« voulu m'en attribuer les *honneurs*.

« Votre concitoyen,

« Ducaire. »

Les *Soupçons*, comédie en cinq actes et en vers libres, ornée de chant, par Patrat. Première représentation en ventôse an VIII, pour un bénéfice dont nous avons déjà parlé, celui de Mlle Saint-Léger. Cette œuvre de Patrat n'a eu aucun succès.

Les *Tuteurs vengés*, en trois actes et en vers, de Duval. Première représentation en pluviôse an VIII, au bénéfice de Julien, avec un opéra nouveau et un opéra du répertoire.

La *Vengeance*, en un acte et en vers libres, par Patrat. Première représentation en vendémiaire an VIII.

Les *Voisins*, en un acte et en prose, par Picard.

L'*Amant auteur et valet*.   Le *Cercle*.
L'*Avare*.   Le *Cocher supposé*.
L'*Aveugle clairvoyant*.   Le *Consentement forcé*.
Les *Bourgeoises de qualité*.   *Crispin rival*.
Le *Bourru bienfaisant*.   Le *Distrait*.
Céphise.   *Guerre ouverte*.

Heureusement !
L'Heureuse Erreur.
L'Impatient.
L'Impromptu de Campagne.
Le Joueur.
Le Legs.
Le Marchand de Smyrne.
Les Maris corrigés.
Le Médecin malgré lui.
L'Enfant prodigue.
L'Epoux par supercherie.
L'Epreuve nouvelle.
L'Epreuve réciproque.
La Feinte par amour.
Fellamar, ou la Suite de Tom Jones à Londres.
Les Femmes.
La Folle Journée.
Le Fou raisonnable.
Les Fourberies de Scapin.
La Gageure imprévue.
La Gouvernante.
Le Mercure galant.
Minuit.
Le Muet.
Nanine.
Le Philosophe sans le savoir.
Le Procureur arbitre.
Le Somnambule.
Le Sourd.
Le Triple Mariage.
Les Trois Sultanes.
Turcaret.
Le Tuteur.
Le Vieux Célibataire.

TRAGÉDIE. — La liste, pour ce genre, est beaucoup moins longue que pour les autres ; elle ne renferme que le *Cid*, *Guillaume Tell*, *Mahomet* et *Othello*.

DRAME. — Beaucoup plus cultivé que la tragédie, le drame a surtout figuré sur l'affiche quand Rouen a possédé des artistes étrangers, Saint-Fal, Mme Simon et Mlle Desroziers, dont nous avons signalé le passage ; cependant nous trouvons encore :

La *Brouette du Vinaigrier*, en trois actes et en prose, par Mercier. Reprise en vendémiaire an VIII. Quelquefois cet ouvrage est appelé comédie, d'autres fois même appelé pièce.

Charles et Caroline.

Le *Devoir et la Nature*, en cinq actes et en prose, par Pelletier-Volmeranges, orné de tout son spectacle. Première représentation en fructidor an VII.

L'*Habitant de la Guadeloupe*, en pluviôse an VIII; Laneau, ci-devant artiste, y a débuté par le rôle de Vauglanie.

L'*Honnête Criminel*, ou le *Galérien vertueux*.

L'*Indigent*; Patrat y joua le rôle du notaire.

Mathilde, en cinq actes et en prose, par Monvel. Première représentation en frimaire an VIII.

Misanthropie et Repentir; en brumaire an VIII, lors de la reprise de cet ouvrage, Joanny a joué le rôle de Meinu et Mme Letellier celui de Mme Miller, qui avaient été créés à Rouen par Saint-Fal et Mme Simon.

Montony et Laurentina, ou les *Mystères du Château Dudolphe*, drame héroïque, mêlé de chant, en cinq actes et en prose et à grand spectacle, par Duval. La première représentation, en ventôse an VIII, a été donnée au bénéfice de Joanny, avec un opéra récemment monté; Joanny a créé le rôle de Montony. — A la seconde représentation, on a fait quelques corrections afin de rendre ce drame plus simple et plus candide (textuel).

Le *Père de famille*, en cinq actes, par Diderot.

CONCERTS ET BALS PARÉS. — Depuis le 4 brumaire an VIII (26 octobre 1799) jusqu'au 19 pluviôse suivant (8 février 1800), il y a eu au Théâtre-des-Arts cinq concerts suivis d'un bal et annoncés ainsi : « Aujourd'hui, grand

« concert vocal et instrumental ; ensuite redoute ou bal
« paré. » Le troisième de ces bals a été donné le 17 brumaire, à la veille du coup d'Etat.

Les concerts étaient composés à peu près invariablement ainsi : Une symphonie par l'orchestre, un grand air par Tanquerelle, un concerto de clarinette par Réthaller père, un concerto de violon par Legerot, un air par Desfossés.

Dans celui du 8 frimaire, on remarquait en outre une ariette par la petite Gontier, la chaconne de l'union de l'amour et des arts par l'orchestre et une symphonie concertante par Réthaller père et fils.

Mais le plus brillant, sans contredit, a été celui du 19 pluviôse, dont Legerot, premier violon de l'orchestre, était bénéficiaire. Indépendamment des éléments que nous connaissons déjà, on a offert ce jour-là : Un air par la citoyenne Duchesne, une sonate de Pleyel sur le piano par la petite Schreutzer, un concerto de flûte composé et exécuté par Detté, un air de cor par Cheneitre fils et l'ouverture du *Jeune Henri*.

La redoute ou bal paré a été, le 6 nivôse an VIII (27 décembre 1799), précédé, non point par un concert comme d'usage, mais bien par un opéra, la *Mélomanie*, de Champein.

En résumé six bals parés, cinq avec concert, un avec représentation lyrique.

BALS MASQUÉS. — On sait que les bals masqués ont eu, à Paris, une vogue immense en 1800, parce que depuis longtemps on en avait été privé.

A Rouen, il en a été à peu près de même. Le 6 ventôse

an VIII (25 février 1800); mardi-gras, le public a témoigné, entre les deux pièces (1), le désir de jouir le soir même, *comme à Paris*, d'un bal masqué. L'administration municipale y a consenti et la nuit a été consacrée à l'intrigue et à la danse, sans qu'il se passât aucune scène désagréable; aussi, cinq jours après, on recommença de plus belle. L'administration municipale y consentit d'autant plus volontiers que le général de brigade, Charpentier, écrivit qu'il répondait de la tranquillité dans la commune de Rouen, dans le cas où l'on croirait pouvoir permettre les bals masqués.

Les bals masqués se succédèrent de très-près. Ils commençaient à onze heures, après le spectacle; le prix du billet était de 3 fr. 30 c. On n'y entrait point, disait l'affiche, avec canne, bâton, ni épée. Pour la commodité du public *(sic)*, il y avait deux bureaux pour la distribution des billets. On pouvait louer des habits, à un magasin établi dans le théâtre, depuis onze heures du matin jusqu'à la fin du bal.

La fureur des bals masqués était telle qu'il y en avait, à Rouen, le plus souvent deux le même jour : un au Théâtre-des-Arts, un autre au théâtre de la République, pendant qu'un local des ci-devant feuillants, rue de Lémery, était ouvert pour un troisième bal, mais paré seulement.

Pour ne parler que du Théâtre-des-Arts, il y a été

---

(1) On jouait, ce jour-là, le *Mameluck à Paris*, avec addition d'une scène composée et jouée par Ferrand, auteur du *Savetier de Péronne*; le spectacle était terminé par la deuxième représentation de la reprise du *Roi de Cocagne*.

donné huit grands bals parés et masqués depuis le mardi-
gras, 6 ventôse an VIII (25 février 1800) jusqu'au lundi
de Pâques inclusivement, 24 germinal (14 avril 1800).
On voit que cette année le carnaval et le carême, au lieu
de se succéder, se sont confondus. La semaine sainte
seule, — à Rouen du moins, — a été respectée. Pâques
était le 23 germinal ; le dernier bal masqué avant cette
date a eu lieu le 9 du même mois ; on a été même jusqu'à
faire relâche le vendredi et le samedi saints. Il est vrai
que prudemment on annonçait : Relâche pour les répétitions de *Ponce de Léon*.

Nous avons vu des compliments de clôture faits, en
prose, d'autres en vers. Cette année, le compliment de
clôture fut une chanson. Le 30 germinal an VIII, pour
annoncer la clôture du spectacle, Michu, le directeur,
chanta sur le Théâtre-des-Arts les deux couplets que
voici :

AIR : *Femmes, voulez-vous éprouver.*

Vous qui désirez conserver
Un délassement agréable,
Ah ! venez nous encourager
Par votre présence estimable.
Moi, je redoublerai de soins,
Pour me procurer cette année
Le bonheur d'avoir, pour témoins,
D'approbateurs une assemblée.   (*bis.*)

Sexe adoré, sexe charmant,
Daignez nous donner l'assurance
Que vous viendrez ici souvent
L'embellir de votre présence !
Qu'un léger applaudissement

M'offre la jouissance vive
(Par votre heureux consentement)
D'une brillante perspective !   (bis.)

Ce jour-là, la représentation se composait de *Ponce de Léon* et du *Secret*, opéras. Michu, paraissant dans le premier de ces ouvrages, a pu recevoir dans cette soirée les bravos adressés au talent de l'artiste et à l'habileté du directeur. Nous verrons bientôt que ni ce talent, ni cette habileté n'ont pu attirer au théâtre assez de monde pour rendre l'entreprise lucrative.

INCIDENTS.

Le 13 vendémiaire an VIII, pendant le spectacle, un individu, ci-devant juge-de-paix à Bolbec, se mit à crier à tue-tête : *Vive le roi !* Arrêté sur le champ, il répondit au commissaire qu'il n'aimait pas le gouvernement républicain. Cette déclaration catégorique ne l'empêcha pas d'être mis en prison... au contraire ; le délinquant fut donc conduit à la maison d'arrêt de Lô. On jouait, ce soir-là, le *Fou raisonnable*. Voyez pourtant la coïncidence !

Sous la rubrique : *correspondance*, nous avons découvert (et non pas inventé) les deux lettres que l'on va lire. La première a été dictée par un bon sentiment, la seconde par l'orgueil.

« Rouen, 22 vendémiaire an VIII.

« J. Patrat, auteur et artiste, au rédacteur du *Journal de Rouen.*

« Citoyen,

« Je vous prie de vouloir bien insérer cet article dans votre prochain numéro.

« On dit sourdement que j'ai des vues sur la direction de Rouen et que je cherche à dépouiller le citoyen Michu. Je donne publiquement un démenti formel à ceux qui ont débité cette fable. Je les défie d'indiquer aucun fait, de répéter aucun mot, de dévoiler aucune démarche secrète qui puisse donner une ombre d'apparence à cette insigne calomnie. Je pars, et leur imposture n'exciterait que mon mépris, si je pouvais leur pardonner d'avoir voulu me rendre suspect au citoyen Michu que j'aime et qui mérite l'estime de tous les honnêtes gens.

« J. Patrat. »

La seconde lettre, adressée au même journaliste, était d'un sieur D..., artiste du Théâtre-des-Arts :

« Rouen, 19 nivôse an VIII.

« Citoyen,

« Être sans cesse en proie à la rage des ignorants ou des demi-savants, être perpétuellement vilipendé, harcelé, poursuivi par ces beaux esprits du jour qui croient tout savoir parce qu'ils ont lu quelques romans à la mode, voilà le sort inévitable de l'homme de lettres, qui n'est ordinairement apprécié qu'après sa mort ; mais ce n'est pas de ce côté que je cherche à intéresser l'opinion publique, et quoique j'aie obtenu, dans ce genre, quelques succès dans la capitale et dans une grande partie de la France, je n'en ai pas moins éprouvé *ailleurs* que le pauvre littérateur ne doit chercher sa gloire que dans l'avenir et sa consolation actuelle que dans lui-même et le petit nombre de connaisseurs qui ont échappé au naufrage révolutionnaire. Cependant ce qui doit dédommager un peu l'homme de lettres des dégoûts qu'on lui fait éprouver, c'est de se rappeler souvent que les meilleures fontaines sont celles qui sont le plus environnées d'insectes venimeux.

« Venons au but de ma lettre.

« L'année dernière, je faisais partie du Théâtre-des-Arts et j'ose attester que l'assentiment général était en ma faveur. L'opinion publique, les cris multipliés des artistes privés de leur salaire et les jugements des tribunaux délivrèrent la ville de ces dilapidateurs intrigants qui composaient l'administration du grand théâtre. On sait la part active que je pris à cet acte de justice. Enfin, le nouveau directeur, guidé par l'opinion que lui avaient donnée de moi dix ans de séjour et de succès sur les théâtres de Paris, soit à l'Opéra, soit à Feydeau, soit sur un autre non moins famé, le nouveau directeur, dis-je, m'invite d'augmenter le nombre de ses pensionnaires. Le jour du début arrive, je jouissais encore l'avant-veille de la plénitude de mes moyens ; je puis en attester une ville voisine. Tout-à-coup une dartre farineuse me tombe sur la gorge et me prive non-seulement de ma voix, mais même de la faculté de parler. Pour ne pas laisser le citoyen Michu dans l'embarras, je résolus de me sacrifier. Je cède à ses instances ; je me lance sur la scène et je m'abandonne à l'indulgence du public après l'avoir fait prévenir de mon funeste accident. Eh bien ! cet acte de complaisance, qui m'eût partout ailleurs valu des témoignages bien flatteurs, fut le signal d'un certain parti et ce même accident, dont il fallait me plaindre, fut le prétexte dont ils se servirent pour me tourmenter, me persécuter et m'enlever l'estime dont le public honorait mes faibles talents.

« Mes moyens sont revenus et se rétablissent tous les jours, grâce aux soins du savant et estimable Henri Pillore fils, à qui je suis charmé de rendre aujourd'hui le témoignage éclatant de ma vive reconnaissance.

« Cependant les rôles de fureur, attachés à mon emploi, fatiguent quelquefois ma poitrine encore un peu affaiblie par l'austérité de mon régime. Il n'est donc pas étonnant qu'ayant joué le 16 le rôle le plus fort et le plus furieux de mon répertoire, je fusse encore un peu fatigué le 18, ce qui ne m'empêcha pourtant pas de jouer dans le charmant vaudeville intitulé : *Comment faire?* et ce fut après avoir chanté, j'ose dire passablement, le seul joli couplet de mon rôle que je fus poursuivi par la rage de certains individus que je connais très-bien et qui n'ont d'autre métier, d'autre plaisir et d'autre habitude que de déchirer à belles dents les talents les plus estimables. J'avoue que je ne pus me défendre d'un mouvement d'indignation et en cela je fus inexcusable. Il fallait un autre sentiment que celui de la colère. Ils peuvent m'accorder les honneurs du sifflet, si cela les amuse, ils me trouveront sans bassesse dans le droit chemin et ne pourront m'en détourner. En un mot — je leur demande pardon si je leur cite un passage latin — *impavidum ferient ruinæ*.

« D....., *artiste*. »

Quelques mois auparavant, un fait s'était produit, qui est pour ainsi dire la contre-partie de celui qui a motivé l'impertinente lettre de l'artiste D..... Un certain soir, on jouait *Sargines;* l'acteur Delhorme parut être en état d'ivresse. Le mécontentement des spectateurs fut grand, mais, renseignements pris, on eut la certitude que la faiblesse des moyens et de l'organe de cet acteur tenait à des douleurs atroces développées dans la poitrine. Ce malheureux, que la misère ou l'amour de son art retenait attaché à la scène malgré ses souffrances, ne trouva pas un seul juge assez sévère pour lui tenir rigueur.

PRIX DES PLACES.

Le 16 nivôse an VIII, Michu faisait annoncer ce qui suit :

Vu la pénurie momentanée du numéraire et le désir de mettre tout le monde à portée de jouir du spectacle, le public est prévenu qu'à dater d'aujourd'hui le prix des places sera réduit, savoir :

Secondes	1 fr. 80 c.
Troisièmes	1 20
Parterre	» 90
Quatrièmes	» 60

Année théâtrale 1800-1801

(Neuf premiers mois).

Dix jours seulement ont été consacrés aux vacances entre la première et la seconde campagne de la direction Michu ; cependant on a trouvé moyen, pendant ce court espace de temps, d'utiliser la salle du Théâtre-des-Arts : deux concerts y ont été donnés au commencement de floréal an VIII par un compositeur italien du nom de Toméony, auteur de plusieurs opéras, chanteur habile et l'un des premiers improvisateurs d'Italie. Il était accompagné de sa femme, virtuose distinguée, et d'un pianiste appelé Désomery. Dans ces concerts, qui commençaient à six heures et pour lesquels la salle était illuminée *dans le pourtour* comme pour les bals parés, l'orchestre a joué des symphonies et des ouvertures, et on a entendu Detté, Schneider et le jeune Réthaller sur la flûte, le cor et la clarinette. Toméony, Désomery et Mme Toméony ont, à cette époque, donné à Rouen un troisième concert, mais sur le théâtre de la République.

Les prospectus et les avis publiés par Michu avant l'ouverture et quelques jours après méritent d'être connus :

PROSPECTUS DES ABONNEMENTS DU THÉÂTRE-DES-ARTS.

Loges à l'année, 220 fr. par personne, homme et femme ; les loges seront louées pour le nombre de personnes qu'elles peuvent contenir.

Abonnement d'homme . . . . 200 fr.
Abonnement de femme 120

A ce prix, il sera délivré soixante abonnements pour femme et cinquante pour homme ; mais, à raison du dixième pour les indigents, ces cent dix entrées prises, les abonnements seront :

Pour hommes, de. . . . . 220 fr.
Pour femmes, de 132
Abonnements d'hommes, pour les six premiers mois. 120
Abonnements pour les six derniers 140
  Idem pour trois mois indistinctement. 75
  Idem au mois indistinctement 30
Abonnements de dames, pour les six premiers mois. 72
Pour les six derniers mois. 80
Pour trois mois indistinctement 48
Au mois indistinctement 20

Il faut observer que sur les abonnements et loyers de loges, les bals de nuit, les représentations des indigents sont exceptés, et la dernière décade de germinal, si le directeur fait venir des artistes de Paris.

Le jour même de l'ouverture, le 10 floréal an VIII, paraissait cette profession de foi :

« *Louis Michu, directeur et artiste du Théâtre-des-Arts, à ses concitoyens.*

« Les pertes que j'ai éprouvées dans la direction du Théâtre-des-Arts, occasionnées par les malheureuses circonstances, ont enhardi mes ennemis particuliers ; leurs menées sourdes ont éclaté et ils sont maintenant connus:

« Ils ont répandu, avant et depuis la clôture, toutes les calomnies qu'ils ont pu inventer pour détruire mon crédit et ma réputation et par là m'ont empêché de trouver les ressources que des personnes honnêtes m'avaient promises pour faire face au solde des appointements de mes pensionnaires. Je suis loin d'exiger d'eux d'autre sacrifice que celui du temps, à l'aide duquel j'espère les satisfaire à différentes époques de l'année théâtrale qui va s'ouvrir.

« Ma conscience est sans reproche ; je n'ai point détourné les recettes de l'entreprise ; j'ai au contraire prouvé que j'y ai versé 40,000 fr. d'espèces à moi appartenantes, dont ont profité mes pensionnaires, puisque la différence de plus de 90,000 fr. des recettes de cette année aux recettes des années communes antérieures, m'a mis dans le cas de perdre ma mise et encore de devoir un arriéré.

« Redoubler de zèle, d'activité et de surveillance pour détruire tous les abus, avec lesquels j'ai pris l'entreprise et qui sont en partie cause de mes malheurs ; varier et augmenter, tant qu'il me sera possible, les plaisirs du public pour l'attacher davantage à mon entreprise ; lui offrir des talents dignes de lui ; une grande diminution dans les charges, jointe aux sacrifices qu'ont faits en ma faveur les citoyens créanciers de la masse Caboussse et Cie, voilà les moyens qui doivent me donner, l'année prochaine, la faculté de soutenir avec honneur l'entreprise et me faire mériter l'estime et la confiance du public.

« Louis Michu. »

Quelques jours après, un appel d'un genre tout nouveau était fait en ces termes :

« *Le citoyen Michu, artiste et directeur du Théâtre-des-Arts, aux dames de Rouen.*

« Mesdames,

« Malgré les sacrifices et les pertes énormes que j'ai faits l'année dernière, secondé par les citoyens créanciers, je n'ai point perdu courage.

« Comptant sur la bienveillance que vous m'avez toujours témoignée, j'ai fait les plus grands efforts pour composer une troupe d'artistes digne d'être offerte à une ville qui sait de tout temps apprécier et encourager les vrais talents. Les débuts des artistes nouveaux ont été soutenus jusqu'à ce jour par des applaudissements bien prononcés, mais leurs efforts ont besoin d'être secondés par le charme de votre présence.

« Vous êtes, mesdames, l'élément des arts ; ils sont nés par vous et pour vous. Vous leur devez donc votre protection. Mes camarades et moi ne pouvons rien sans vous.

« L'ascendant seul de votre présence peut, en nous encourageant, faire adopter et suivre le Théâtre-des-Arts. Daignez donc seconder nos efforts et répondre à l'invitation pressante que j'ai l'honneur de vous faire.

« Je joins le tableau comparatif des anciens abonnements et des nouveaux qui vous prouvera mon désir bien prononcé de sacrifier à vos plaisirs :

« En l'an VI, bals, redoutes et la dernière semaine exceptés . . . . 144 liv.

« Fixés à 120 liv., sans autre exception que les bals, abandonnant la dernière décade, puisqu'elle a pu vous contrarier.

« Abonnements d'hommes, bals, redoutes et la dernière

semaine exceptés . . . . 240 liv.

« Fixés à 200 liv., bals seulement exceptés.

« Les autres abonnements, pour partie de l'année, ont été réduits dans la même proportion.

« Louis Michu. »

D'un autre côté, les créanciers de Cabousse et Cie ont prêté leur appui à Michu au début de la deuxième campagne, en publiant, le 10 floréal, la lettre suivante :

« *Les commissaires de la masse des créanciers Cabousse et Cie, à leurs concitoyens.*

« La chute presque subite de quatre directeurs du Théâtre-des-Arts, qui ont précédé le citoyen Michu ; les pertes connues de celui-ci dans la dernière année théâtrale, ont encouragé les méchants à présenter les créanciers Cabousse et Cie, comme les auteurs de leurs malheurs. Il leur importe donc de s'en justifier et ils vont le faire par l'organe de leurs commissaires.

« Lorsque les citoyens Cabousse et Cie assemblèrent leurs créanciers pour connaître l'état de leurs affaires, ceux-ci crurent, d'après ce qui s'était passé, devoir accepter sa cession de l'entreprise en faveur des citoyens Bruno et Champagne.

« Ces derniers, loin de répondre à la confiance de la masse, firent tout leur possible pour la tourmenter. Non-seulement ils manquèrent à leurs engagements vis-à-vis d'elle, en ne payant point les loyers de la salle et des magasins, en ne s'acquittant point envers elle des sommes dont ils étaient convenus, mais encore ils ne payaient pas les artistes, et cependant les recettes qu'ils faisaient étaient abondantes.

« Deux changements de directeurs de cette entreprise opérés coup sur coup, sans que cette direction s'améliorât, firent sentir à la masse que ceux avec lesquels ils avaient traité se faisaient un jeu de cette affaire et qu'il était temps d'arrêter les coups funestes qui allaient être portés à cette entreprise par une mauvaise direction, par l'intrigue et par la dilapidation des magasins.

« La masse poursuivit les premiers cessionnaires en résiliation du marché, et ils l'ont obtenue par la voie des tribunaux.

« Rentrée dans ses droits, elle accueillit les propositions du citoyen Michu, dont les talents égalaient la probité, mais il ne fut pas heureux. Joint aux circonstances bien difficiles, il prenait l'entreprise à la suite de gens qui avaient trompé le public, il devait en ressentir les effets, et ils ne se sont, malheureusement pour lui, que trop réalisés ; ses recettes n'étaient point, à beaucoup près, les mêmes que celles qu'avaient faites ses prédécesseurs.

« Le citoyen Michu, n'employant ni détours, ni subterfuge, mais se servant du langage de la vérité et de l'honnêteté, fit voir clairement aux créanciers que ses charges excédaient sa recette. Au lieu de trouver dans la masse des créanciers des hommes avides de la fortune du directeur, il y a trouvé des soutiens : les créanciers annulèrent d'abord leur vente en rétribution journalière ; ils lui ont fait ensuite la remise de moitié de leurs créances ; il ne leur restait plus que leurs entrées.

« La masse des créanciers, touchée des pertes que le citoyen Michu faisait, malgré ses sacrifices et d'après la demande réitérée du citoyen Michu, fit faire, par ses commissaires, l'examen de ses livres. Il en sortit la conviction que, malgré les peines du citoyen Michu et les moyens dont il s'est servi pour capter la bienveillance du public, en lui donnant autant de nouveautés qu'il était possible, en ajoutant à son spectacle tout l'éclat dont il était susceptible, les recettes nettes ont été bien inférieures aux dépenses ; qu'outre l'impôt du dixième sur les recettes au bénéfice des indigents qui le frappe directement, et non, comme on se l'imagine, le public, parce que plus on exige de lui pour ses plaisirs, plus il les retranche, le droit des auteurs s'est élevé à près de 14,000 fr.

« Les créanciers, bien convaincus, par le travail de ces commissaires, de la situation pénible du citoyen Michu, firent en sa faveur le dernier sacrifice qui leur était possible de faire, celui de leurs entrées, qui sont toutes reversibles cette année au profit particulier du citoyen Michu, et confièrent à leurs commissaires le soin de chercher tous les moyens d'économie possibles pour le soutien de l'entreprise. L'année suivante, ils auraient désiré que leur sacrifice eût été imité par une autre compagnie, afin d'alléger encore la charge du citoyen Michu, mais il est permis aux créanciers de parler du leur, puisqu'ils l'ont fait dans le désir de soutenir un spectacle digne d'une grande commune et conserver à sa tête un artiste estimable, mais aussi parce que ceux des citoyens qui pouvaient jouir d'entrée de faveur dans des circonstances moins malheureuses, sentiront qu'ils doivent concourir à soutenir un art qu'ils aiment et dont ils jouiront avec d'autant plus de plaisir, que le citoyen Michu a fait un choix d'artistes nouveaux, dont les talents réunis à ceux déjà connus formeront un ensemble dont cette ville n'a peut-être pas encore joui.

« Ceux qui, néanmoins, croiraient avoir le droit de réclamer leur entrée, voudront bien se présenter, du 11 au 15 du courant, au grand foyer du Théâtre-des-Arts, depuis midi jusqu'à deux heures, pour que les commissaires fassent droit à leur demande.

« Après avoir fait au public l'énumération des sacrifices qu'a faits la masse en faveur du citoyen Michu, l'avoir entretenu des pertes que ce dernier a éprouvées l'année dernière, il leur reste à donner l'aperçu des moyens qu'a le citoyen Michu cette année pour soutenir avec honneur l'entreprise du Théâtre-des-Arts. Ces moyens sont :

« Une réunion d'artistes bien connus par leurs talents ;

« Une meilleure composition de la troupe, quoique moins nombreuse que l'année dernière, par conséquent bien moins coûteuse ;

« Une grande réduction dans les dépenses journalières ;

« L'anéantissement de l'abus des entrées gratuites ;

« Une plus grande surveillance dans toutes les parties de l'administration ;

« Une amélioration dans les recettes, indubitable par l'abandon qu'ont fait les créanciers de leur entrée.

« Voilà les moyens qui doivent mener à une réussite complète et donner toute confiance aux particuliers qui sont dans l'usage de prendre des abonnements ou des loges à l'année.

« Il nous reste à désirer en faveur du citoyen Michu que le public veuille bien concourir, par sa présence, au soutien de l'entreprise du Théâtre-des-Arts. »

Pour l'ouverture, le 10 floréal an VIII, on a donné *Adolphe et Clara* ainsi que la *Belle Arsène*. Michu, qui faisait sa rentrée dans le premier de ces ouvrages, a reçu le plus touchant accueil et l'hommage le plus flatteur ; quand le commandant du château a demandé à Adolphe s'il a fait des dettes, Michu, qui jouait ce rôle, a répondu : « Oui ! j'en ai fait, mais je les paierai TOUTES ! » Aussitôt le public, oubliant Adolphe pour ne voir que le directeur, l'a couvert d'applaudissements.

Dans la *Belle Arsène*, Mme Decroix, mère dugazon, débutait par le rôle de la fée Aline. On n'avait pu réunir tous les nouveaux artistes dont le trop grand éloignement différait l'arrivée. Aussi, pour ne pas retarder l'ouverture et pour faciliter les débuts, Mme Lahaye, première chanteuse, retirée depuis cinq ans du théâtre, avait consenti à remplir le rôle de la belle Arsène. « J'ose me flatter,
« disait Michu dans l'annonce qu'il publia, que le public,
« qui s'est si souvent montré indulgent envers moi, voudra
« bien avoir égard à la démarche de Mme Lahaye et se

« rappeler l'accueil qu'il faisait aux talents de cette ar-
« tiste. »

Les autres débuts de l'opéra se sont effectués ainsi :

Duramy, seconde haute-contre, Philippe, dans *Félix, Alexis et Justine*, *Lodoïska* et *Philippe et Georgette*.

Goyon, haute-contre qui antérieurement avait fait ses premiers essais à Rouen, a débuté dans l'*Opéra-Comique*.

Narbonne, basse-taille, ex-artiste du Théâtre-Italien qui était venu en représentation à Rouen en 1796, dans *Félix*, l'*Amour filial*, ou la *Jambe de bois*, *Rose et Colas*, *Sylvain*, *Blaise et Babet*.

Rousseau, laruette, dans la *Maison isolée*, la *Fausse Magie*.

Mme Decroix, ex-artiste du théâtre Montansier, mère dugazon, dans la *Belle Arsène*, *Philippe et Georgette*, etc.

Mlle Dugué, dugazon, dans la *Mélomanie*, l'*Opéra-Comique*.

Mlle Burger cadette, deuxième dugazon.

Artistes restant : Michu, Desfossés, Tanquerelle, Perceval, Saint-Fard, Laviolette ; Mmes Burger l'aînée, Saint-Léger, Cartigny et Goujet (cette dernière jouait les rôles de duègne à caractères).

Les débuts de comédie ont été très-brillants :

Granger l'aîné, premier rôle, ex-artiste du Théâtre-Italien, a débuté dans la *Femme jalouse*, le *Bourru bienfaisant*, la *Métromanie*, le *Glorieux*, l'*Amant Bourru*, le *Philinte de Molière*, le *Dissipateur*, *Paméla* et le *Legs*.

Picard, auteur du *Collatéral*, des *Visitandines*, etc., artiste de l'Odéon, comique de comédie pour les rôles saillants et légers, a débuté dans sa pièce le *Collatéral*, le *Barbier de Séville*, le *Glorieux*, le *Legs*, etc.

M_lle_ Desroziers, premier rôle, ex-artiste du Théâtre-des-Arts de Rouen, artiste du théâtre de l'Odéon, qui, l'année précédente, était venue en représentation, a débuté dans la *Femme jalouse*, le *Glorieux*, etc.

M_lle_ Molière, soubrette, artiste du théâtre de l'Odéon, a joué dans la *Métromanie*, les *Folies amoureuses*, le *Dissipateur* et le *Collatéral*, etc.

Hâtons-nous de dire que Picard, M_lle_ Desroziers et M_lle_ Molière ont été très-peu de temps attachés à la troupe de Rouen. Ils ont été pour ainsi dire en passage ; le théâtre parisien les a réclamés, à partir du 10 thermidor an VIII, jour où ils ont fait leurs adieux par *Fénélon* et l'*Amant bourru*. Les deux actrices ont été remplacées par :

M_me_ Dumesnil, ex-artiste du théâtre de la République à Rouen, premier rôle, débuts dans le *Cercle*, *Claudine de Florian*, les *Fausses Confidences*, etc.

M_lle_ Fleury, soubrette.

M_lle_ Landry, soubrette, qui n'avait paru sur aucun théâtre.

M_me_ Grassau, soubrette également.

Revenant aux débuts du mois de floréal, nous trouvons :

Folleville, deuxième premier rôle, début principal dans l'*Abbé de l'Epée*.

Borme, financier, dans plusieurs grandes comédies.

Thénard, les valets.

M_lle_ Burger, cadette, amoureuse.

Les artistes restant étaient :

Calland, comique, les grandes livrées, les Armand, les Préville.

Sidony, amoureux.

Grandfils, grande utilité.

Mlle Letellier, jeune première.

Mlle Burger aînée, première dugazon, qui aborda dans la comédie les rôles de jeune première, pendant que de son côté Mme Decroix, mère dugazon, jouait par complaisance le rôle de Mme Franval, la mère dans l'*Abbé de l'Epée*.

Dans le courant de l'année, d'autres débuts se sont effectués ; le plus important est, sans contredit, celui d'Eugène, basse-taille, dans Sylvain de *Sylvain*, Charles de la *Maison isolée*, etc. ; les autres se sont succédé ainsi : Suleau, Philippe, rôle d'Edouin dans *Azémia*; Gouvion, haute-contre, dans *Stratonice*, etc., etc. ; Mme Borme, première chanteuse, rôle de Lucette de la *Fausse Magie*; Mme Valerie, premier rôle, dans le rôle de Mme Dortigny de l'*Habitant de la Guadeloupe*. Enfin, un amateur, qui n'avait paru sur aucun théâtre, a chanté avec quelques succès les grandes basse-taille.

C'est cette prodigalité de sujets qui a fait dire, à cette époque, que Michu ayant, comme il en faisait lui-même l'aveu, besoin d'économie dans son administration, aurait pu se dispenser de doubler et même de tripler la plupart des emplois. Diminuer les rouages d'une machine, c'est lui fournir les moyens d'aller plus vite et mieux.

LA POLITIQUE AU THÉATRE. — Deux faits seulement se rattachent à cet ordre d'idées pendant la période qui nous occupe. Le 25 messidor an VIII, Michu a donné, *pour la fête du 14 juillet*, un grand bal paré et masqué, commençant à onze heures, après le spectacle qui du reste n'offrait rien de politique, puisque l'on jouait *Paméla, Fanfan et Colas*, avec le *Ballet des Sabotiers*. — Un bal masqué au milieu de juillet ! le moment était bien choisi.

Pendant le spectacle, le public s'est montré très-enthousiaste ; il a sanctionné par des applaudissements frénétiques les paroles de Mme Jeffre adressées à Paméla (Mlle Desroziers) :

Votre simplicité naturelle et piquante,
Lorsque vous le voulez, devient très-éloquente ;
Vous parlez comme un ange, et puis, ma Paméla,
Votre figure encore ajoute à tout cela.
Vous n'avez rien en vous qui ne soit plein de charmes ;
La critique est forcée à vous rendre les armes ;
On ne peut sans plaisir vous entendre et vous voir,
Et vous seule avez l'air de ne pas le savoir.

Mlle Desroziers a répondu avec modestie :

Vous me faites rougir.

Les spectateurs habiles à saisir les allusions, — surtout le 14 juillet, — ont salué de leurs bravos les vers que voici :

. . . . . Longtemps une aveugle puissance
Du fer de la justice égorgea l'innocence ;
Quand on y réfléchit, on ne sait pas comment
Nous avons pu souffrir un tel renversement.
Aux talents, aux vertus on a livré la guerre,
La sottise et la peur ont gouverné la terre ;
Mais cet esprit féroce enfin s'est adouci,
Le règne des bourreaux est passé, Dieu merci !

Le 6 vendémiaire an IX, première représentation d'un divertissement impromptu sur les préliminaires de la paix.

REPRÉSENTATIONS EXTRAORDINAIRES. — Les neuf derniers mois de la direction Michu ont offert, à vrai dire, une série non interrompue de représentations extraordinaires. Sans revenir sur celles de Picard, de Mlle Desroziers et de Mlle Molière, que l'affiche qualifiait de débuts, nous remarquons, dès la fin de floréal an VIII, la présence à Rouen de Juliet, laruette, artiste du théâtre Feydeau de Paris, qui a représenté, dans plusieurs soirées successives, Germon, Grégoire, Gallicien et Ambroise, etc., etc., dans l'*Amour filial*, les *Visitandines*, *Sophie et Moncars* et *Alexis*, ou l'*Erreur d'un bon Père*, etc., etc.

Une des premières actrices du théâtre de l'Opéra de Paris, — comme l'annonçait l'affiche, — Mme Clairville, a donné au Théâtre-des-Arts, à plusieurs reprises, des représentations qui ont permis de jouer les grands ouvrages d'alors. Le 14 thermidor an VIII, elle a chanté le rôle de Didon dans le grand-opéra ou tragédie lyrique de ce nom. Des vers, par un artiste du Théâtre-des-Arts, ont été lus à sa louange à la fin du spectacle. Cette première chanteuse a paru dans les *Prétendus*, la *Belle Arsène*, *Œdipe à Colonne*, le *Tableau parlant*, l'*Amant jaloux*, la *Colonie*, *Zémire et Azor* et la *Caverne*. Pendant son séjour, qui a duré jusqu'au 7 fructidor, une représentation d'*Ariane dans l'île de Naxos* a été organisée à son bénéfice. A un deuxième voyage, de la fin de vendémiaire à celle de brumaire an IX, Mme Clairville a chanté tous ces mêmes rôles et une nouvelle représentation à son bénéfice a été composée de :

1º *Ariane dans l'île de Naxos*;

2º *Zoraime et Zulnar*, de Boïeldieu.

3º Les *Pommiers et le Moulin*.

Dans la première pièce, la bénéficiaire chantait le rôle d'Ariane et dans la troisième celui de Rosette.

Le 22 fructidor an VIII, deux comiques, venus ensemble de Paris, Volanges et Thiémet, ont initié les Rouennais à un genre de spectacle divertissant peut-être, mais à coup sûr déplacé sur le premier théâtre d'une grande cité. Voici le répertoire que ces artistes exploitaient :

Le *Sculpteur*, ou la *Femme comme il y en a peu*, comédie en deux actes et en prose, de Mme de Beaunoir. Volanges jouait Bécare.

Boniface et sa Famille, comédie en un acte. Volanges remplissait les cinq rôles composant la famille Boniface.

Arlequin bon père, comédie en un acte et en prose. Volanges jouait Arlequin.

L'Intendant comédien, comédie en un acte et en prose. Volanges remplissait sept rôles.

Le *Bon Ménage*, comédie en un acte et en prose, de Florian. Volanges représentait Arlequin.

Jérôme Pointu, comédie en un acte. Volanges jouait Jérôme.

Jeannot, ou les *Battus paient l'amende*, par Dorvigny. Volanges faisait Jeannot.

Les *Calembourgs*, ou *Finot, ancien portier de M. de Bièvre*, proverbe archi-bête en un acte et en prose. Volanges jouait Finot.

On fait ce qu'on peut, comédie en un acte et en prose. Volanges y avait sept rôles.

Arlequin empereur dans la lune, comédie-folie en trois actes et à grand spectacle. Volanges représentait Arlequin.

Barogo, ou le *Ramoneur prince*, comédie en deux actes. Volanges remplissait le rôle de Barogo.

Les *Fausses consultations*, comédie en un acte et en prose, par Dorvigny. Volanges y jouait trois rôles.

Quant à Thiémet, — qui était déjà venu à Rouen en 1791, — il descendait encore plus bas dans la farce grotesque :

Les *Moines gourmands*, scènes épisodiques que Thiémet jouait seul en changeant huit fois de figure.

L'*Embarras comique*, proverbe de Thiémet dans lequel il remplissait cinq rôles, imitait différents instruments de musique, plusieurs acteurs de Paris et toute une assemblée départementale.

La *Chasse*, ou le *Moulin*, scène de Thiémet, qu'il jouait seul et dans laquelle il imitait le bruit du moulin, la conversation du meunier et de sa femme, le chant des paysans, celui des coqs, le son des cors de près et de loin, l'aboiement des chiens, une meute, enfin tous les accessoires d'une chasse.

L'*Etranger*, proverbe, par Carmontel. Thiémet jouait l'étranger.

L'*Ambigu*, proverbe à travestissements, de Thiémet, dans lequel il jouait cinq rôles.

Le *Ramoneur*, scène d'imitation à quatre voix.

Le *Comédien de Société*, comédie en un acte, de Thiémet, dans laquelle il avait sept rôles et imitait, entre autres choses, la machine de Marly.

L'*Arracheur de dents*, scène à quatre voix.

Le *Tondeur de Chiens*, scène de paravent que Thiémet jouait seul.

Les *Nones babillardes*, idem.

A toutes ces parades, il faut ajouter encore des scènes de ventriloquie dans lesquelles Thiémet *jetait* sa voix de manière à ce qu'elle fût entendue de trois endroits en même temps.

Les représentations de Volanges et Thiémet avaient lieu à la fin de l'an VIII; il faut aller jusqu'aux derniers jours de nivôse an IX pour trouver de nouveau des artistes étrangers. Renard, artiste du grand théâtre de Bruxelles, est venu jouer le rôle d'Aranville de la *Femme jalouse*, qui appartient à l'emploi de grand raisonneur.

A la même époque, une troupe d'agilité, des danseurs de corde, des saltimbanques, ont monté sept fois sur le Théâtre-des-Arts et y ont exécuté des danses de caractère et différents tours de force. Un jour, ils ont *travaillé* au bénéfice de deux premiers sujets de la troupe, Manfredi et Angelo. Le 6 pluviôse an IX, ils ont donné la première représentation de la *Bataille barbaresque et la Mascarade de Venise*, pantomime en un acte; le spectacle commençait par la *Servante maîtresse*, opéra de Beaurans et de Pergolèze. Le lendemain, le Théâtre-des-Arts était fermé.

Nous avons réservé pour la fin une représentation extraordinaire d'un tout autre genre, qui suffirait à racheter toutes celles que nous trouvons peu convenables; nous voulons parler de la représentation donnée le 10 messidor an VIII pour la fête de Pierre Corneille; elle a commencé à cinq heures et demie très-précises et a été composée de:

1º *Adèle*, ou les *Métamorphoses*, quatrième représentation;

2º *Pierre et Thomas Corneille*, pièce anecdotique en un acte et en prose, par Picard;

3º Le *Menteur*.

La salle, ce soir-là, était éclairée en bougies (textuel) comme les jours de redoutes. A la suite de la comédie de circonstance, le buste de P. Corneille a été apporté sur le théâtre et y a été couronné. La municipalité en costume et des membres des autres autorités constituées qui assistaient au spectacle, ont salué le buste de notre immortel compatriote, rappelant ainsi l'hommage que le public rendait à l'auteur des *Horaces*, de *Cinna*, du *Cid*, lorsqu'il paraissait chargé de gloire et d'années à la Comédie-Française.

Dans la pièce anecdotique de Picard, Granger jouait le rôle de Pierre Corneille, Folleville celui de son frère, Mlle Molière celui du jeune Fontenelle et Sidoni celui de l'avocat Desmares. Quelque mauvais qu'ils soient, nous sommes heureux de pouvoir donner cinq couplets de cet impromptu :

> Rodrigue sauve son pays
> Après avoir vengé son père ;
> Le vieil Horace arme ses fils,
> Auguste dompte sa colère.
> Ainsi dans tous les cœurs émus
> L'honneur à sa voix se réveille ;
> Ainsi de toutes les vertus
> On prend des leçons dans Corneille.
>
> Corneille naquit parmi vous
> Et fit honneur à sa patrie ;
> Il sut, bon père et bon époux,
> Joindre les vertus au génie.
> Un souvenir tendre et touchant
> A son nom dans le cœur s'éveille ;
> Jetez donc un œil indulgent
> Sur la famille de Corneille.

FONTENELLE.

Pierre, que j'aime votre nom,
A nos yeux il vaut tous les autres,
Car on sait que votre patron
Etait le prince des apôtres.
Aussi, guidés par vos secours,
D'autres en vain feront merveille ;
L'aîné des tragiques toujours
Sera notre Pierre Corneille.

DESMARES.

Orgueilleux d'un choix si flatteur,
J'entre enfin dans votre famille ;
De vos travaux admirateur,
J'adorais aussi votre fille.
De *Cinna* voyant la beauté,
Voyant cette bouche vermeille,
Qui ne serait pas enchanté
Des œuvres de Pierre Corneille.

THOMAS CORNEILLE.

Qu'un poète n'ait pas de bien,
La chose est assez ordinaire ;
Si ta fille aujourd'hui n'a rien,
Il faut t'en consoler, mon frère.
Un jour un grand homme viendra
Qui, du fruit de ses doctes veilles
Et de tes œuvres, dotera
La descendante de Corneille.

BÉNÉFICE DES HÔPITAUX. — Le 22 brumaire an IX (13 novembre 1800), on a joué au bénéfice des hôpitaux :
1° Le *Collatéral* ;

2° Les *Prétendus*;
3° Le *Devin de village*.

BÉNÉFICES DES ARTISTES. — Peu d'artistes de la troupe ont eu la faveur d'une représentation à leur bénéfice ; ce sont Borme, Folleville, Mlle Molière et Mme Goujet.

Au contraire, les artistes en passage à Rouen ont, — comme nous l'avons mentionné, — le plus souvent obtenu cet avantage.

COMPLÉMENT DU RÉPERTOIRE. — Le complément du répertoire est beaucoup plus grand qu'on ne le croirait d'après tout ce qui précède.

OPÉRA. — Ce genre était l'objet de soins tout particuliers de la part d'un directeur dont les talents y brillaient d'un vif éclat. En voici le bilan :

Le *Calife de Bagdad*, en un acte, par Saint-Just et Boïeldieu. Première représentation le 3 frimaire an IX (24 novembre 1800), au bénéfice de Mme Goujet. Cet opéra a eu peu de succès à la première représentation, parce que les rôles étaient mal sus, mais il a été bientôt fort goûté.

Les *Comédiens ambulants*, opéra en deux actes, par Picard, musique de Devienne, orné de tout son spectacle. Première représentation en prairial an VIII. Acteurs : Desfossés, Perceval et Picard, l'auteur de la pièce.

Voici un couplet qui a été particulièrement applaudi :

> Au noble état de militaire,
> Je suis né pour me dévouer ;
> C'est ainsi que sur cette terre
> Chacun a son rôle à jouer.
> L'un est marchand, l'autre est artiste ;
> L'un est riche, l'autre n'a rien,

Le pauvre est gai, le riche est triste,
Au bout du compte tout va bien.

Les *Deux Journées*, opéra ou comédie lyrique en trois actes et en prose, à grand spectacle, ornée de décorations nouvelles, de costumes à l'instar de Paris, par Bouilly, musique de Cherubini. Cet ouvrage, intitulé quelquefois fait historique, retrace un épisode de la guerre de la Fronde et une anecdote sur Mazarin. Acteurs : Michu, Desfossés, Perceval, Tanquerelle et Mlle Burger cadette. Première représentation en messidor an VIII.

Les *Deux Chasseurs et la Laitière.* La petite Folleville, âgée de neuf ans, y a rempli le rôle de la laitière ; la petite Dumesnil, âgée de onze ans, celui de Guillot, et le jeune Decroix, âgé de dix ans, celui de Colas.

Les *Deux Petits Savoyards.* Les petites Dumesnil et Folleville y ont joué les rôles de Joseph et de Michel, confiés ordinairement à la dugazon et à la deuxième chanteuse-philis.

Le *Jockey*, en un acte, par Hoffmann et Solié. Première représentation en nivôse an IX.

Léon, ou le Château de Monténéro, opéra ou drame lyrique en trois actes, à grand spectacle, par Hoffmann et Dalayrac. Première représentation le troisième jour complémentaire de l'an VIII.

Léonore, ou l'Amour conjugal, fait historique, mêlé de chants ou opéra, du théâtre Feydeau, en deux actes et en prose, orné de tout le spectacle dont il était susceptible, par J.-N. Bouilly et P. Gaveaux. Première représentation en frimaire an IX, au bénéfice de Folleville et de sa fille qui, ce jour-là, représentait la laitière dans les *Deux Chasseurs et la Laitière*.

Lise et Colin, ou la *Surveillance inutile*, en deux actes, par Hus (J.-B.-Eugène), musique de Gaveaux. Première représentation en fructidor an VIII.

Marcelin, en un acte et en prose, par Bernard Valville, musique de Lebrun, artiste du théâtre Feydeau ; première représentation en thermidor an VIII.

Nanette et Lucas, ou la *Paysanne curieuse*, en un acte, par Framery, musique de d'Herbain, — en fructidor an VIII.

Raoul, sire de Créqui (reprise). Suleau a joué Raoul et la petite Folleville, âgée de huit ans, Craon.

Le *Valet de deux Maîtres*, opéra-bouffon en deux actes, par Gosse, musique de Plantade ; le sujet est tiré d'un ouvrage de Goldoni. Première représentation en frimaire an IX. Eugène y jouait le rôle de valet et le public l'a couvert d'applaudissements quand il a dit : « J'ai menti comme un journal. »

Zoraime et Zulnar, en trois actes et à grand spectacle, par Saint-Just et Boïeldieu. Dès la première représentation, le 29 vendémiaire an IX (21 octobre 1800), le succès de cet opéra a été très-grand. Aussi a-t-il été joué une douzaine de fois en deux mois.

Ainsi, pendant cette seule campagne, deux opéras de Boïeldieu ont été montés : *Zoraime et Zulnar* et le *Calife de Bagdad*. On sait qu'antérieurement, quatre autres ouvrages de notre compatriote, la *Fille coupable*, *Rosalie et Mirza*, la *Famille suisse* et la *Dot de Suzette* (1), avaient été mis à la scène avec un égal bonheur.

---

(1) Voir pages 328, 380, 405, 474.

Liste d'autres œuvres lyriques maintenues au répertoire :

Adèle et Dorsan.	Lisbeth.
L'Amant statue.	Le Magnifique.
Ambroise.	Le Nouveau Don Quichotte.
L'Ami de la Maison.	
La Caravane.	Paul et Virginie.
Clémentine, ou la Belle mère.	Le Petit Matelot.
	Ponce de Léon.
Le Déserteur.	Le Prisonnier.
Les Dettes.	Renaud d'Ast.
Le Droit du Seigneur.	La Rencontre en voyage.
L'Épreuve villageoise.	Roméo et Juliette.
Euphrosine et Coradin.	La Rosière de Salency.
Les Événements imprévus.	Sargines.
	Le Sœrot.
Gulnare.	Le Traité nul.
Le Jugement de Midas.	Les Trois Fermiers.

BALLET. — Michu n'avait engagé ni danseurs ni danseuses ; il chercha cependant à satisfaire quelque peu, sur ce point, le goût du public. Ainsi, payant de sa personne, deux ou trois fois après la *Dot* il dansa l'*Allemande*, soit avec Mlle Burger cadette, soit avec Mlle Saint-Léger.

Souvent on dansait le ballet ou plutôt le pas des *Sabotiers*. Quelquefois une espèce de ballet terminait certains opéras, par exemple l'*Amoureux de quinze ans*, les *Pommiers et le Moulin*, etc.

Enfin, de temps à autre, l'affiche annonçait soit un divertissement, soit un ballet entre les deux pièces.

En nivôse an IX, le jeune Auguste, *enfant de cette ville*,

âgé de six ans, qui *n'avait jamais paru sur aucun théâtre*, élève du citoyen Poché, a dansé le pas anglais, ainsi *qu'on l'exécutait* au Grand-Opéra de Paris.

COMÉDIE. — Le répertoire de la comédie n'a pas offert une moindre variété. Il nous reste à mentionner :

Adèle, ou les *Métamorphoses*, comédie en un acte et en prose, mêlée de vaudevilles, par Ségur l'aîné. Première représentation en messidor an VIII. Mlle Burger cadette a créé le rôle d'Adèle.

Entre autres jolis couplets, on a remarqué celui-ci :

> De l'amour la rose est l'image,
> C'est même éclat, même fraîcheur ;
> Tous deux nous piquent, c'est l'usage :
> La rose au doigt, l'amour au cœur.
> Dès qu'on voit naître amour et rose,
> Il faut se hâter d'en jouir ;
> A peine éclos, à peine éclose,
> Amour et rose vont mourir.

Caroline, ou le *Tableau*, en un acte et en vers, par Roger. Première représentation en frimaire an IX, au bénéfice de Mme Goujet, avec la première du *Calife de Bagdad* et les *Deux petits Savoyards*.

Les *Deux Veuves*, en deux actes et en vaudevilles, de Ségur le jeune. Première représentation en thermidor an VIII, avec la qualification inexacte d'opéra-vaudeville.

La *Dupe de soi-même*, en trois actes et en vers, par J.-F. Roger. Première représentation en prairial an VIII.

L'*Ecole des Bourgeois*, en trois actes et en prose, par l'abbé d'Alainval. Cette pièce, qui n'avait pas été jouée à

Rouen depuis vingt ans, a été reprise en floréal an VIII, pour Granger et Mlle Molière.

L'*Epoux généreux*, ou le *Pouvoir des Procédés*, en un acte et en prose, par un anonyme, en vendémiaire an IX. N'est-ce pas plutôt l'*Epouse généreuse*, par Dejaure, qui a été jouée à cette époque ?

La *Jeune Hôtesse*, en trois actes et en vers, par Carbon-Flins. Première représentation en nivôse an IX.

Le *Juge bienfaisant*, ou le *Fourbe puni*, en trois actes et en prose, par Ségur. Première représentation en messidor an VIII.

Madame Angot au sérail de Constantinople, pièce en trois actes et en prose, ornée de tout son spectacle, de chant et de danse (1). Première représentation le 4 thermidor an VIII, au bénéfice de Mlle Molière, avec *Auguste et Théodore* et la deuxième représentation d'un opéra nouveau. Perceval, comique, jouait le rôle de Mme Angot. Cette pièce renferme beaucoup de trivialités et de gravelures ; toutefois, le 4 et le 6 thermidor, les choses se passèrent assez tranquillement, mais le 8 thermidor, les sifflets ont été très-nombreux et la direction a été forcée de prendre

---

(1) Dans une édition de l'an VIII, cette pièce a pour titre : *Madame Angot au sérail de Constantinople*, drame, tragédie, farce, pantomime, en trois actes, ornée de tous ses agréments, par Aude et Tissot. — Rajeunie en 1860, par M. Amédée de Jallais, elle est intitulée : *la Nouvelle Madame Angot au sérail de Constantinople*, pièce en trois petits actes, mêlée de couplets et de rondeaux, farce burlesque, ornée de mille et un agréments, coups de théâtre, de poing et de tam-tam.

le parti dont il est question dans cette lettre et dans la réponse qu'elle a reçue :

« Rouen, le 10 thermidor an VIII.

« Au rédacteur du *Journal de Rouen*.

« Qu'est-il donc arrivé le 8 du courant au Théâtre-des-Arts? Un article que j'ai lu dans une des feuilles de votre ville m'a fait trembler sur les dangers qu'ont dû courir les spectateurs au milieu des troubles qui s'y sont élevés.

« Quoi! ni les sages remontrances d'un commissaire
« de police, ni l'introduction de la force armée dans le
« parterre (expédient un peu hasardeux, ajoute le rédac-
« teur, par parenthèse) n'ont réussi à ramener l'ordre?...
« Le GÉNIE *conciliateur* du citoyen Michu y est par-
« venu, etc. »

« Convenez que vous méritez des reproches, vous qui entretenez si souvent vos lecteurs de ce qui se passe au Théâtre-des-Arts, pour ne leur avoir rien dit d'un événement de cette importance, et que le citoyen Michu doit vous en vouloir de n'avoir point, à d'exemple de votre confrère, fait ressortir son GÉNIE *conciliateur*.

« Vos souscripteurs s'attendent à vous voir, le plus promptement possible, réparer une omission dont ils ont lieu de se plaindre.

« Salut.

« M....., *votre abonné*. »

RÉPONSE.

« Je n'étais pas au Théâtre-des-Arts le 8, mais j'ai appris par voie sûre que les troubles dont parle notre souscripteur ont été exagérés ; en voici la cause : On devait y donner la troisième représentation de la *vertueuse et décente Madame Angot*, contre laquelle le public s'était deux fois prononcé. A l'instant que le rideau se levait, des huées, des sifflets, des cris presque universels d'improbation se sont fait entendre : A bas la farce ! On la jouera ! On ne la jouera pas !... Beaucoup de bruit. C'est alors que le citoyen Michu, qui aurait dû retirer de son répertoire une pareille obscénité, avant que le public se chargeât de l'en effacer, a proposé de donner aux amateurs du beau *Adèle*, et aux partisans des farces leur *intéressante Angot*. La proposition étant acceptée, le bruit a cessé, les deux pièces ont été écoutées successivement avec le plus grand calme. Je ne vois rien, dans tout cela, qui puisse justifier les frayeurs de notre abonné.

« DUVAL, rédacteur. »

Quoi qu'il en soit, *Madame Angot au sérail* n'a pas été donnée de nouveau depuis le 8 thermidor.

Les *Mœurs du jour*, ou *l'Ecole des jeunes Femmes*, en cinq actes et en vers, par Colin d'Harleville. Première représentation en brumaire an IX. Acteurs : Granger, Sidony, Folleville, Calland, Borme, Perceval, Suleau, Mmes Dumesnil, Letellier et Burger ainée.

Le *Naufrage*, ou les *Héritiers*, en un acte et en prose, par A. Duval ; — en frimaire an IX.

Le *Portrait de Fielding*, comédie en un acte et en prose, mêlée de vaudevilles, par Ségur le jeune, Brousse, Desfaucherets et Després. Première représentation en frimaire an IX, avec la qualification inexacte d'opéra-vaudeville.

Les *Précepteurs*. Les petites Grassau ont joué Jules et Alexis.

La *Résolution inutile*, ou les *Déguisements amoureux*, en un acte et en prose, par Patrat. Première représentation en frimaire an IX.

Le *Tableau des Sabines*, pièce en un acte et en vaudevilles, quelquefois improprement nommée opéra-vaudeville, qui rendait hommage au peintre David, à propos de son tableau l'*Enlèvement des Sabines*. Première représentation en fructidor an VIII, au bénéfice de Borme. Cette pièce a été composée par Jouy, Longchamp et Dieu-la-Foi, avec des airs nouveaux par Solié.

L'*Usurier gentilhomme*, en un acte et en prose, par Legrand, — en thermidor an VIII; cette comédie a été donnée avec *Stratonice* et avec *Ariane*, opéras, au bénéfice de Mme Clairville, de l'Opéra de Paris.

Vadé chez lui, comédie-vaudeville ou opéra-poissard-vaudeville en un acte, du Théâtre-Italien, par Demautort. A la première représentation, le 13 vendémiaire an IX, cet ouvrage a été sifflé par le même public qui, quelques jours auparavant, avait toléré Thiémet, ventriloque de tréteaux. Cependant il a été joué six fois au Théâtre-des-Arts et monté au théâtre de la République le 17 vendémiaire de la même année.

Le *Voyage interrompu*, en trois actes et en prose, par Picard. Première représentation en prairial an VIII.

Picard, l'acteur-auteur, a chanté à la fin de la pièce le couplet suivant :

Rencontrer chez un peuple sage
L'indulgence unie au bon goût,
C'était le but de mon voyage
Et je m'en informais partout.
Eh bien ! suis le cours de la Seine,

Me dit un jour certain ami.
Et voilà comme jusqu'ici
Mon heureux destin me promène.

Les *Voyageurs*, en trois actes et en vers, par Armand Charlemagne. Première représentation en vendémiaire an IX.

Les *Amants généreux*.
Amphitryon.
Les *Arts et l'Amitié*.
L'*Avare*.
L'*Avocat Patelin*.
Catherine, ou la *Belle Fermière*.
Les *Châteaux en Espagne*.
Le *Chevalier à la mode*.
Le *Cocher supposé*.
Le *Conciliateur*.
Crispin rival.
L'*Homme à bonnes fortunes*.
L'*Homme du jour*.
L'*Impromptu de Campagne*.
La *Jeunesse de Richelieu*.
Les *Jeux de l'Amour et du Hasard*.
Le *Joueur*.
Le *Légataire universel*.
Le *Mariage secret*.
Le *Méchant*.

Les *Menechmes*.
La *Mère coupable*.
Les *Dangers de l'absence*.
Démocrite amoureux.
Dupuis et Desronais.
L'*Ecole des Maris*.
L'*Enfant prodigue*.
Esope à la Cour.
Les *Etourdis*.
La *Fausse Agnès*.
Les *Fausses infidélités*.
La *Feinte par amour*.
Fellamar.
Les *Femmes*.
Le *Festin de Pierre*.
La *Folle Journée*.
Le *Français à Londres*.
La *Gageure imprévue*.
Guerre ouverte.
Heureusement !
Minuit.
Misanthropie et Repentir.
Nanine.
La *Nouvelle Epreuve*.

L'*Orphelin anglais.*   La *Surprise de l'Amour.*
L'*Orpheline.*   *Tartufe.*
Le *Philosophe marié.*   *Tom Jones à Londres.*
Le *Préjugé à la mode.*   Les *Trois Frères rivaux.*
Les *Projets de Mariage.*   *Turcaret.*
Le *Retour imprévu.*   Le *Vieux Célibataire.*
Le *Sourd.*

DRAME. — On a laissé à la scène : *Béverley*, le *Devoir et la Nature*, *Eugénie*, l'*Habitant de la Guadeloupe* et *Mélanie*, et l'on a représenté, pour la première fois, en frimaire an IX, le *Fils abandonné*, drame en trois actes.

TRAGÉDIE. — Deux ouvrages seulement, *Fénélon* (reprise) et la *Mort de Calas*. A la reprise de cette dernière tragédie, Granger a joué le conseiller La Salle et Desroziers Jean Calas.

CONCERTS. — Trois fois le Théâtre-des-Arts a été ouvert, — le soir, — pour un grand concert vocal et instrumental : — le 2, le 5 et le 8 vendémiaire an IX.

Dans le même mois, on a entendu, entre les pièces, un concerto de violon de Wiotti, exécuté par le citoyen Bertin fils, âgé de neuf ans, dont les journaux de Paris avaient fait les plus grands éloges, — du moins l'affiche l'annonçait ainsi.

BALS. — On se rappelle que le 25 messidor an VIII (14 juillet 1800) il y a eu, à cause de la fête de ce jour, grand bal paré et masqué, commençant à onze heures du soir, après le spectacle. Un autre bal masqué a inauguré l'an IX, dans la soirée du 1er vendémiaire.

26 Frimaire an IX (17 décembre 1800), redoute ou

bal paré après le spectacle; au contraire, le samedi 6 nivôse même année (27 décembre), un bal paré commençait à six heures du soir pour finir à dix heures. — Le mardi 16 du même mois (6 janvier 1801), jour des Rois, grand bal paré et masqué après le spectacle.

Trois autres bals masqués ont encore été offerts au public, les dimanches 21 et 28 nivôse, et le dimanche 5 pluviôse (11, 18 et 25 janvier); ils ont été peu suivis.

INCIDENTS.

Une pétition, datée du 12 frimaire an IX, adressée au maire de Rouen, renferme des détails trop curieux pour songer à la tronquer. Nous transcrivons donc l'autographe lui-même, mot pour mot :

« Aux citoyens maire et adjoints de la ville de Rouen,

« Expose Louis Michu, directeur du Théâtre-des-Arts à Rouen,

« Que les commissaires de police ont dressé plusieurs fois des procès-verbaux contre lui, parce que son spectacle s'était prolongé au-delà de neuf heures. Ils l'ont traduit à la police correctionnelle pour le faire condamner aux peines portées par le règlement.

« Cette loi, faite avant la Révolution, ne peut aujourd'hui recevoir son exécution sans opérer la ruine de l'exposant et la chute du théâtre.

« Les temps opèrent des changements. Sous Henry IV, un règlement de police voulait que les spectacles fussent ouverts à deux heures et fermés à cinq. Bientôt on ordonna qu'ils ouvriraient à cinq et fermeraient à neuf. La Révolution a changé nos usages avec nos mœurs : ce qui était bon il y a dix ans est aujourd'hui impraticable.

« Le magistrat siège jusqu'à trois heures et plus, l'administrateur travaille jusqu'à quatre heures, les commis sortent des bureaux à la même heure, la Bourse à midi est déserte : c'est à trois heures que les négociants s'y rassemblent pour traiter.

« On se met à table de quatre à cinq heures et c'est enfin de six à sept heures du soir que l'homme, dégagé des travaux, ayant satisfait aux besoins physiques, dispose de quelques heures qu'il consacre au délassement. Obliger le directeur de suivre à la lettre le règlement invoqué, c'est expulser du théâtre la seule classe qui le fréquente ; elle serait privée de la partie la plus intéressante du spectacle en ne pouvant arriver au commencement ; il lui deviendrait inutile en finissant trop tôt, parce qu'il ne remplirait plus l'espace qu'il a réservé pour ses plaisirs. Bientôt les hommes formeraient des sociétés particulières ; les arts, le goût, déjà resserrés parmi un très-petit nombre d'hommes, perdraient encore parce qu'il n'y aurait pas le même rassemblement.

« Ces vérités générales ont été saisies et senties dans la capitale ; le préfet de police a ordonné que les spectacles fermeraient à dix heures du soir.

« A ces considérations l'exposant en a de personnelles, il a fait de grands sacrifices, ils sont connus de toute la cité ; il a des créanciers, des pensionnaires qu'il faut solder ; pour provoquer le public à l'honorer de sa présence, il faut qu'il se conforme à ses usages, qu'il saisisse l'heure où il est libre et qu'il remplisse le temps qu'il donne à ses plaisirs. Les circonstances malheureuses, la stagnation des affaires et du commerce éloignent le plus grand nombre, ce n'est qu'en offrant souvent dans un même cadre la réunion de plusieurs talents et en piquant la curiosité par la multitude des objets qu'il parvient à ramasser quelques spectateurs, mais tout cela ne peut se renfermer dans l'espace marqué par le règlement. La construction même de la salle offre de son côté des difficultés ; le théâtre n'a point d'enfoncement ; tous les changements de décorations se font à force de bras, ce qui prend un temps beaucoup plus long que lorsqu'il est possible de se servir de machines. A tous ces motifs, l'exposant en ajoutera un autre bien puissant pour des magistrats toujours occupés du bonheur et du soulagement de leurs concitoyens : Les hospices retirent un produit du spectacle ; il est intéressant pour ces établissements, dont la fortune et les ressources ont éprouvé des pertes, qu'il s'élève au taux le plus élevé. Reporter l'ouverture et la fermeture du spectacle à des heures qui ne marchent plus avec les habitudes des spectateurs, c'est priver le directeur de toute recette.

« Dans cet état, l'exposant a l'honneur de vous donner la présente, à ce qu'il vous plaise, citoyens, prendre une délibération qui fixera le moment de la fermeture du spectacle à dix heures du soir, et vous lui rendrez justice.

« Louis Mignu, *directeur du Théâtre-des-Arts.* »

Voici presque textuellement la réponse qui a été faite au pétitionnaire : « Commencez à six heures précises, « finissez à neuf heures et demie ; on tolérera jusqu'à « dix heures ; passé cette heure, il sera verbalisé contre « vous. »

Du reste, la municipalité rouennaise ne faisait qu'imiter ce qui se faisait à Paris. En effet, vers le milieu du mois de vendémiaire an VIII, un arrêté de police avait enjoint aux directeurs des théâtres de la capitale de finir leurs spectacles à neuf heures et demie.

Il n'est pas dans les fastes des théâtres de Rouen d'événement plus malheureux ni plus tragique que celui par lequel nous terminerons.

Dès le mois de thermidor an VII, c'est-à-dire au milieu de la première année de la direction Michu, l'agent des auteurs dramatiques à Rouen, P. Périaux, écrivait à l'agent général de Paris que les affaires du directeur du Théâtre-des-Arts étaient loin d'être florissantes. « Dans « le moment actuel, il lui est impossible d'ajouter aucun « instrument à son orchestre, à l'exception d'une basse; « d'autre part, les a eurs feront un acte de justice en « diminuant les rétributions. Malgré les efforts du citoyen « Michu, il est certain qu'il y a des jours où il ne fait pas « pour les droits d'auteurs. »

Le 24 vendémiaire an VIII, P. Périaux écrivait : « Le « citoyen Michu, brave et digne homme, ne fait le plus « souvent pas pour les frais, malgré le mal qu'il se donne, « pour soutenir son spectacle. » Des bals, des fêtes, des concerts, des sauteurs, des danseurs de corde, disséminés dans tous les coins de la ville, faisaient un tort irréparable au théâtre.

Les divers prospectus, publiés par Michu au commencement de la seconde campagne, ne dissimulaient pas d'ailleurs que son entreprise périclitait.

On se rappelle que dans *Adolphe et Clara*, le directeur, mêlant sa personnalité à la fiction de son rôle, avait pris l'engagement solennel de payer TOUTES ses dettes.

Pour y parvenir, il n'est rien qu'il n'ait fait; nous avons vu qu'il engagea plusieurs acteurs du plus grand talent et qu'il organisa un grand nombre de représentations vraiment attrayantes.

Michu a succombé dans la lutte, et le 7 pluviôse il a disparu, laissant sa famille, ses amis et ses pensionnaires dans la désolation. — Pendant un mois, des suppositions de toute nature furent faites sur son compte, mais on acquit la certitude qu'il avait mis fin à ses jours en retrouvant, le 8 ventôse, son cadavre dans les eaux du fleuve, à la hauteur du Grand-Cours.

Avant d'accomplir son funeste projet, l'infortuné directeur avait pris soin d'éloigner ses amis. Parti de chez lui avec eux pour déposer un bilan de 20,000 fr. de déficit, il leur avait dit tout-à-coup : «Allez devant, j'ai oublié quelque chose. » Il ne revint pas.

Ainsi le favori de Marie-Antoinette, l'idole de Paris, a voulu régénérer le théâtre de Rouen ; il s'est trompé d'époque et, contre un déficit de 20,000 fr., n'a trouvé d'autre refuge que la mort. Que les temps et les hommes sont changés ! ! !

FIN DU PREMIER VOLUME.

CORRECTIONS ET ADDITIONS.

Page 4, ligne 13, après le 3me alinéa, au lieu des deux alinéas qui s'y trouvent, mettez : En 1651, il y eut au jeu de paume des Deux-Maures une représentation qui produisit 89 livres pour les malheureux.

Le 28 juillet 1652, par ordonnance du Parlement, une pièce fut jouée dans le même local, au bénéfice des pauvres, par la troupe de noble homme Laurent Conseil, seigneur d'Argueil. Les comédiens se firent tirer l'oreille pour en verser le produit, mais, bon gré malgré, ils durent s'exécuter. Aussi, le 11 août de cette même année 1652, remirent-ils au receveur de l'Hôtel-Dieu la somme de 91 liv. 17 s.

Page 264, ligne 10, au lieu de : Lebrun, lisez : Pigault-Lebrun.

Page 268, ligne 18, au lieu de : Première représentation, lisez : Première représentation de la reprise.

Page 371, au lieu de : Nous pensons qu'elle était intitulée *le Neuf Thermidor*, lisez : Elle était intitulée *l'Anniversaire du Neuf Thermidor*.

Page 416, ligne 4, au lieu de : Dulaire, lisez : Ducaire.

Page 437, ligne 25, au lieu de : Dulaire, lisez : Ducaire.

Page 476, ligne 22, au lieu de : *Toberne*, lisez : *Toberne ou le Pêcheur suédois*, opéra en deux actes, orné de tout son spectacle, par Patrat, musique de Bruni (reprise).

TABLE.

	Page
Préface	1
Introduction	3
Jeux de Paume	3
Salle de la rue des Charrettes	6
THÉATRE DE ROUEN	23
Direction Chevillard, 1776-1779	70
Direction Montansier et Neuville, 1779-1789	77
Période 1779-1785	77
Période 1785-1789	104
Année théâtrale 1785-1786	104
— — 1786-1787	117
— — 1787-1788	135
— — 1788-1789	188
Direction R.-F. Molé, 1789-1791	215
Année théâtrale 1789-1790	215
— — 1790-1791	230
Direction Cabousse, 1791-1798	256
Année théâtrale 1791-1792	256
— — 1792-1793	284
THÉATRE DE LA MONTAGNE	310
Année théâtrale 1793-1794	311
— — 1794-1795	335

TABLE.

	Page
THÉATRE-DES-ARTS.	366
Année théâtrale 1795-1796.	367
— — 1796-1797.	387
— — 1797-1798.	402
Quinze mois de crise théâtrale, 1798-1799.	415
Direction L. Michu, 1799-1801.	455
Année théâtrale 1799-1800.	455
— — 1800-1801 (neuf premiers mois).	496

Rouen. — Imp. Giroux et Renaux, rue de l'Hôpital, 25.